出版文化再生

あらためて本の力を考える

西谷能英

未來社

出版文化再生　あらためて本の力を考える——目次

まえがき……11

第一部　出版業界論

再販制論議と出版業界

出版物の定価表示をめぐって——出版物の定価とはなにか……18
規制緩和と出版文化——鶴田俊正著『規制緩和』をめぐる問題……20
本の値段……23
文化をなめてはいけない——「再販問題シンポジウム」での中条発言をめぐって……26
規制緩和小委員会の報告の意味するもの……29
新年の不機嫌なご挨拶……32
出版の文化性と多様性……35
出版の原点へ——中央公論社の身売りをめぐって……38
出版社の適正規模を考える……41
〈責任販売制〉という戦略……44
図書館の役割はどう変わるべきか……47
図書館を誰が利用するのか……50
書籍流通は問題の核心か——シンポジウム「書籍流通の理想をめざして」の感想……52
「総額表示」という政治的陰謀……55
日本の出版界へのラディカルな問い直し——蔡星慧『出版産業の変遷と書籍出版流通』を読む……58

出版業界の長期低落を検証する……60
出版界の〈仁義なき戦い〉……63
[付論]〈責任出版制〉のすすめ……66
〈本の力〉再考……71

取次と書店

専門書取次の危機……74
鈴木書店破産の教訓をどう生かすか……77
新しい流通チャンネルの可能性——JRC設立にあたって……80
その後のJRC——本のネットワークの構築を期待する……83
日新堂倒産を考える……86
トーハン桶川計画は可能か?……89
青山BCは再生できるのか……92
「書店員の愚直さ」の必然性——福嶋聡さんの新著を読む……95
専門書の棚つくりを考える——柴田信さんの小冊子によせて……98

書物復権の会と人文会

専門書復刊事業の意義……101
書物復権はありがたきかな……104
人文書に未来はあるか……107
復刊の意義——書物復権運動と「定本・日本の民話」……110
編集者と読者の交流の試み……113
〈書物復権〉の新しい局面に期待する……116
『人文書のすすめIII』の刊行……119
〈書物復権〉の新たな次元……122
東京国際ブックフェアへの共同出展……124
中国視察旅行顚末……127
人文書トーク・セッションへの招待……130
紀伊國屋マンスリーセミナー「書物復権」の実現へむけて……133
「デリダの明日」のために——紀伊國屋ホール未來社セミナーのためのウォーミングアップ……136
人文書のジャンル分けというゲーム……138

二年目の紀伊國屋ホール書物復権セミナー……141
ふたたび人文書ジャンル見直しという課題をめぐって……144
［付論］人文書ジャンル分類の全面見直し……147
十周年の〈書物復権〉運動……150
〈人文書〉の見直しの動きをめぐって……153
「人文会ニュース」と人文会の思い出……155
人文書中ジャンル全面改訂進行中……158
このひとたちが「読者」なのか……161
人文書販売の現在——人文会四〇周年イベントに参加して……164
本という共同性の力——千代田図書館と人文会の連続セミナーの試み……167
書物復権の新しい試み……170
大震災と東京国際ブックフェア……173

第二部　出版技術と電子情報

小部数重版とオンデマンド本からデジタルコンテンツ販売まで

小部数出版の可能性……178
オンデマンド出版の意味するもの……182
「日本の民話」シリーズのオンデマンド化の実験……185
専門書出版をめぐる新しいチャンネル……188
デジタルコンテンツ販売をどう考えるか——紀伊國屋NetLibraryの挑戦……191
紀伊國屋ネットライブラリーの新局面……194
専門書の電子書籍という自己矛盾……197
『宮本常一著作集』ショートラン重版化の試み……200

インターネットとホームページ活用

専門書とインターネット……203
書協のホームページ探訪……206

インターネット時代の書物……209
専門書出版社のホームページ……212
未來社ホームページの試みと挑戦……215
未來社ホームページのその後……218
インターネットに出版の未来はあるか……221
ホームページの活用再考……224
未來社ホームページのリニューアル……227
リニューアル後の未來社ホームページ続報……230

電子書籍とテキスト技法

コンピュータと出版の未来……233
編集技法としてのテキスト処理……235
シェアテキストという思想……238
テキストファイルの業界標準化……241
大山緑陰シンポジウムに参加して……244
究極の編集技法にむけて……247
『出版のためのテキスト実践技法／執筆篇』の反響その後……250
編集者の今後への期待——大学出版部協会編集部会セミナーを終えて……253
出版界の「常識」という非常識——前田年昭・野村保恵両氏の悪意と誤読に反論する……256
出版という自由への挑戦——渾大坊三恵さんの論説にふれて……259
『出版のためのテキスト実践技法／編集篇』刊行報告……262
平河セミナーその他を終えて……265
発想のツールとしてのデジタル編集マニュアル……268
テキスト実践技法のその後——秀丸エディタ本をきっかけとして……271
秀丸エディタのすすめ——『秀丸フル活用術』の刊行予告……273
テキスト編集マニュアルの総集篇をめざして——『出版のためのテキスト実践技法／テキストエディタ篇』の刊行……276
書籍での用字用語の統一のために……279

第三部　出版文化論

著者と出版文化

著者と出版社の関係……284
学術専門書出版の可能性と現状……287
著作権と出版権……290
読書文化史からなにを学ぶか……293
追悼する想いのなかから……296
追悼ふたたび……299
文化創造としての出版——相賀昌宏氏への異論……302
業界の縮小という選択は可能か?……305
書物文化の保存……308
だれが本を生かすのか……311
出版界は崩壊するのか——『出版大崩壊』を読む……314
ベストセラー論議再論……317

編集は著者とのコラボレーション

真実は細部に宿る——矢代梓さんの思想史年表……347
〈理想なき出版〉に抗して……320
［付論］書籍には読者を〈待つ力〉がある——アンドレ・シフレン『理想なき出版』……323
「絶版論争」の中間総括……324
［付論］専門書重版のむずかしさ……327
専門書出版と読者との関係構築再論……329
出版にいかにかかわるのか——三つの会への感想……332
いま、この時代に哲学することとは何か……335
よみがえる日本語の宝庫——『日本詞華集』の復刊に寄せて……337
［付論］西郷さんからの薫陶……341
国立国会図書館の納本制度六〇周年……344
悪の凡庸さの危険——高橋哲哉さんの近業から……350

『ブレヒト戯曲全集』の日本翻訳文化賞受賞にふれて……353
いま、なぜか宮本常一……356
編集者という職分――『表象の光学』をめぐる回顧……359
危機のなかの〈学問のすすめ〉――折原浩『ヴェーバー学のすすめ』の問いかけ……361
哲学者の死の未来……365
編集者の熱意こそが出版の原動力……367
折原ヴェーバー論争本の完結……371
『俳優修業』から『俳優の仕事』へ……374
コンピュータ史の決定版……377
宮本常一著作集第II期完結……379
生き返る橋本夢道の現代性――『無禮なる妻』を再刊したわけ……382

出版の社会性・政治性

「復帰」三十年後の〈沖縄〉……417
丸山眞男の読み直し――筑紫哲也の朗読にうながされて……420
「週刊文春」出版差止め判決に見られる権力のテロ行為をめぐって……423
沖縄の熱い夜――仲里効『フォトネシア』出版祝賀会報告……385
専門研究の苦難――ある女性研究者の死……388
失なわれゆく民芸の原点――松本直子『崖っぷちの木地屋』の伝えるもの……391
出版で元気を取り戻そう――小林康夫さんの新著編集から受け取ったもの……394
沖縄写真家シリーズ〈琉球烈像〉の意図するもの……397
沖縄問題を展望する力になるために――沖縄写真家シリーズ〈琉球烈像〉刊行はじまる……400
世の中は意外と楽しくできている……403
知念ウシさんの仕事――無知という暴力への批判……406
沖縄写真家シリーズ〈琉球烈像〉中間報告……408
世界への情報発信としての〈琉球烈像〉……411
陽の目を見る写真集『日の丸を視る目』……414
問われるメディアの権力構造……426
〈白バラ〉の問い――映画『白バラの祈り』の意味……428
小泉首相の靖国神社公式参拝にみる時代の危機……431
〈戦後レジーム〉の再検証……434

〈知〉は誰のためのものか——二つのシンポジウムに参加して……437
オキナワという内部／日本という外部……440
出版社・編集者の役割——東京外国語大学出版会の発足にさいして……442
喜納昌吉さんの平和の哲学——語り下ろし本『沖縄の自己決定権』刊行のいきさつ……445
マスメディアこそが問題である——沖縄米軍基地問題にかんして……448
沖縄問題をめぐる知的恫喝を警戒しよう……452
原発「安全」神話の崩壊……455
脱原発へのはじまり——浜岡原発全停止の意味……458

未來社の出版活動

東京国際ブックフェア初参加への期待……462
カード型CD-ROM製作という試み……465
営業部移転その他をめぐる近況……467
二度目の東京国際ブックフェア……470
未來社の販売システムの移行について……473
出版の現場から離れられない理由——「未来」のリニューアルをきっかけとして……476
未來社の二〇〇六年を早くも展望する……479
『現代政治の思想と行動』新組版刊行にあたって……482
木下順二さんとともに五〇数年……484
松本昌次さんと未來社の歴史——『わたしの戦後出版史』を読む……487
「現役」出版人という覚悟……490
創立六〇周年へむけて——『ある軌跡』六〇周年版発行と「未来の窓」単行本化……493

主要人名・書名索引

出版文化再生

——あらためて本の力を考える

装幀――高麗隆彦

まえがき

本書は未來社のPR誌「未来」の一九九七年三月号から二〇一一年十月号まで一七五回にわたって毎月一回書きつづけてきた［未来の窓］というコラムをテーマ別に編集・再構成したものである。

専門書出版社の経営者であり、現役の編集者でもあり、ときには営業関係の場所にも顔を出すかなり多面的な役割を背負い込んだ出版人としての立場から、そのときどきに直面している出版の諸問題にたいして、短いコラムではあるがそのつど対応し論評していくという姿勢をまがりなりにも貫いてきた結果、いつのまにか膨大な量になってしまった。今回、未來社の創立六〇周年という時期にあたり、社史『ある軌跡』六〇年版刊行とあわせて、その最後の四分の一にあたる時間を同時代併走者として閲してきたこれらの文章を、一出版人の軌跡というかたちで提出してみようという気になったのである。

このコラムを書きはじめることになったのは、未來社の創立者でもある先代の西谷能雄が「未来」に書きつづけてきた「思うこと」というコラムを覚えている業界仲間にそのかされたという面もあるが、一九九二年に未來社の経営にたずさわることになって以来の出版人としての経験を積んでいくなかで、いろいろ書いておきたいことが徐々に溜まってきていたというわたし個人の事情もある。それが一九九七年の消費税率のアップという外的な契機をきっかけとして、なかばみずからに強いるかたちでスタートしたのがこの［未来の窓］の連載であった。この一回目の冒頭に「［未来の窓］を開くにあたって」という簡単な執筆理由を書いているので、これをまずは引いておきたい。

《二十一世紀まで残すところいよいよあと四年足らずというところまできました。しかしながら出版という仕事は、一方ではマルチメディアその他のあたらしい情報システムの台頭によって、もう一方では出版流通機構の構造転換への必然的な要請等によってますます複雑さをまし、業界も混迷を深めつつあります。本年の四月には消費税率が上がることになっており、これだけでも出版業界にはたいへんな混乱がもたらされることになりそうですが、そればかりでなく再販制見直しという業界の根幹をゆるがす大問題がふたたび表面化しようとしています。

こうした情勢のなかで、一専門書出版社にすぎない小社が生き残っていくにはいったいどうすればいいのか、このあたりでじっくりと腰を据えて考えていかなければならない時期にさしかかったようです。未來社という小さな出版社にかかわる立場から、〈出版〉という仕事のさまざまな問題点について、しばらく思考をめぐらせてみたいと思います。出版にたずさわる人間が、あるときは出版全般について、あるときは編集者の立場から、またあるときは出版営業の立場からどんなことを考えているのか、読者のみなさまのご理解に供するよう努力することは、これからますます重要なことになると考えるからです。》

というわけで、このコラムは自分の問題意識にとって喫緊のテーマと思われる事態にそのつど反応してきたものであり、もともとのわたしの性格もあって率直な物言いをすることが多く、いろいろ顰蹙を買ったり異論を立てられたりすることもあったが、賛同していただいたり励まされたりすることも少なくなく、意を強くしてここまで自由に意見を発表してきた。

わたしのみるところ、出版業界人は言論を発する場にいながら、出版人として主体的に発言をするひとが少ない。もともと社内の立場上の関係で自由に発言できるポジションにいないひともいるし、損得勘定からも発言を避けたがる傾向のひともいる。それになによりも正直言って言論にかかわる人間でありながら文章を書かない（書けない）ひとが多すぎるのもその特徴であろうか。

そういったこともあるのか、わたしのようなきわめて特殊で極端な人間の書いたものでも、業界的問題や社会的問題から編集にかかわる問題や提案、はては自社の個別的な問題までいちおう普遍的なかたちで意見を述べると、それなりに反応をいただくことがある。また、業界人のなかには〈出版文化〉ということばを妙に毛嫌いするひとも多く、このテーマは敬遠されがちだが、出版人として文化の問題を論じられないということは根本的におかしいことだと思う。独善と見られることを忌避する意識が過剰に内面化されているからではないか。それはともかく、著者や一般の読者もふくめて意外なひとからの反応があるのに驚かされることもあり、ときにその反応にたいして反論を書いたこともある。とくに最近は沖縄問題や東日本大震災とそれによって引き起こされた原発事故など、あまりにも目に余る問題が頻出してきているところから社会的発言の比重がましてきたこともあって、これまでに現われてこなかった新たな反発や誤解も出てきている。書物をめぐる情報環境の変化のなかで本を読まない層がふえてきている事態を反映して出版不況も深刻になりつつある。そういう時代の切迫のなかで漫然と従来のような出版活動をしていればよいという状況ではなくなってきたこともあろう。わたしは自分の与えられた環境のなかでいかに社会に寄与できるかを自分の年齢とともにいっそう強く考えるようになった。そこからおのずから出てきた結論は、出版をつうじてささやかなりともいかに社会や世界に貢献することができるかという最後の課題へ対応することであり、そうした仕事をつうじて〈出版〉という営為を真に価値あるものとして再生させること、その道筋を自分なりにつけてみたいという願いであった。本のもつ力というものをみずから信じていくことをつうじて若い世代にその力を認識していくように促すこと、そうした願いをこめて本書を『出版文化再生――あらためて本の力を考える』と名づけさせてもらうことにした理由である。

本書の構成は、出版流通や出版業界全般にわたる問題を「第一部　出版業界論」とし、出版業界におけるコンピュータ利用のさまざまな局面にたいして発言してきた出版技術論や出版情報論を「第二部　出版と電子情報」とし、さらに編集や著者の問題、ひろく出版文化にかかわる問題などを「第三部　出版文化論」とした。そのなかをさらに細分化してテーマ別に十のセクションに編成した。これらのセクションのなかは編年体でまとめてある。各タイトルの下部に[未来の窓]の掲載回と「未来」発表の執筆号を明示した。

再録するにあたって執筆時の状況や気分をある程度は再現しておきたいため不要な部分の削除のほかには加筆と修正は最小限にとどめてある。また、もはや不要と思われるコラム自体もあり、それらを削除した反面、必要と思われる箇所には注記をほどこして業界外のひとにも理解しやすくした。それだけでなく、発表当時は明らかにできなかった諸事情やいまとなっては書いておいても差し支えないだろうことで、出版史あるいは出版の裏面史にとって記録されておいてしかるべきこともいくつか記しておくことにした。たとえば専門書取次の鈴木書店の末期に、わたしが頼まれてトーハンに鈴木書店の買収を交渉しにいった話や、オンデマンド出版を企図して日販が立ち上げたブッキング設立時のさまざまな思いなどについて、わたしが知っていることを記載した。もしこの本がすくなくとも出版業界人の興味をひくところがあるとしたら、そうした事実を誰も知らないか、誰も記録することがないだろうからである。さらに外部のメディアに発表したもので関連文献として必要と思われるものは五本にかぎり追加掲載したことをお断りしておきたい。

一回が四百字換算で六枚ちょっとから七枚のコラムではあるが、結局、一七五本のコラムのうち一五八本を掲載することになった。そのためこれだけの回数になるとどうしてもコンパクトな形にはなりえなかった。出版業界論的なものと出版文化論的なものの二分冊も考えなかったわけではないが、わたしとしてはこれらのテーマが一体化したものとしてわたしのなかに存在することを読み取ってもらいたいという思いが強くあって、少々分厚くなるのを承知で一冊とさせてもらった。

前述のように全体を三部構成にしたが、とくにそのうちの「第一部　出版業界論」では出版業界や流通にかんする意見や提案などの一般的な問題、取次や書店について、そしてわたしがかかわりをもってきた人文会や書物復権8社の会の活動に関連するテーマを集めた。もとより営業の専門ではないので、この業界独特の配慮に欠けるため率直すぎる物言いがあるかもしれないが、かえって問題の本質にダイレクトにぶつかっているとも言えなくはない。読者のご叱正をお願いしたい。

このうちの「再販制論議と出版業界」のセクションには消費税や再販制（再販売価格維持制度）について論じたコラムや図書館の書籍購入にかんする問題についての論評などが収められている。本文にもあるように、本の消費税は本体価格（かつての定価にあたる）に外税を追加したものであり、販売上の便宜のために販売価格をきりのいい数字になるようにした定価丸めという手法が税率アップによって破綻したことなどの問題点を指摘している。また再販制（本の定価販売）にかんしては、「規制緩和」という名のアメリカ製グローバリゼーションの手先となった日本の流通論者たちにたいする業界ぐるみの反対運動があり、こちらの側にも業界エゴと言えなくもない問題点があった。一般読者にはわかりにくい部分があるかもしれないが、そういう側面もふくめて出版業界とはどういうものであるかを知ってもらいたい。

「書物復権の会と人文会」のセクションが第一部のなかではいちばん大きなスペースをとっているが、わたし自身が直接かかわりをもった活動であり、それらの活動をつうじて出版業界について考える機会が多く書くテーマがいろいろあったためである。書物復権の会は、一九九六年に岩波書店、東京大学出版会、法政大学出版局、みすず書房の四社でスタートし、翌一九九七年に勁草書房、白水社、未來社の三社が加わり、さらに翌一九九八年には紀伊國屋書店出版部が加わって書物復権8社の会となり、現在にいたっている。その間、二〇〇六年の一〇周年を記念して四社にスポット参加してもらったこともある。わたしは二年目に未來社が参加したときから担当者をつづけており、［未来の窓］執筆の時期と重なっているため、最初期からこの会への言及がなされている。また、人文会は一九六八年に人文書系出版社十三社で発足し、未來社も創立から参加している。その後、入会・休会・退会などがあり、現在も二十社が参加。専門書系出版社グループとして業界でもっとも活動的なもののひとつであり、わたしも一九八四年～一九九二年と二〇〇三年～二〇〇七年の合計十二年にわたって正担当をつとめた。わたしが若いころに参加していた人文会のことがほとんど言及されていないのは［未来の窓］執筆と重ならないためで、最近の分には言及が多い。ちなみに現在の人文会参加社は大月書店、御茶の水書房、柏書房、紀伊國屋書店出版部、慶應義塾大学出版会、勁草書房、春秋社、晶文社、誠信書房、創元社、筑摩書房、東京大学出版会、日本評論社、白水社、平凡社、法政大学出版局、みすず書房、ミネルヴァ書房、未來社、吉川弘文館。かつて参加していた出版社には青木書店、現代思潮社、社会思想社、草思社、東海大学出版会、東京創元社、福村出版、雄山閣、有斐閣、理想社がある。書物復権8社の会のなかでは岩波書店だけが参加していない。

「第二部　出版と電子情報」は主としてオンデマンド本の出現から小部数印刷の可能性、インターネットや電子情報にかんする問題、そしてわたしの年来の主張であり方法論である編集におけるテキスト処理の技法を中心にしたテーマが集められている。それらはこの間のパソコンやインターネットの発展と平行してリアルタイムで書かれたものであるが、わたしの理解と対応があまり間違っていなかったことが跡づけられると思う。

これにたいして「第三部　出版文化論」は本書の半分近くを占めるが、わたしの主戦場でもあり、出版をつうじて文化の問題を考えることがいかに多かったかを示している。出版文化の発展を阻害し、あるいは影響を与えるさまざまな要因についてもぐらたたきのように対応してきた結果である。著者の問題、編集論、出版のもつ社会性と政治性の複雑な関係性、そして未來社の活動そのものについての報告などで構成されている。

以上、それぞれの部立てについて簡単な見取り図を書いてみたが、それらは相互に関係しあい、リンクしているので、どんなふうに読まれてもいっこうにかまわない。あとは読者の自由な判断に委ねたい。

最後に「未来の窓」の連載および本書の刊行にあたり、じつに多くのひとたちの協力や応援をいただいたことを感謝し、いちいちお名前は挙げないが、お礼のことばを捧げたい。

二〇一一年十月五日

西谷能英

第一部　出版業界論

再販制論議と出版業界

出版物の定価表示をめぐって――出版物の定価とはなにか

（「未来の窓1」一九九七・三）

出版物の定価表示はいったいどうなっているのか。本年四月一日をもって消費税が3％から5％に上昇するという日程をふまえて、まずはこのことから考えてみたい。

二月九日付「朝日新聞」書評欄のコラムに「じわり消費税率5％の影」としてつぎのような記事が掲載されている。《四月から消費税率が五％にアップする。一九八九年の税導入時ほどの混乱はないものの、出版界にも影響が見え始めた。／まず今年に入って、定価千六百四十八円の単行本、五百四十六円の文庫など新刊書籍の定価に端数が目立ってきた。本体価格をそれぞれ千六百、五百三十円とキリのいい数字に設定し、そこに三％の税を足して定価としているためだ。四月以降、書店が本体価格に五％分の税を加算して代金を出す場合、こちらの方が計算しやすい。》

どうしてこういうことになっているのか、一般の読者にはいぜんとして合点のいかぬことが多いのではないだろうか。出版物が全国一律で定価販売されてきたことは――それが再販売価格維持制度（再販制）によって規定されてきたことはよく知られていなくても――一般読者には当然の事実だっただろうが、一九八九年四月の消費税導入以来、出版物の定価にはなにか奇妙な問題がつきまとうことになった。それまで「定価」として一元表示されていた出版物の定価に「本体価格」なる奇妙な名称がくっつくことになったのである。

出版業界というのはときにきわめて不可思議な行動をとる団体である。いろいろ思惑やら裏工作やらあったらしいが、公正取引委員会と日本書籍出版協会（書協）・日本雑誌協会（雑協）の幹部らによる取引の結果、いつのまにやら「本体価格」などというわけのわからぬ名称が通用することになってしまったのである。(注)これまでの定価にかわって出現したこの「本体価格」に消費税を上乗せした金額が新しい「定価」という概念に変貌させられたのはこのときからである。従来の定価は「本体価格」として新しい「定価」の一部として残存することになったわけである。しかも厄介なことに、定価販売を規定した再販制によってこの「定価」にはかならず金額が明示されなければならないということになったため、消費税が上がるごとに(あまりこういうことを前提にするのはおかしいのだが、現実だ)定価表示されたものがじつはもはや定価ではなくなるという混乱のもとをつくってしまったのである。これも当時の公正取引委員会や大蔵省(現・財務省)のそれぞれの思惑やら対立がからんでいたのだが、こうした官僚的な体質の相手にたいして出版界がかれらの意向を先取りするかたちで「定価」概念の変更をしてしまった失態は忘れてはならない。

ともかく、こんなわけで「本体価格」なる名称が流通してしまったわけであるが、今回の消費税アップにたいしては、この「本体価格」を流通の基本とすることで業界の一致をようやくみることができたのはおおいなる皮肉である。なんのことはない、もともと定価だったものを名前を変えてふたたび基本に据え直したにすぎないのだ。読者にとってはまったく説得力を欠く彌縫策だが、これだけはいまは了解していただくしかない。

定価表示にかんしてはもうひとつ大きな問題がある。さきの「朝日新聞」にもあるように、なぜことしになってから端数のつく定価の本が急増したのだろうか。

もともと消費税というものは本の値段に無関係に外から押しつけられたものにすぎないのだから、これまでの定価にたいしては外在的な意味しかもちようがないはずである。にもかかわらず、消費税導入以来、これまで多くの出版社が、あたかも消費税など存在しないかのごとき定価づけ(俗に「定価丸め」=内税)をおこなってきた。これにはキオスクその他の細かいお金のやりとりのむずかしいとされる販売ポイントに依拠することの多い雑誌や文庫・新書などのための方策でもあったが、こうした量販ものにあまり関係のない専門書出版社のかなりの部分は、消費税率などに左右されない定価づけ(俗に「本体価格」丸め=外税)をおこなってきた。これは、専門書は息ながく粘り強く販売していく以外にないという出版物の性格上、やむをえざるかたちでとられた消費税にたいする自衛策であると同時に、自立した情報拠点たる出版社としての原則的な主張でもあったはずである。

今回の消費税アップにともなって、外税しか出版社がとるべき方法はないという考えに一部の大手出版社をのぞく業界全体がようやくいたりついたことは、とりあえず歓迎すべきことである。その意味で、一月三十日付「日本経済新聞」コラムの「書店の店頭では現在、税込みの販売価格で十円未満の端数が付いた出版物はまず見かけない」などという記事は、事実に反するばかりか、認識不足もはなはだしい不見識と言わざるをえない。

注　一九八九年の消費税導入のさい、公正取引委員会との交渉を行なったのは主として日本雑誌協会（雑協）であった。当時の雑協理事長は小学館の相賀《おうが》徹夫（現・日本書籍出版協会理事長相賀昌宏氏の父）。この裏取引によって「本体価格」なる不愉快な名称が残ってしまったことは出版業界としても大きな汚点と言えよう。

規制緩和と出版文化――鶴田俊正著『規制緩和』をめぐる問題

（「未来の窓2」一九九七・四）

いま、出版業界では鶴田俊正専修大学教授の書かれた『規制緩和――市場の活性化と独禁法』（ちくま新書）という本が二つのポイントで大きな問題になっている。なぜこの本が問題なのかというと、第一には、鶴田氏が公正取引委員会の諮問機関である「政府規制等と競争政策に関する研究会」の座長をつとめており、その座長たるひとが再販制否定の論理を展開しているのはルール違反ではないかというものである。また、第二には、業界内部の問題であるが、この本の刊行にいたるいきさつである。この本が某出版社の企画出版であったにもかかわらず、ゲラ進行の過程でとりやめになり、最終的に筑摩書房から出ることになったのはすでに関係者周知のことである。そしてここにもうひとつの問題が派生してくる。つまり、出版社の団体である書協のなかで重要なポストを占める人材を出している筑摩書房から、なぜよりにもよってこの本が刊行されなければならなかったか、ということだ。

いずれにおいても、この本にとっては書かれた内容以前の、あるいは以後の問題であるが、その内容が直接的に出版界の根底的な制度をめぐる大問題に直結するだけに、コトはそう単純ではない。

わたしが知りえた情報によれば、鶴田氏は最初の出版拒否にあって、自費出版での刊行さえも考えたそうである。それに筑摩書房が手を貸したことの是非はともかく、このことだけからも鶴田氏自身がこの本を刊行することによって政治的経済的利益をあげることにのみ関心があったとは思えないのである。その点で、鶴田氏がいわゆる「御用学者」と一線を画していることは認めておかなければならないだろう。

問題を整理してみよう。

ここでまず問われなければならないのは、この本がいったいなにをテーマとし、なにを主張しているのか、という問題である。そしてつぎに問われるのは、この本が現在の日本という社会において、そして日本の出版業界においてはたそうとする役割である。その主張が学問的良心にもとづいた研究者のひとつのヴィジョンの提起であるとするならば、著者が「規制研」の座長であるか否かは本質的な問題ではない。座長がみずからの見解をきちんと表明すること自体はけっしてルール違反ではないからである。そもそもそんなルールは、すくなくともこれまでの日本社会においてはないも同然だったのではないだろうか。したがって問題はそういった技術論レベルにはないのであって、思想そのものを問うという水準に移行しているのである。

『規制緩和』を貫いている基本的思想は、まさに近代的経済合理主義の立場からの日本経済批判であり、これまでの後発国型保護行政からルール型規制への転換の主張である。銀行をはじめとする日本の基幹産業において、護送船団方式と呼ばれる業界ぐるみの保護・育成政策があまねく浸透してきたことによって、一種の甘えの構造をはびこらせてきたという認識にたつ鶴田氏のヴィジョンはきわめて合理的かつ健全なものである。そしてこのルール型規制を中心とする経済政策が規制緩和と独禁法の強化に向かうのは必然と言わなければならない。「政府規制制度と独禁法の適用除外を見直し、また、独禁政策を強化する視点は、国際社会における機会の平等を確保することと同義」（序章）ということになるのである。ここから出版における再販制という「原則的に独禁法違反」の制度は「時代遅れ」であり、業界人は「既得権益にしがみつくだけ」ときめつける結論までは一直線である。

この一見すると整合性のある論理展開にたいして、ここではっきり指摘しておかなければならないことは、ここには出版の特殊性への考察、つまり出版が文化的な行為であり、それ自体が重要な思想的営為であるということへの考察が決定的に欠けていることである。経済の論理がそのまま文化の世界に通用するわけではない。経済合理性によってすべてが解決されるかのような、きわめて楽天的で大雑把な見解が散見されるのは、まったく説得力を欠くというべきであろう。

「自由な競争による自然のリズムの中で財・サービスが供給され、経済・産業が発展し、消費者利益が確保され」（第四章）るという絵に描いたような図式だけでは、当該の業界にたいして無責任と言われてもしかたあるまい。「自然のリズム」とか「市場のリズム」などという曖昧なタームで通過できるのは、純粋に経済至上主義の論理が貫徹されている業界の場合だけだろう。

この経済至上主義の発想からはたしかに出版文化への考察など出てくる余地がない。この点が公正取引委員会の出版文化論無用論の発想に通じているのは容易にみてとれる。しかし、出版にかかわる者としてこの論点を抜きには出版について語ることはできない。言うまでもなく、たしかに一律に出版文化といっても、およそ〈文化〉の名に値しない出版物が数多く出されているのも厳然たる事実である。しかしそのことをもって、出版文化などというものも他の物質文化と同じものにすぎないなどと考えるとしたら、それは文化にたいするおそるべき冒瀆であり、官僚主義的な画一主義にすぎない。げんに文化大国を誇るフランスなどでは、部分再販の制度のなかでも、出版物の内容によって歴然とちがう税率が掛けられているのであって、すぐれた文化的出版物はしっかり保護されているのである。

ここではっきり言ってしまおう。〈文化〉とはなによりもまず言語の問題であり、こうしたあらたな文化的発展をうながすものは、いかなるジャンルにおけるにせよ、そのジャンルにおける専門家のたゆまぬ努力と研鑽によって発見され構築された言語による認識においてはないのだということを。ここに〈専門書〉出版の本質的な意義があり、このことは量にはけっして還元されえない出版文化の特殊な領域があることを教えてくれる。残念ながら鶴田氏の本にはそうした問題への考察が欠如していると言わざるをえないのである。

注　この稿は、出版業界がアメリカ経由の経済の「規制緩和」路線に依拠する出版再販制否定の動きに対応して、その中心人物の新刊にたいする批評（批判）として書かれたものである。当時、こうした批判は出版界への圧力を加速させるものではないか、という出版界内部からの危惧の意見も聞いたことがある。出版界の及び腰はいつものことながら、「お上」にたいして反論しないで事態をやり過ごそうとする傾向はいまにいたるも変わらない。この稿を読んだ鶴田氏から簡単なハガキが後日とどいたが、とくに反論のようなものはなかった。

（［未来の窓6］一九九七・八）

本の値段

わたしには昔からいくつか持論がある。かならずしも十分に検証されたわけでもなく、どう転んだところで多かれ少なかれ独断（独善？）的で一般性に欠けることだろうが、それでも出版という世界でいろいろな部署や役割にたえず同時多発的にかかわってきた人間としては、言っておくべきことはやはりそのつど言っておかなければならない。本欄の発言にもいろいろご意見を頂戴することがふえてきたが、なんらかの共通認識をもった出版人もきっといるだろうと考えている。いずれこの場所で披露させていただきたいと考えている。

今回はその一端として本の値段とはなにかということを考えてみたい。〈値段〉とはここでは価格のことであると同時に価値のことでもある。

本の価格についてはこのところ再販制（定価販売）をめぐる議論との関連でもなにかと論じられている。曰く、再販制があるから本の価格は安く抑えられている、再販制がなくなれば本の価格は必ずや上昇するだろう、云々。再販制を撤廃したフランスやそれが事実上崩壊したイギリスの例をみるまでもなく、そうした予想はおそらく当たっているにちがいない。規制緩和をめざす政府や公正取引委員会はそんなことはあまり気にもしていないようだが、現在の日本の文化環境あるいは読書環境についてすこしでも真摯なかかわりをもとうとするなら、そうした事態を引き起こしかねない政策論議はもっと慎重にしてもらいたい。

とはいえ、ここでこの問題について考えたいのはそういう当座の議論にくわわろうとしてのことではまったくない。誤解のないようにあらかじめ言っておけば、わたしはいま議論されている水準でのくわしいデータはもっていないし、あまり興味もない。木を見て森を見ず、と言われようが、本の値段を構成しているものはそういった大ざっぱな流通論、経済論によってのみ割り切られるものではけっしてないのである。そこで問われているのはなによりも著者の長年にわたる研究成果であったり芸術的・文学的営為の産物であって、そこに編集者の工夫や技術、印刷・製本・用紙等にかかわる多くの関連業者の努力が付け加わっているのである。こうした点をつぶさに検討してみなければ、本の値段を画一的に論じたところでなにほどのことが言えよう。

わたしの持論を端的に言えば、本の値段は多くの場合、安すぎるということになる。すくなくとも専門書の場合、著者や出版社のかけた努力やコストからみたら、本の値段は本来はいまの倍になってもやむをえないのではないか。かつてわたしは、ある専門書出版社グループとある大きな図書館との懇談会でこうした発言をして、座を白けさせた前歴がある。しかしわたしに言わせれば、出版社ほど本の定価について憶病な人たちはいないのではないか。本は安ければ買うというものではない。たしかに読者の立場にたてば、高いより安いほうがいいに決まっているが、しかしそれはその本自体の最大公約数的な購読者の範疇に入っているひとの場合であって、それ以上の売上げを見込んでまで安く定価設定することができない事情が出版社にはあるのである。われわれはそのことを読者にもっと理解してもらう必要がある。

今回この稿を書くにあたって刺戟を受けたひとつの論考がある。流通産業研究所の木下修さんの「書籍再販制度を検討する」という「流通産業」本年五月号に掲載された論文がそれであるが、そこで木下さんは再販制度の歴史を通覧しながら、主として本の価格について検討されている。

「日本の出版物の価格はリーズナブル、適正といえるのであろうか。再販制度が長く維持されてきたことによる弊害が価格において顕著になってはいないだろうか」と木下さんはまず問いかける。ここで木下さんが論じていく方向は、わたしとは論点の位相がちがうとはいえ、おおむね出版界の現実をよく押さえ、その再販制擁護の主張の弱点をも的確にえぐり出していて、よく整理されている。読者の価格意識についてのアンケート調査をはじめ、出版における原価率の問題、関係各省庁によるさまざまな調査、諸外国との比較などにおいて、価格の問題にはさまざまなファクターが働いていることを知り抜いたうえで再販制の今後を占っているのであるが、わたしの関心に即して言えば、木下さんの見識はたとえばつぎのような論脈に現われているだろう。

《再販制度下では出版社の設定した価格は小売価格を拘束する力をもっており、価格設定権をもつ出版社はこの意味でも書店や取次から不満が出ないようなリーズナブルかつフェアな価格設定をすべきであろう。／価格の妥当性とは、廉価（チープ）であることだけを意味せず、その価格が消費者にとってリーズナブルプライス、納得価格であるかどうかが問われる。メーカーが下請業者を叩き、あるいは卸売業者、小売業者の流通マージンを不当に低く押さえて、低価格政策が実現されていたり、また大手小売業がバイイングパワーを行使して不当に安い価格で仕入れて低価格販売が実現されている場合は、フェアプライスとはいえない。》

いちいちもっともであり、木下さんは控え目に述べているが、これが日本の出版界（だけではなくすべての業界にも言えることであるが）の実際のありようであることは残念ながら事実である。ある老舗の印刷業者の話を聞いたことがあるが、某大手出版社への請求書が当の出版社自身によって発行され、当然のことながら赤字を強いられているという実例など、これに類するありえないような話は出版界にはごろごろ存在するのである。

ともあれ、本の値段は出版社の規模とその出版物の性格によって、その取次・書店や取引業者との力関係、取引条件の違いがあるのであって、その点からも安易な比較や画一化は無意味であるばかりか、場合によっては文化にとって必要不可欠な差異さえも抹消してしまう危険をもっているのである。本の価値はほかの本では得られない知識なり情報なり思考のありかたなりが明確に記録されているところにあるのであって、そのような本の場合は金太郎アメのような本とはおのずとちがった価格体系が必要にならざるをえないのである。簡単に量産できるような本が安くてすむのはあたりまえだが、すべてそのような本ばかりではないのである。

文化をなめてはいけない――「再販問題シンポジウム」での中条発言をめぐって

（「未来の窓7」一九九七・九）

すこしまえのことになるが、リベラルな経済学者である佐伯啓思氏がつぎのようなことを書いている。

《リヴィジョニストによる改革の思想は、基本的にグローバルな市場経済にすべてをゆだねようとするものである。グローバルな市場競争が個人の自由と消費者の利益を実現するという。／しかし、このように定義された個人の自由、消費者の利益とは一体、何であろうか。グローバルな市場競争が、社会の信頼関係をますます崩してゆくことはまず確かであろう。では、安定した社会の、あるいは人間の間の信頼関係に基づかない個人の自由などというものが存在するのであろうか。放埒の自由、止まるところのない自己利益の追求の自由、共同社会に対する義務を負わない自由、などというものは自由ではない。個人の自由は、彼が依存する社会の土台やルールを進んで受け入れるところからしかでてこないだろう。》（「信頼の崩壊」）

佐伯氏はここで消費者利益という錦の御旗のもとに社会的な営為すべてを市場競争原理に委ねてしまおうとする規制

緩和論者を「リヴィジョニスト」（修正主義者）と適切にも呼んでいる。ここで「リヴィジョニスト」とは、社会的な現実的諸関係が歴史的に成立してきたプロセスをいっさい無視し、社会をみずからの思い込みに強引にしたがわせようとする論法をもつもののことである。こういう論者が危険なのは、ドイツにおける歴史修正主義者がアウシュヴィッツにはガス室などなかったと主張するのと同じように、また最近の日本のある種のリヴィジョニストが従軍慰安婦の存在を否定しようとするのと同じように、日本の社会がこれまでつくりあげてきたあらゆる制度や仕組みを経済学の論理一本やりで裁断しようとすることであって、そこにあるのは歴史や文化の生成というものへの無理解であるとともに、そうした無理解を恥じることなく、むしろ歴史や文化を捨象しうるところにこそ、経済学者の本領があるとでも思っているところにある。

　こうした懸念は先日七月二十九日に行なわれた「再販問題シンポジウム」においてやはり現実のものとなったと言わざるをえない。今回はその報告をかねて、パネラーのひとり中条潮《ちゅうじょううしお》氏（慶応大学教授）の発言について検討してみたい。

　木下修さんの問題提起をうけた中条氏の発言はいきなり「再販制はなくなっても大丈夫」という断言から始まった。政府系の規制緩和小委員会と再販規制研のメンバーであり、そのもっとも強硬な再販つぶし論者として知られている中条氏は、聞くところによると、再販擁護の立場の出席者が多いだろう今回の再販問題シンポジウムに単身で乗り込んで日頃の再販反対論をぶち上げ、擁護論を粉砕してみせるつもりだったらしい。残念ながら今回の一連の中条発言を聞いたかぎりではとんだ猿芝居である。中条氏は論理性も説得力もない発言に終始したと言ってよく、こんな程度の認識が二つの政府系諮問機関で一定の影響力をもっているのだとすれば、こんな組織の出す結論は仕組まれたおおいなる茶番だと言わざるをえない。当人によれば、規制緩和小委員会と再販規制研は民間人の集まりで、むしろ反政府的だそうである。それならなんで政府の行革にそった結論を出そうとするのか。

　ほかにもいくつかの人格を疑わせるような発言についてはこのさい目をつぶっておくとして、問題の性格上どうしても黙認できないものについてだけ触れておこう。

一、冒頭発言の「再販制はなくなっても大丈夫」という主張については中条氏はスウェーデンの例を挙げていたが、はたしてそれだけで文化的にも歴史的にも、そして流通量的にもおおきく異なる日本社会に適用できる保障がどこにあるのだろうか。その程度の根拠にもとづいて現実的に機能している制度を簡単に覆そうとするのは、それで生活を営んでいる多くの人がいることを忘れているか、見くびっているのだろう。経営努力もしていない書店などはつぶれてもしかたがないなどと平気で発言しているそうだが、気楽なものだ。

二、再販制度は形骸化しており、ほっておいても崩壊すると中条氏は予言する。それならなにも声を大にして多くのひとを敵にまわしてまで再販つぶしにはしる理由があるのだろうか。自分の長年主張してきたという規制緩和の理論を際立たせたいためだけのパフォーマンスならやめたほうがいい。冒頭で引いた佐伯氏の言うとおり、規制緩和などというものは理論と呼べるようなものではなく、歴史的なるものへのリヴィジョニスト的な清算主義、還元主義にすぎないのだ。こういうひとが文化という歴史的な生成物にたいする意見を述べるとなると、とたんに馬脚をあらわすことになる。

三、中条氏によれば、文化的に価値はあるが売れない本がなぜ再販制で守られているのか疑問だという。そういう本は価格を下げるか、もっと売る努力をすべきだというのである。そのためには再販制がじゃまになるというわけだ。本は安くすれば売れるというものではないと一方では言っておきながら、どうもこのひとにかかっては論理の矛盾も気にならないようである。売れない専門書を出しつづけている未來社のような出版社からすれば、聞き捨てならない問題である。失礼ながら価格をなるべく低くおさえる努力やそれなりの売る努力は、中条氏などが想像する以上に小出版社はやっているはずであり、そんな簡単な処方箋で片づけられる問題ではない。

四、中条氏はなにかとマーケット・メカニズムとか読者のニーズということで出版物を考えたがる。つまりニーズにあわせて出版すればいいという話になるのだが、これもきわめて単純な理屈だ。ごく一部には妥当するだろうが、個々の出版物はありきたりな読者のニーズを超えたところに成立するのが通常であって、むしろ出版物それぞれが読者の新たなニーズを発見し、生み出すのである。すくなくともそういう本でなければ、オリジナリティなどは存在しないし、いつまでも読まれうる本になることもできない。専門書とはそういう種類の文化的生産物なのであり、当座は大部数が出なくてもいつか価値を見出され読みつがれるものになる。そういう本を刊行することが文化を生み出すことであり、真の消費者利益なのではないか。中条氏のように、「文化、文化と思い上がるな」ということばは肝に銘じておくとしても、出版社が文化という観念をぬきにしたらただの出版産業の業者にすぎなくなるだろう。文化をなめてはいけない。

規制緩和小委員会の報告の意味するもの

（「未来の窓11」一九九八・一）

行政改革委員会の規制緩和小委員会が「著作物の再販売価格維持制度見直しに関する報告」を（一九九七年）十二月八日に発表した。これは政府の諮問機関としての規制緩和小委員会の最終答申となる。かねてより再販制（＝定価販売制）廃止論者が圧倒的多数を占めると言われていた委員会のものだけにいよいよ再販廃止ののろしを上げるのではないかと予想されていたのだが、意外にも全面廃止の提案とはならなかった。そこには論旨が奇妙に屈折した論議の痕跡がうかがわれるのであり、この報告が政治的に難産の結果であることを告げている。今回はこの報告について検討してみたい。

まず明らかに読み取れることは、この報告は前提あって結論なしというお粗末な文章の見本であるということである。結論があるとすれば、「経済活動の基本ルールである独禁法上原則違法である」現行再販制が独禁法の適用除外とされるには「相当の特別な理由」が必要であるにもかかわらず、そうした理由があるとする「十分な論拠は見出せなかった」としているところであろうか。しかしこれとても、従来から規制緩和小委員会が主張しつづけてきた観点であり、その認識の方向にそってこの報告書が書かれている以上、再販制を全面廃止にするという結論が出てくるのが論理の必然というものであったはずである。しかし最終的な結論はそういうことはいっさい書かれていない。つまり再販廃止の文脈で書かれてきた前提のみがあって、問題は先送りないし曖昧にされているのである。むしろ再販廃止という結論がないこと自体が結論なのだ。

ここには怪しげな政治的工作ないし配慮がありありと読み取れる。事実、聞くところによれば報告書の発表直前までは「全面廃止」の文句があったとされている。そうでなければ公式の報告書が混乱した論理のまま提出されるはずがないのである。書き替えの時間不足からこうした奇妙にねじ曲がった文章にならざるをえなかったのだとすれば、起草者にはお気の毒と言うしかない。

とはいえ、これで再販制が自動的に維持されることになったと考えるのは早計であろう。報告書の最後に書かれている以下の文章は、出版業界に残された課題が解決されないかぎり、再販制の廃止という議論はつねに潜伏していることをつたえている。

《以上により、当小委員会が示した、現行再販制を維持すべき「相当の特別な理由」があるとする十分な論拠は見出せないとの認識が、国民に十分に浸透されていくことを期待するとともに、著作物の再販制度について、国民の議論を深め、その理解を踏まえて速やかに適切な措置を講じるべきである。(中略)まず、消費者利益の向上の観点からは、著作物に関する流通の改善・合理化を図る必要があるであろう。既に、新聞、出版、CD等においては、業界として流通改善への努力が始まっているが、こうした取組みを一層強化していくことが期待される。》

これは公正取引委員会をはじめとする政府機関が規制緩和を経済政策の基本とするかぎり、「国民」を盾にしていつでも再販廃止の議論を再提起することができることを示している。流通改善というテーマが達成されないことを理由にあらためて議論がわき起こるということは十分に予想できることである。再販制廃止の議論がそうであるように、二度あることは三度あるのであって、そのときには三度目の正直という結論が待っていることになるだろう。

ところで、わたしにとっていまもっとも関心があるのは、流通改善の問題もさることながら、規制緩和小委員会が提起している問題認識のなかで、出版物(著作物)における〈消費者利益〉とはなにかということである。

規制緩和小委員会の報告書を読むかぎり、出版物は安く購入できることが消費者にとっての利益とされている。再販制度の存在によって販売店（書店）間の競争が阻害された結果、「消費者は商品を安く購入する機会と、より多様で良質な販売サービスを享受する機会を奪われ、消費者利益が侵害される」というわけである。しかし、ここで出版物を「消費」の対象と考える発想自体がすでにあまりにも経済主義的な観点ではないかというのが、そもそもわたしの根本的な疑問なのである。たしかに「書籍の多様性」についても報告書で言及されてはいる。書籍の多様性の再販制度との関係は明確ではないとしつつ、小売段階における多様性についてその画一化の問題に触れたあとで、「出版段階における書籍の多様性」についてはつぎのように述べている。

《売れにくいが学術的・文化的な価値が高いとされる書籍については、再販制度の有無によって需要自体が大きく変化するわけではないと考える。また、いわゆる売れ筋の商品の価格拘束によって得られた超過利潤で、売れない商品の赤字を埋める「利潤移転」の効果も一概には認められない。現状でも、出版社が、損失の発生があらかじめ予測できる書籍の出版に熱心だとは思われない。》

前段はともかくとして、これははたしてなにを言いたいのか首をかしげざるをえない。すくなくとも中小の専門書出版社にとって、売れた本の利益によって売れなかった本の赤字を補塡するという意味で「利潤移転」という結果が生ずることはあるとしても、最初から赤字覚悟の本を出すことに熱心になるわけがないのは言うまでもないことである。もちろん、そういう本は存在しないわけではないが、それはその書物が学術的にも文化的にも時代を超えた価値があるのではないかという特別な期待とともにしか存在しない。そして専門書とは、出版社の規模やその志向性にもよるが、ある程度の販売予測のもとにかろうじて成立すると判断されるものにほかならない。そうしたものが出版文化の可能性をぎりぎりのところで切り開いていくのであって、「書籍の多様性」というのもそうした特定の出版社の経営・営業努力によって支えられているにすぎない。たんに売れる本があったから売れない専門書を「利潤移転」するために出そうというのではないのである。報告書にはそうした出版社の実情にたいする認識がほとんど現われていないと残念ながら言わざるをえない。

新年の不機嫌なご挨拶

(「未来の窓12」一九九八・二)

時代はいよいよ急速にひとつの時代の終焉へとカーヴを描いているらしい。新しい年を迎えてもいっこうに回復の兆しを見せない日本経済はこのままドミノ倒しのように崩壊していくのかもしれない。これまでアメリカの援助交際的支援や独立後まもないアジア諸国を食い物にして成長してきた戦後日本も、最近のアジア経済の連鎖的凋落もあって、どうやら屋台骨がゆらいできたのである。資源も土地ももたない敗戦日本が奇跡の成長を遂げることができたのにはさまざまな偶然的要因も多いのだが、なによりも戦前の帝国主義的侵略政策をソフトな経済的隷属化政策へといちはやく転換することができたからである。いわば善意の顔をした支配政策をうまく機能させることができたのである。昨今の経済破綻はこうしたもともと虚妄の上に成り立ってきた経済構造の脆弱さが露呈してきたと言うしかないのだが、そのことにいったいどれだけの政治家や経済学者が気づいているのだろう。近代日本という国家は宗教も哲学ももたないできたために、いったん後退戦に入ってくると、かつての日本帝国軍隊のようにもう収拾がつかなくなるのである。

これまで世界で一番優秀と自称してきた日本の官僚の実力なるものが、じつは未来への展望を欠き目先の問題に事なかれ主義で反応することのみ巧みな人種であることがこの間の金融ビッグバンへの対応ぶりからも明らかになった。なかには個人的には面白い個性の持ち主もいるにはいるにちがいないが、そうした個性がまったく生かされない制度が日本の官僚の体質を再生産しつづけているのである。しかもこの体質は上から下まであまねく日本の社会に瀰漫しているのであって、たんに官僚だけの問題ではない。

こんな言わずもがなのことをつい口走りたくなったのも、この一月十三日に結論が出された公正取引委員会の諮問機関「政府規制等と競争政策に関する研究会」（鶴田俊正座長）の報告書が発表されたという新聞記事を読んだからである。前回で昨年十二月に出された政府・行政改革委員会の諮問機関である規制緩和小委員会の報告「著作物の再販売価格維持制度見直しに関する報告」について意見を述べたが、今回もまたおなじような意見を述べなければならないのだろうか。いまのところ報告書の全文を入手していないので詳述することは避けるが、新聞に掲載された要旨および関連記事を読むだけでもおよそのところは判断できる。それだけでも憂鬱になってくるのである。

とりあえずいまの時点で言っておかねばならないことは、「政府規制研」＝通称鶴田委員会の今回の報告に見られる顕著な特徴は、さきの規制緩和小委員会の報告と同様、再販制廃止の方向性を打ち出しながら、出版業界の言い分には形ばかりの理解と配慮をおこなうとともに急速な廃止への危険を示唆してみせるといった、きわめて手の込んだものだということである。成文上は玉虫色にしておいて、そこに相矛盾する論点があろうがなかろうが、とにかくあとは運用のレベルでうまくやってくれというわけである。

この報告は、著作物の文化性の問題に言及し、再販制度が出版物の多様性を保証している側面があることを初めて公式に認めたかたちにはなっている。そこのところを「第1　総論的な検討」のなかの「3　著作物再販制度の果たしてきた役割及び問題点の検討」の箇所で確認しておこう。

《再販制度は、小売店等の経営を安定させるとともに、流通が安定することにより発行者ひいては著作者にも一定の経済的な利益をもたらすという事実上の効果を有していると考えられる。》

つまり再販制度による安定した流通過程が、さまざまな問題点をかかえながらも、とりあえず書店・出版社・著者に利益を与えているというのである。しかしここでも注意しておかなければならないのは、それがあくまでも経済的な利益のことにすぎないのであって、わたしが主張しているように、ほんとうに価値ある出版物が刊行されること自体の文化的メリットにたいする認識が見られないということである。その証拠はこの報告書のすこしあとの各論のなかにすでに現われている。すなわち「第2　各品目の個別的な検討」の「1　書籍・雑誌」の項のなかにつぎのような箇所がある。

《書店での商品陳列や品ぞろえの充実の必要性、出版社の出版企画の多様性の必要性などが再販制度を必要とする最も重要な根拠として挙げられているが、必ずしも再販制度とこれらが直結しているとはいえない。》

ここで出版企画の多様性というものが抽象的に実現しうるかのように考えられていることは明らかだ。なるほど、再販制度があるから出版物の多様性が実現しているとするには、いまの出版の現状から言っても、決定的な根拠は存在しないだろう。しかし、前回も言ったように、出版企画は、専門書のようにたとえ小部数といえども、採算を度外視してたてられるわけではないのであって、その実現可能性の予測を可能にするものがなければ企画自体が流産することとなる。もちろん現状でもそういった事態はいくらでも存在するのだが、間違いなく再販制度の廃止はこうしたボーダーラインにある出版企画の多くを流産に追いやるだろう。そのなかには日本の文化にとってきわめて重要な価値をもつだろう企画が数多くふくまれているにちがいない。なぜなら、未来を先取りする出版物の価値は、その定義上からも企画の時点での経済的観点——売上げ至上主義——からは推し量れないものが多いはずだからである。「読者のニーズ」に応えるのではなくて、そうしたニーズを新しくつくりだす出版物、それこそが出版の創造的可能性なのである。

今回の報告では著作権者の保護のこともいちおう取り上げられている。しかしこれもおざなりな印象を受けるのは、すでに書いたように、そもそも出版が実現できない状況では著作権そのものが発生しないという単純な理屈を考えただけでも論理的な順序が逆であることが理解できよう。なにも文藝家協会の顔をたてるためにこうした付随的な問題への言及でお茶を濁すことはないはずである。

出版の文化性と多様性

（［未来の窓13］一九九八・四）

すこしまえにこの欄でも予告させてもらったが、未來社もふくむ専門書七社の会（岩波書店、勁草書房、東京大学出版会、白水社、法政大学出版局、みすず書房、未來社）の〈書物復権〉という共同復刊の試みが着実に読者の支持を得て実現にむかっている。二月末で締め切られた読者アンケートを読んでいると、老若男女を問わず、じつに多くの真摯な回答が寄せられていて、版元としては思いがけない喜びとともに襟をただささるをえなくなる。各社十点の復刊候補書を事前に知らせるパンフレットを書店店頭で見ての回答だけでこれだけの反応があるということは、じつにありがたいことであって、専門書をもとめる読者は根づよく存在しているのである。ここに顕在化した読者像はおそらく専門書をささえる読者群の氷山の一角だと認識しておいていいだろう。

候補書目をあらかじめしぼってのアンケートだけに、専門書読者の目からすればもっと他の書目も対象にしてほしい、対象にすべきだという意見もすくなからず寄せられたのは、まことにもっともな話である。版元としてもこうした意見にはおおいに耳を傾ける必要があろう。むしろこうした情報交換の場があまりにもないということによって、版元のほうも自社の書籍の重版にもうひとつ自信がもてなくなってきてしまっていたのである。ましてやこの構造不況の時代にはなおさらだ。

かつてはよく読まれた良書も時代の流れとともに忘れさられつつあり、毎日あふれ出る新刊の山のあいだに埋もれてしまう。昨年は年間六万三千点とも言われる新刊が出ているが、おそらく刊行点数のわりには今後も読みつがれるであろう良書のウェイトはきわめて低いのではなかろうか。この点はここ数年、顕著になってきたことである。その一方で、いわゆるロングセラーの落ち込みぶりには目を覆うものがあって、専門書版元の存亡が危ぶまれるのもここに主たる原因があるのである。

この一文を執筆している三月中に再販制をめぐる公正取引委員会の最終答申が出ることになっており、予断を許さない情勢がつづいている。すでにいささか旧聞に属するが、二月十日に公正取引委員会の担当課長を招いての書協主催の再販問題会員説明会なるものが開かれた。こうした切迫した時点で当事者たる公取委の中堅幹部がいわば相手側に乗り込んでの意見交換というのもいささか異例ではないかと思うが、そこでの話を聞いているかぎり、こういう役人的発想では専門書というものがどういうふうにして企画され、実現するかということがほとんどまったく理解できないという気がして、心さびしいものを感じた。公取委としても出版文化のことに言及しないわけにはいかないぐらいには、出版のもつ他の産業にはない特性を理解しようとする姿勢が出てきただけまだよいとする見方もあろうが、出版にかかわる者としてそんな甘いことは言っていられない。

かれらが考えている再販制のもとでの「出版物の多様性」という論点は、あくまでも流通のレベルの問題にすぎない。店頭での出版物の多様性とはなるほど再販制によってかなりの程度可能になっている現象にはちがいないが、それでも書店の金太郎飴現象が指摘されているぐらいである。公取委の理解に決定的に欠落しているのはひとえに生産現場での出版の多様性がどこで保証されるのかという視点である。

言うまでもなく専門書とは著者の高度な知識と書物刊行の意欲がまず存在しなければならない。しかしそうした知識や意欲を実現しようとするときには、どうしてもそうした専門書への理解のある版元の協力が必要になる。版元としてはこれまでの経験やら実績やらをもとにして企画の成立そのものを問い直し、ぎりぎりの採算点をにらみながら著者の意欲と運命をともにすることを選択するのである。いささか大げさに聞こえるとしても、こうした意志の存在をぬきにしては専門書出版社の存在理由はなきにひとしい。そこにあるのは売れる本でさえあればなんでもいいという考えとはおよそ対極にあるなんらかの使命感である。売れないことを前提にするわけではないにせよ、売る目標部数の設定をある程度低いところにおかざるをえないのである。文化とはそうした地点からしか成立しない。こうした専門書が自明のごとく出版され、流通に乗せられていることを前提にした（書店店頭における）「出版物の多様性」なるものがいかに内実のない、現実感覚に乏しい認識にすぎないかがわかろうというものである。

再販問題の帰趨にかかわりなく、日本の出版の将来ということを考えるとき、出版人がみずからのレゾン・デートルである出版文化の本質を論じあうことを避けていることは自己矛盾であり、そこにこそすべての問題の根源もある。そこをどう考えていったらいいのか。

というような話をじつは先日（三月七日）、日本ジャーナリスト会議出版部会というところで「書籍出版が生きのこる方途《みち》」という、考えようによってはおそろしいテーマのシンポジウムで話をさせてもらった。日頃考えていることを遠慮なくしゃべっていいという設定だったこともあって、わりあい言いたいことを言わせてもらった。それでも言い残したことが多かったが、いい議論の場があったものである。こうした議論の場を設定することによって、生産—流通—消費の関連の問題もふくめ、これらを出版文化総体の問題として設定しなおす議論があらためて俎上にのせられるべきときがようやくきたのかもしれない。それにしてもさまざまな出版人がいるものだ。衰退の一途をたどる書籍出版にももしかしたら一筋の光明が見出せるかもしれないという印象をもちかえりつつ、やはりいい著者と熱心な読者に支えられないかぎり専門書出版社は成り立たないし、おこがましく言えば、そのこと抜きには日本の文化も成り立たないということを意味するはずだ、とあらためて認識した次第である。

現在の金満ニッポン国が、図書館の増設や専門書のための図書予算の拡大など、文化政策によっても真の文化大国となり、政治家から官僚までもっとまともな文化意識をもつ人が台頭するぐらいになってから、あらためて再販制存廃の議論をするほうがいいかもしれない。お役人の出番はそれからでも遅くはない。

出版の原点へ——中央公論社の身売りをめぐって

出版不況が喧伝されてすでに久しい。出版界の人間が集まると返品率が五〇%を超えたとか、どこそこの出版社が危ないといった式の話でもちきりになる。わたしの友人知人にも物書きや研究者が多いが、そちらへもいろいろな社の編集者をつうじて出版不況の情報が具体的に伝わっているらしく、おまえのところは大丈夫かとなにかと心配してくれる。ありがたいことである。しかし専門書・注文制出版社というのはあらかじめ禁欲的であることによってこうした事態の先取りをずっとまえから引き受けてきたところがあり、自慢ではないが、この点にかんするかぎり、時代のほうが追いついてきたというにすぎない、と答えることにしている。

出版は不況につよいという思い込みが出版界にはこれまでかなり根づよくあったらしいが、どうやらそうした思い込みもここへきてその神話性が明らかになりつつある。今回の中央公論社の読売新聞社による吸収、子会社化(中央公論新社と名称変えになる)という衝撃的な事態をうけてますますその感を深くするひとも多いにちがいない。

中央公論社といえば、わたしなどよりもっと年配の知識人や業界人には複雑な思い入れがあるはずである。岩波書店の「世界」と中央公論社の「中央公論」という二大総合雑誌が日本の進歩的な言論界をリードしたのは敗戦直後から六〇年代末期の大学闘争にかけての二十数年間ぐらいのことであろうか。わたしのような戦後生まれ世代にとっては、「世界の歴史」「日本の歴史」にはじまり「世界の名著」「日本の名著」、そして中公新書として結実してくる、高度に啓蒙的で良質かつ廉価な教養書を供給してくれる信頼のできる出版社というイメージのほうがつよい。こうしたシリーズが日本の出版文化と読者層の質をどれほど底上げしてくれたかを考えるとき、ことは一出版社の衰退にとどまらない問題を提起していることがわかる。

(「未来の窓21」一九九八・一二)

「朝日新聞」十一月九日号夕刊に元「中央公論」編集長の粕谷一希氏が「中央公論社を惜しむ」という一文を寄せている。そこで粕谷氏は中央公論社の歴史をふりかえりながら、この出版社が果たしてきた役割と意味についてふれている。そこでも述べられているように、出版社とは主宰者に人を得ることができるかどうかだという指摘はまことに重いものがある。どれほど名声と歴史のある出版社であっても、しょせん出版という仕事は手仕事であり気の入れ方によって結果が左右される仕事であって中小企業的な規模の業種である以上、そこに人を得ることができなければたちまちその基盤も崩壊することになる。中央公論社の場合も、嶋中鵬二氏の死去にともなう優秀な後継者が出現しなかったということになるのだろう。あるいはそれ以前からの経営状態の悪化がどうにも建て直しのできないところまですすんでいたからなのかもしれない。いずれにせよ、こうした良質な出版社のひとつが時代の波に押され事実上の倒産にたちいたったことは、昨今の不況の根深さを示すとともに、出版業そのものが大きな転換期にさしかかっていることを象徴するものであると言えよう。

粕谷氏もさきの「朝日新聞」での一文の最後につぎのように書かれている。

《現代は解体と統合の時代であるという。日本の解体現象は中央官庁や金融界だけではない。出版界も再編の波が拡ってゆくかもしれない。週刊誌時代、コミック時代、情報時代は、人間の品位を失わせ、人間の知性や思考能力を低下させる傾向がある。／古典的出版社の没落が、日本語の衰退、知性と品位の下落につながらなければ幸いである。》

この警鐘をどのように受けとめるべきだろうか。出版社の社会的使命という問題と、出版社といえども一企業であり企業防衛という見地から売れるものを優先させるべきであるという論理との葛藤はますます深刻であり、なかなか解消できる問題ではない。しかし昨今の状況は、これまで売れた本や雑誌でさえもいままでのままではもはや売れつづける保証がどこにもないことを示唆している。売行き優先のシステムが転換されなければならないことは誰の目にも明らかになりつつある。日販、トーハンという二大取次が「量から質への転換」をうたいだしたのも理由のあることなのである。

しかし、そうは言っても、すくなくとも良質な書物が商品としてはむしろそんなに売れないものであるという厳然たる事実をあらためて認識しなおすことが肝要である。これは日本あるいは日本語というマーケットを考えたとき、必然的に出てくる結論である。そうすると、おのずからでてくる問題は、出版における適正規模とはなにかということになる。これは日本の出版業界が、出版社・取次・書店それぞれにおいて必要以上の過剰生産・過剰流通・過剰在庫をかかえこんできたことと関連する。それだけ過剰な業量をこなさないと必要なアガリが得られないという構造自体がこれまでの日本の出版業界の成長を支えてきたわけだが、この仕組みのもつ矛盾がここへきて完全に露呈したと言わざるをえない。それだけの無駄を吸収する余力が出版業界にはもはや存在しなくなったのである。ある取次の大幹部が、出版社の出す書籍に力がなくなると業界全体が縮小均衡路線に向かわなければならないと言っているのは一面の真実であるが、とりあえずはこれまでの肥大しきった過剰生産・過剰流通・過剰在庫という無駄を除去するところから手をつけていかなければならないのであって、一時的な縮小均衡をおそれてはならないと思う。そのことによって人員削減ないしは待遇の劣化を招こうとも、これまでの日本経済のバブル性が異常であったことを考えれば、むしろこれは健全化なのではないか。

わたしはなにも一律に縮小均衡すべきだなどと言うつもりはない。このことは誤解されないためにも何度でも言っておく必要があろう。以前、アメリカの出版社を訪れたときに印象に残ったことがある。そこは社員数百人をかかえる一流の出版社であったが、出版にたずさわる人間というのは本が好きでやっている以上、ほかの業種とくらべてかなりの薄給にもかかわらず喜びにあふれて仕事に参加しているという誇りをもっていた。出版とはそもそもそういう種類の意志的な仕事だったはずである。出版の原点に立ち戻らなければならない時期になったと言えようか。

注　このサブタイトルは初出にはなく、本書で初めて付けたものである。

出版社の適正規模を考える

（「未来の窓22」一九九九・二）

前回、この欄で中央公論社の身売り問題に触れたさいに出版における適正規模について言及した。この一文を書いてまもなく井狩春男さんが「毎日新聞」（一九九八年）十一月十六日号でやはりこの問題について書いているのを読んで思うところがあった。そんなわけで今回もこの問題についてもうすこし考えてみたい。

井狩さんと言えば、人文・社会科学書専門取次・鈴木書店の仕入課長であり、「まるすニュース」の編集人というか執筆者として業界人なら知らぬひとはいないぐらいの存在である。毎日、洪水のごとく押し寄せる新刊をさばきながら、これはという本を選好して記事を書きつづけるという仕事を長いことしている。新しい本が生まれる瞬間というものをほとんどリアルタイムで知っているひととしてはこのひとをおいてはいないだろう。それだけに『本の洪水』の中の出版不況」と題するこの「毎日新聞」の文章は、昨今の出版界をめぐる異常なほどの不況についての、本を扱う現場からの意見として傾聴すべき発言をふくんでいると思える。

このひとはときどきいいことを言う。新刊刊行点数がことしはいよいよ七万点近くになるということの不合理について触れたあと、こう述べるのである。

《出版点数が減れば、例えば現在の半分くらいになれば、読者も少しはゆっくり本を選ぶことができ、書店もじっくり売ることができる。しかし、とても読みきれない洪水のような出版点数を誰も減らすことができない。減らせるのは出版社自身であるが、点数を減らせば、新刊の売上げが減ることは目に見えている。したがって、横ばいか少しずつ増やすか、どちらかとなる。》（傍点—原文）

まったくその通りである。かつてのオイル・ショックのときのように作りたくても紙がないということでもなければ、出版社自身が自己抑制することはふつうは考えられない。ましてどの出版社も多かれ少なかれ新刊依存体質つまり自転車操業状態なのだから、新刊をストップすればたちまち立ち止まっていることさえできないということになるのが実情なのである。専門書出版社のように息の長い本を作りつづけてきた（はずの）ところでさえそうした傾向が強くなってきたのだから、出して一年もしないうちに誰も手に取らなくなるような場当たり的な本を出してきたところは、主として新刊の売上げによって成り立っているのだから、新刊刊行ペースをますます早めざるをえないのではなかろうか。これでは業界全体の刊行点数は加速度的にどこまでもふえつづけ、かのグレシャムの法則のとおり、悪書は良書を駆逐するという最近の悪しき傾向にますます拍車がかかるだろうことは目に見えている。どこかで認識のチャンネルを切り替えないと、おそらく業界全体が共倒れすることになりかねない。

「本や雑誌が、大量部数売れる時代は終わったと思う。だから、それに応じて、出版社の体質も変わらなければならない」と井狩さんはさきの引用部分につづけて書いているが、面白いのはこの先である。

《ひとつは人数である。大手出版社で、最大でせいぜい30人くらい、月に2〜3点の新刊を出すところでは3人もいればいいと思う。１００人以上などは多すぎる。もともと出版は、小人数で（1人ででも）成り立つ、もっとも有意義で魅力的な仕事なのである。大人数の幻影の時代は終わった。》

じつに大胆な意見である。スケール・メリットによる収益構造と細分化された分業体制によって成り立っている大手出版社にとっては首肯しえない提案ではあろう。現実的に言えば、出版社の現場を知らないがゆえの暴論ではあるが、本質論として考えるとき、おおいに耳を傾ける必要のある意見ではないかとわたしは思う。すくなくともわたしの解釈では、ここで言われていることは出版社のトータルな人数のことよりも編集者の数のことを指しているように思えてならない。こんなことを言うと、世の編集者たちには憎まれるかもしれないが、出版界には必要以上に編集者が多すぎるのである。

誤解をおそれず言えば、本を編集するということは自分のための仕事である。自分の出したい本のイメージが先行してこそ、それを実現できるように最大限の努力をすることができる。出しても出さなくてもいいと当人が思っているような本なら出さないほうがいいにきまっている。実際、編集者の主張のはっきりしない本が多すぎるのである。また、自分の出したい本がどうやっても企画を通らないようなら、そんな出版社にいたって意味はない。もっとも編集者にはひとりよがりの人間がけっこう多いから、自分のやろうとしていることがどこまで普遍性のあるものなのか、じっくり考え抜いたうえで決断することが肝心であるのは言うまでもない。自分で出したい本のイメージのひとつもなくて、業務として編集にたずさわっているだけなら編集者などという因果な稼業からは足を洗うことをお勧めする。まあ、これからさきは当人の生き方の問題だから深追いはしないが、井狩さんの大胆な提案に答えられる点があるとしたら、出版社単位の問題ではなく、編集者ひとりひとりの問題意識の集積が、これからの出版の世界を変えていくことを期待するほうがいいのかもしれない。

そんななかで、フリー編集者として古書界の面白い話題など出版業の一面に目を配りつつ独自の感覚での編集本を作りつづけているひとに高橋輝次さんというひとがいる。半年ほど前になるが、わたしも一文を寄せた『原稿を依頼する人、される人』（燃焼社）という本が出た。著者、編集者六七人の文章を収録したもので、本が生まれる現場とはどういうものか、さまざまな経験と考え方が語られている。編集者、そしてもちろん著者もぜひ参考にしてほしい。

「本の洪水」のなかの出版不況という悪無限のなかで、自社の出版物を総点検しようとする動きも出始めている。つまらない本なら作っても売れなくて損をするだけだから、当然と言えば当然であるが、この未曾有の出版不況のなかで、専門書出版社やロングセラーをもっている出版社を中心に自助努力がようやく始動したと言うべきか。その結果として出版社の人員の適正規模がすこしずつ実現する方向へ向かっていくなら、おおいに結構なことである。

〈責任販売制〉という戦略

（「未来の窓24」一九九九・三）

すでに業界紙などで発表されているように、小学館がこの六月に刊行される『21世紀こども百科　歴史館』を対象として「責任販売制（案）」を実施する構想を打ち出した。書店からの事前注文制による買切りであり、その条件としては書店マージン三五％、取次マージン八％をふくむ卸し正味を五七％とするものである。しかも一〇〇部以上販売した書店にはさらに五％の販売促進費（＝報償金）を出すというのだから驚きだ。書店マージンは最大四〇％が可能となる。現今の二〇％を大きく上回るマージンが出るとあっては、日書連が大歓迎するのも無理はない。すでに日販・トーハンの二大取次もこの試みに（しぶしぶ）賛成しているとのことである。

ところで、こうした試みがはたしてどれだけの意味があるのか、いまの段階ではまだなんとも言えないことが多いのだが、予測しうる問題点は考察しておく必要があるだろう。というのは、この試みが現在の出版不況を打破する救世主的役割をはたすものと期待されているむきがあるからである。

まず考えられるのは、この試みにどれだけの普遍性があるのかという問題である。つまり、業界の大きな流れとは言わないまでも、ひとつの有力な手法として定着する可能性があるのかという問題である。もちろん、あくまで実験的な試みであるとあらかじめ主張されている以上、この問題は限定された範囲でしか問うことはできない。しかし実験的であろうとなかろうと、それが現実に鳴り物入りでスタートする以上、これは原理的な問題として考察されなければならないはずである。

今回の試みの対象とされる『歴史館』は、最新刊の『科学館』が一四万部の販売実績をもつ人気シリーズである（「新文化」一月二十八日号の記事より）『21世紀こども百科』の一冊であることによって、いわばその成功が最初から保証されている。じつはそこにこそ、この試みの実験性そのものに疑問が生ずる理由があるのである。失敗のないところに実験は存在しないからである。

小学館によれば、一冊四七〇〇円の『歴史館』は、これまで通りの卸し正味で販売すれば七万部で採算がとれるところだが、今回の試みでは採算部数が一〇万部を超えるとのことである。単純に試算してみても、四七〇〇円の本が五七掛けで七万部売れれば、総売上げで一億八七五三万円になる。通常正味で売った場合の七万部の売上げが約二億四〇〇万だから、この試みが成功しないで七万部で終わったとしても、約五〇〇〇万円強の損失が出るにすぎない。われわれ小出版社にとっては大変な金額だが、小学館のような超大手出版社からすれば、日書連幹部の絶大な支持もとりつけるようなこれだけの話題提供ができれば、それだけでも十分に元を取ることができるといっていいだろう。そればかりではない。ある大書店チェーンでは、書店に協力的なこうした試みにはおおいに「責任販売」してみようと積極的に販売作戦を立てていこうとの話もある。いかにもありうることである。そうしてみると、そもそも七万部どころかその倍以上売れると見込むことも十分に可能なのである。書店にとってみれば、一冊売って三五％から四〇％の利益が上がるものを他の二〇％しか利益の上がらない本より積極的に売ろうとするのは当然だからだ。ましてや売り損なった場合には書店は三割入帳（小学館には二割入帳）でしか返品できないというペナルティまであるのだから、必死になって売り切ろうとするだろう。

こうなってみると、小学館は「責任販売制」の勇気ある推進者という名をとるとともに実をもとることになる。これはじつにおそるべき巧妙な仕掛けであり、一種の価格破壊を辞さぬ優れた市場戦略であると言うべきかもしれない。しかもそこにはポスト再販まで見越した販売戦略の実験まで含んでいるのかもしれないと思えばなおさらだ。

言うまでもなく、こうした手法が可能なのは巨大な資本とベストセラー商品を有する特定の出版社に限られる。そもそも大取次二社が特別に手間のかかる特定商品にたいして流通システムの一部変更をともなう特別体制を組むことを了承したのも、シェアの高い出版社の主張だからにほかならない。今回の『歴史館』は通常正味の委託扱いとなる最初の五〇〇〇部の見本分と、それ以外の注文・買切り分との二種類に分かれる予定だそうである。同一商品でありながら二つの正味体系をもつことになり、したがってＩＳＢＮコードも別々になる。こういった前例のない商品を扱うには、返品時のチェック漏れなどのためにも特別のシステムが必要になるのであって、取次としてもシステムの別途の構築が必要になる。そうしたコストを度外視して通常の取次マージンで我慢することになったのも、責任販売制は業界の流通改善のための切り札という錦の御旗が立てられてしまったからにほかならない。取次はいわば退路を断たれたかたちで今回の小学館の戦略に同調したはずである。これなどはわれわれのようなベストセラーと無縁な弱小出版社には及びもつかない力わざである。

問題はそれだけに収まらない。こうしたいわば強者の論理がまかり通ることになれば、書店店頭ではますます売れるもの、利幅のあるものを重視する傾向に拍車がかかるだろう。同じ出版物といっても、あらかじめベストセラーになることのありえない専門書と、場合によっては巨大な利益を生むことが可能な出版物とでは、正味を比べること自体に意味がない。にもかかわらず、未來社のように企業防衛上、注文制をとらざるをえない専門書出版社の正味体系にまで累が及ぶことにもなりかねないのである。もっとも小学館が売れる商品だけについてでなく全面的に注文制に移行し、責任販売制を主張するようになるのであれば話は別だが。

未來社の創業者でもある西谷能雄が注文制とともに責任販売制について早くから論陣を張っていたことを覚えている業界人ももはや少ないだろう。一九八八年に未來社から刊行された『責任販売制とは何か』のなかで「責任販売制」がややもすると販売に重点がおかれがちなのにたいし、業界三者がそれぞれの立場で責任をもつべきであることがくりかえし主張されていたことが、いまやなつかしく思い起こされる。業界の共存共栄につながらなければ、責任販売制の主張もパフォーマンスに終わる危険がある。

注　その後、この商品がどのような成果を上げたのかは寡聞にして知らないが、流通の仕組みを大きく変更することにはならなかったことだけはたしかだ。ちなみに、わたしはその後「責任出版制」という主張をすることになるが、発想の原点は、生産する側の出版社の自己責任こそが出版業界の健全な発展を担保するものであるという考えにある。「出版界の〈仁義なき戦い〉」(本書六三頁以下)と「新文化」二〇一〇年三月十一日号の「〈責任出版制〉のすすめ」(本書六六頁以下)参照。

図書館の役割はどう変わるべきか

(「未来の窓28」一九九九・七)

公共図書館の図書購入の基準はどうなっているのか。以前からいろいろ疑問があったのだが、「朝日新聞」五月二十七日号の記事で、とりわけベストセラー本の購入にかんしていろいろな意見があることがわかった。ここではこの記事に関連しながら、公共図書館はどうあるべきかについて私見の一端を述べておきたい。

まず最初に問題にすべきことは、公共図書館とそれを利用する読者(市民)との関係がそれぞれの図書館関係者に明確に位置づけられていないことである。なにが公共の役に立つかという観点である。これは〈公共性〉という近代的観念をめぐる哲学的な知見を必要とする課題かもしれないが、さしあたり市民の読書への要望をどう評価するかということが争点になる。『失楽園』(渡辺淳一)や『五体不満足』(乙武洋匡)のようなベストセラーを「市民のために」として一館で数十冊も購入する公共図書館が少なくないということであるが、これはいまに始まったことではない。かつて黒柳徹子の『窓ぎわのトットちゃん』が売れているときには一館で二百冊購入したところもあったと聞いたことがある。

たしかにどんな本であろうと、市民に要望の多い本を揃えるのは公共図書館の役目であると思っている図書館司書は多いだろう。しかしこうしたベストセラー本が一過的な興味を引きつけるだけで、時間がたてば誰も見向きもしなくなる本が多いという現実を経験している司書は多いのではないだろうか。にもかかわらず、当座の人気と要望に応えるのが図書館の使命だと考えるのだとすれば、やはり役人によくありがちな失点防止主義、ことなかれ主義だと言われても仕方ないだろう。読者はどうしても読みたければ、自腹を切って買って読むのがあたりまえではなかろうか。文句を言って税金で買わせるのが市民の権利だとでも思っているひとにおもねる必要がどこにあるのか。

「朝日新聞」の記事によれば、元図書館員のM氏は「ベストセラーは時代を映す鏡であり、図書館利用者は図書館人が考える以上に賢明です」と主張している。こうした考えは一見市民を尊重するまっとうな意見にみえて、そのじつはふだんあまり本を読まないような市民層に迎合しようとするだけではないだろうか。本来の図書館がはたすべき役割はもっと別のところにあり、こうした種類の本の利用者ばかりが図書館を利用していることこそが問題ではなかろうか。M氏の主張とは逆に、図書館人が利用者よりもさらに賢明でないだけではなかろうか。『無料貸本屋みたい』という批判は、ほめ言葉として受け取りたい」と言うにいたっては、かなり悪質な開き直りだと言うしかない。こういうひとが、予算の制限をタテに学術書の購入されにくさを残念がってみせ、図書館の相互貸借制度のことを推奨するのも、スタンドプレーとしか思えない。

たしかにM氏が言うように、『良書』を通して知識を獲得し、人間性の向上に役立てるという古典的な『良書主義』という観点は、むしろ近代主義的な市民啓蒙の思想にすぎず、こうした上からの押しつけもまたおおいに問題にしてよい。

しかし本の選別をするのが司書の役割であることに変わりはない以上、一過的なベストセラー本に目を奪われず、購入すべき本を見分けるのはかなりの情報量と選択眼をもたなければならないことになる。そこで各種新聞・雑誌の書評なり記事なりを参考にするのも司書の当然の仕事のひとつであろうが、昨今の大新聞も学術書や専門書のきちんとした書評が載せられなくなってきている傾向にあることを思うとき、それだけに頼っていいのだろうかという思いがする。

そこで図書館人に考えてもらいたいのは、文化的な出版活動が成立するためには、図書館の役割がこれまで以上に必要になってくるだろうということへの自己認識であり、欧米なみとはすぐにはいかないかもしれないが、図書館予算をふくむ行政改革にもっと積極的に取り組んでほしいということである。

図書館人は出版の現状についてもっと知ってもらいたい。数年前に神奈川県の図書館のひとたちと話をする機会があったときに経験したことであるが、出版物が世に出るためにはどれだけのコストや手間がかかるかということ、専門書がどれほど小部数の刊行であるかについて、あまりにも知らないということにこちらのほうが驚いたことがある。しかもそこに集まったひとたちは図書館のひとたちのなかでもかなり意識的で積極的なひとたちであったはずだから、なおさらのことだった。その意味では公共図書館のひとたちが、ベストセラー本の安易な大量購入をやめて学術専門書の購入をもうすこし積極的に考えてくれるだけで当面でも専門書出版社へのかなり大きなサポートになるのだということを認識してほしいのである。

竹内紀吉さんはさきの「朝日新聞」の記事へのコメントのなかで「本や出版社が俳優や女優だとすれば、図書館は演出家」であり、中小出版社の本の徹底収集の必要を説いている。こうしたすぐれた演出のもとでこそ、すぐれた利用者も集まってくるのであることは言うまでもないだろう。そしてこの演出家は、ベストセラー志向でない、地道な研究や基礎的な学問への出版社の意欲を高めることを通じて、専門書出版のさらなる活性化に、ひいては文化の向上におおいに寄与することになるだろう。

松本功さんは近著『ルネッサンスパブリッシャー宣言』(ひつじ書房)のなかで、これからの出版について具体的な提案をおこなっているが、そのなかで図書館のありかたについても、いくつかの提案をしている。たとえば、インターネットをつうじての電子図書館化。現在、公的機関のかわりにNPO(非営利団体)が品切れの学術専門書などのコンテンツ制作をつうじて情報提供の運動を展開しているが、こうしたボランティア活動にたいして積極的な購入その他をつうじて資金援助をおこなうとか、紙媒体によらない書物の電子情報化にたいして利用の頻度に応じた支払いを制度化するなどの考えかただ。図書館人も二十一世紀にむけてこうしたあらたな出版形態を模索する時期にきているのではなかろうか。

注　この稿の最後のところで電子図書館とか(デジタル)コンテンツ制作や「紙媒体によらない書物の電子情報化」の話題が

すでに出ていることは、昨今の電子書籍ブームに鑑みて、その発想の先駆性に驚かされる。

（「未来の窓39」二〇〇〇・六）

図書館を誰が利用するのか

　ことしもまた書物復権8社の会による共同復刊事業がこの六月に始まる。四年目を迎えるこの事業もすこしずつ読者のあいだに定着してきているのが、読者からのメッセージを読むとよくわかる。以前なら当然のように版を重ねていたいわゆる名著が、いまや品切れになるとともに絶版同様に追い込まれてしまう。〈書物復権〉で復刊された書物でさえ、いったん品切れになってしまうとふたたび絶版同様になりかねない。その意味ではこの時代ほど書物受難のときはこれまでなかったのではないか。そしてこの受難の時代がこの先いずれ好転するという兆しもいまのところはないのである。

　これはなにも既刊の書物ばかりの話でないのは言うまでもない。最近の文庫出版は刊行当初からよほどのことがないかぎり初版売切りというのが常態化しているらしい。つまり重版は前提とされていない。しかも以前にくらべて初版部数自体が減少しているとのことである。未來社のように最初から部数を一五〇〇部程度、せいぜい二〇〇〇部に限定してきた専門書出版社にとってはいずれにせよ桁ちがいの部数であることに変わりはないが、それにしてもいったん作った本が重版にまわることがきわめて少なくなっている現状は、出版社にとっても、関連する印刷・製本業者にとってもいよいよ死活問題となってきている。

　そんななかで、公共図書館が「市民迎合の公立無料貸本屋」化していると警告した能勢仁さんの論文「増加一途の図書館貸出冊数——書籍販売の伸びをおびやかす一要因」（「新文化」四月二十日号掲載）がきっかけになって、日本図書館協会企画調査部長の松岡要氏が「図書館の貸出増加は書籍販売を脅かすのか」という反論を同じ「新文化」五月十一日号に発表しているのが興味深い。すでにわたしが前出の「図書館の役割はどう変わるべきか」で言及した問題とも関連するが、図書館のありかたをめぐって根本的な立場のちがい、考え方のちがいが明瞭になっているように思われる。

能勢さんの主張の眼目は、書籍販売冊数が二〇〇五年には冊数において公共図書館の貸出しを下回るだろうという予測にもとづいて、この制度自体が読者サービスという名目で本来の書籍販売を阻害することにつながりかねないということである。読者が無料貸出しをしている公共図書館に流れてしまい、本を買わなくなってしまうことによって書店経営が成り立たなくなることを懸念するのが、書店コンサルタントとしての能勢さんの立場からの主張であろう。

これにたいして、松岡氏は能勢さんの依拠するデータが日本図書館協会発行の『日本の図書館』であることを確認したうえで、図書館の現状について問題点をいくつか列挙する。ひとつは図書館不在の市町村が過半数を占めるという実態、しかも複数の図書館をもつのが一五パーセントにすぎないという実態をまず挙げる。ついで、増大しつづける出版点数に反比例して削減されつづける資料費という問題。さらに司書が増えないばかりか人事管理方針による他部署への配転など図書館員としての専門性の蓄積が思うにまかせないという行政上の問題。松岡氏はこうした問題点を挙げたうえで、能勢論文における「貸出冊数」のデータの解釈への異論を述べている。つまり貸出しのなかに個人貸出しのほかに団体貸出しが含まれていること、貸出冊数のなかに雑誌や視聴覚資料などもカウントされていることなどを挙げ、能勢さんの把握している「貸出冊数」は実態をかなり大きく超えた数字になっていることを示唆している。そして「市民迎合の公立無料貸本屋」化している例証としてのベストセラーの複本購入にかんしては、大都市の図書館における「局地的な現象」で極端に多いものとは思われないと反論している。この点は細かい実態把握ができないので判断を留保するしかないが、ほんとうに松岡氏の言うとおりかどうか疑問なしとしない。たとえ大都市の一部の大図書館だけの話かもしれないが、それ自体かなりの無駄である事実は以前にも指摘したとおりである。

しかし、そうは言っても松岡氏はこうも言っている。

「図書館は出版流通において、しかるべき地位を得たいと願っている。優れた図書の安定的な出版の保障を、図書館が一定数購入できることにより実現させたい」と。もっともすぐつづけてこれは現状では「極めて困難である」とも言っているのだが。

それはともかく、こうした考えはわれわれのような小零細の専門書出版社にとっては貴重な論点である。大手出版社にとっての数百部と小零細出版社にとってのそれとではその比重がまったくちがうのは、初版部数が数千から万に及ぶ大手出版社と千部、二千部というところで呻吟している小零細出版社の現状にたいする認識の問題である。出版文化の発展のことを言うなら、たとえば書物復権8社の会の復刊事業が一点あたりたかだか五百部の発行にすぎないことを図書館員はもっともっと考えるべきではないだろうか。

ともあれ、こうした図書館のかかえる問題は、図書館員の認識や意識の問題であるとともに、いやそれ以上に行政の問題であることはいまさら言うまでもない。図書館の整備・充実こそは国民の知的水準のバロメーターのひとつである。まともな読書人がなかなか公共図書館を利用できない、利用したがらないという誰もが感じている現状の打破こそがなによりも問題なのではなかろうか。「金太郎飴図書館」には誰も魅力を感じないからである。

注　初出のタイトル「転機のなかの書物復権事業」を変更した。

書籍流通は問題の核心か——シンポジウム「書籍流通の理想をめざして」の感想

（「未来の窓72」二〇〇三・三）


この二月十日、新宿の紀伊国屋ホールで日本文藝家協会主催のシンポジウム「書籍流通の理想をめざして」を聴きに行った。四〇〇席を超す会場に、通路に補助椅子まで追加しての盛況であったが、内容的にはかみあわない議論が多く、出版界がかかえている諸問題がいずれも解決困難な課題ばかりであることをあらためて印象づけるものであった。

日本文藝家協会が主催したわりには、今回は出版〈流通〉にとりあえずの焦点がおかれていたためか、取次、新古書店、図書館に話題が集中しがちであった。翌日の「朝日新聞」がさっそく掲載した「本が売れない、何が問題」というレポートでももっぱらこの観点から「出版不況の元凶」とされるこの三者を中心にまとめられていた。だが、はたして出版流通を改善すれば、本が売れない現象に歯止めがかけられるのか、わたしはおおいに疑問に思っている。今回はこのシンポジウムについて簡単に触れながら、考えを述べてみたい。

標題のシンポジウムのまえに佐野眞一の基調講演があり、例によって『だれが「本」を殺すのか』『同・延長戦』での議論をふまえながら、従来の大量出版―大量流通―大量販売の拡大路線は今後は行き詰まるだろうと予言したうえで、出版の新しい可能性について触れつつ、それでも本は死なないだろうという見通しが述べられた。その新しい可能性にはふたつの方向があり、そのひとつが電子出版、もうひとつは小部数出版で取次よりも書店現場をよくおさえているような専門書版元の地道な努力のなかに見出されるとされた。この意見は大筋においてわたしも同調できるし、ぜひそうあってほしいが、出版界の制度疲労を根本から解決するにはやや荷が重かろう。ただ、そうした地道な書店現場との関係構築、関係の維持、そしてそれに耐えられるだけの内容をもった出版物のたえざる創出、大量販売にはけっしてならないけれども一定量の読者とのコミュニケーションを確保できるような新しい流通のスタイルだけは着実につくっておかなければならないだろう。本が死なないならば、新しい流通はおのずからそうした流れのなかから再生するだろうからである。

さて、シンポジウムについても触れてみよう。作家・中沢けいの司会で、パネリストはフランス文学者の鹿島茂、長野の長谷川書店・長谷川浩一郎専務、トーハン・金田万寿人社長、小学館・相賀昌宏社長、公正取引委員会・楢崎憲安取引部長、ブックオフ・坂本孝社長、日本図書館協会・大澤正雄理事、それに日本文藝家協会から書籍流通問題委員会委員長の深田祐介の各氏である。

人選は疑問なきにしもあらずでピント外れの意見もあったが、今回のように出版〈流通〉がテーマである以上、多かれ少なかれこうしたそれぞれの持ち場からの顔役が登壇するのは必然だとも言える。むしろ、いま批判の矢面に立たされている新古書店ブックオフの社長をこういう場に呼び出した主催者側の労を多とするべきかもしれない。なにしろ創業四年半で七〇〇店舗を擁するほどの急成長をし、周辺の新刊書店の売上げに多大な影響を与え、その半面、青少年の万引きを誘発するような社会問題にまで発展している「出版不況の元凶」のひとつだからである。

そのかぎりにおいて、ブックオフの坂本社長が誰よりもさまざまな批判と追及の対象とされたのは当然であるが、そうした批判をかわす坂本氏の答弁は、歯の浮くような理屈を述べるだけで老獪さばかりが目についた。もともと捨てられる運命にあった古書を回収して、潜在的な読者の掘り起こしをしているのだというような強弁は、古書店がこうした現実的な機能をうしなってひさしい現在、たしかに一定の役割をおびていることは否定できない。むしろ読み捨て文化をみずから提示し、大量出版―大量流通―大量販売路線に拍車をかけてむりやり拡大してきた出版界の歪みを逆利用するかたちでブックオフが台頭してきたことも否定できないのである。小部数出版の学術専門書がブックオフの「被害」にあうことがすくないのも、そのことを立証している。主として問題になっているのは、文芸ものやコミックなのであり、それが日本文藝家協会が出版流通問題の核心的問題のひとつと位置づけている理由なのであろう。とはいえ、ブックオフのような法律違反すれすれの確信犯的な業者の台頭には必然性があるが、いずれ一定の歩どまりがあってしかるべきではないかとわたしは考えている。

要するに、出版不況の本質的な問題点はそんなところにはない、というのがわたしの考えである。もちろん新古書店的な商行為にたいして野放しでいいというつもりはないが、日本文藝家協会も出版社、取次、書店もいささか過敏になりすぎているという印象をもった。本質的なことは、いま、出版物はさまざまな知的メディアの選択肢のひとつになってしまったという厳粛な事実を認識すること、にもかかわらず、出版物（活字さらには言語）をつうじての知の獲得こそが未来へつながる新たな知の源泉でありつづける、という二十世紀の言語論的転回によって明らかにされた人間の知的活動のありかたへの根本認識をあらためて見つめなおすことが、出版にかかわるひとにはいまこそ必要だということである。佐野眞一が、大状況的にはグーテンベルク以来五〇〇年の出版というシステムが徐々に崩壊していることを指摘しているにもかかわらず、である。その意味では、小学館・相賀社長の「書を持って街へ出よう」という素朴な主張には好感がもてた。これは言うまでもなく寺山修司の「書を捨てよ、町へ出よう」のもじりだが、いまでも古書店巡りをするのが好きだという相賀さんの姿勢は出版人として書物に接するための基本姿勢だと思う。出版人がそもそも本を読まなくなっているというおそるべき現実があるなかで、いくら技術論ばかりが論じられても所詮むなしいばかりだからである。

今回のシンポジウムの最後で公正取引委員会の楢崎氏が最後に言われていたように、再販論議や書籍販売における弾力的運用の問題に話題がのびていかなかったのは残念な気もするが、その一方で出版にかんする議論が文化論におよぶとあたかも必然的に観念論になるかのような発言をしていたのは見逃せない。こういうひとが出版について権力的に介入することの危険を感じたのである。

「総額表示」という政治的陰謀

（『未来の窓74』二〇〇三・五）

この三月二十八日、「消費税法等の一部を改正する法律案」が国会を通過し、書籍の定価表示の方法が消費税額をふくめた総額表示方式とすることが義務づけられることになった。来年四月からの施行ということであるが、出版界はまたしても無用な混乱に陥れられることになる。それでなくても苦境にあえいでいる出版界にとって、この表示方法の変更は、たんなる技術処理上の問題だけでは終わらない。この表示方法の変更が日本の出版文化にとって致命的ともなりかねない重大な危険をはらんだ問題であるだけに、この総額表示方式の強制がはらむ危険をここで強く訴えねばならないと思うのである。

そもそも、なぜここへきてあらたな定価表示方式をとらねばならないのか。一九八九年の消費税導入時と一九九七年の消費税率改定時の二度にわたって、出版界は定価表示のしかたをめぐって、公正取引委員会とのさまざまな折衝をはさみながら、従来の定価表示方式に奇妙な修正をほどこしてきた。現行の定価表示方式はその意味ではすでに歪んだ形式であるが、それでもここ数年のあいだに読者との無用な混乱もなくそれなりに定着してきた。つまり、本来の流通の基礎のための「本体価格」を明示し、それに消費税をプラスしたものを「定価」とするということで、かりに消費税に変更があっても本体価格が明示されているかぎり、流通に対応できるようになっているのである。この表示方式においては消費税は本体価格にたいして外税として機能するのであって、書店のレジでは消費税率変更にもあらかじめ対処することができるようになっている。この外税方式は一九八九年の消費税導入のさいに、出版界の一部が主導した内税方式の自己矛盾を業界的に徹底的に反省するなかで定着してきたものである。

この内税方式とは、消費税をふくんだ総額を「定価」とみなし、なおかつ流通と書店店頭での利便性（扱いやすさ、買いやすさ）という矮小な問題意識のために定価を「丸める」（金額の一桁目に端数が出ないようにする）という姑息な手段であった。雑誌や文庫、新書といった回転も早く廉価な書籍を主要な商品とする大手出版社の自己本位がまかりとおった結果、本体価格が消費税率の変動によって微妙に変更されることになり、いわゆる「一物二価」という問題が生じ、あわせて無用なシール貼りという作業を強いられることになったのである。消費税を自明の前提として定価体系のなかに繰り入れることへの当初から指摘されていた自己矛盾があらわになったのは、一九九七年の消費税率アップの時点であった。消費税が3%から5%に変更されることによって3%に対応させて端数になっていた本体価格に今度は5%を上乗せすると、これまでなんとか丸まっていたはずの「定価」が丸まらなくなってしまうという滑稽な事態が生じたからである。そうした失敗にこりたこともあって、さすがにそれ以降は外税方式にすることが業界で一般化してきたのである。

こういう経緯は業界外のひとにはわかりにくい。しかしここが今回の総額表示方式導入がなぜ政治的陰謀であるかのポイントであることを理解してもらわなければならない。

なによりもこの総額表示方式導入の一番の狙いは、消費税率再引上げのための隠れ蓑として、書店店頭での混乱を招かないようにするという理由をつけていることである。しかしこれはすでに読者においても定着している、本体価格を基準として定価を認識するといった意識をいったんゼロ還元し、消費税率の再引上げにともなう痛税感を総額表示方式によってあらかじめ拡散させてしまおうとする政府の陰謀以外のなにものでもない、ということである。要するに、本も雑誌もタバコやビール、ガソリンと同じように、どこまでが税金なのかわかりにくくしてしまおうという、まったく読者をバカにした話なのである。

そして書籍も総額表示方式をとることになれば、その結果として、事実上、消費税率の変更があるごとに税込み定価の変動が生じ、なんのことはない、十四年まえの消費税導入のさいに内税方式をとったところがかかえた問題を、今度は出版業界全体に蔓延させることになってしまうのである。専門書のように何年もかけて息長く売りつづけることが必要な出版物においては、消費税率の変更のたびに定価表示を変更しなければならなくなる。もともと二〇〇〇円だった書籍が二〇六〇円になり、二一〇〇円になったうえに、またまた二一四〇円とか二二〇〇円とかに変更されていくことになってしまうのである。これは事実上の内税化の強制であり、こんなことを強制されては売るのに時間のかかる専門書などもはや出しつづけることはできなくなる。製作するにも販売するにも手間のかかる専門書をなんのために刊行するのか、そのための出版社の意欲が大幅にそがれてしまうことになる。

出版の世界は、先端的かつ専門的な研究あるいは思考の営みである専門書を中核として、それらの専門研究をベースにした一般書や実用書その他によって構成されている。中核的な仕事は貴重であり時代の動向を方向づけるものであるが、それらはえてして専門的な少数者にしか理解されにくい側面をもつために、どうしても売行きに限界があるものが多い。むしろそうした研究や思考をもとにした通俗的な書物がそれらの内実を広く浅く浸透させる役割をになう。しかしすぐには理解されない中核的な専門書群こそが文化の中核をになっているのであり、「文化財」という名にふさわしいものであるが、今回の総額表示方式が長い目でみて、文化財としての書籍の刊行をいちじるしく制約するものになるだろうことは容易に予測できるのである。「文化財」としての中核的書籍が刊行されにくくなり、いわゆる出版物の「ドーナツ化現象」が予測されているのはこうした理由にもとづくのである。

以前の消費税導入時の業界の分裂にくらべると、今回は、業界的には一致して総額表示方式に反対している。しかもこの義務づけには罰則規定がないことから、意識的なサボタージュを主張している者もいる。売上げスリップによる表示など、さまざまな便宜的な対応策も提起されているが、そうした対症療法や政府筋への「陳情」といった手法ではない、文化の圧殺という自民党政府の政治的陰謀にたいする強力な総額表示反対論がいまこそ必要なのである。

注　この総額表示方式には一部大手出版社が対応したものの、専門書出版社のほとんどを含む多数の出版社はこれを無視したが、この無視にたいして政府側はなんの文句もつけずに現在に至っている。

（「未来の窓117」二〇〇六・一二）

日本の出版界へのラディカルな問い直し
――蔡星慧『出版産業の変遷と書籍出版流通』を読む

蔡星慧さんという韓国人留学生が書いた『出版産業の変遷と書籍出版流通――日本の書籍出版産業の構造的特質』（出版メディアパル）という本を著者から送ってもらい、通読してみて大変勉強になった。出版ビジネスをこれだけ歴史的にも体系的にもきちんと整理して記述してもらえると、わたしのような怠け者にも、あらためて出版業というもののもつ歴史的意味と現在の実存的意味の交錯にたいしてもうすこし真剣に取り組んでおくべきかなという殊勝な気持ちがわいてくる。そう言えば、以前に上智大学の植田康夫氏の紹介ということで教え子の大学院生の蔡さんがインタビュー調査に来られたことがあり、そのときの成果が盛り込まれていることも本書を通読してみて確認できた。蔡さんはこの本のもとになった博士論文のために取次、書店、出版社の七〇人にこうした調査をおこなったとのことである。〈出版学〉とはなんとおそるべき堅実さに裏打ちされているものか、と怠け者のわたしは感心するばかりである。

わたしが本書に関心をもったのはそうしたいきさつもあり、本書が出版ビジネスの歴史的成り立ちから今日の出版の根底を支えているかのように思われている委託制と再販制にたいする批判的考察まで展開しているからでもあるが、とりわけわたしの個人的関心は、はじめのほうで、本書の目的のひとつは「今後の中小書籍出版の行方として特定専門ジャンルの特化による存立を考えるべきではなかろうかという問題意識に基づいている」とされているように、われわれのような小出版社にとっての今後の生き延びかたへの指針が得られるのではないかと思われたからでもある。

ここではこの本の書評をするつもりではないから、本書が提供しているさまざまな知識の集積やそれにもとづいた提言のそれぞれについて細かく触れることはしない。出版に関心のあるひとはぜひとも本書を繙かれることをまずはお奨めしておきたい。

蔡さんの本書でのいくつかの提言のうちでも説得的なのは、現在の日本の出版界においてそれなしでは考えられないと思われている委託制と再販制が長い歴史的な経緯を経て実現していると同時に、さまざまな偶然の選択の結果であるにすぎないこと、また書籍と雑誌を同時に流通させるという日本に固有の出版総合流通体制が雑誌やベストセラーの大量生産、大量流通、大量販売に適していて出版界の量的繁栄を招来した反面、書籍流通にたいする取組みが欧米の先進諸外国にくらべて遅れをとったことをずばりと指摘している点である。しかも流通をめぐる問題点に気づいている業界人でさえも、取次、書店、出版社のいかんを問わず、委託制と再販制を自明の前提としていることの問題には自覚的でないことを蔡さんはラディカルに問い直そうとしているのである。かれらの指摘する「流通構造の改善は現行の流通制度の再考」にすぎず、「現行制度に関する批判的な観点が加えられているとは言いがたく、現行の流通制度に関して問題意識を持っているにもかかわらず、委託制や再販制［へ］の依存体制が成立している」のである。

蔡さんの研究がけっして学問の世界にのみ充足してしまうのではなく、学術的であると同時に実践的な視野を広げていこうとしているのは、出版現場にたいする強烈な関心のゆえでもある。出版人の現実の営為を踏まえてこそ〈出版学〉が成立するという観点によってはじめて、学術的であることによってこそ現実的であるという可能性が切り開かれる。蔡さんがフランスやドイツの書籍出版の実情を踏まえて言うように、「再販制度を維持しようがしまいが、欧米の書籍出版産業は柔軟な対応を通じて成り立っており、保護されている。そういった構造体制の下で、専門書出版を含めた中小書籍出版も独自の世界を構築、維持している」という現実を、われわれはもっと柔軟に認識し直すべきではあるまいか。蔡さんのように外部から日本の出版界を見ることも必要なのだろう。

出版業界の長期低落を検証する

（「未来の窓135」二〇〇八・六）

出版業界紙「文化通信」五月一日号に「出版市場、3年連続マイナス成長」の大きな記事が掲載された。業界的にはすでに周知の事実だが、この間の出版事情もふまえてさらに一九九〇年代半ば以降の出版界の長期低落について適切なまとめになっているので、このデータをもとに問題点の整理をしてみたい。

まずなによりも出版界のマイナス成長はこの三年だけの話ではなく、一九九六年の業界年間売上げ二兆六五六三億円をピークに以後七年連続でマイナス成長をつづけ、二〇〇四年に『ハリー・ポッター』シリーズの驚異的な売上げの下支えによって一時的にプラスを生み出したものの、翌年からふたたび対前年比二〜三パーセントのマイナス成長に陥っている。昨年の年間売上げが二兆八五三億円でピーク時と比べて五七一〇億円の減少、十一年間でじつに二一・五パーセントのマイナスである。昨年は一九八九年時の業界売上げにほぼ匹敵し、二〇年近い昔に戻った状態と言える。

その内訳としては書籍が一兆九三一億円から九〇二五億円へ、一九〇六億円の減少、約一七・五パーセント減、雑誌

（月刊誌、週刊誌）は一兆五六三二億円から一兆一八二七億円へ、三八〇五億円の減少、約二四・三パーセント減。なかでも週刊誌は三一・五パーセントの減少である。この減少の現象は、インターネットや携帯電話等の新しい情報メディアの発達によって情報ソースの多元化、厳しく言えば紙媒体からの読者の流出という事態を示している。この傾向にはますます拍車がかかるだろうことはもはや言うまでもない。前述した二〇〇四年の『ハリー・ポッター』による一時的回復（に見えたにすぎない）は書籍が対前年比四・一パーセント増を示したのにもかかわらず雑誌は一・七パーセント減、なかでも週刊誌は四・九パーセント減を記録することによって、業界全体ではわずかに〇・七パーセントの増加を実現したにすぎなかった。『ハリ・ポタ』がなければもちろんかなりの赤字を計上したはずで、実質的には十一年連続のマイナス成長なのである。雑誌は十年連続のマイナス成長中である。

こうしたなかでは書籍はまだしも健闘しているのかもしれない。この十一年で二〇〇四年をふくむが三回は対前年比増を実現しているからである。この結果、かつての雑高書低と言われた流れもすこしずつ書籍の割合が高くなりつつある。一九九六年には四一・一五パーセントだった書籍が、昨二〇〇七年には四三・二八パーセントと二ポイント以上の比率アップとなっている。もちろん書籍の中身も問題で、昨今の新書ブームに象徴されるように、実用本位の回転の良いものが重視され、ほんとうの意味で力のある、創造性の高い本の比率はますます低下しているというのが現状であろう。そう考えると、出版の前途はあいかわらず光の見えない状況にあることには変わりがないことになってしまうのだが。

ともかく、もうすこし情勢分析をすすめてみよう。こうした業界全体の長期低落は主要な出版社、書店、取次においても基本的に同様の傾向を示さざるをえないが、それでも十年単位で比較してみると、大きな差が生じていることに気がつかないわけにいかない。

まず出版社で言えば、業界トップを誇ってきた講談社の落ち込みが目立つ。一九九八年からの十年間で五四四億円、二七・二パーセントの減は業界全体の減少の一二パーセント分に相当する。学研にいたっては五八九億円、四三パーセント減で講談社を上回る。雑誌や児童学習書のウェイトの高いところは苦戦を強いられているのがわかる。一方では、角川グループホールディングスが急速に売上げを伸ばし、七一一億円、九〇・二パーセント増を実現している。こうしたなかで民事再生の申請をしていた草思社が文芸社に引き取られたというニュースは驚きとともに、今後のなりゆきがおおいに懸念されている。これは「支援」というより事実上の買収、非ブランド出版社によるブランド出版社の破格の安値による買取りといっていいものだからである。

さて、書店や取次に目を向けると、老舗では丸善の動きがやはり目につく。二〇〇五年までの八年間で四九〇億円、三七パーセントの激減だったが、ここ二年で一八九億円、二二・九パーセント増の挽回を示している。紀伊國屋書店は新規出店や増床によりほぼ横ばいをキープしているが、個々の書店現場の実情はかなり厳しくなりつつある。ほかに有隣堂、ジュンク堂が堅実に伸びているのが注目される。その一方で日書連加盟書店は一九九八年の一〇二七七店から二〇〇七年の六三三〇店に激減しているのをみてもわかるように、ナショナル・チェーン店以外の書店の衰退ぶりが如実に示されている。この傾向は今後も進むだろう。

取次では業界首位の日販が二〇・五パーセント減で、トーハンの一八・三パーセント減に比べて目につく。この結果、日販とトーハンの差がここへきて急速に縮まってきている。いずれにせよ上位二社が業界全体を反映して大幅に売上げを下げてきているのにたいして、業界第三位の大阪屋の奮闘が目につく。十年間で二三〇億円、二二・四パーセント増は驚異的である。ここにはアマゾン・コムとの提携による増売やジュンク堂、ブックファーストの出店等による売上げ増が大きく作用しているだろうが、アマゾンとの関係が微妙になりつつあると言われている現在、今後の推移は必ずしも楽観できないだろう。もともと薄利多売型で売上げのわりに収益率が低いのがそうした売上げ増の裏にあるさまざまな矛盾の存在を示唆しているところに、大阪屋の苦労も偲ばれるところである。

われわれ専門書出版社としても、今後もますます関係を緊密にしていかなければならない業界三者の一員として、こうした流れのなかで雑誌にたよらない地道な書籍出版の命脈を保っていかなければならないのである。

出版界の〈仁義なき戦い〉

〔「未来の窓155」二〇一〇・二〕

昨年末に図書館流通センター（ＴＲＣ）が従来の主要取引先であるトーハンから日販に帳合を変更し、書籍データセンター契約も解除するというニュースが入ったときには、業界の動向に関心の薄いこのわたしでさえさすがに、いよいよここまでやるのか、という感慨をもつことになった。業界紙によれば、ＴＲＣの石井昭会長は「複雑な納品体系の公共図書館が主要な取引先であり、顧客サービスの向上を優先した場合、日販の物流システムを選択せざるを得なかった」と話しているという。長いつきあいのあるトーハンとの取引をやめて、ライバルである日販の物流システムの先行性を選択したことになる。これによってＴＲＣの売上げ二五〇億のうちの二〇〇億がトーハンから日販に移ることになって、二大取次の格差がますます開いてしまう。この二月の移行をまえにトーハン側が絶対に応じられないという対応をしているのはけだし当然だろう。出版の世界においても〈仁義なき戦い〉が始まったと言ってよい。しかしわたしは、この帳合変更は最近の出版界の業界再編をめぐる一連の激震の帰結のひとつにすぎないと思っている。

すでに昨年九月末に、ＴＲＣは丸善とともに大日本印刷（ＤＮＰ）の子会社となる持株会社ＣＨＩグループの設立に参加し、事実上ＤＮＰの傘下に入ることに合意している。そして専門書の販売に力を入れているジュンク堂書店も三年後にはこのグループに加わることが内定している（注1）。さらにはそのジュンク堂が郊外型書店展開をしている文教堂書店グループとの本格的な提携に入ることも発表された。大日本印刷は一方に丸善、ジュンク堂、文教堂といった毛色のちがう書店グループを擁し、他方では公共図書館を中心に販路をもつＴＲＣを擁することになる。丸善は書店ばかりでなく大学図書館をターゲットとする外商においても大きな力をもっているので図書館納入においても大きなアドバンテージをもつことになるだろう。さらに最新情報によれば、世界文化社が大日本印刷と連携するという動きも見せはじめており、いよいよ出版社のなかにもこのグループへの参入の動きが出てきたことがわかる。今回のTRCの帳合変更がこうした一連の動きの背景にあるなんらかの戦略のもとに構想されたものであることは明らかである。なお、このCHIグループはこの二月一日に東京証券取引所第1部に上場されることも発表された。

出版業界をめぐるこうした地殻変動は、現在の出版をめぐるそれぞれの生き残り戦略の現われであると言わざるをえない。出版業全体の売上げをも上回る巨大印刷会社DNPの経営戦略など、わたしごとき一小出版社の人間には及びもつかぬところがあるが、なにはともあれ出版業界を巻き込んだ一大コングロマリット化をめざしていることは間違いない。そのためには従来の旧態依然とした取引関係の尊重などは非合理的であるとし、より有効な経済効率を実現することこそが求められているのだろう。新会社CHIグループの社長兼最高経営責任者には丸善の小城武彦社長が就任することになっていることに現われているように、元通産省ベンチャー支援課の有能な官僚出身者の経営戦略は出版界内部の論理や経験だけに自足するようなレベルには存在しないだろう。経営の基盤を〈人〉にみる一見古風な考えをもちながら会社にとって役に立つ人間しか大事にしないと公言してはばからない、超合理的思考の持ち主が出版界の動向を左右するキャスチングボードを握ろうとしていることに、わたしは期待と同時におおいなる懸念を感じている。

出版ビジネスというものが他産業と単純に比較されるようなビジネス・モデルでないことは、わたしのように出版界で長年生きてきたものには自明と思われるのだが、経営論理、経営効率を至上のものと考える合理主義が出版界をも席捲している。こういう合理的経営論理に多くの出版人が共鳴しているのをわたしは知らないわけではないが、そういうなかに専門書出版を志向する編集者タイプの出版人がそんなにいるとは思えない。従来の出版がビジネスであると同時に、出版を通じて文化に貢献することを価値としてきたとすれば、それはたしかに出版界がそして日本の戦後社会が右肩上がりの経済成長下にあったことをいわば知らないふりをしてきたからにすぎない。そのことの反省をいまごろになって自覚させられているから、たんなる商品の流通価値にたいして本の文化的価値を主張することがアナクロニズムに見えてしまうのであり、おのずから本を流通の面のみで語る論者の声のみがまかり通ってしまうのである。

わたしはこの十年来の出版界の売上げ縮小という現実にたいして、残念ではあるがけっして悲観してはいない。むしろこの機会に業界あげての適切なダウンサイジングがもっと意識化されていいとさえ思っている。それは、いまや活字以外のメディアが多様化している実情に対応するべきだということではない。出版をめぐる製版、印刷、製本などの技術が高度化・高速化し、流通面においてもさまざまな技術革新がなされた結果、出版それ自体ははるかに進化している。自分の本を出版したいと思う著者が存在し、編集者がその意義を認めるかぎり（そしてそれはいまのところまだ大丈夫である）、文化の質を落とさないようにすることで出版は存在意義を維持することは十分に可能なのだ。だからダウンサイジングするとは、必要以外のモノや情報が必要とされてもいないところに無理に流されることをやめるだけでいいのである。昨今ふたたび論議されはじめている流通における〈責任販売制〉にかこつけて言えば、出版社サイドにも〈責任生産制〉（注2）とでも呼びうる出版（編集）のモラルが必要になる。これまでのように、一点あたりの部数が減少したからといって、その分を別の本でカバーしようとするような量にもとづく発想ではなく、あくまでも質を維持することで、量への転化を待つ姿勢が大事なのではないかと考えたい。

注（1）CHIグループはその後、二〇一一年五月には「丸善CHIホールディングス」と改名され、ジュンク堂書店も前倒しでこのグループに参入した。書店も丸善とジュンク堂が融合した丸善&ジュンク堂という名前を冠した店がどんどんできている。その一方で丸善書店の社長にジュンク堂の工藤恭孝氏が就任し、親会社の丸善の社長には元TRCの石井昭氏が就任するなど、グループ会社内での人的配置は外部からはわけがわからないところがある。ちなみにここで「CHI」とは「知」をもじっていると聞いたことがあるが、ほんとうですかね。

（2）この〈責任生産制〉ということばをきっかけに岩波ブックセンター信山社の柴田信社長からこの文章のつづきを書くように奨められ、「新文化」二〇一〇年三月十一日号に「〈責任出版制〉のすすめ」という一文を書いた。内容に密接な関連性があるので次にその全文を掲載する。なお、〈責任販売制〉についてはすでに「〈責任販売制〉という戦略」（本書四四頁以下）で批判的に検討した。

（「新文化」二〇一〇・三・一一）

＊

［付論］〈責任出版制〉のすすめ

このところ出版界をめぐる狂騒曲とでも呼ぶべき事態がますますオーバーヒート化してきている。昨年は大日本印刷（DNP）が丸善とTRCを事実上の子会社化し、そのTRCが昨年末に長年の取引先であったトーハンを切って日販に鞍替えした。今度はその日販が新刊委託の総量規制に動き、出版社が悲鳴を上げていると聞く。一方、書店は増床をくりかえしてきたナショナル・チェーンでさえも閑古鳥が鳴き、あの手この手の販売戦略もことごとく不発に終わっている。二桁成長をつづけてきたオンライン書店もいまや勢いが止まりだし、やれキンドルだ、iPadだと新手の商売としての電子書籍リーダーをめぐって出版社は先陣争いに狂奔し始めている。

出版界はいったいどうなってしまったのか。たしかに情報の速度と量が「知」の内実であるかのように仮装され、それが新たな格差社会を生みだすという構図は以前からあるが、いまはそうした負の力学が一般的不況とあいまって雪崩現象の様相を呈している。定見をもたない先物買いと問答無用のパワーポリティクスが出版の世界にも日常化してきたのだ。わたしが「未来」二月号の［未来の窓］コラムで「出版界の〈仁義なき戦い〉」と題していまの出版界の実情を整理し、小専門書出版社の立場から〈責任生産制〉とでも呼ぶべき出版の新たなモラルを提唱し、業界の必然的なダウンサイジングの方向性に触れてみたのも、わたしの立場からすればあまりにも自明のことが出版業界人にまったく共有されていないと感じたからである。

本紙（「新文化」）のような業界紙を見ていると、基本的に出版流通や出版経営にかかわるひとたちの発言ばかりが目立ち、実際に本を作っているひとたち、著者はもちろんのこと、編集者たちの声は反映されることがほとんどない。おそらくこのひとたちは本紙の読者でもないだろうから、どうしても流通関係者の声が大きくなる。それはそれでやむをえないが、そこで課題として取り上げられる流通や販売をめぐる諸問題があたかも出版界の最大の問題であるかのような錯覚をもたらしているのではないだろうか。ほんとうに必要な本、つまり作るべき—売るべき—買うべき—読まれるべき本が衰退していること自体がむしろ業界として取り組むべき最大の問題であるはずなのに、である。

出版界とはたんに業界人だけの世界だろうか。なにかと言えば業界の「三位一体」というが、これは出版社—取次—書店の三者を言っているにすぎない。それもここには出版社の営業マンと経営者はいても、実際に本を作っている編集者は含まれているのか。ましてや著者や読者まで視野に入れるべきではないのか。「売る」ことにのみ加重された業界問題などたんなる業界エゴである。もっと論じられるべきは、出版というかたちをつうじてどうしたらこの時代に固有の、生き残るべき価値を生み出せることができるかということでなければならない。そういう問いの先に初めて出版という事業が文化創造の基本であることの意味が見えてくる。そうした総体としての出版の問題をあらためて考え直していかなければならない時期にさしかかっているのではないか。そうしなければ出版の問題は販売技術論に成り下がるだけである。

出版には「産業」という経済的側面となにものにも代えがたい「文化」の創出という側面がある。どれだけインターネットや「ケータイ」が発達しても本という形態がもたらす最終的なアドバンテージは崩れないだろう。崩れると思っているのは、たんにその種の本が情報価値しかもっていないだけであって、ここで問題なのは「ケータイ」化した本のことではない。もちろん高度情報社会の現代だからこそ、本を作りだすデータ処理の技法が生まれ、本の内容についての情報が流通し、場合によっては本のデータ情報（コンテンツ）がなんらかの別途利用に供される機会が生み出されることはおおいにありうるし、あってよい。（紀伊國屋ネットライブラリーの試みはそのひとつである。）そのことと本が根底にもっている知の凝縮されたパッケージという文化的価値とは矛盾しない。

本とはそれぞれが、知識や思考が生みだされ保存される場所であり、それらの知識が結合され総合されてさらなる知識や思考が展開され組織されたひとつの知の体系である。それを構成する知識のひとつひとつは断片的な情報でもあるが、全体として組成されたものは特定の書物という物質的な形をとる以外に存在しえないものとして提出される。それが一冊の本としてのなにものにも代えがたい固有の価値なのである。それは部分を情報として取り出すだけでその価値がわかるというようなものではない。本は活字や版面の美しさ、装幀やデザインの総合的パッケージとしてその知の体系を物質的にも支える神話性（ベンヤミン流に言えば「アウラ」）をもつが、それは本の固有の価値をイメージ化して見せているのであって、その場合の本とはもはや情報を提供し運搬するだけのメディアではない。アウラを奪われ産業廃棄物化した出版物がインターネットや「ケータイ」にその地位を追われてしまうのは時代の必然であると言ってよい。

よくひとは読者の「ニーズ」ということを言う。そういうニーズは実用書や趣味の本にはあてはまるかもしれないが、時代の先端を切り開こうとする専門書の世界にはそんなニーズなどというものは先験的に存在しない。専門書あるいは先端をいこうとする書物は、本それ自体がはじめてニーズを創出するのである。トランスビューの中嶋廣氏ははっきりと断言している。「出版とはまだ存在しない新しい価値の創造であり、その行為にしか意味はないのだから、いまある読者のニーズに合わせた段階で、その本に価値はない」（「エディターシップ」創刊準備号）と。まったく同感である。未知のニーズを作りだす本こそが時代を超え、文化と歴史を創っていくのであって、それ以外のものは情報の収集と消費のための一過性のものでしかないのだから、速度と広がりにおいて優るインターネットや「ケータイ」にたいして勝ち目がないのは当然なのである。

したがって出版の世界が生き残る道は基本的にただひとつしかない。インターネットや「ケータイ」がけっして実現しえない、知識と思考の宝庫であるようなトータル・パッケージとしての書物を著者とともにひたすら追究することで、それが実現する世界の豊かさや魅力を読者に伝えていくことである。独創的な思考の運動を伝える書物はかならずや新しい読者をつうじてさらに新たな思考の息吹をつくりだしていくだろう。そこに出版が文化の創造をつうじて存在する意義がある。現在の流通産業化してしまった出版界というギョーカイは、既存の量を維持していこうとすることにやっきとなっているが、そうした過去の栄光はもはや再現不可能であることを自覚して、いたずらに既得権をふりまわすのではなく、不要な分を潔く切り捨てていく勇気をもってダウンサイジングする方向性を模索していくべきなのだ。

その意味で日販の仕入窓口による総量規制の方向は原理的に言って、間違っているわけではない。これまで委託制のもとで市場が必要としている以上の量の出版物を取次に押込み配本してきた悪しき習慣は、出版社みずからの自浄努力によって改められるべきである。読者のいないところへの無用な配本はみずからの命取りになるということを出版社はいい加減に認識すべきだ。これまではそれでもよかったのだろうが、たくさん撒けばそれなりの売上げが上がるという幻想は今後は期待しないほうが賢明だろう。聞くところによると、取次の窓口で粘りに粘って当初の予定の配本部数をなんとか実現した出版社もあったとか。その担当者は会社からの絶対命令でそうでもせざるをえなかったのかもしれないが、そんなことをしても返品率が上がるだけで、悪あがきと言わざるをえない。必要以上の大量生産をしてしまうから、そのはけ口に困ってしまうのだ。日販の総量規制が窓口でどれだけ適切になされているのかは、わたしには経験がないのでわからないが、場合によってはたしかに行き過ぎになることもあるだろう。老舗中堅出版社のトップが日販に働きかけた結果、窓口規制がすこしゆるめられそうな日販の社長発言があったとの情報もあるが、いずれにしても問題はそんなところにはない。時代の流れの必然として大量生産〜大量流通〜大量販売の従来の手法が金属疲労を起こしていることは目に見えているではないか。

最近になって〈責任販売制〉があらためてクローズアップされ、出版社から取次までが異口同音にそのことを問題化しているが、わたしから見ればなにをいまさらの感は否めない。書店正味を増やしてみたり、返品枠を設定してみたりして工夫をこらしても、そもそも本が売れるかどうかはその本の価値や魅力であって、正味の問題ではない。たしかに書店の販売意欲の増大というインセンティヴはさしあたり存在するが、そうした手法は、それ以外の棚にある本を押し出してしまうことにつながりかねない。そういう特定の出版社都合による一方的な条件付けを提供することで、こんどは書店にのみ販売責任を押しつけようとするのは出版社エゴの現われにすぎないのではないか。

そんなことより、出版社は確実に売れるだけの部数を生産し、無理な押込み配本をいっさいせずに書店や読者との関係を密にする努力をもっとすべきではないか。編集者は一冊の本を著者とともに責任をもって編集し、その本が市場でこれまでの当該ジャンルでどのような既刊書とリンクしているのかを具体的に示すことによって、書店での本の展示のしかたを示唆していくような地道な努力が必要となる。既存の本がその価値を再発見されるような書店の棚作りを誘導すること——編集者はこういう本のネットワーク作りにもっと積極的に参加してほしい。人文会の「基本図書」などはその努力の一端である（内容は人文会のホームページ［http://www.jinbunkai.com/books］で検索できる）。特定の本だけを好条件で大量販売させようとすることよりも、こうして総体的に新刊と既刊本の底上げにつながるように導くことのほうがどれだけ意味のあることだろう。

未來社は書物復権8社の会に所属しているが、われわれがやろうとしているかつてのロングセラーの復刊もそうした流れに位置づけることができるかもしれない。ロングテールとして生き残るべき本をなんとか市場在庫として持続的に保持してもらい、それらとリンクするような優れた固有の価値をもつ新刊を市場に送り出すこと。そのさいに必要とされるだけの部数を必要としてくれる書店に提供していくことを禁欲的に実践していくことがわれわれの課題になる。そこにわたしの考える〈責任生産制〉の課題が見えてくるはずである。これは本の内容をより高度なものとして実現するための編集現場における〈責任編集制〉でもあるし、それらをふくめた出版にかかわる全責任を引き受けるという意味での〈責任出版制〉と呼びかえてもいい。

出版がもはや出版産業としてではなく、グーテンベルク以来の本来の出版の原点——書物という価値形態——に立ち戻ること。出版再生とはそうした本の力をもういちど呼び起こすことでしか実現しない。これは見果てぬ夢かもしれないが、夢をもたないところには今後の出版界の可能性はそもそも存在しないだろう。

〈本の力〉再考

（「未来の窓162」二〇一〇・九）

　このところしきりに〈本の力〉というものについて考えている。このテーマをめぐって考えるきっかけになったのは、当然のことながら昨今の出版不況が遠因となっているのだが、より直接的には大日本印刷（DNP）を中心とした印刷・書店業界、さらには図書館流通センター（TRC）や中堅出版社まで巻き込んでの業界再編の動きが急速化したからであり、こうした動きにたいしてわたしなりの整理をしておこうとして書いたのが、「出版界の〈仁義なき戦い〉」（本書六三頁以下）であった。いつもとさして変わらぬ力の抜きかたでこれを書いたのだが、テーマがテーマだっただけにこれが意外に反響を呼び、その一文の最後に触れた「〈責任生産制〉とでも呼びうる出版（編集）のモラル」をさらに発展させる必要に迫られることになった。

　それが「新文化」に書いた「〈責任出版制〉のすすめ」という一文である。ここでは「新文化」という業界紙の性格上、出版流通や販売に関心のある執筆者や読者がほとんどということもあって、あえて「流通や販売をめぐる諸問題があたかも出版界の最大の問題であるかのような錯覚」について言及し、つぎのように書いた。

《「売る」ことにのみ加重された業界問題などたんなる業界エゴである。もっと論じられるべきは、出版というかたちをつうじてどうしたらこの時代に固有の、生き残るべき価値を生み出せることができるかということでなければならない。そういう問いの先に初めて出版という事業が文化創造の基本であることの意味が見えてくる。そうした総体としての出版の問題をあらためて考え直していかなければならない時期にさしかかっているのではないか。そうしなければ出版の問題は販売技術論に成り下がるだけである。》《したがって出版の世界が生き残る道は基本的にただひとつしかない。インターネットや「ケータイ」がけっして実現しえない、知識と思考の宝庫であるようなトータル・パッケージとしての書物を著者とともにひたすら追究することで、それが実現する世界の豊かさや魅力を読者に伝えていくことである。独創的な思考の運動を伝える書物はかならずや新しい読者をつうじてさらに新たな思考の息吹をつくりだしていくだろう。そこに出版が文化の創造をつうじて存在する意義がある。》

こういう論脈で流通・営業中心の業界紙の読者にどれだけ意図が通じたかは疑問だが、そのことはどうでもいい。むしろこう書くことでわたし自身が〈本の力〉についてあらためて考えなおしてみようという気持ちになったことが大きいのである。

ちょうどそんなときに沖縄の音楽家で参議院議員でもあった喜納昌吉さんの『沖縄の自己決定権』という本を緊急出版することになり、喜納さんと接するたびにこの人の本にはわたしが想定している〈本の力〉の原型が宿っていることの確信が蘇ってきた。本がひとを変え、時代を動かすという可能性があることを信じられるようになったのである。時の総理大臣（鳩山由紀夫）が沖縄基地問題処理の不手際を原因として政権を放棄する結果になったために、この本が本来発揮するはずだった現実を変革する力が見えにくくなってしまったが、沖縄問題がいぜんとして迷走状態を続けていくかぎり、この本のもつ〈力〉はけっして失なわれることはない。来たるべき沖縄県知事選（注）などで〈沖縄の自己決定権〉というラディカルな思想の真価が問われていくことだろう。

わたしが〈本の力〉について確信を深めていく過程でこんどは出版ビジネススクールからセミナーの依頼があり、もとめられていた「出版のためのテキスト実践技法」をめぐる実践的なレクチャーをやめて「責任出版制と本の力を考える」というタイトルで話をさせてもらうことになったのもこういう流れがあったからである。著者も編集者も夢と理想を捨て、ヴィジョンをもたずに出版をつづけているかに見えるこの時代に、どうすれば〈本の力〉をとりもどせるのか、そのことを問いかけようとしたのである。〈責任出版制〉についてのナマな議論を期待したひとには迂遠なように思われたかもしれないが、いまの出版界で必要なことは、刹那的に売れるだけの本やたんなる自己満足に終わる本を書いたり編集したりすることではない。

さて、そんな〈本の力〉をめぐってさらなる展開の場が与えられたのは、「新文化」二〇一〇年七月一日号で書物復権8社の会の盟友でもあるみすず書房・持谷寿夫さんとの対談「今こそ『本の力』『出版社の本分』を考えよう」であった。ここでは主としてすでに十四年つづいている〈書物復権〉運動の試みを現時点で総括しながら、この運動がもつ〈本の力〉の見直し、再定義を試みようとした。東京国際ブックフェアの書物復権8社の会をふくめた人文書関係のコーナーには熱心な読者がなぜこんなに集まるのか、本を確認して購入するという行為はいかなるものか、ということもふくめてここには〈本の力〉を確信させるものが存在する、そのことを考えてみなければならない。すでに品切れになった本が復刊されること、そこまでいかなくても品切れの本や品薄の本が注文されること、ここにわたしはもうひとつの〈本の力〉を認めるのである。巷にあふれかえっている本ではなく、語りつがれ読みつがれていく少数者のための本が存在することに注目したい。

ここから得られた結論のひとつは、まず出版されるべき本はなんらかのかたちで出版されなければならないという自明のことである。初版が小部数であろうと、話題にならなかろうと、出版されるべき本が世に出ることである。ランボーの『地獄の一季節』だって初版は数百部、しかもその大部分が出版社の倉庫で埃をかぶって死蔵されていたではないか。読まれるべき本はかならず読者をもつ。出版業が出版「産業」にとどまらずに出版「文化」を生みだすとはそういうことである。あとは編集者がどれだけその内容に責任と自覚をもてるのかということが、わたしの言う〈責任出版制〉なのである。

注　二〇一〇年十一月二十八日におこなわれた沖縄県知事選で、現職の仲井《なかい》真《ま》弘多《ひろかず》氏が伊波洋一氏を破って再選を果したが、仲井真氏は従来の曖昧な態度をやめて普天間基地の県内移設に反対する態度を明確にしたためであると言われている。ここにも渋々の選択とはいえ〈沖縄の自己決定権〉の現われをみることは可能である。

取次と書店

専門書取次の危機

出版界とは不思議なところで、年間売上げ一千億を軽く超える大手出版社があるかと思えば、一千万円にも満たない小零細出版社も存在しうる。企業規模がかならずしも出版社の存在理由とステータスを決定しないところがミソなのだが、かと言って両者が平和的に共存しているわけでもない。そこには歴然と経済的な、また待遇等における格差が存在する。しかし出版という仕事は、どれだけの部数が売れたか、売上げがどれだけあるかということにのみ帰着するわけではない。なにがどのように読者に受容されたか、どれだけの評価が得られたかが一番の問題なのだとわたしは思っている。売上げはおのずとついてくる、と言いたいところだが、どっこいそうは問屋が卸さないのが昨今の異常とも言える出版不況なのだ。だからこそ出版の姿勢が逆に厳しく問われる時代だとも言えるのではないだろうか。

そんななかで取次業というのは、同じ出版業界に属するとはいえ、基本的には取扱い量をモノサシとせざるをえない業種である。日販とトーハンという二大取次が全流通量の七割以上を占め、しかもその比率はますます高まる一方であるこの業種では、出版社のようにその気さえあれば簡単に参入できるというわけにはいかない。ここしばらく新たな取次会社が設立されたことがないことをみても、この業種がスケール・メリットと信用をいかに必要としているかがわかるだろう。取引上の豊富な経験とさまざまなノウハウの技術が積み上げられてはじめて機能するのが取次の仕事であるとすれば、優秀な人材やしっかりした設備、さらには出版社との取引関係の確立がまず必要になるのであり、やる気があるだけではなかなか実現できないのが取次の仕事なのである。

（「未来の窓19」一九九八・一〇）

こんなあたりまえのことをいまさら言ってみても仕方がないのだが、専門書出版社にとっては現在の構造不況のなかで既存の取次各社の動向に注意を払わなければならなくなってきた。これまでのように、自分たちが企画する書籍の製作と販売に専念していればいいというものではなくなってきた。取次会社といかに協力しあえるかということも出版社にとってこれまで以上に考えにいれておかなければならなくなったのである。

そんな情勢のなかにあってわれわれ中小の専門書出版社にとって心配の種になっているのが、専門書取次としては中心的な存在たる鈴木書店の経営危機の問題である。すでに業界紙その他で明らかになっているのでもうオープンにしてもいいと思うが、今回はじめて取引関係にある専門書出版社から経営立て直しのための役員派遣がなされることになった。みすず書房前社長の小熊勇次さんが専務に、岩波書店営業担当常務の坂口顯さんが常務に、この八月末の臨時株主総会を経てそれぞれ就任した。この体制がどういう結果をもたらすものになるかはこれからの問題だが、これに先立って「鈴木書店の新たな飛躍に向けて」という文書が「出版社有志一同」の名のもとに公表された。要旨は以下の通りである。

《現在未曾有の低迷下にある日本の経済は、返品率の激増をはじめ様々な形で鈴木書店に非常な苦戦を強いているという現実をも直視しなければならない。加えて業界内の競争激化は、専門取次としての鈴木書店の活動に深い影を投げかけている。》

《われわれは鈴木書店のこの窮状を座視することは断じてできない。なぜなら鈴木書店の専門取次としての存在は、良質な出版活動を根幹において支えるものであるからだ。万が一にも鈴木書店が膝を屈するような事態が生じるならば、それは直ちに良質な出版活動に携わる版元・書店の営業活動に支障を来すことになる。そしてそれが日本文化に深刻かつ決定的な打撃を与えることも確実なことだからだ。》

《われわれ専門書出版社は、これまでの長年にわたる鈴木書店のご厚誼を省みて自ら襟を正し、何よりも時代の要請に真に応える積極的な出版活動に専念することを誓うとともに、鈴木書店に対して経営の抜本的な改善となおいっそう活発な営業活動の推進を心より要請せずにいられない。
われわれ専門書出版社は、同様に苦戦を強いられているけれども、鈴木書店の再生と新たな飛躍に向けて、できる限りの物心両面に亘る支援を行う所存である。》

このような声明文が出されること自体、きわめて異例のことであるが、われわれのような中小の専門書出版社にとって鈴木書店の存在はそれだけ重要かつ不可欠であることの証拠である。端的に言って、鈴木書店の行き詰まりはわれわれ中小版元にとっては死活問題なのである。一部には出版社の人間が取次業務のことがわかるのか、と疑問視する向きもないではない。しかし、今回の版元の経営参加の意味するものは、鈴木書店の健全な存続を第一義的に考えた、むしろ積極的な版元の意志の表われと考えたほうが生産的なのではないか。

一部の業界紙でこの問題をめぐって誤解を招きかねない記事が出たことは非常に残念なことである。新役員の仕事がまだ明確になりようもない段階から、社員のリストラだとか出版社との取引条件の見直しだとか、憶測でしかない記事がつまらない憶測をさらに呼び寄せてしまう。すべては鈴木書店をいかに再生するかという一点にかかっているのだということを見失わないようにしなければならない。それ以外に版元が介入する必要もなければ余地もないのは明らかではないか。

創業者の故・鈴木眞一氏の遺志をつぎ、専門書という一見すると非効率的なジャンルを専門的に引き受けてきた鈴木書店のありかたは、大取次の売上げ中心主義の姿勢からはなかなか出てこない立場の選択であり、だからこそ良質の出版文化を支えようとする志の表明であったはずである。出版文化の足を引っ張ろうとする低俗さと安直さを指向して恥じない出版社が数多く存在する厳然たる事実が一方にあり、そうした出版社がそもそも大取次指向なのにたいし、われわれ専門書出版社は鈴木書店を中心になんとか販路を確保することをめざしてきたのであって、そこに出版活動を通じて文化のさらなる発展を望む専門的な著者と読者を結ぶ回路がかろうじて築かれてきたのである。文化とはいつでもこうしたすぐれた少数者のたゆみない努力によって形成されてきたのであり、このことはおそらくいつの時代にあっても変わることはない。鈴木書店の再起を切にのぞむ理由である。

注　鈴木書店は専門書出版社の応援もむなしく二〇〇一年十二月に倒産した。
ところで、もう時効となったことなので鈴木書店にかんして記録しておかなければならないことがある。それは当時の鈴木書店の経理内容に深くかかわっていた小熊さんからの話で、経理内容を調べてみて鈴木書店はこのままではどうしても経営が立ちゆかないことがはっきりしてきたから、専門書取引に比較的積極的だったトーハンに買収してもらいたい、ひいては「君はトーハンの金田社長と親しいから極秘に頼んでみてもらえないか」という依頼があり、それを金田さんに伝えに行ったことである。その依頼を聞いたのが、わたしの日録によれば一九九九年七月十九日（月）の書物復権8社の会例会のあとだった。小熊さんからは金田さんはトーハンの社長になって三か月という段階でもあり、けっして無理な対応をしてもらわなくていいという念押しの連絡がその後にあった。七月二十四日（土）午前中に金田さんに予約をとり、トーハンまで出かけてその依頼をし、業務提携の可能性もふくめて社内で非公式に検討してみてくれることになった。もっとも、そのころトーハンは一部上場を考えているときでもあったので、たとえ子会社といえども赤字会社をもつことはできないなあ、と金田さんはそのときももらしていて、実現の可能性はなさそうだという感触をわたしはもった。この件はトーハン社内で非公式に検討されたらしいという情報はあったが、結局そのままになってしまった。密使の役不足のせいか、当時の金田社長をとりまくトーハン内部の力関係のゆえか、専門書販売における歴史的転換を実現できなかったことはいまでも非常に残念に思っている。

（［未来の窓58］二〇〇二・一）

鈴木書店破産の教訓をどう生かすか

（二〇〇一年）十二月七日、かねて経営の不安をかかえていた専門取次の鈴木書店が東京地裁に自己破産を申請し、五十三年間にわたる取次業務を終息した。負債総額は三八億とも四〇億とも言われている。創業者の鈴木眞一さんが亡くなられた一九九五年以後、たった六年で取次界の良心とも呼ぶべき鈴木書店が破綻したことを思えば、好むと好まざるとにかかわらずこれまでの出版流通がここであきらかに時代の岐路に立たされていることがはっきりした。鈴木書店を取引先としている中小出版社、とりわけ未來社のような人文・社会科学系の専門書を主体とする小出版社にはきわめて深刻な事態であると言わざるをえない。

わたしは前日の六日と当日の七日にいくつかのマスコミの取材に答えることになって、おのずから今後の出版流通のありようについて考えをめぐらせざるをえないことになった。この間のインターネットでのさまざまなうわさや放言の垂れ流しを見るにつけ、こうした出版業界人の無節操ぶりや無責任な反応にもいささか嫌気がさしたところで、当日の夕方、わたしは未來社のホームページにつぎのようなメッセージを掲載した。

《人文・社会科学系の専門書取次、鈴木書店が十二月七日に東京地裁に破産申請の手続きをすることになりました。未來社も長年にわたって多面にわたるお世話になり、恩恵にあずかってまいりました。ここにいたっての破産申請は、出版不況と出版業界のすべての矛盾を一手に引き受けた結果という感があり、刀折れ矢尽きた凄絶な最期でした。いろいろな可能性を最後まで探ろうとする真摯な姿勢をみせたにもかかわらず、出版社のさまざまな思惑や無理解、周辺をとりまくさまざまなメディアや情報の乱舞のなかで万策尽きてしまったわけです。取次業界の良心であっただけに非常に残念であるとともに、今後の出版流通、さらには出版界そのものの行方がどのようになっていくのか大変な危惧を感じます。これをひとつの契機に、これまでの出版流通のありかたを構造疲労という観点から抜本的に考え直していくようにならなければ、同じ悲劇はさらに繰り返されることでしょう。目先の利益にとらわれようとするあまり、出版の本来の姿や読者の存在を見失うことのないように出版人は襟を正してこの苦難を乗り越えていくことが必要だと思います。》

(字句の一部を修正)

いまさら言ってもしかたないことではあるが、鈴木書店が破産に追い込まれる経緯には端倪すべからざる力学が働いた。はっきり言って、鈴木書店の苦難と破綻は出版社、取次、書店、生協など業界すべての共同責任であり、構造不況のなかでともども構造疲労を起こしているにもかかわらず、トカゲのしっぽ切りよろしく、身にふりかかりそうな火の粉からはいちはやく遁走して我が身の保全だけははかろうとするような自称「おとな」の業界人たちがあまりにも多すぎたということだ。現に主力取引先四〇社を集めて買掛金三六パーセントの放棄が提案された十一月二十一日の説明会、それを受けて取引出版社四二〇社を集めておこなわれた十一月二十九日の債権者集会のそれぞれ翌日から取引停止、出荷停止といった措置をとる出版社が続出し、鈴木書店をめぐる環境の悪化が一段と加速した。その段階でこれまでの流通量が約一五パーセントに激減し、出荷をつづけている社がわずかに七〇社といった実質的な機能マヒ状態に陥ったうえに、生命線たる大書店チェーンからも帳合変更、支払い停止といったかたちで最後の命脈が断たれたのである。

そこにはインターネット時代の情報流通の早さとその影響力の大きさもおおいに手伝っている。匿名ゆえに情報がひとり歩きしていく姿には恐ろしいものさえある。そうした情報に先導されたことも原因のひとつだろうが、まだなんとか再生の道を探ろうとしているやさきに、雪崩をうってマイナスの方向へ足を引っ張ることになった業界紙、中堅大手版元数社、大書店の対応なども、やはり思慮に欠けるものと言わざるをえない。ここで自社の損益を最優先に考えることが業界全体の足を引っ張らなかったかどうか、それぞれ厳しい現実があることは承知のうえだが、これだけはぜひとも再省してもらいたい。率先して鈴木書店に見切りをつけておきながらマスコミの要求に平然と鈴木書店をたたえる文章を書いたり、その破綻を残念がってみせるという厚顔無恥にはもはや先がない。こうした出版社の思惑や浅慮が鈴木書店を急速に破綻に導いたのである。鈴木書店の自己破産を対岸の火事と受けとめているような業界関係者しかり、これをチャンスとばかりにみずからの利得拡大に走ろうとするような業界関係者しかり、いずれにしたってこういうひとたちに出版の未来をまかせるわけにはいかない。

いずれにせよ、これまでいわゆる「神田村」の「村長」的存在であった鈴木書店の破産によって、懸念されることは大取次二社の専門書版元への取組みである。従来、鈴木書店は、利益効率の悪い（と思いこまれている）書籍流通、とりわけ人文・社会科学系専門書の流通という領域を確保することによって存在理由をたもってきたのだが、そのために他の大取次、中堅取次はワリの悪い仕事（と思いこまれているもの）から手を抜くことができたのであり、この理由そのものによって鈴木書店の存続を必要としてきたのであった。今回の鈴木書店の破綻によって、こうした防波堤が決壊し、取次と出版社が厳しい利権確保競争（一種の正味戦争）に短兵急に走ろうとする傾向がはやくも見えはじめていると聞く。すでに書いたように、こうした物取り主義的な発想からは第二、第三の鈴木書店を生むことはあっても業界の健全な存続は望めないだろう。

出版界の構造不況はきわめて深刻であり、なかでも専門書を志向する出版社にとって既成の出版流通のチャンネルではいかんせん限界が見えている。しかるべきかたちで自主流通の必要性を考える出版社が集まって、オンライン書店のようなものもふくめて、小さくてもいいからなんらかの新しい流通チャンネルを組み上げていくような方向性が見出せないものだろうか。そのときには、たしかにこれまでの出版社と取次の関係を変えるようななにか新しい流通形態が生まれうるのであり、そのときこそ鈴木書店が残した教訓が生かされるだろう。

注　専門書出版社の自主流通チャンネルは残念ながら実現しなかったが、元鈴木書店メンバーによるＪＲＣという小さな取次兼販促会社が生まれることになり、未來社は最初から応援する立場をとった。次を参照。

新しい流通チャンネルの可能性——ＪＲＣ設立にあたって

（「未来の窓73」二〇〇三・四）

去る二月十九日、東京の本の街、神田神保町の一角で小さな書籍販売促進会社の創立の会があった。人文・社会科学書流通センター（ＪＲＣ）という名前のその会社は、出版不況のなかでますます進んでいる現在の人文・社会科学系専門書の売行き不振になんとか歯止めをかけたいという意気に燃える人たちの集まりである。後藤克寛社長以下たった七人の創立メンバーはいずれも元鈴木書店のベテランぞろい。鈴木書店でつちかった専門書の販売ノウハウと出版社・書店とのつきあいを生かして、中小零細出版社の営業代行をおこなうとともに、事務所にささやかな店売所をもうけて書店への直売その他をおこなおうとする会社である。

昨年秋ごろから元鈴木書店の人たちが語らい、これまで鈴木書店でやってきたことをなんとか生かして業界の役に立ってみたいという気持ちがひとつになって、昨年末ごろから書店や出版社への協力依頼にまわりはじめた。未來社にも協力打診は早くからあり、これまでの鈴木書店との長い取引の歴史を省みても、できるだけの協力は惜しまないという構えで対応してきた。

さいわい、業界紙をはじめ、「読売新聞」や「東京新聞」が好意的な記事を掲載してくれたこともあって、いまのところ業界の反応は上々である。鈴木書店と取引のなかった小出版社までが続々と名乗りを上げてきているとのことで、店売在庫をおく出版社はすでに五十数社になっている。また地方の書店からは早くも通常の取引を希望する声まで届いているとのことである。創立の会でも出版ニュース社の清田義昭さんが言っていたように、ＪＲＣの設立はいま現在の不況にあえぐ出版界にとってはなによりも久々の、元気のでるいい話なのである。

わたしも三月にはいったところで神保町の事務所兼店売所を見学させてもらったが、予想以上に立派な書棚がすでに入っていてぼちぼち各社の店売用商品が入荷しつつあるという状況を確認した。必要な設備も徐々に整いつつあり、いささかのんびりした感のあったメンバーだが、その心意気が伝わってくるようになった。鈴木書店という枠のなかにいたためか、いくぶん世慣れていないところのある人たちという印象はいまだ拭いきれないが、ともあれ再び本に触れる喜びを語るかれらの素朴な姿勢は、やはり出版にかかわる者の原点であるということをあらためて再認識させられた。

出版社は、とりわけ専門書出版社は、こうした人たちの地道な努力によってこそ支えられてきたのであり、これまではとくに問題とされてこなかった専門書取次のサービス営業の部分がＪＲＣという会社の出現によって顕在化してきたとも言えるだろう。大書店の専門書の棚が日に日に貧困化していると言われる現在、これまで鈴木書店が果たしてきた役割の大きさがあらためて認識される必要がある。出版社のなかにはこの役割の大きさを認めたがらない人がいるが、そんなはずはないのである。ＪＲＣが鈴木書店の役割をカバーできるとは言えないにしろ、そうした方向性と意志をもっていることは汲みとるべきだし、またそうした力とやる気が必要なのだということを率直に認めたほうがいい。

出版社のなかには、鈴木書店の内情にくわしかった人ほど、JRCの創立メンバーにたいする疑問をもっているらしい。かれらが鈴木労組の構成員だったからというのがその理由だが、そうだとしても、今回のJRC設立にそれが問題点として浮上するその論理こそがわたしには疑問である。ここはむしろ、かれらがなにもないところから起業しようとするやる気を買うべきであって、出版社はこういう会社をもりたてていく義務と必然性があると思うのである。

かく言うわたしとて、JRCがすべてうまくいくかどうかの確信があるわけではない。こういう内容の仕事が気持ちだけで成立すると考えるほど甘いものではないことは言うまでもない。むしろ専門書出版社の多くがこういうJRCの意気込みを評価して、過去のいきさつにこだわることなく、これからの専門書流通の一端を託するぐらいの気持ちが必要ではないかと言いたいだけである。多くの出版社の協力を呼びかけたいと思う。

そこでJRCにたいしてもいろいろ提案をしていきたいと考えている。すでに予定している書店や大学生協への販売促進の代行、および新刊・売行き良好書の店売での活性化、学会等での出張販売の代行などのほか、出版社と協力してフェア企画などの立案、持ち込み、商品あっせん、などの業務を広げていくことを考えるべきではないかということがその第一点。新刊でとくに売りたい本があるような場合、その本の著者やテーマにそくしたミニ・フェアなどの企画を考え、書店に持ち込むことができないか、ということである。そのためにも、主要な出版社との定期的な交流や勉強会など積極的な関係づくり、情報交換などが必要だろう。

さらには書店ばかりでなく図書館などの欠本補充のような仕掛けができないか、というのが第二点。ホームページ開設によって在庫状況を公開し、書店や読者からの注文にも応じられるようにできないか、というのが第三点。これは鈴木書店時代にもできなかったことであり、初期コストもかかるので大変だろうが、ぜひ実現してほしい。さらに、それとも関連するが、神保町の一角という立地をいかして、かつての「神田村」と呼ばれたような、三省堂や東京堂、書泉といった近くの大書店の倉庫のような機能をもてるように、取引のチャンネルを増やす努力をしてほしい。これが第四点である。そのためにも取引出版社数や在庫アイテム数をいっそう増やす努力が必要になるが、それは焦らずに徐々に実現していければいい。実績とともにそれらは確実に増大するだろう。

この四月一日から一か月間、東京堂書店で「未來社全点フェア」がおこなわれることになった。書店内で鵜飼哲さんと高橋哲哉さんによるトーク・セッションのイベントをおこなう予定もあり、あわせて備品として保存しておいた古い本の一部を特別出荷することも予定している。こうした動きのなかで、フェアの補充品をＪＲＣの店売から取り寄せるといったようなかたちでさっそくにも活用することができないかと夢想しているところである（注）。

注　ＪＲＣはその後、徐々に取次機能ももつようになり、常備店契約をするところも現われている。東京堂は佐野衛店長時代の早いうちから未來社の常備をトーハンからＪＲＣ経由に切り替えている。

その後のＪＲＣ——本のネットワークの構築を期待する

（［未来の窓79］二〇〇三・一〇）

今回は、この二月に創立されたＪＲＣ（人文・社会科学書流通センター）についての近況を報告しておこう。四月号の「新しい流通チャンネルの可能性——ＪＲＣ設立にあたって」（本書八〇頁以下）でこの新会社の発足にあたってのわたしなりの期待と抱負を述べさせてもらったが、その後の実質半年のあいだに、たとえわずかずつであるとはいえ成果を上げはじめてきているＪＲＣの活動は、身近に観察してきた者としてはもうすこし広く認識してもらっていいように思うからである。

前回この欄で書いたことだが、わたしはＪＲＣのこれから取り組むべき活動のポイントとして、書店や大学生協への販売促進の代行、店売の活性化、学会等での出張販売の代行などのほかに、つぎのような四つの提案をおこなった。

一、出版社と協力してフェア企画などの立案、持ち込み、商品あっせん、をおこなうこと。
二、図書館などの欠本補充。
三、ホームページの開設。
四、近くの大書店の倉庫の機能をもてるようになること。

これらの項目のすべてにわたって一部はすでに実現している。たとえばフェア企画の立案から注文取りという面では、未來社と共同して企画した「ハーバーマス・フェア」が東京堂書店、三省堂本店、リブロ池袋店、紀伊國屋書店本店、丸善日本橋店、東京大学本郷生協、芳林堂高田馬場店、一橋大学国立生協、大盛堂など都内の十数書店でミニ・フェアとして実現し、大きな成果を挙げた（一部は継続中）。これには岩波書店や平凡社、法政大学出版局、人文書院、木鐸社、松籟社、マルジュ社といった版元も巻き込むことができ、JRCにとっては取引出版社拡大の面でもすくなからぬ実績になったはずである。

この企画はハーバーマスのおそらく最後の代表作となるであろう『事実性と妥当性』（原書刊行は一九九二年）がようやくこの五月に未來社から刊行されたのにあわせて、この二十世紀の代表的な哲学者の邦訳文献を集めて展示・販売をしてみようという試みであり、ハーバーマスの仕事にかんする情報を小さなフリーペーパーとしてもまとめており、未來社ホームページなどでも案内を出したところ、読者からもこのペーパーを入手したいという要望がかなり寄せられている。このことからもうかがえるように、ハーバーマスにたいする関心は依然として高い。JRCがこうしたフェア企画をタイムリーにおこない、またそれらの企画をストックとしてさらに増設していくことができれば、フェア企画会社としての魅力も出てくるだろう。こうしたフェア企画など、出版社の協力を得ればいくらでも立案可能なのであるから、もっともっと積極的に展開していくべきである。未來社としてもつぎの企画をいくつか準備中である。

JRCの活動がほかでもすこしずつ広がってきているのは、JRCの店売商品を活用して特定の図書館への見本販売がわずかではあるが定期化してきていることにも現われている。また、いくつかの書店グループや大学生協のグループがＪＲＣに棚作りやフェア商品の出品依頼をおこなうことを機関決定し、この秋から本格的に稼働する予定である。現在の取次から書店への配本システムには大きな亀裂がいたるところに走っており、地方の有力書店などでも入るべき商品がまったくと言っていいほど入荷しないところはいくらでもある。そういう書店のいくつかがＪＲＣにパイプをもとうと働きかけてきており、そうした書店との取引も条件さえあえば実現可能までもう一歩である。

その意味ではＪＲＣは販売促進会社である以上に、取次機能の確立へとすこしずつ前進しているとも言えよう。ただし、大書店においては、実際の取引となるには大取次との諸関係などさまざまな経営事情があり、なかなか実現はむずかしいというのが現状のようである。それでも思うにまかせぬ流通に不満をもつ販売現場からの突き上げもあって、たとえ少量ずつでもＪＲＣとの取引を望む書店人の声は日増しに高まっている。こうした要望はＪＲＣが適切な品揃えをよりいっそう実現し、書店への商品供給が可能になるにしたがっておのずと増大していくだろう。そのためにも有力書店や大学生協との日常的なかかわりを強化していく努力は欠かせない。

もう一方では版元への出品協力その他の努力もますます必要である。さいわい大月書店がまもなくＪＲＣとの取引を開始することになった。未來社も所属する人文会二十一社のなかでは二番目の取引先になる。人文会に所属するぐらいの規模の出版社がＪＲＣの取引先に加わることは、販売力強化が必要な専門書出版社がほかにも存在することの証拠である。ＪＲＣの様子を見ながら取引を検討している出版社がいくつもあることをわたしは知っている。その意味でもいまはＪＲＣにとってもわれわれ先行出版社にとっても頑張りどころなのだ。

こうしたなかで先日おこなわれた「新刊.com」の説明会はひとつの試みである。ＪＲＣと松籟社の共同で開かれたこのメール新刊案内の試みは、小さな出版社にとってはなにほどかの情報伝達の価値があるかもしれない。内容についてここであまり論及しないが、その会であらためて浮き彫りになったのは、すでに開設されているとはいえ、十分な機能を果たしていないＪＲＣのホームページ（http://www.jrc-book.com/）の本格的な稼働が遅れていることである。前身の鈴木書店からの懸案であった在庫管理のシステム構築が停滞していることは残念なことであり、ＪＲＣの販売活動にも大いなる停滞を引き起こしかねない。わたしが前記「新しい流通チャンネルの可能性」で期待とともに述べた四項目のうちでもっとも遅れが目立つのがこのホームページ立ち上げ問題なのである。取扱い商品アイテムとその在庫情報の明示こそが新しい取次をめざすべきＪＲＣの生命線である。いま程度のアイテム数をこなしてしまわないで、どうしてこれからの情報の急激な拡大に対処しうるのか。むしろこれらのアイテムをフェアなどをふまえて相互にリンクさせながら、どこのデータベースにも存在しない強力な本のネットワークを構築していってもらいたいのである。

注　ＪＲＣではこのホームページ問題はその後すぐ解決して現在にいたっている。

日新堂倒産を考える

（［未来の窓80］二〇〇三・一二）

十月にはいったとたん、専門書系小取次会社の日新堂が突然の破産宣告をおこなった。十月六日の月曜日になって会社のシャッターが下ろされていることで取り沙汰され、翌七日に日新堂代理人の大岸聡弁護士から、日新堂が資金繰りのいきづまりによる破産申立てを近日中におこなう予定であるという、六日付けのＦＡＸが送られてきたことで、その事態が確認された。正確なことはまだ不明だが、未來社はたまたま十月二日の木曜日に日新堂に九月分売上げの小切手を受取りに寄っているので、四日と五日の土日のあいだにこのような措置がなされたものと思われる。情報では社員は事態をまったく知らされておらず全員自宅待機ということで、内海宏社長による独断と見られる。

二〇〇一年十二月の鈴木書店の破産以降、未來社にとっては二度目の取次会社の破綻である。いわゆる神田村（東京都千代田区神田神保町にある専門書小取次群）が鈴木書店破産を受けて、鈴木書店の遺産をある程度は受け継いで社業をそれぞれ拡張させていたはずであるにもかかわらず、日新堂においてはそれが時代の逆風を乗り越えるだけの契機にならなかったことになる。

たしかにこの一、二年、日新堂の業績が芳しくなく、支払いも滞りがちであるという事態がつづいていたことは事実である。本来ならば、期日に振り込まれるべき入金がなく、経理に連絡をしてもすべて社長決裁なので不明であったり、手違いで振込みをしていなかったとかの稚拙な言い訳に終始したりしていて、およそ信用できるような取次ではなくなりつつあった。出版社によっては半年や一年も支払いがないところもあると聞いたことがある。そうした事態がつづいたために未來社でもことしの初めあたりから月あけには集金に行くようになっていた。それがいつのまにか恒常化してしまい、未來社は小切手支払いという扱いになっていると経理のひとに言われたこともある。こうしたいわばなしくずしの取引条件の無原則化は許しがたいことであり、最近も内海社長に支払いをきちんとしてほしい旨の申し入れをした。そのときは内海社長はいつまでも取引先に甘えていてはいけないと自覚している旨の返事をもらったのだが、社長の態度や物腰には出版社との接触を避けたい風がありありと感じられたのも事実であり、こうした点からもなんとなく見通しの悪さを感じさせるものがあったのである。

それにしても、これまで日新堂からは支払い繰り延べの依頼もなければ、なんらかの協力要請もなかった。一時、岩波書店をはじめ何社かの店売分を増強したこともあったようだが、あれはどうなったのであろうか。なにか展望を切り開こうとする努力や意気込みを日新堂のひとたちから感じることはなかった。アイデアもなくやる気もうしなった会社ほど悲惨なものはないことを痛感する。

ともかくこの十月二日に集金に行ったときも担当者が席をはずしているという理由がどことなく怪しげであったことは事実であり、実際のところはすでに不渡りになることを知ったうえでの小切手支払いだったのかもしれない。そうだとすれば、これもまた不誠実な行為であると言うしかないのである。今後、弁護士を介しての弁済の話がどうなるのかはいまのところ不明であるにせよ、最後はきちんとした処理をしてもらいたい。

その意味では、これは出版業界にかぎらず、現在のどんな業態においても起こりうる事態である。出版業界においても書店は毎年一〇〇〇軒を超える閉店がつづいており、出版社においても小さいところはどこも不況にあえいでいる。それでもなんとか専門書系出版社が生きのびていけるのは専門書を売ろうとしてくれるひとにぎりの書店と、そこをつなぐ取次店が存在するからなのである。しかし日新堂の破産が示しているのは、専門書を置いてくれる書店との取引経路のひとつが切れたことを意味するばかりでなく、専門書を扱って利益を出すことが小取次にとってどうすればほんとうに可能なのか、という鈴木書店破綻以来の懸案が未解決のままであることを示している。

小部数をいかに効率よく適切な書店に配本し、読者に知ってもらうことができるかというのは、専門書出版社にとって最大の課題のひとつである。営業力や宣伝力がないために、もともと少ない読者層に情報がゆきわたらないことがその理由だが、その不足を補う方法はまだまだ残されている。

読者の潜在的な需要を喚起するそれぞれの出版物の内容をより魅力的な、価値あるものにすることについては言うまでもないが、ここであらためて考え直してみる必要があるのは、読者との接点である書店とそこに情報と本そのものを届ける取次店とのかかわりである。これだけ多くの書籍が市場に氾濫している以上、出版社はこれまでよりいっそう一点一点の書籍の特徴づけを明確にする必要がある。さらに自社あるいは他社の既刊あるいは新刊の出版物との関連をはっきり位置づけることで本のネットワークをつくりあげ、それによって全体的な底上げをはかりつつ読者にアピールしていかなければならないのである。専門書はそうしたネットワーク化ができるかどうかが生命線である。

一例を挙げれば、未來社から刊行されたばかりの現代フランスの哲学者フィリップ・ラクー＝ラバルト氏による『メタフラシス――ヘルダーリンの演劇』（高橋透・吉田はるみ訳）は、最近みすず書房から『近代人の模倣』が、藤原書店から『ハイデガー――詩の政治』が刊行されたこともあって、時ならぬラクー＝ラバルト・ブーム（？）を引き起こしている。これにはラクー＝ラバルト氏の来日予定（実際は来られなかったが）にあわせた出版という面もないわけではないが、こうしたきっかけひとつによっても現代思想の読者には一定のインパクトが与えられるのであり、これにともなって未來社がすでに刊行してきたラクー＝ラバルト氏の『虚構の音楽』（ワーグナー論）も『経験としての詩』（ツェラン論）も連動して読者の関心に呼びかけることができるのである。過去の蓄積とリンクした新刊による読者への呼びかけの力こそ、専門書ネットワークの本領であり、新たな知のネットワークを生み出す源泉なのである。

トーハン桶川計画は可能か？

（「未来の窓89」二〇〇四・八）

この六月二十四日、日本書籍出版協会流通委員会主催でトーハンが推進しようとしている「桶川計画」の会員説明会があった。トーハン側からは池田禮取締役が説明役として登場し、スクリーンの図表などを見せながら、四五分ほどの簡略なレクチャーがあった。わたしもこの件にかんしては関心がもうひとつだったせいもあって、今回は白紙にちかい状態で臨んだのだが、いろいろ思うところもあるので、ここではとりあえずの情報整理と若干の見解を述べておくにとどめたい。

トーハンの「桶川計画」とは、埼玉県桶川市に二五〇〇〇坪の一大流通センターを構築し、売行き良好書の在庫の集中管理をおこなうことによって業界全体の流通促進と販売チャンスの拡大を狙おうとするものであると言えようか。しかも必要によっては返品本の改装作業を現地でおこなうことも可能であって、返品にともなう流通コストの削減も実現しようというのである。さらに本の発注から送品・納品・販売実績・返品等の情報をすべてリアルタイムで電子化することによって、銘柄別、ジャンル別、出版社別、書店別等々のデータの作成が自在に可能になる。そのことによって出版社においても書店においても多くのメリットを与えることができるというのである。すなわち、書店においては他店との比較による売り逃しアイテムの発掘、欠本補充の自動化、地域や書店の特性に応じた棚管理や適正配本など書店支援が可能になり、出版社においては無駄な在庫削減または軽量化、売行き情報の整備等による販売チャンスの拡大というメリットが生ずるということである。客注品・買切り品の優先的配本、そしてそれらの商品がどのように読者に届いたのか否かの追跡可能性（トレーサビリティ）の活用ということもうたわれていて、こうしたことが着実にみのれば、たしかに業界念願の流通のスピードアップと返品率の低減が実現することになるだろう。

さて、トーハンの今回の提案についてどう考えるべきか。

トーハン桶川計画は一取次の戦略という以上に、出版業界全体の流通整備のための提案だと言えなくもない。トーハンによれば、この提案には出版社の協力が必要不可欠だというのは、おそらく間違いないところだろう。こうした流通改善においては流通の起点たる出版社が初期出荷に基本的に応じないかぎり、そもそも絵に描いた餅になってしまうからだ。

ここで多少キャリアのある出版人ならよほどの健忘症でもないかぎり、今回の桶川計画の話を聞いて思い出すことがあるだろう。そう、出版界のトラウマとも言うべき、あの〈須坂〉である。すくなくともこの点にかんするかぎり健忘症でないわたしは、この話を聞きながら、〈須坂〉構想（注1）との類似点と相違点の両方がかなり明確に区分できた（つもりである）。つまり出版流通全体の業界あげての理想的な（理念的とも言える）取組みたるべき流通促進と流通合理化のテーマが一方に厳然と存在し、それにたいしては原則的に誰も反対ではないにもかかわらず、事態が思うように進展しないかもしれないという問題の類似性。また、そうした理念の共通性があるにもかかわらず、今回は大手取次トーハンによる提案であることによって、最初から桶川計画は企業戦略の一環として位置づけられざるをえないという特殊性を避けられないこと。出版社としてはこの提案に乗ることは重大な選択になりかねないのである。

そういうふうに考えると、この桶川計画について出版社はまだまだ確認すべきことが多く残されていることになる。そもそも桶川の施設にはどういうものが予定されているかというと、ＳＣＭ流通センター、ＳＣＭデータセンターと出版ＱＲセンターの三つで構成されるようである。ＳＣＭとはいまはやりの Supply Chain Management で、流通管理の合理的処理を推進する方向性と、ＱＲすなわち Quick Response、物流の高速化のためのインフラセンターの建設という理論と技術の合体が最大の課題となる。そして後者のインフラ構築こそトーハンが出版社を巻き込んで実現しようとする主装置なのではないか。池田取締役の説明のなかでこの施設の別会社案構想について触れられ、出版社との共同出資によって出版社が主体的に出版ＱＲセンターの運営に参加してほしいとの抱負が述べられた。のちの質疑応答のなかで、このセンターが専門書版元にとってどれだけのメリットがあるかという点についてのわたしの質問にたいして具体的な答えはなかったが、出資にかんしては、総額で二億円、うち出版社が一口一〇〇万円程度で一億円、残りはトーハンでという目安を引き出すことができた。また出版社が出資しないならトーハンがすべて出すような意向ももらされた。このあたりをどう判断するかはにわかには判断しかねるところもあり、実際に専門書版元のような回転率の低いものが出版ＱＲセンターでどの程度の必要性を見込まれているのかがいまの段階ではなにも明らかでない以上、しばらくは静観せざるをえないだろう。また、商品の集荷の問題も検討中ということであり、これも集荷量にもよるが、実際の運営面において具体的な方法論が示されなければ、出版社としても対応のしようがない。まさか専門書版元が小ロットの商品を桶川まで運ばなければならないことになるのだったら、それこそ本末転倒になってしまうだろう。

したがってわれわれにとっての「桶川」は、専門書版元の小部数アイテムをどのあたりまで組み込んで、なおかつ合理性を得られるかどうかにかかっているように思う。より具体的な構想の提案を期待したい。（注2）

注（1）業界情報に疎いひとか若い業界人のためにひとこと付言しておくと、〈須坂〉構想とは、十年ほど前に長野平安堂の平野稔社長が須坂市の広大な土地を市の行政と提携して出版業界全体の巨大な流通センター用に確保し、出版界に共同使用を提案したことに端を発し、出版界全体でいろいろ議論し、ジャパン・ブックセンター（ＪＢＣ）なる管理会社まで立ち上げながら、最終的にある種の政治力学のために座礁した事態を指す。実態はもうひとつ不明だが、トーハンと日販との意見の相違が原因であったとされている。

（2）結局、細かい問題は先送りにしたまま、トーハン桶川センターは集配の物流拠点として推し進められた結果、出版社からの集荷はほとんどすべて桶川に集められることになった。ただし売行き良好書の効率的処理などはいまだ十分に機能しているとはいえないようである。

青山ＢＣは再生できるのか

（『未来の窓90』二〇〇四・九）

七月半ば、出版界とりわけ書店業界に電撃的ニュースが走った。これまでアート系を中心とする特色ある本屋作りを売りにして順調に業績を伸ばしてきた（と思われる）青山ブックセンターの破産申立てという事実が明るみに出たのである。業界紙その他の報道によれば、七月十六日（金）付けで主要取引先である大手取次の栗田出版販売（以下、栗田）が青山ブックセンター（以下、ＡＢＣ）の破産申立てをおこなった、ということである。本稿を書いている時点では、一方では買収の話、民事再生を申請した話、さまざまな支援の話などが伝えられており、まったく予断を許さない状況である（注1）。

ともあれ破産申立てのあと、ＡＢＣ全8店舗はただちに閉鎖状況におかれたが、このうち新宿ルミネ1とルミネ2の店が阪急ブックファーストに引き継がれ、早くも八月一日には新規オープンしてまずまずの好成績をあげているとのことである。新宿は紀伊國屋書店の本店と南店とが圧倒的なシェアを占めていたが、近年は新宿駅の南口に位置するファッションビル・ルミネのＡＢＣ二店がそれなりの存在感を示し、そこへもってきてこの十月に三越の六階と七階にジュンク堂書店が一一〇〇坪のスペースで出店することになっている（のち、八階まで拡張される）。ＡＢＣの破産という事件にともなうブックファーストの進出によって、書店業界の雄たる紀伊國屋書店のホームグラウンドへの関西系二書店の挑戦的参入という事態になったわけで、今後の新宿地区の書店競争は目を離せないことになった。（注2）

それはともかく、ＡＢＣの突然の破産という事件はさまざまな反応を引き起こしている。そのひとつは、作家や編集者の呼びかけによってＡＢＣを守ろうというキャンペーンが起こったことである。これは一般紙にも報道されるぐらいに出版社以外では珍しい事態であって、ＡＢＣが一部の利用者にとってどれほど重要な書店であったかを証明している。

たしかに学者や専門家を招いて定期的におこなわれる講演会やイベントには見るべきものがあったし、未來社としてもこうしたイベントを成功裡に実現したことがある。個性的な書店が少なくなってきつつある昨今の書店においてはいつでも何かを期待させる書店のひとつがＡＢＣだったのである。

そうしたＡＢＣ支援の動きのなかでタトル商会／洋販（日本洋書販売）の賀川洋氏が一定の条件をもとにＡＢＣの買収と再建に乗り出そうとしているという話が伝えられている。これにはいろいろな事情があるらしいのでコメントはいまのところ控えるが、アメリカの出版事情にくわしく、その合理性にてらして日本の出版界の非合理性にたいして不満をぶつけてきた賀川氏の手腕を借りて、ＡＢＣの特色をなんとかキープしてもらうことができるなら、おおいに実のある話である。

それにしても今回のＡＢＣの破産にはいろいろな謎がつきまとう。業界紙によれば、ＡＢＣそのものは比較的順調であったが、親会社の不動産投資の失敗によるツケがＡＢＣにまわされた結果、栗田への支払いが滞り、ついには栗田がＡＢＣの破産代理申請をするにいたったとのことである。通常はある会社が取引先の破産申請をするなどということはありえないが、これにはどうもＡＢＣの組織上の問題もからんでいるらしい。つまりＡＢＣの8店舗はひとつの親会社に所属しているのではなく、ボードという広告会社をはじめ三つの親会社にそれぞれ分かれて所属しており、外側から見ればいちおうグループとしての統一性は保っていたのだが、そういうややこしい組織として存在していたために、異例の破産申請になったということらしいのである。破産申請をするにいたった栗田の側にも同情すべき点はもちろんあるのだろうが、あっさりとＡＢＣを見切るまえに打つべき手段はなかったのだろうかという疑問も否定しきれない。新宿ルミネの二店舗を引き継いだブックファーストをバックアップしたもうひとつの大手取次の大阪屋が、商品を東京ＢＣとｉＢＣというバックヤードから超短期で補充して開店に結びつけたという話と好対照を成している気がするからである。

もともと青山ブックセンターという書店は電車の中吊り広告などをメインにしていた広告会社の幹部が起こした会社

が母体になっており、マーケットリサーチを基盤に従来の書店とは異なるコンセプトで本好きな読者の心をつかんできた。そのコンセプトとは、出版社の常備出品に頼らず、すべて自己注文で商品構成するという責任販売制を自主的に貫いてきたことに端的に表われているだろう。出版社におもねらず、納得できる商品だけを取り揃えることは、豊富な資金力と商品知識をもつ書店員の存在によってのみ実現できることである。だからこそ書店を舞台にした講演会やトークショーなど各種イベントをも積極的に実現しえたのである。その意味で書店を〈劇場〉と化してみせる新しい書店イメージをABCは生み出したと言える。こうしたかたちで〈知〉を発信し、書物という形式で〈知〉をコーディネイトすること、そのためにのみ必要な書物と人材をマニアックに集め、必要以上に巨大化しないこと、このことがABCの書店としての独自性であったと言えようか。

そうした本好きや専門家が納得しうる店をつくること自体やりたくてもなかなかできないことかもしれないが、それをやりぬいたからこそABCには本好きや専門家が好んで集まり、またそうしたなかから新しい書店員希望者が育ってくるという好循環を生み出すことができたのである。ジュンク堂書店などにも見られるこの傾向は、これからの書店がたんに売れる本や雑誌のみを取り揃えるだけでなく、メガストア化への単一方向の拡大ばかりでもなく、規模の大小や地域性に応じた書籍展開がまだまだ可能であることを示唆している。それだけにABCが本来の活動以外の理由によって活動停止状態に陥ったことはかえすがえすも残念であり、なんとか民事再生の可能性が拡大することを願うばかりである。

注（1）青山ブックセンターは二〇〇四年七月末に日本洋書販売によって民事再生されたが、二〇〇八年には今度は日本洋書販売の破産によりブックオフコーポレーションの一〇〇％出資子会社となり、営業を継続している。

（2）ブックファースト新宿西口店が二〇〇八年十一月にモード学園コクーンタワーの地下一階と二階に一〇〇〇坪超のスペースを擁してオープンしたことによって新宿の書店競争は一段と加速した。一方で、先にオープンしたジュンク堂新宿店が三越の売却問題で閉店することになりそうである。

「書店員の愚直さ」の必然性――福嶋聡さんの新著を読む

（「未来の窓122」二〇〇七・五）

ジュンク堂池袋本店副店長の福嶋聡さんが十年ぶりに関西に戻ることになり、その置きみやげというわけでもないが、『希望の書店論』というエッセイ集を上梓された。これは人文書院のホームページに連載されていたものを中心に年来の主張をまとめて同社から刊行されたものである。この本を読んでいろいろ考えさせられることがあったので、ここでその一端について関心のおもむくままに触れておこうと思う。

まずなによりもこの本の特質として挙げられるのは、個性的な一書店人からみた出版業におけるさまざまな問題点を、正直にしかも建設的な方向で指摘し、忌憚のない意見を述べているところにある。業界人向けの発言としてではなく、みずからの仕事をつうじて経験を語りながらそれを具体的な方法論として臆することなく提示しようとしているところに福嶋さんのポジションの真骨頂がある。本書を「現場からの定点観測的な報告」（「はじめに」）と言わしめているのは、たんなる謙遜や事実確認からではなく、書店現場という出版流通のゴール地点から書物という媒体を通して出版業界のさまざまな局面へ可能なかぎり遡及しようとする方法のための確固たる基盤をもっていることの意思表示にほかならない。もちろん、ここで言及されていることは、第Ⅳ章のタイトル「書店という現場――本を売るということ」に示されているように、出来あがった本という「商品」を売る立場に徹することから見えてくる出版業界のかかえる諸問題である。

本書を貫くメッセージは、端的にこのように言われている。――「今、厳しい状況であることは、誰でも知っている。でも、『駄目だ、駄目だ』と言っていたって埒《らち》は開かんでしょう。出版物を扱うというのは、とても魅力的な仕事なの

だから、なんとかいい方向に持っていこうよ、そのためには『もう駄目だ』と言っちゃおしまいでしょうが。」(一八五頁)

本を愛する書店人、福嶋聡ならではの率直な物言いだが、まったくその通り。それではどうするか。その視点からかれが展開するのは、一方では、出版における読者＝パトロン説であり、他方では、それを実現するものとしての書店現場の「創発」性である。

まず、出版における読者＝パトロン説。たしかにかつて王侯貴族の庇護のもとに文学や絵画、音楽などの芸術、はては哲学までがその生産、継承発展を保証されていた時代があり、才能ある文学者や芸術家とそれを理解することのできるパトロンが相互に結びつくことによってこの関係が限定的に実現されていたことは周知の事実である。そこにさまざまな誤解や錯覚や打算や偶然が働いていたであろうことは当然だが、そのなかで陽の目を見られずに歴史の深淵に沈んでいった才能は無数に存在していたはずである。近代民主主義はその意味では才能を商品化することによって相対的に平準化し、大衆化していった結果、多くの才能を見出すと同時にこの要求にそぐわない才能を消去していった。

福嶋さんの読者＝パトロン説は基本的にこの流れを汲むものであるように見えるが、必ずしもそれが俗流大衆路線へと流れてしまわないのは、かれが勤務するジュンク堂書店という器がベストセラー志向の書店ではなく、むしろいわゆる「ロングテール」、つまり多品種少量の書物群をロングセラーを中心に網羅的に収集・展示することによって日本の出版文化を下支えする強い志向性をもつ書店の立場から発想されているからである。その意味で図書館は書店とは異なる公的な立場とはいえ、わずかながらでも書物のパトロン的な寄与をおこなうものとして評価される。だからこそ、日本文藝家協会と図書館の「公共貸与権」をめぐる意見対立に福嶋さんは違和感をもつのである。なぜなら日本文藝家協会が主張しているのは、図書館を有力な読者＝パトロンとみなすのではなく、本の無料貸出し屋として著者の著作権を脅かす存在と断定する方向だからである。

しかしここで注意しなければいけないのは、日本文藝家協会の主張といっても、それは実際にはごく一部の幹部メンバーの主張にすぎない、ということである。わたしも日本文藝家協会に所属しているが、その構成員の多くは図書館にたいしてこうした敵意を抱いていないし、むしろ著書を購入してくれる有力なパトロンとして期待しているのである。図書館に物足りないところはあるとしても、多くの協会員は読者に広く読まれる機会を与えてくれる場としての図書館の存在を評価している。多くのひとに読まれることが、自分の著作の販売部数を減らし、ひいては印税収入の減少に結びつくと考えられるひとはごく一部の特権的なケースであり、その特権を日本文藝家協会の全体の主張とすることは本末転倒であるとともに、ある意味で読者をバカにした話ではなかろうか。読者をたんなる消費者とみなし、自分を支えてくれるパトロンというふうに考えないから、こうした発想が生まれてくるのである。

「読者という顧客（=個客）は、ほぼ例外なく、書物という物体に対価を払うのではなく、その書物を読むということ、すなわち読書という経験に対価を支払う。だから、著者や編集者の『はたらきかけ』は、顧客の読書経験をデザインすることだと言っていい。」（一三二頁）――こう、福嶋さんは述べているが、ここで「デザイン」とは紺野登氏の概念にもとづいており、「商品の意匠に留まるものではなく、顧客の『経験』そのものを方向付け、顧客満足を獲得する『はたらきかけ』」であるとされている。ここから書店人の「はたらきかけ」も同じであると福嶋さんは主張するのである。「書店現場は個々の売買によって情報そのものが発生する場」（一四九頁）であり、そこに介在する人材こそがその情報を活かして「創発」性を生み出すことができるとされるのである。福嶋さんの言う「書店員の愚直さ」が必然的であることは、書店員の創発性を導き出すための原理がそれ以外にないからである。

注　二〇〇七年三月二十三日（金）夜、日本ヴォーグ社12Fホールにて「『希望の書店論』の出版を記念し、福嶋聡さんとの別れを惜しむ会」という福嶋さんの送別会でこの本は出席者に配布された。

専門書の棚つくりを考える――柴田信さんの小冊子によせて

（［未来の窓123］二〇〇七・六）

岩波ブックセンター信山社の柴田信さんが喜寿を迎えられ、このほど（二〇〇七年四月二十一日）歴史書懇話会主催で喜寿の会が設けられた。わたしは所用で出席できなくなったが、その会で柴田さんの『本の街・神保町から【私家版】』（岩波ブックセンター）が配られ、のちにわたしにもそのときの記念品とともに一冊恵贈していただいた。エッセイと対話の四篇から成る三〇ページ余りの小冊子だが、最近の柴田さんの神保町を中心とした活動ぶりと、「専門書の専門店」の責任者としての考えがシンプルに表明されている好著である。前回の本欄（122回『書店員の愚直さ』の必然性――福嶋聡さんの新著を読む」）で柴田さんと親子ほども年齢差のある福嶋聡さんの新著について論評をくわえさせてもらったばかりだが、今回も書店人の仕事について考えてみたい。

柴田さんの書店構想は、大書店の福嶋さんのポジションとちがい、中小専門書店の生き残り方を提示するもので、われわれ小出版社の生き残り方とも相通ずるものがあり、おおいに共感するところがあった。と同時に、いかに書店の書棚を充実させていくかという問題には、柴田さんならではの矜持と明確な方法論があり、これも出版社の安易な容喙を許さない見識がうかがわれる。平たく言えば、〈私は書籍を棚で売る〉という柴田さんのコンセプトは、大量流通・大量販売になじまない書籍を時間をかけてていねいに売るという姿勢であり、それを支える商品知識とその店ならではの特異性を生かした棚構成の構築という方法化をつうじてこそ実現されるのである。しかも神保町というバックグラウンドを生かした「専門書の専門店」という位置づけをはっきり打ち出すことで読者の定着をはかっている。岩波ブックセンター信山社は歴史書の品揃えでは他の店に負けないという自負をもっている。そうすることで七〇坪という制約されたスペースを最大限に効率化しようとするのである。つまり、店の書棚にあわないジャンルや書籍は置かない、取り扱わない、捨てるという見切りを徹底することによって専門書を売りながら一定の棚効率を確保し、生き残るという思想である。「うちでアダルト本ください なんて、誰も言いませんものね」と柴田さんが言ってのける理由である。「何を入れて何を捨てるか。売れるものは注文を出さなくてはいけない。しかし余分な注文は極力抑えなければいけない。その捨て方こそが専門家の腕のみせどころであり、真のプロを意味します。」「私は担当者固定派なんです。たとえば人文社会の担当者は、その分野には精通しないといけない。そのためには、ずっと同じところに張り付いていなければいけない。（中略）オールラウンドプレイヤーを目指すのではなく、エキスパートを養成したいのです。」（「本の街に生きる――出版業界の最終地点から見える世界」）

柴田さんの言わんとすることは明快だが、そういうエキスパートを養成し、棚の鮮度を保持しつづけることはほかの店ではそう簡単なことではないだろう。神保町という書店に有利な立地と、岩波書店をバックにもつ歴史的経緯があってこその岩波ブックセンター信山社なのであり、そうした強力な条件をもてない書店の多くは、エキスパートはおろかオールラウンドプレイヤーさえも養成するのは容易でない。わたしなどが人文会という会活動を通して書店の人文書の棚つくりに口を出そうとしているのも、書店の一般的な現状に不満をもつからであり必要最小限の品揃えを期待するからであるが、おそらく柴田さんはそうしたマニュアルだけで書店の棚は活性化できないのではないか、と思われるにちがいない。「それぞれの本屋には歴史的に積み重ねてきた品揃えがあって、その土台のうえに立っているのですから、それを変えるというのはすごく僭越なことなんです」（同前）と柴田さんは言っているからである。

まことにその通りであって、そう言われるとわれわれのやろうとしていることが「僭越な」ことになりかねないのだが、そしてその結果が金太郎飴的な人文書棚ばかりができてしまうことになったとしても、現状よりはまだかなりマシなのではないかとわたしは思うのである。いずれにせよ、人文社会系の専門書の棚というのはたえざるメンテナンスが必要なので、柴田さんの想定するエキスパートが不在の書店では、書店の自主性を云々するよりまえに早晩、棚の鮮度は落ちていくことになる。「出版業界の最終地点」たる書店こそが「売れた結果を綿密に追認していってその過程で品揃えを微妙に変化させていく」(同前)というふうになってくれることはわれわれの願いでもあるのだが、現実はそれを簡単には許さない。本来は書店がそれぞれのプランにもとづいて独自の棚つくりを志向していくのをわれわれ出版社側が協力するというかたちが理想なのだが、「僭越」ながらも出版社が作る側の論理において書店の棚を構想するというかたちになっているのである。

わたしはなにを言いたいのだろうか。柴田さんの率いる岩波ブックセンター信山社のすぐれた品揃えと実績は言うまでもないことだが、その経験と方法論をどうしたら他の書店においても可能にすることができるのかを考えたいのである。それぞれの書店が歴史的に蓄積してきた店独自のロングセラーや棚構成というものはあるだろうから、まずはそれを継承し発展させていくことが必要になる。柴田さんは先の引用のあとで次のように言う。「売り上げ結果を追認することは読者と対話することにほかなりません。見えない交流、聞こえない会話、読者とのそんな緊張関係の中から棚作りが進みます。時間をかけて書棚が作られていきます。(中略)専門書を仕入れて売るということは、このように地道で地味な世界なんです」と。

こうした書店の(柴田さんの表現による)「王道」にたいしてはただ首肯できるだけであり、すべての書店および人文書担当者が肝に銘じてほしい大原則であることは間違いない。大きな理想があってこそ現実的な手法が対応するのであって、われわれが「僭越」にも書店の棚を構想するのも、そうした手段のひとつにすぎない。

注　この稿が活字になったあと、柴田さんあてにこの私家版をほしいという読者からの問合せが何人もあったそうで、柴田さんからお褒めのことばをいただいたことがある。

書物復権の会と人文会

（［未来の窓10］一九九七・一二）

専門書復刊事業の意義

専門書が売れなくなって久しい。現在のような毎日二〇〇点から三〇〇点もの新刊ラッシュのもとでは、売れにくい専門書などはそもそも書店に並べてもらえないか、すぐ返品の対象になってしまう。まして再販制の撤廃という不安やあいかわらずつづく全般的不況のためもあって、書店現場ではこうした専門書をじっくり売っていこうとする余裕が経済的にも精神的にもなくなっているというのが現状である。専門書にこだわる出版社も相対的に少なくなりつつあり、年間六万点という刊行点数のわりには歴史に残るような秀れた専門書・研究書の刊行が相対的に減少してきているように思われる。さらにいわゆるロングセラーものも、採算ベースに合わなくなってきたことによって品切れ続出というのが昨今の実情であろう。

こうしたなかでこういう風潮を良しとせず、なんとか本らしい本、とりわけ文化を根底から支えている専門書をなんとか持続的に出しつづけていく可能性を模索しようというのが、岩波書店、東京大学出版会、みすず書房、法政大学出版局の四社によってはじめられた共同復刊の運動であったが、このたび勁草書房、白水社とともに未來社もくわえた七社による共同復刊事業の試みがあらたに発足する運びとなった。〈書物復権〉という趣意書にもあるように、書店の状況は専門書にとって絶望的であり、売行きデータ至上主義は業界全体の主流になってしまっている。もちろん今日のような厳しい経済不況の時代においては背に腹は代えられないという版元や書店それぞれの事情もあり、無理を承知で言うのだが、いまここで頑張らなければいつ頑張るときがあるのだろう。経済成長一本槍でここまで無理を重ねて成長してきた日本経済と同様に、出版界もここらで成長神話からそろそろ解放されるほうがいい。別に売上げが前年比を割ったところでいいではないか。現に書籍などはここ数年ほとんど成長が止まっている。大書店の増床分による見かけだけの売上げ増もここへきて馬脚をあらわしつつあるのである。

新刊ばかりに追われつづけて結局は自転車操業に陥っているのが現在の出版界の偽らざる実態であり、われわれ専門書版元もその例にもれない。そういうわけで、ここらで新刊とは別に、これまでわれわれが苦労して刊行してきた書籍への見直しがもとめられるようになったのもなにかの必然なのだろう。在庫品ももちろんであるが、採算ベースに合わなくなったという理由だけで品切れ状態にしている本がいかに多いことか、毎年の出版目録作成の時期が近づくにつれていつも思い知らされることである。学会などでよくあることだが、数は少ないかもしれないがそれをどうしても必要とする研究者との出会いなどがあると、やはりなんとかして復刊していかなければならないという気にさせられることもある。実際にそうした機縁があって復刊にいたったケースも最近いくつかあったし、今後も予定にのせている。

そんなときにやはり同じ危機感と問題意識に衝き動かされていたにちがいない専門書四社の会からの共同復刊のお誘いがあったわけで、なんとも心強い味方を得ることになったものである。これら先行する四社はそれぞれ専門書出版社として着実な成果を上げてきているのはいまさらいうまでもないが、ここではたんに書籍の復刊にとどまらず、マスコミや書店への共通した目的意識に結ばれた働きかけ、パンフレット作りやさまざまなテーマフェアなどの具体的な提案、さらには編集者同士の交流といった実践的な活動がもくろまれているのである。かつてわたしが所属したことのある人文書版元中心の「人文会」という営業主体の団体があるが、そこでもこれほど緊密な共同性は存在しなかったし、いまも存在しない。人文書という正体のつかみにくい書籍を擁しながら、書店の棚の確保以外になかなか共通の販売手法を生み出し得ないというのがつねに変わらぬ課題であった。営業レベルにとどまらず、編集・広告も巻き込んだ全社的なかかわりをもった出版社の共同事業というのはこれまでほとんど実現しなかったのではなかろうか。この7社の会はそうした共同事業における限界への挑戦の意味をもっている。ある意味では、それだけ現在の出版界あるいは専門書の危機は深いといわざるをえないのかもしれない。専門書取次として実績のある鈴木書店を取引の中核に介在させようという判断も、専門書販売の原点に立ち戻って考えていこうという姿勢の現われである。産業界や銀行などとちがって、出版社の場合は吸収・合併などということは考えにくい事情がいろいろあるが、それでも今後ありうる業界再編の一端とでもいった程度の意味をもつことになるかもしれない。

ところで、専門書というのはたしかに売れ足のいいものではないのが普通である。しかしそれが真に高度な専門性をもつことによって、専門領域を超えたある種の普遍性に達する場合がある。特定の専門領域に内在する諸問題をクリアーするということは、その専門領域を超越論的にとらえ直すことでもあって、しばしばその領域そのものを脱構築的に横断するような力をもつことになる。そうした場合、えてして時代に先行しすぎる書物は同時代のなかでは理解されないことがありうるのであって、そうした本は当初はまったくと言っていいほど売れないこともある。文学作品などには古今東西よくあるケースだが、人文・社会科学にも少なくないのではないだろうか。この逆に、刊行当時よく売れて評判にさえなった書物が、時代の進展とともにまるで売れなくなってしまうこともよくある。これまた、スケールはともかく文学作品と同じで、やはり時代の刻印をおびつつ、時代とともにその役割を終えてしまわざるをえないものなのである。

専門書復刊とはこの時代に見合った書物の再発見であり、読者の指摘に気づかせられながらも出版社みずからが自身の軌跡をたどりなおすなかから新たな力を汲み上げることでもある。さいわいにして専門書出版とは息の長い書物をめざしてこれまで営々として築き上げてきたもののはずである。なにもいまさらベストセラーを狙わずとも、着実に読者の要望に応えてきた書物群をいまの眼で見なおすというだけのことである。こうした出版の原点にたちかえる専門書復刊共同事業の試みにおおいに期待したい。

書物復権はありがたきかな

（「未来の窓17」一九九八・八）

これまで本欄で何度か触れた専門書出版社7社の会の〈書物復権〉のフェアがそろそろ収束の段階に入りつつある。成績は書店によってかなり大きな差があるが、新刊でもなく定価もかなり高い専門書が対象であるわりにはまずまずの売行きと言っていい。あわせて「20世紀の光と闇」というテーマ別フェアも同時開催してくれている書店も多いのだが、せっかくのフェアも案外知られていないままでいることも残念ながら事実のようだ。フェア以外からの普通注文がかなり多いのがその証拠ではないかと思う。版元によっては部数を抑えたところもあり、品切れになってしまった本がいくつも出てきている。こういう試みの場合、在庫調整がなかなかむずかしいのである。

未來社では、こういう復刊書の場合、原則としてすぐには在庫が切れないように部数を少し多めに製作している。できればこのさいロングセラーとしても復活してほしいという願いもこめている。それにしても、本が読まれなくなったこの時代に、こうしたカタい本をもとめてくれる読者がまだまだ健在であることはうれしいことである。

書物復権にかんしてうれしい話がもうひとつある。

毎年九月一日から三日三晩、富山県婦負《ねい》郡八尾《やつお》町（注）でおこなわれる「風の盆おわら祭り」という祭りがある。高橋治の一九八五年刊行の小説「風の盆恋歌」とそのテレビドラマ化ですっかりおなじみになったお祭りだが、この時期になると人口千人ほどの町に全国から数十万人の人出があると言われるほど有名である。未來社の創立者である故・西谷能雄がかつてこの時期になると八尾詣でをしていたことを知るひとは、出版界ではもうほとんどいなくなったことだろう。その西谷夫妻がいつも泊めてもらっていたのが八尾の林淑子さんのお宅であった。じつはこの林さんのお父上が林秋路《あきじ》さんという板画家で、「風の盆」の祭りをモチーフに独特の詩情豊かなタッチの板画作品が数多くあり、その作品の集大成とも言える『林秋路板画集／越中おわら風の盆』というB5変型判の画集が一九七九年に未來社から刊行されている。昨今の異常とも言えるおわらブームよりかなり早い時点での刊行であったが、それでも刊行当時かなりの部数が売れたデータが残っている。特漉き和紙に活版16色刷りという贅沢な造りのせいか、ファンにとってはまたと得られない貴重な財産になっているはずである。しかしこのような画集のため制作原価がきわめて高くつくこともあって、通常の重版はとても見込めないままに長いあいだ品切れになっていた。八尾の林さんのところにも復刊をもとめる声がずいぶんあったそうである。その本が思わぬ経緯でこの秋の祭りにむけて復刊されることになり、現在急ピッチで製作中なのである。林さんに復刊の話をお知らせしたところとても喜んでくれたのは言うまでもないことである。

どうしてこういうことになったかというと、あるときトーハンの金田万寿人《かなだますと》副社長と別件で話をしていたときに、金田さんのほうから『越中おわら風の盆』の在庫状況についての照会があり、品切れ中であることを伝えると、なんとか復刊してもらえないかというありがたいお話があったのがきっかけである。というのはいろいろ理由もあるのだが、この本の初版が刊行されてまもなく金田さんに販売協力をお願いしたところ、トーハン北陸支店を中心にかなりの部数を売ってくれた実績があり、また金田さんがそのとき以来この本に相当の愛着をもってくれているからなのである。この話のあといろいろ検討してもらった結果、トーハンの一手販売という条件でならなんとか復刊できるメドが立ち、そういう販売形態は未來社としても初めてのケースであるけれども、金田さんの熱意に勇気を得て思い切った復刊に踏み切ることになったのである。

八尾には書店が一軒もない。そこで前回のときもそうだったとのことだが、富山市の書店と八尾の観光協会がタイアップしてこの本を「風の盆おわら祭り」のいわば記念品とも特別な土産ともいうようなかたちで売りたいとのことで、そういう商品の性格上あまり高値にするわけにもいかない事情があり、部数もある程度まとまる必要があった。さいわい八尾の林さんのほうにもさっそく引き合いがあるとのことで、この思い切った企画もおおきく発展していく可能性が見えてきたのである。書物というものはみずからの存在を主張しつづけているのであり、時と人を得ることができればかならず復権することができるのだとあらためて思った次第である。
そこでひさびさに『越中おわら風の盆』を開いてみることになった。まだ一度も行ったことのない八尾だが、そこにはしばしば話で聞かされた坂の町のたたずまい、踊り唄うひとびとの姿が林秋路板画の喚起力によって髣髴とイメージされてくる。風の盆を撮った写真集で見る現代的なにぎわしさとは明らかに異なった、もの悲しげな情緒、長い歴史を感じさせるひなびた味わいこそがむしろ本来の「風の盆」の世界ではなかろうかと想像されてくる。

踊りつかれて　編笠しいて
　草を枕の　オワラ　盆の月

唄で濡れたか　夜霧を着たか
　髪がほつれた　オワラ　風の盆

本書の「愛誦されているおわらの歌詞」という箇所から二つほど引いてみた。おそらくこうした情緒纏綿とした男女の愛憎の世界が川に沿った山あいの小さな坂の多い町という絶好のロケーションを背景に妖しくも美しく存在するのだろう。そこを日本の三大民謡のひとつとされる「越中おわら節」の哀切な唄が三味線、太鼓、胡弓の調べとともに夜な夜な流れていく。そんな夢幻のような世界が八尾なのだと思われてくる。ロマンチックな傾向をもつ金田さんならずとも一度足を踏み入れてみるべき場所なのだろう。『越中おわら風の盆』を眺めているとふとそんな気になってくる。いや、まずそのまえにこの本の復刊を間に合わせねば。いつにもましてホットな夏がやってくる気配がする。

注　現在は、二〇〇五年四月の市町村合併により、周辺の町村とともに富山市となった。

人文書に未来はあるか

（「未来の窓20」一九九八・一一）

未來社もくわわっている人文系専門書出版社の会である人文会が、ことしで三十周年になるのを記念して『人文書のすすめII――人文書の流れと基本図書』を刊行した。出版社の任意団体である会が共同でこうした出版物を刊行することと自体、きわめて異例なことである。

人文会では二十周年のときにはじめて『人文科学の現在――人文書の潮流と基本文献』を刊行して以来、二十五周年には『人文書のすすめ――人文科学の動向と基本図書』をまとめるなど、五年おきにこうした人文書マニュアルとでも言うべき出版物を提供してきた（注1）。さいわいにして初回のときに新聞その他が好意的にとりあげてくれたこともあって、こういうものとしては非常に好評であった。一般読者から意外なほど注文が多かった。もともと書店や取次、図書館など関係団体やマスコミ関係者などに配布するのが目的であったから利益など考えていなかったにもかかわらず、二度にわたる重版のおかげで製作にかんする費用が浮いてしまったことが思い出される。

通常の出版物がなかなか重版にならず、したがって利益も出にくいのに、こうした利益を度外視したものが売れたということは、定価が相対的に安かったこともあるが、専門書でもなんとか売れるものを考えてきたはずのわれわれ専門書出版社にとって大いなる皮肉な現象であったと言わざるをえない。やはり人文書というものについての一般的なマニュアルが存在しなかったという事情によるのだろうが、みごとに盲点をつかれたわけである。

二冊目の『人文書のすすめ』は残念ながら初回ほど評判にはならなかったが、内容的には前回以上の質量を誇ってよいものであった。そのポイントのひとつは機関誌「人文会ニュース」で継続的に掲載してきた「人文書講座」を大幅に拡充して、有力な専門家によるそれぞれの学問の新しい動向と読書案内が読めるようになっていたことである。さらにもうひとつのポイントは、人文書の大項目のひとつとして従来の「哲学・思想」「心理」「宗教」「歴史」「社会」「教育」のほかに「批評・評論」（注2）をあらたにくわえ、それにかなり大きなスペースを割いたことである。

わたしは当時、未來社の人文会担当者としてこの試みを積極的に提唱し、推進した。カントの『純粋理性批判』はいまでこそ哲学の専門書以外のなにものでもないように思われていようが、その発表当時は、純然たる哲学書というよりは既成のドイツ講壇哲学にたいする「批判」として批評的に提出されたことを考えてみるべきである。新しいアクチュアルな思想はかならず既成のジャンルを根底から疑い、ジャンルをうち壊すようにして出現するものである。ある意味では、古いジャンルを解体し、新しいジャンルを生み出すこともしばしばある。その点では「現代思想」とひろく呼ばれているものとかぎりなく近いと言ってもよい。そうした観点からみるならば、「批評・評論」というジャンルは、これまでの六つのジャンルに追加されたもうひとつのジャンルというのではなく、むしろそれらを横断し連結し統括するもっとも「人文書」的な本質をもったジャンルなのである。したがってこのジャンルが時代の流れをきわめて敏感に反映するものであり、学問研究の新しい動きとともに流動性に富んだジャンルであることは、こうした意味からすれば当然のことなのである。

今回の『人文書のすすめII』もジャンルにかんしては基本的に前回の試みを踏襲している。ただ残念なのは「批評・評論」ジャンルの分類の中項目が五年前のままだということである。このマニュアルに選ばれた書目が書店の人文書コーナーの設置にある程度利用されることを考えるならば、もうひとつ工夫があってもよかった。

さきほど述べたように、人文書の尖端部分としての「批評・評論」はたえず更新される学問研究や思想的冒険の見本市のような場所であり、ときには一冊の重要な書物の出現によってひとつの中項目ができあがってしまうような事件が起こる可能性の場所なのである。言うまでもなく、そこでは知のパラダイムチェンジが起こりうる。中核になる書物の出現によって、これまで曖昧かつ一面的なかたちでいろいろな項目に分類されていた他の関連する書物がひとつの切り口のもとに再結集させられるのである。たとえば、最近の批評で言えば、冷戦後の世界経済のグローバリゼーションを反映したポストコロニアル批評の多様な動き、カルチュラル・スタディーズの動向などはそれぞれ十分にひとつの中項目として成立しうる思想的インパクトをもっている。こうした中項目の設定によってこれまで別の項目に組み込まれていたか、どこにも場所を与えられていなかった重要な書物が浮上することになる。このあたりの新しい潮流をできれば大胆に組み入れてもらいたかった。なにしろ「人文書」は鮮度がいのちなのであるから。

まあ、こんなないものねだりのようなことはこのさいこれ以上は慎もう。いずれにせよ、どんな専門家でも「人文書」のすべてを知り尽くしているひとは存在しえないし、書店の現場で一定以上売れなければ、こうした人文書マニュアルのようなものも所詮マニアックな知のカタログになってしまう危険は避けられないのである。

あらためて「人文書」とはなにか、その現在と未来はあるのかという問題はたしかに回答不能にせよ、何度でも提起されてしかるべきであろう。じつはこんなテーマで先日、人文会からお呼びがかかって出版社、書店それぞれ二人ずつ出席した座談会があった。その模様はつぎの「人文会ニュース」に掲載される予定（注3）だそうだが、わたしとしては書物という形態がなくならないかぎり、専門書＝人文書の可能性は当分はなくなりようがないというのが結論である。わたしの考えるその具体的な方法論は、「編集技法としてのテキスト処理」（本書二三五頁以下）および、それをさらにくわしく論じた別稿（注4）があるので、興味をもっていただける方は参照していただきたい。

注（1）人文会ではその後、さらに二〇〇三年の三十五周年に『人文書のすすめIII――人文科学の現在と基本図書』を、二〇〇八年の四十周年に『人文書のすすめIV――人文書の見取り図と基本図書』を刊行している。

（2）「批評・評論」ジャンルは『人文書のすすめIV』では「現代の批評・評論」ジャンルと改められた。

（3）「人文会ニュース」八三号（一九九八年十二月刊）に座談会「人文書の現在と未来」として掲載された。出席者は書店側から福島聡さん（当時、ジュンク堂仙台店店長）、今泉正光さん（当時、前橋煥乎堂）、出版社側からは菊池明郎さん（当時、筑摩書房営業部長・人文会代表幹事）と西谷で四時間ほどの討議をおこなった。「『人文書のすすめIII』の刊行」（本書一一九頁以下）参照。

（4）「本とコンピュータ」6号（一九九八年十月）の拙稿「出版のためのテキスト実践技法序説」。

復刊の意義——書物復権運動と「定本・日本の民話」

〔「未来の窓27」一九九九・六〕

ことしも専門書出版社による〈書物復権〉運動のあらたな成果が問われる時期がやってきた。ことしで三回目になるこの運動に、さらに紀伊國屋書店がくわわることによって図書館販売などの面でもいっそうの広がりがでてくることが期待できる。この四月に新しい復刊書ラインナップを発表した〈書物復権〉リーフレットができ、その冒頭に「書物復権のあらたな段階へ」というタイトルで拙文が掲載されている。現時点での専門書復刊の意義について、とりわけ読者の方々への訴えとして書いたものなので、ここにあらためて転載させてもらいたい。

《専門書を主として刊行している出版社が集まって〈書物復権〉の運動を始めてから三年目になります。人文・社会科学系専門取次である鈴木書店や全国の有力書店のご理解とご協力を得て、また真に書物を愛する読者の方々のご支持とご期待のことばに励まされて、わたしたち出版社はことしも復刊の運動を進めます。昨年の7社にさらに紀伊國屋書店出版部も加わった8社が、読者の皆様からのアンケート結果を踏まえて厳選された以下の四一点の書物を復刊することになりました。／これらの書物はすでに高い評価を得ており、実績もあるものばかりです。しかしながら、これまでであれば着実に版を重ね、それを必要とする読者のご要望にいつでもお応えすることができていたはずの書物が、怒濤のように作り出される出版物の波に呑み込まれて、いつのまにか姿を消さざるをえなくなってしまっていたのです。せわしない時代の流れのなかで一冊一冊の書物が短命にならざるをえず、ロングセラーと呼ばれるものがどんどん消滅していく昨今の風潮は、未来への指針を失った現代の姿にほかなりません。／しかし、優れた著者と編集者の手でこの世界に送り出されてきた数多くの名著は、はたしてそんなに簡単に無用になるものでしょうか。そこには未来への光を与え、生きるヒントを与えてくれる知見や深い智恵や意志の力が具わっているはずです。わたしたちは目先の利益に飛びつくばかりでなく、人類の叡知とも言うべき古典的名著にたえず立ち返ってみて、そこから現代への認識を再点検してみる必要があります。／ここに復刊された書物はそうした埋もれようとする名著のごく一部でしかありません。わたしたち8社の出版社は、それぞれが生み出してきた遺産をもとに、取次・書店はもちろんのこと、心ある読者とともに書物復権のあらたな段階へ勇気をもって進んでいくつもりです。読者の方々のいっそうのご理解とご支持を願ってやみません。》

おもしろいもので、この〈書物復権〉運動に参加させてもらって以来、自社の図書目録の品切れ一覧を見ていると、一冊一冊の品切れ本がみずからの復権をもとめて、その存在理由を主張して声を発しているように思われてくる。通常はどうしても見落としがちな品切れ本があらためて読み直しをせまってくるのである。われわれ出版社の人間こそがまず自社の財産目録たる図書目録に十分な注意と愛情を注いでいないのではないかという反省が必要なのだろう。今後ともそういった見地から良書の再発掘をしていきたいものである。

その意味で今回はもうひとつの〈書物復権〉についてもお知らせしておきたい。かねてより定評のあった「日本の民話」シリーズ（全75冊、別巻4冊）がこのほど平凡社出版販売株式会社（平凡社の販売・管理部門の子会社）の販売協力を得て、「定本・日本の民話」第一期二十巻、第二期十九巻としてこの六月から復刊され、セット販売されることになった（注）。一九五七年刊行の第一巻『信濃の民話』以来、ほぼ全国の府県を網羅したこのシリーズはTBSテレビ放映の「日本むかしばなし」のオリジナルとして使われるなど、民話ブームの発端となったこともあってよく売れた実績があるが、未來社版をベースにしたほるぷ版「日本の民話」として別売されたセットは、平凡社の世界大百科事典と競り合うほどの空前の売行きを示したこともある。

今回はそういう縁のある平凡社出版販売の肝煎りでこの民話シリーズが復刊されることになり、ようやく制作が完了しようとしているところである。11ポ相当の大活字による読みやすさを意図して元の版をすこし大きくしたため菊判としたが、このサイズでの平均五〇〇頁の本が二十巻揃うと、かなり壮観である。子どもの教育問題がいろいろ取り沙汰されているなかで、母親が子どもに語って聞かせることのできる民話は、その地方ごとのさまざまな伝説や語り伝えを収集したものであり、親子間のコミュニケーションを作り直す契機になるかもしれない。

このシリーズのために作製したチラシには『信濃の民話』の編者でもある松谷みよ子氏やTBSテレビの放映でおなじみの市原悦子氏、劇作家の木下順二さん、民俗学者の宮田登氏、小澤俊夫氏の推薦文をいただいたが、それぞれに日本の民話の豊かさ、日本人のこころの癒しとなる可能性などを指摘しておられる。たとえば、木下順二さんは、「日本の民話」への懐かしさに触れられたあとで、こう書かれている。「民話の中には、われらの祖先たちのそういった〝懐しい思い〟が、いろんな形をとって実に豊かに籠められている。それを今日の私たちがどう受けとめ、どう発展させるかが大切なことで、今度の復刊の大きな意味の一つもそこにあるだろう」と復刊の意義を認めていただいている。また宮田登氏は、「未來社版は何よりも平易な口語体で記され、かつ素朴な語り口を生かした再話民話の集大成であるから広範な読者層を獲得したのである。バブルがはじけ、不景気もきわまった日本の最近の世相であるが、こういう時期にこそ、荒んだ日本人の心のいやしに『定本 日本の民話』が役立つことは明らか」と本シリーズの特徴をわかりやすく説明されている。

そういう思いをこめた本がこの時代にどのぐらい再評価されるのか興味深いものがある。

注　この平凡社出版販売版『定本・日本の民話』は諸般の事情により、残念ながら第一期だけしか刊行されなかった。

編集者と読者の交流の試み

（［未来の窓33］一九九九・一二）

この十月二十九日、新長野駅前の平安堂書店まで行って来た。書物復権8社の会の新しい会活動として編集者と読者の集いを展開しはじめているところで、その一環としておこなわれた平安堂新長野店での「編集者と語る会」に出席するためである。

その会には東京大学出版会から竹中英俊編集局長とみすず書房から尾方邦雄編集部次長が同席し、わたしもふくめて三社の編集者が、書店に集まってくる読者を中心とする三十数名の参加者にむかって現在の出版状況、とりわけ専門書編集にあたってのいろいろな苦心談や出版事情などを話しかけ、出席者からの率直な疑問などにできる範囲で答えるという交流の試みであった。なにぶんにも金曜の夜七時から八時半までの一時間半という時間的制約があるうえ、こうした試みがこれまであまり前例がないこともあり、出席編集者の不慣れもあいまって、実際のところどういう成果があったのか当事者としてはいまひとつ不明なままである。しかし当日出席された地元紙の信濃毎日新聞の記者が後日（十一月八日号）かなり大きな記事にしてくれたところによると、まずまずの関心と今後もこういう活動をつづけてほしいという要望があったようである。内山貞男店長からもすぐいただいたハガキで読者の満足する反応があったとのことなので、とりあえずの役割ははたせたのかもしれない。8社の会のこの試みはこのあとさらに六つの書店・生協で展開中なので、いずれその成果なり反省点が出そろってくることと思われる。

うちつづく不況のなかで、出版の世界もますます困難の度合いを深めており、本が売れなくなっていることによって新しい本を出版することの意義がますます見えにくくなっている。編集者はみずからの企画に自信をもてなくなり、読者の顔が見えなくなってきた。専門書出版などというものはもともと小部数出版なので、読者の顔がある程度予測がつく種類のものなのであるが、それさえもかなり怪しくなってきたというのが実感である。編集者というのは日ごろ書店人や読者と直接接触する機会があまりなく、しかも仕事柄、本来は黒子に徹する種類の仕事なので、どちらかと言えばマイペースで、悪く言えばひとりよがりな傾向がつよい。そんななかで堅い専門書を出している出版社の編集者がはたして未知の場所で未知の読者と対面してどんな結果を生めるのか、われわれも正直言ってかなり不安があったのだが、すくなくとも今回のケースでは読者の反応はわれわれ編集者にとっては好意的なものであったと思う。内山店長がはじめにわれわれに教えてくれたとおり、長野の読書人が「優しい」ことはたしかだった。昔から教育県として全国的にも知られている土地柄ということもあったにちがいないので、これが全国どこにも共通する反応だったかどうかは速断しえない。

それはともかく、わたしにとっては日ごろ自分もその読者のひとりである他の専門書出版社の編集者と意見を交換する場所をもてたということもまた今回の大きな収穫だったと思っている。出版の世界では営業マン同士の共同行為というのはしばしばあるのだが（8社の会の書物共同復刊運動もそのひとつだ）、編集者同士の会というのはめったにない。企画や著者が競合するというケースもあるからだが、先にも書いたとおり、編集者の一匹狼的性格にもよるのだろう。それに所属する出版社の規模やタイプによって必ずしも編集者の仕事自体がそのひとの本来の志向を反映しているとはかぎらない。だからなかなか編集者の本音とか希望とかを聞いたり話したりする機会がないのである。

今回はたまたま同席することになったみすず書房の尾方さんとは、共通の著者や知り合いが多く、また彼がわたしの大学の学科の後輩だということがわかっていたので、気楽に臨めた面がある。平安堂での彼の話自体もたいへん面白いものであった。彼もまた、いわゆるゴリゴリの純粋学術専門書を担当するのではなく、広い意味での専門書の編集者であるが、彼の企画は三千人の読者に支持されることを当面の目標においているというのである。その席でこの意見に共感する意見を言う時間がなかったのがいま思えば残念なのだが、わたしの考えていることときわめて似ているのに驚いたのである。もっと昔ならこの数ももうすこし多いこともありえたのかもしれないが、たしかにいまの出版の現状では冷静で的確な目標ではないかと思う。

いま、ひとつの専攻分野なり専門の学会などの基本構成メンバーは百人以下から数百人規模のものが圧倒的に多くなっている。そういうなかだけで読者を獲得しようと思っても、もはやそれだけでは出版という企画自体が成り立たない。いきおい出版助成などに頼るような企画しか出てこないというのが学術専門書出版の現状である。このあたりの説明は平安堂の会では東大出版会の竹中さんがていねいにしてくれた。いずれにせよそうした出版物の意義はもちろん十二分に認識したうえで、それだけでは出版社というものの存立基盤を確保することはできない。結局、ある専門分野なりある特定のジャンルを超える読者を獲得できる本こそが、ひとつの専門分野をコアにして他の専門分野なりジャンルに越境的に横断していく力をもつ書物として読者の支持を得るものなのである。その場合、数は少なくても最小限三千部ぐらいの読者を獲得できる専門書ならば、それが与える学問的影響力は学問の基礎的部分に多様に作用し、その結果、知らぬ間にわれわれの日常のすみずみにまで広く浸透しているものとなるはずだ。そういうものが専門書出版の基本的立場であるということを三社の編集者はそれぞれの言い方で主張していたような気がする。その点でも、これからの出版活動になんらかの勇気と確信をあらためて得る機会になったと思う。

今回は尾方さんとともに朝日新聞学芸部の山脇記者もわたしの運転するクルマで長野へ行くことになり、途中、来年から竣工が予定されている須坂インターチェンジそばの出版社共同倉庫の予定地まで見学することができた。おそらく出版人のなかでこの土地の実地見学者としてはかなり早い部類に属するだろうというのがわれわれの見解で、地味の問題などいろいろ問題の発見もあったが今回は触れないでおく。

〈書物復権〉の新しい局面に期待する

（［未来の窓64］二〇〇二・七）

ことしも〈書物復権〉の季節がやってきた。ことしで六年目を迎える〈書物復権〉の運動は、一九九七年に岩波書店、東京大学出版会、法政大学出版局、みすず書房の四社の会として発足し、翌年には勁草書房、白水社、未來社をくわえた七社の会に拡大され、その後さらに紀伊國屋書店をくわえた八社の会として定着し、現在にいたっている。

年の始めに各社一〇点ずつの候補書目をノミネートし、読者のハガキやインターネットをつうじてのアンケート投票を得て、これを参考に各社五点ずつの復刊書目が決定され、六月初旬に書店店頭に並べられる。年々あらたなテーマを設けて各社が財産としてかかえている豊富な専門書群のなかから厳選された書物が〈復権〉されるのである。ちなみにことしは一九七〇年代の本を中心に選書されている。

こうした方法で未來社だけでもこれまで二六点の復刊を実現してきている。なかには初回のE・H・カー『［新版］カール・マルクス』や今回の竹内好著『［新版］魯迅』のように、あらたにページを組み直して読みやすくしたものもふくまれている。こうしたきっかけでもないと、とくに古い版のものなどなかなか重版ができなくなっているのが現状だから、それぞれの書物からしても〈復権〉になっていることは疑いない。さらにこのノミネートされた候補書目のなかから別途に独自復刊している本もあるから、未來社ぐらいの規模になると、かつてのロングセラーがかなりの程度〈復権〉しているということになる。あとは読者や図書館がどれだけ購入してくれるかにかかっている。

昨今の出版不況をさかのぼる六年ほどまえに、みすず書房元社長の小熊勇次さんによって命名されたこの〈書物復権〉なるネーミングは、当初わたしにはやや悲壮すぎるように響かないこともなかったが、いまとなってみると書物の危機の深さにたいする先見の明を示していることに驚かざるをえない。たんに本が売れない、専門書が売れない、という泣き言ばかりでなく、グーテンベルク以来五〇〇年の書物という形態と読書の歴史が深刻な危機に瀕していることへの警鐘だったのである。

それにつけても、この国の教育行政の貧しさからくる若年層の識字能力の低下にはおそるべきものがあり、本を読む習慣の解体、本から知識をもとめようとすることへの意欲のなさがすっかり恒常化してきてしまっている。このまま推移すると、日本国民の知的衰退、日本経済なみの二等級格下げといった事態になりかねない。

佐野眞一さんは『だれが「本」を殺すのか　延長戦』（プレジデント社）のなかで、日本の近代化において学校と本とがこれまで果たしてきた役割を強調している。ところがいま小学校ではすでに円周率をただの3に単純化して教えるところまで行きついてしまったことも紹介している。また、学校に行くことができなくても本を読んで大成したかつての偉人たちの例を紹介しながら、本を読むことが知識の学習につながるばかりでなく、人間の質を高めること、ひとが生きていくうえでのさまざまな環境や変化に対応する判断力が身につくようになることを強調している。この点はまったく同感である。佐野さんは、いま流通している本の多くが『携帯着メロ本』やタレント情報本のように一過性の情報を得てしまえばそれですんでしまう本に偏りがちな点を指摘し、本とは〈遅効性のメディア〉であることをくりかえし主張する。つまり読んだときにはなぜかわからないが強い印象を残し、それが人生への問いとなってそのひとのその後に長く生き残るような本が必要であることである。逆に、読むことによってすぐ回答が与えられるような本は信用できないこと、しかしそういった即効性をもとめるひとが多すぎること、そしてそういう要求に迎合しようとする本を出すひとが寄ってたかって本を殺しているのだというのである。

〈書物復権〉はその意味からも、本来の書物から失なわれようとしている英知の輝きを再認識し、とりもどそうとする試みであると言うことができる。人生への指針をたえず本の世界を参照することによって見出そうとすることは、本が〈遅効性のメディア〉であることと矛盾しない。本がいつでもなにか重要な指針や示唆を与えてくれるとはかぎらないとしても、次から次へ本を読むという習慣のなかから、たんなる知識や情報でない、奥の深い知恵や教養が育てられる。

本来の書物とはそうした即効性はないかもしれないが、個人の実人生だけではなかなか得られない古今東西の複雑で多様な経験やものの考え方を発見させてくれるものであり、言ってみれば、つまらない一時的な享楽や快感をこえる永続する快楽をもたらしてくれるものなのである。本を読む喜びはいちど経験してしまうと、いつまでもそのひとの習性となってどこまでも本を読みつづけることになる。というより、本来の書物というものは、一冊読むたびにさらなる関連する書物への関心を誘ってやまないものなのである。

ともかく、こうした書物本来の輝きを知らないひとが多すぎるのはもったいないことである。現代の視聴覚メディアが提供する、なにもしないでも自然に目や耳に入ってくる受動的な情報文化にくらべると、書物はたしかに自分でページをめくり、意識を集中する能動的な努力を必要とするものであるから、いまの若い世代にはなかなか習慣づけることはむずかしいかもしれない。しかしこうした習慣はかならず報われるものであることをどうしたらこのひとたちに伝えられるかが問題なのである。〈書物復権〉はこうした状況にたいする提案だったはずであるが、それがいまや切なる願いに聞こえかねないような具合なのである。

こうした状況のなかで全国の書店はもちろんのこと、主要な二〇の大学生協がこれまで六年間に〈復権〉された復刊書全点を集めるフェアをおこなってくれる予定とのことである。本を読む習慣をこれから身につけなければならない大学生たちが、こうしたフェアをつうじて過去のすぐれた書物の森のなかに分け入り、読書をすることの豊かさと楽しみを覚えていくようになることを望みたい。こうした地道な読者への働きかけの努力がゆるぎなく実ってくれることを心から期待している。

『人文書のすすめIII』の刊行

〔「未来の窓82」二〇〇四・一〕

『人文書のすすめIII——人文科学の現在と基本図書』という本が刊行された。これは未來社も所属している人文会の三十五周年記念刊行物であり、五年ごとに刊行されてきた『人文書のすすめ』シリーズの三冊目、そのさらに五年前の二十周年に初めて刊行された『人文科学の現在——人文書の潮流と基本文献』から数えると四冊目にあたる。

いま、一九八八年刊のこの最初の『人文科学の現在』を書棚から取り出してきてなんともなつかしい思いにとらわれている。というのも、この時点で人文会の正メンバーであったわたしも二〇本の論文のうちすくなくとも二本の原稿取りに貢献しているし、校正などもふくめていろいろコキ使われた記憶があるからである。それはともかく、初めてのこうした試みということもあって、マスコミが大々的に取り上げてくれた結果、なんとこの最初の本は重版になり、思わぬ利益まで出してしまうことになった。こうした任意団体として発行した書籍が重版になり利益を出すということはきわめて稀な事態であるし、そもそもこの利益をどう処分したらいいのか、会社組織でないだけにみんなで困惑したことを覚えている。たしかその利益がのちに人文会初のアメリカ研修旅行につながったのではなかったか。

わたしは未來社の経営に本格的にかかわらざるをえなくなった一九九二年に、八年半ほどつとめた人文会の正メンバーを降りることになった。それでも二冊目の『人文書のすすめ——人文科学の動向と基本図書』の刊行のさいには、これまでの人文書の分類の定型であった「哲学・思想」「心理」「宗教」「歴史」「社会」「教育」の六分類にくわえて「批評・評論」をくわえるべきであることを主張した在任中の案が採用され、そのなかの小分類にかんしてもプランを出した覚えがある。わたしのイメージする〈人文書〉とは、日々あらたな政治的・思想的・学問的・生活的な情勢変化のなかで生産される批評的分析や、あらたな構造把握に向けられる意識や認識の実践の営みを指している。だから既成の分類に収まる古典的で範例的な書籍群もあれば、それらの分類に形式的に属しながらなおかつ幅ひろい現代的な諸問題にアクチュアルに対応しうる書籍群もありうるはずである。批評や評論と呼ばれるものはある意味でジャンル横断的であり、それぞれのジャンルに狭く押し込めるべきものではないというのが、わたしの主張したポイントであった。この点はいまでも適切な判断だと思うし、その甲斐もあってか、二冊目の『人文書のすすめ』も前書ほどの話題にはならなかったが、内容的にはおおむね好評であったと思う。

前回の『人文書のすすめII――人文書の流れと基本図書』のときはほとんどタッチすることはなかったが、刊行とあわせておこなわれた「人文会ニュース」83号での記念座談会「人文書の現在と未来」では当時の代表幹事・菊池明郎さん（筑摩書房）とともに、福嶋聡さん（当時、ジュンク堂仙台店店長）と今泉正光さん（当時、前橋煥乎堂）の二人をゲストに迎えて延々と議論した記憶は忘れがたい。この座談会は三八ページに及ぶもので、いま読みかえしてみても、人文書の今日的な問題や課題が予見的にほとんど言い尽くされている（ような気がする）。時代は表層的には大きく変わっているが、人文書編集と普及の問題がかかえる難題は当時からもいっこうに解決されていないと言っても過言ではない。

今回、十一年ぶりにあらためて人文会の正メンバーに復帰することになって、さっそく手にすることになった『人文書のすすめIII』を前にして、この間の人文会のたゆまぬ努力に頭が下がる思いがする反面、いろいろ改革すべき問題がそのまま残されているということにも気がつかないわけにはいかなかった。たとえば、さきの「批評・評論」（注）の分類の中身である小分類項目がまったく変わっていないことはやはり問題であろう。この分類がアクチュアリティを生命とするものである以上、もっとも今日的な切り口を見つけていく日常の努力は避けがたいからである。分類のアクチュアリティは書店の棚のアクチュアリティに直結し、販売の成果によってはねかえってくるだろう。「人文会ニュース」のような媒体を使って、そうした最新のジャンルの動きを識者に執筆してもらうような試みも必要だろう。かつてわたしが人文会の弘報委員長時代に連載を担当していた「人文書講座」のようなものがいまの時代にあった切り口の発見と掘り起こしのために再登場してもかまわないと思う。どうせわたしが会にかかわるのなら、そのあたりのできるところから人文会の活性化にかかわってみるのもおもしろかろう、と思う。

ともかく人文会の活動はこの間の情報メディアの発達とともにおおきく様変わりした。毎日メール連絡が数通ほど入ってくるのにはいまや慣れたが、それにともなってさまざまな情報発信の必要が出てきたのには手がまわりきらないほどである。さまざまなリストの作成、FAX通信のための原稿、さらに今後は人文会ホームページの本格的なテコ入れ、など問題は数多い。自社にとっても問題であるところが人文会の活動においても共通する部分が多いことにも気がつく。データをうまく使うことでさまざまな販売ルートの可能性が開けるし、売行きの実測ができるようになっている。これらの販売面での可能性の方途はいまや無数に、無限にあると言ってよい。

『人文書のすすめIII』の「はじめに」で代表幹事の大江治一郎さんが述べているように、人文会の活動が書店の棚に「人文書」という切り口を定着させてきた歴史的功績は見逃せない。とはいえ、人文書の販売と普及のためには、まずもって時代の要請を先取りし時代をリードしうるような書物をどうしたら作りだせるか、というところに出発点があることはいささかも変わらない。現在のように出版物の危機がいよいよ露呈してきた時代にあってはなおさら困難な課題だが、人文書とはそうした時代だからこそ希望や期待をもてるようなものの見方、考えかた、時代への闘いかたを提示する役割を負う書物を指すことは変わらないのである。

注　この「批評・評論」のジャンル問題についてくわしくは「人文書のジャンル分けというゲーム」（本書一三八頁以下）を参照していただきたい。

〈書物復権〉の新たな次元

（［未来の窓84］二〇〇四・三）

ことしも書物復権8社の会の活動が展開中である。ことしは各社それぞれ十五点をノミネートしており、読者のリクエストを参考に、例年のとおり原則として各社五点の復刊を実現することになっている。

さらにことしの新機軸としては、来たる四月二十二日から東京ビッグサイトでおこなわれる東京国際ブックフェア2004に書物復権8社の会として初出展（注1）することである。同時にフェア会場で田中優子さんを招いて講演会を主催するなど、会の活動としても新たな次元をひらくことができそうである。

今回の東京国際ブックフェア2004への出展にかんしては、会のメンバーでもある紀伊國屋書店から展示とレジを引き受けてくれるというありがたい申し出があり、書物復権8社の会としてもそれならば積極的に共同出展しようということになった。紀伊國屋書店は書店部門のほうでもともと毎年三〜四ブースほどの出展をしてきており、くわえてみすず書房や白水社のように単独ブースを出してきた実績のある出版社もある。未來社も二〇〇一年、二〇〇二年と連続して単独出展した経験もあり、小規模の出版社では手間やコストなどの事情もあってさすがに昨年は出展を控えざるをえなかったが、今回のような共同出展ということになれば、おおいに意味のある試みとなる。また、これまで独自路線を歩んできた岩波書店も書物復権8社の会メンバーとして出展することが決まり、読者にとってもこれまでより選択肢のひろい東京国際ブックフェアになるのではないかと期待される。

以前にもこの欄で書いたことだが、こういうブックフェアは、ふだんはなかなか可視化することのできない読者との接触の場であり、とりわけ専門書系の出版社にとってはたんなる書籍の販売や交渉の場である以上に、出会いや広義の宣伝の場であるという意味をもつはずである。これまで東京国際ブックフェアというと、業界的なおつきあいということでイベント的に出展している出版社が目立ったが、このブックフェアも徐々にいわゆる「本好き」が多く集まるフェアになりつつある以上、そろそろこうした「本好き」を満足させるような出版社が数多く出展して、なおかつ採算がとれるようにならなければいけないのである。わたしのささやかな経験では専門書系版元が軒を連ねる「人文社会科学書フェア」通りはどのコーナーにもまして読者数が多かったはずである。著者のサイン会など若干の客寄せ的な努力もふくめて、本の力だけで多くの著者や読者を吸引できることはすばらしいことではないだろうか。ことしの東京国際ブックフェアでは「人文社会科学書フェア」通りに書物復権8社の会が一挙に8・5ブースを占拠するという快挙を実現することになる。そこではこれまで積み上げてきた〈書物復権〉による復刊書の一括展示とあわせて、各社が半ブースごとの独自展示をおこなうことになっており、見応えのあるものになるにちがいない。その意味でも一定の話題性は提供できるだろうし、これまで以上の出会いの場が用意できるのではないかと思う。

こうした書物復権8社の会の試みを実質的にも意味のあるものにするために、さまざまな新しい試みを準備中である。そのひとつが前述した講演会であるが、これは主として図書館員を対象としたものでもあって、図書館のひとたちに専門書の果たす役割をあらためて理解してもらえるように働きかける予定である。もちろん一般読者も参加可能である。「本好き」のひとたちにどこまで満足してもらえるか、考えるべきことはいくらでもある。

また、出版社と読者をつなぐ役割を担うPR誌でのジョイント企画などが実現するのもいい。これまでも〈書物復権〉の相互広告などを実施してきているが、会期中に希望者に無料で配布されるPR誌（書物復権8社の会には「図書」「UP」「みすず」「未来」の四誌がある）がより関連性のある内容を実現できれば、「本好き」の読者にいっそう喜ばれるだろう。

そして言うまでもないことながら、このフェアにあわせてどれだけ魅力のある新刊を準備できるかということも、もちろんある。未來社としても期待している新刊がいくつかあるので、それまでになんとか実現したいと念願している。

そんななかで、東京国際ブックフェアとは別に、神保町・岩波ブックセンター信山社の柴田信社長から書物復権8社の会のフェアを自分のところで連続してやらないかというこれまたありがたい申し出があった。さっそくこの二月から白水社を皮切りに8社のひと月ごとのフェアが入口の平台を利用して始まっている。あわせて三階の岩波セミナールームでのイベントを、開催中の出版社の肝煎りでおこなうことになっている。未來社は三月に割り当てられたので、話題性のある著者を中心に人選とスケジュールをいそぎ検討したところ、四日に『ヴェーバー学のすすめ』の著者である折原浩さんに、十九日には未來社から近刊予定の『証言のポリティクス』の著者、高橋哲哉さんにそれぞれ講演をお願いし、引き受けていただいた。いずれも迫力ある講演が期待できそうである（注2）。

柴田信さんによれば、とりあえず採算は度外視して、売行きの伸び悩む専門書を賦活させる一助になれば、とのことである。まことに願ってもない企画である。ブックフェアのお祭り性と書店での恒常性は必要である。こうした心ある書店人の理解があってこそ、人文社会科学系の専門書は読者との接点をもちつづけることができる。柴田さんのご協力に感謝しなければならないとともに、ぜひともこのフェア企画を成功させたいと思っている。

注（1）書物復権8社の会の東京国際ブックフェアへの共同出展はその後もずっと継続されて現在にいたっている。
（2）折原浩さん、高橋哲哉さんの講演はいずれも岩波セミナールームの定員六〇ほどの椅子では足らないほどの大盛況で、高橋さんの『証言のポリティクス』は刊行当日ということもあって、その場で七〇冊ほど売れた記憶がある。

（［未来の窓87］二〇〇四・六）

東京国際ブックフェアへの共同出展

前々回このコラム「出版の現場から離れられない理由——『未来』のリニューアルをきっかけとして」（本書四七六頁以下）で記したように、未來社も所属する書物復権8社の会がことしの東京国際ブックフェアにグループとして初出展した。未來社としては二〇〇一年、二〇〇二年の単独ブース出展以来の出展になるが、今回のようにグループ出展となると、どんな問題が発生し、またグループとしても一出版社としてもどんな成果が得られるか、おおいに興味深いものがあった。グループとしての次回出展がありうるのか検討すべき時期でもあるので、今回はこのあたりの課題を整理してみたい。

まず全体としてみれば、今回の出展は売上げの面においてもプレゼンテーションの面においてもまずまずの成功を収めたと言えるであろう。それにくわえて今回はレジまわりを紀伊國屋書店が全面的に担当してくれたので、各社とも不慣れなレジ管理や購入された読者への品渡し（売上げスリップの抜き取り、袋詰め、釣り銭渡し、などをふくむ）から解放された分、人員の配置においてはさほど苦労しなかったし、それだけ体力的にも経費的にも楽であったことは間違いない。しかしその反面、後述するような反省面もないわけではなかった。

最近の東京国際ブックフェアが読者への謝恩販売に偏しすぎる傾向があるのは問題なしとは言えないことはさまざまに指摘されてきている。世界各国でおこなわれる国際ブックフェアが諸外国との翻訳版権交渉という側面、あるいは書店・図書館などとのまとまった商談・一括購入といった側面が中心であるのに比して、この東京国際ブックフェアにかぎっては、読者への直接販売、それも場所限定・時間限定の割引販売が中心になっていることは厳然たる事実である。もちろん実際の読者を目のあたりにし、即売による現金収入という実質的な効果は否定すべくもない。さらに図書目録やPR誌の大量配布による宣伝効果もくわえれば、必ずしもコスト・パフォーマンスが悪いものではないかもしれない。まして今回のように、紀伊國屋書店が当初の目標として掲げていた売上げ七〇〇〜八〇〇万円を大幅に超える一一〇〇万円強（ただし書籍に関しては、今回は見本展示だけの岩波書店を除いた七社で七〇〇万円強）という売上げを計上したのであれば、高いブース代や諸経費もそれなりにまかなえるところまできたことは確かである。

わたしは以前このコラムで東京国際ブックフェアでの単独ブース出展に関連して何度か言及したことがある（注）。いま、それらをあらためて読み返してみて、その時点その時点での課題やテーマがあり、それにたいする判断や評価があるが、それらはおおむね読者との直接的なコミュニケーションの実現、実質の伴う宣伝、そして即売による効果といった面を積極的に評価してきたと集約できる。その観点を延長するかぎりで今回の書物復権8社の会共同出展はさらなる一歩を刻んだことは確実であり、評価すべきであろう。こうした試みが回を重ねることによって次第に定着していくという定石をふまえ、さらに岩波書店の本格参入があれば、次回には大幅な増売が期待できるだろう。

さて、こうした肯定的評価をすることができる反面、いくつかの問題点も指摘しておかなければならない。

そのひとつは、今回のブース展示が書籍販売に偏した結果として、商談の場所が実質的に確保できなかったことである。それもあってか、商談らしきものはほとんどおこなわれなかったし、われわれ出版社の人間が座る場所もなかったために体力的にはかなり疲労することになった。

もうひとつ大きなことは、共同ブースということになると、相手にはそこにいるひとがどの出版社の人間なのかわからないという問題が生じたことである。わたしのささやかな経験では、東京国際ブックフェアに集まるような読者は相手がどの出版社かわかると、本の購入のさいなどに何気なく話しかけてくれるようなことがあり、そんなちょっとした会話のなかからありがたい励ましのことばばかりか、さまざまなヒントや貴重な情報を得ることができたのだが、今回は残念ながらそうした機会はあまりなかった。思うに、こうした本好きの読者はわざわざではなくとも特定の出版社には日頃の思いをそれとなく伝えたい願望のようなものをもっていて、実際に本をめぐるやりとりのなかで初めてそうしたことばをもらしてくれるのではないか。そうした読者心理からすれば、今回のブース展開は、共同出展の性格上やむをえざることであるが、読者とのコミュニケーションにかんして、近寄りにくさがあったのではないかと思う。げんにわたしもあとで何人かのひとから姿を見かけたが声をかけられなかったというEメールをもらっている。

来年の東京国際ブックフェアはこれまでの四月ではなく七月に開催されることになっている。梅雨どきでもあり、会期変更その他にともなうブックフェアのありかたが問われ直されることになろう。書店人や図書館員の来場者を増やす努力によって専門書版元としての品揃えが効果を上げることも不可能なことではない。もともとのブックフェアとしての版権交渉や商談が前面に出てくるように出展社も工夫が必要になるのではないかと思う。

なお、今回はブックフェア会場で田中優子さんを招いて図書館の本揃えといったテーマで書物復権8社の会主催の講演会をおこなう試みも実現した。満員の盛況となり、この種のイベントとしては成功であったことをあわせて報告しておきたい。

注 〔未来の窓〕の48回「東京国際ブックフェア初参加への期待」、51回「『出版のためのテキスト実践技法／執筆篇』の反響その後」、63回「二度目の東京国際ブックフェア」など。

（〔未来の窓91〕二〇〇四・一〇）

中国視察旅行顛末

九月初旬、団体旅行で中国の北京と上海をまわった。個人的には初めての中国であり、これからの出版における中国市場という観点からもいろいろ考えさせられたこともあり、はなはだ月並ながら以下に簡単な中国レポートを記しておきたい。

じつは今回の中国旅行は専門書出版社の集まりである人文会の三五周年記念であるとともに、ちょうどこの時期におこなわれた第十一回北京国際図書展示会（会期・九月二日〜五日、会場・北京展覧館）に人文会として初めてブース出展したことを契機にその視察という目的もあって企画されたものである。ちょうど初日の三時すぎに会場（次頁写真）に到着し、日本事務局を兼ねるトーハン海外事業部や広報課のひとたちと挨拶をかわしたあと、デジカメを片手にあわただしい会場巡回をおこなった。東京国際ブックフェアに比べても広い会場を歩き回りながら、漢字文化圏の現況における差異にここでまずは出くわすことになった。これはそのあともつねについてまわる事態であったが、同じ漢字文化圏といえども、中国の簡体字というのは聞きしにまさるおそるべきもので、わかりそうでわからない文字の頻出にはさすがにかなり苦労することになる。

結局、仕事上の「視察」部門はこのあと北京と上海での書店見学（北京図書大厦、王府井《ワンフーチン》書店、上海書城）と懇談会をいくつかおこなった以外は、よく歩き、よく食べ、よく呑んだということに尽きようか。定番的な観光スポットとしての万里の長城や故宮、蘇州・寒山寺や上海市内の豫園などのほかに上海雑技団の曲芸とも言えるパフォーマンスの見学などもあり、仕事と観光をふんだんに盛り込んだ短期集中の強行日程だったことは間違いない。

この旅行にかんする会の公式の記録は機関誌「人文会ニュース」に記録担当が執筆することになっているので、わたしとしては冒頭の設定通り、自分なりの感想を整理しておこうとするにとどめよう。

まず驚かされたことはなんといっても中国の広さである。二〇〇八年の北京オリンピックを控えて観光施設の大々的な補修はもちろんのこと、新しい建造物や首都から地方へ伸びる高速道路がいたるところで建設中であり、どこにでも土地がありいくらでも人間がいるという圧倒的な事実である。中国という国は人口の面でも地下資源の面でも無尽蔵の可能性をもっており、早晩このパワーが世界を席捲するだろうことは想像にあまりある。日本の出版にとっても今後は大きな市場になるだろうと確信をもてたように思う。やはりこの国は今後もよく見ておかなくてはならないと痛感した。

もうひとつの驚きは、やはり中国人の性格のなせるわざか、交通ルールを平気で無視してしまう強さというか図々しさである。これには舌を巻いた。中国人ガイドによれば、先手必勝、勇気のある者が相手に道を譲らせるというのが暗黙のルールになっているとのことだが、これは「勇気」ではなく「狂気」ではないかと思ったほどである。クルマも自転車も歩行者もわれがちに自分の進路を確保しようとするのは感動的でさえあった。ともかくもこれが中国人の体現する〈中華思想〉の真髄であり、この自己主張の強さこそが世界じゅうのどこへ行ってもみずからの存在をアピールできてしまう強さなのだと思わざるをえなかった。このパワーがあるかぎり、中国がアジアの盟主になっていくのは時間の問題だ。

　中国の大書店をいくつかのぞいてみて、これもまたサイズの巨大さには驚かされた。北京で最初に訪れた北京図書大厦（写真）という書店は地上八階、地下一階の総面積五〇〇〇坪弱を誇るアジア最大の書店であり、一日に約六万人の来客があり、ことしは四億元（一元は一四円）ほどの売上げを予定していると女性の責任者が答えてくれた。これは貨幣価値がいまのところ日本の約十分の一であることを思うと、日本的に換算してみると約五六〇〇億円の年商ということになり、やはり一書店としては破格の規模である。しかもこれが資本主義的でありながら国営であり、共産党の幹部が実際に書店経営でも采配をふるっているというのもおもしろいが、ともあれそのスケールには驚くばかりである。ひとがいるから本が売れる、という構図があたりまえのように現実なのである。おもしろいのはいま中国の書店で目につくのが、土木建築関係、経済書、中国の歴史関係書、コンピュータ（電子机！）関係書、それに英語の教科書や参考書、といった実用的なものであることだ。哲学コーナーなどもあるが、そこにあるのは「成功的哲理一〇〇集」といったたぐいの人生知の書などがやたら平積みされている。ここにもいまの中国が実利的なものをひたすら求めている様子が如実に反映しているように思った。文学的なものや芸術的なものは影が薄かったという印象は否めない。これがよくも悪くも中国の現状なのであり、ひょっとすると国民性を深く映し出しているのかもしれない。いまだ発展途上にある国だが、今後はこのあたりがどう変化していくのかいかないのかに注視していく必要があると感じた次第である。

注　中国は北京オリンピック以降、日本語文献の中国語（簡体字）への翻訳（日本文化の吸収）に力を入れているらしく、未來社でもこのところ版権交渉がいくつか実現しつつある。なにしろ人口が多いので、単価は安くても部数的に期待できる市場になってきたのは想定通りである。

（［未来の窓93］二〇〇四・一二）

人文書トーク・セッションへの招待

この十二月六日からリブロ池袋店で人文会フェアを実施することになった。

最近の打合せで確認できたところでは、地下一階の新刊書人文書棚の一面と平台を利用して〈人文会ことしの一〇〇冊〉と称し、ことしの新刊を各社六点ずつ（実際には二一社だから一二六点）出品する。さらに三階の人文書売り場のイベントコーナーと通路脇のワゴン三台を使って〈人文会こだわりのロングセラー〉〈目録にもない在庫僅少本〉などのフェアをおこなう。さらにそれに関連イベントとして7階の西武コミュニティカレッジB教室を使っての人文会会員社編集者によるトーク・セッションを予定している。

じつはこの最後のイベントが問題なのだが、リブロ池袋店駒瀬丹人店長の要望もあって、人文書編集者が集まって人文書製作の現場というか裏話のようなものを話してみよ、との提案なのである。その話が出た打合せ会にわたしは出席していなかったのだが、いつのまにやらわたしが司会進行を進めるばかりでなく、人選まですべてやることになってしまった。せっかくのリブロ側からの提案を無駄にするのももったいない話でもあるので引き受けることにしたが、さて実際はどういう聞き手が来場し、何を話せばいいのか、現状ではもうひとつはっきりしない。そこでとりあえず親しくしている編集者やこちらが話をしてみたいと思っている編集者に声をかけて全員が快く応じてくれることになったから、さらに責任が重大になった、というわけである。そこで出席に応じてくれた編集者名を公表しておきたい。筑摩書房の岩川哲司さん、東京大学出版会の羽鳥和芳さん、平凡社の松井純さん、みすず書房の尾方邦雄さん、それにわたしが司会進行をするという予定である。

さて、そういったわけで安請け合いはしたものの、テーマを具体的に考えてみなければならなくなった。そこでさしあたりメインタイトルを「編集者の語る人文書の魅力（仮）」とし、細かいテーマを並べてみたところで、やはりこれはあらかじめ予備的に概略になりそうなものを文書化しておいたほうがよさそうだ、と考えるにいたったのである。トーク・セッションでの話が実際にどう展開するかはまったく別にして、このさい、自分が編集者として人文書をどう考え、どう作ろうとしているのかを整理しておくのも悪くはないと思うのである。

そこで自分の編集者としてのポリシーというかモットーをまっさきに掲げてしまうと、〈売れる専門書〉をどう作るかというのが長年のわたしのテーマなのである。もちろん、売れるといっても専門書の場合、たかだか数千部、うまくいけばロングセラーになって累計で万を超えることも不可能ではない。しかしそれは現在のような出版の世界ではあらかじめ設定することはできない。結果としてそうなることと、最初からそれを意図することとは決定的にちがうのである。

ここで以前、書物復権8社の会で地方書店を舞台に「編集者と読者の集い」（注1）というトーク・セッションを実施したことがあり、そこで比較的うまくいったことを思い出した。そのときのメモを見ると、自分のポリシーとして〈開かれた専門書〉という言い方もしている。つまり、専門的には最高度のレベルを維持しながら、一般読者にも開かれた書物、専門知識がなくてもアプローチすることが可能な専門書をめざしている、たんなる啓蒙書ではおもしろくない、として自分としてはポイエーシス叢書がその具体化である、というようなことを記してある。実態としてはそう期待したようにはうまくいっていないところもあるが、やはりどこかある種の流れというか関連性を意識的に作って系統的に企画を考えていく必要があるというのが実感である。単発的な企画ではどうしても効率が悪いし、なによりも本と本とのネットワークが作りにくいのである。

さて、つぎに編集者とは何者か、という問題もある。先ほどのメモでは、まずなによりもすぐれた理解者であろうとすることと、自分の理解しうる可能性を最大限ひろげることをおそれず、なにごとにでも多方向的に関心をもつよう努力しうるマルチ人間、さまざまな編集技術（いまではとりわけコンピュータ技術）を駆使できる人間、などと書いてあるが、基本的にはこれでいい。限界を感じたら、さっさと編集者をやめる覚悟も必要などともあって、現実的には加速度的にこちらの方向に動いているのかもしれない。

さて、人文書の未来はどうなのか、というテーマ設定も必要になるが、そもそも将来の人文書とはどういうものになるのか、なかなか見当がつきにくい、というのが編集者の本音ではなかろうか。いま現在の人文書の規定だって、以前の、人文科学・社会科学・自然科学の三分野規定に従ったジャンル分けを踏襲しているだけで、哲学・宗教・心理・歴史・社会・教育の基本六ジャンルをベースにして、それらをジャンル横断するスーパージャンルとして批評・評論という七番目のジャンルを人文会が提案して、なんとなくそのへんが曖昧に同居しているというのが現状なのだから、それらを抜本的に更新するのでないかぎり、この基本ジャンルのどこかにむりやり新しいテーマをねじこんでしまうしかない。むしろ書店のほうがそうした切り口を工夫して本を新しいフォームで見せようとしているから、編集者はどんどんそうした書店に出向いて書店の努力から学んだほうがいい。できたら書店人と意見交換して知恵を出しあいながら書店を実験場にさせてもらうのもいい。書店の人文書コーナーはナマモノの世界だというのがわたしの年来の主張だが、ナマモノはイキの良さが勝負だから、必然的に新しい水（情報と知識）が必要になるのである。また、そうしてこそ〈売れる専門書〉が現実的な話になってくるのではないか。

どうやら紙数が尽きてしまった。あとは読者に会場へ足を運んでいただきその先を聞いてもらうしかない。（注2）

注（1）「編集者と読者の交流の試み」（本書一一三頁以下）参照。

（2）このトーク・セッション「編集者の語る人文書の現在」は二〇〇四年十二月十六日（木）七時よりおこなわれ、聴講者一〇〇人超、ただし業界関係者や知り合いが半分以上でやりにくかったが、まずまずの成功だった。

紀伊國屋マンスリーセミナー「書物復権」の実現へむけて

〈[未来の窓96]二〇〇五・三〉

来たる四月二日(土)、新宿・紀伊國屋ホールにて書物復権8社の会と紀伊國屋書店共催でトークイベントを開催することになった。「On Reading:『本』の底力(そこぢから)」と題する予定のこのイベントは、じつはこの春から書物復権8社の会持ち回りで毎月一回、紀伊國屋ホールもしくは紀伊國屋ホワイエで連続的に開かれる予定の新宿セミナー@KINOKUNIYA「マンスリーセミナー『書物復権』」のオープニングセッションとして開かれることになったものである。出演者としては宮下志朗、鹿島茂、今橋映子の各氏にお願いし、引き受けていただいている。それぞれ〈書物〉にかんしては一家言あるひとたちだけに、〈書物〉の歴史や現状をめぐっておおいに挑発的に、批判的に語ってもらおうという魂胆である。

このマンスリーセミナーは紀伊國屋書店としても初めての企画だそうで、今後の講演会予定の詳細は紀伊國屋書店内のポスターやチラシ、各社のPR誌やホームページなどで順次、ご案内できるだろう。また講演会の内容も紀伊國屋書店の「アイ・フィール(i feel)」ほかで活字化される可能性も高い。おおいに期待をもっていただきたい。

このイベント実現にあたっては紀伊國屋書店側からのありがたいお申し出(注)があったことがきっかけになっている。昨年の岩波ブックセンター信山社での書物復権8社の会連続ブックフェアと、それに関連して各社持ち回りでおこなった岩波セミナールームでのトークセッションが成功したこともあって、このたびのマンスリーセミナー「書物復権」に発展したと言えようか。(ちなみに岩波ブックセンター信山社ではその後もこのトークセッションをつづけており、毎回参加されるお客さんも出てきて、うまくいっていると先日お会いした柴田信社長からうかがった。)

当初は紀伊國屋ホールの入口にあるホワイエ(フランス語のfoyer、つまり「炉」、転じて集会室、劇場ロビーの意になる)を利用しての五〇人から六〇人規模の連続セミナーを提案されていたのだが、たまたま紀伊國屋ホールが四月二日の土曜日という、新学期が始まってすぐの願ってもない日が空いているので、この日を利用してなにか催しをできないかと新たな提案がされたのだった。せっかくのチャンスなのでなんとか実現したいということもあって、わたしのほうで古くからの仲間である宮下、鹿島のお二人に相談したところ引き受けてくれることになり、急遽実現できることになった。今橋さんには東大駒場の同僚である宮下さんのほうから話を進めてもらい、快く賛同していただいた。スケジュールの調整なども不都合がないという幸運にも恵まれて〈書物復権〉というテーマにふさわしいメンバーがそろうことになった。この三人ならひとは集まってくれるだろう。あとは紀伊國屋書店やホールのプロのひとたちにおまかせしておけば大丈夫なので、気楽に当日を迎えたい。

問題なのはむしろそのあとである。近く用意される「マンスリーセミナー『書物復権』」の予告チラシには〈書物に未来はあるのか？　近年多く発せられるその問いに、ズバリ、「書物なくして人類の未来はない！」とお答えする〉という強烈なキャッチコピーが用意されている。この課題に応えられるような自前の企画を考えなければならないのである。当初のホワイエでのセミナー案ならいくつか用意しておいたのだが、できればホールを使ってみたいという欲もでてきたのだから大変なのである。四二〇席もある紀伊國屋ホールでイベントをするには最低でも二〇〇人以上のお客さんに入ってもらわなければ、出演者にもホール側にも顔が立たない。

そう言えば、だいぶ以前に紀伊國屋書店本店で〈ハイデガーとナチズム問題〉という小テーマ・フェアをわたしの企画で実施したことがあった。そのときに当時の道端課長から紀伊國屋ホールでイベントをできないかと持ちかけられたことがあったのを思い出す。いまでもそうだが、当時はなおのこと、未來社のような学術系（＝売れない）専門書版元の出る幕ではないので、そんなことはとうてい無理だと思って辞退した。その後もそんなことは考えることもなく今日まで経過してきたのは言うまでもない。そこへもってきての今回の話である。しかもホール使用料は先方持ちという好条件である。いかに現実とイメージのギャップがあるか痛感しつつも、この千載一遇のチャンスを逃す手はないということで、未來社としてもいろいろ知恵をしぼっているところである。

今回のマンスリーセミナーのそれぞれのテーマが確定すれば、それにあわせたテーマ・フェアを講演会の前後一か月にわたって本店のどこかで実施しようという予定もある。これを八か月間、常設展として連続的に展示できれば、講演会と連動するかたちでさまざまな切り口のブックフェアが書物復権8社の会を中心にして可能になる。それぞれのテーマ・フェアの成績次第では、ミニ・コーナーとして今後も専門書の棚の一部に定着していくこともできるのである。こうしたかたちで実験と検証をかさねていけば人文書の新しい切り口、本の並べ方、売れ方が見えてくるかもしれない。その意味でも今回の企画は〈書物復権〉の名にふさわしい試みとなるだろう。

最近は主要書店でのトークセッションやトークショーという催しがけっこう流行りである。その多くは新刊書にあわせたその著者の講演会だが、人気のある著者の講演会ばかりでなく、本のおもしろさや魅力、有益性などを広く訴え、読者の掘り起こしにつながるような地道な運動も必要であろう。今回の紀伊國屋書店のマンスリーセミナーもそうした地道な運動の一面をもっており、こうした広く開かれた公開の場で、著者と読者がじかに触れ合う機会を積極的につくっていこうとすることは、〈書物復権〉をめざすわれわれの今後に課された大きな命題のひとつなのである。

注　もう明らかにしてもいいと思うが、この紀伊國屋マンスリーセミナーは、当時の本店店長・市橋昌明さんの発案であり、まもなく出店が決まっていたジュンク堂新宿店の進出への対抗策として提案されたらしい。この四月二日は当日に空きが生じたこともあって、一月二十一日（金）の書物復権8社の会例会で突然、紀伊國屋側から提案されたもので、準備と予告期間をふくめると決定までにわずかの時間しかとれないこともあって例会時にはいったん見送りになった。しかし例会後の懇親会での雑談のなかで、この提案は断るにはあまりにももったいないので、いちおうその場でわたしがプランを考え、可能ならば実現しようという話になったが、なんと翌日のあいだに参加メンバーに連絡してそれぞれの了解が得られ、なんとか実現することになった。話の突然の大逆転に書物復権8社の会メンバーと紀伊國屋書店には驚かれたことは言うまでもない。

「デリダの明日」のために——紀伊國屋ホール未來社セミナーのためのウォーミングアップ（「未来の窓104」二〇〇五・一一）

書物復権8社の会と紀伊國屋書店との共同企画、紀伊國屋ホールを利用しての紀伊國屋マンスリーセミナーがこの十一月三日、未來社の主催でその第七回目を迎える。毎月ほぼ一回のわりで、すでに岩波書店、白水社、みすず書房、法政大学出版局、紀伊國屋書店、東京大学出版会の順で好評裡に無事終了し、いよいよ未來社の出番となったわけである。

今回の未來社の企画としては、ジャック・デリダの没後一周年という時期にあわせ、なんとか刊行を間に合わせたデリダの翻訳『名を救う——否定神学をめぐる複数の声』（小林康夫・西山雄二訳）をひとつのきっかけとして、〈デリダの明日：二〇〇五年／危機と哲学——国家・政治・文化・想像力〉というテーマを設定した。昨今のいささか壊滅的な世界と日本の政治状況、思想や学問のありかたを分析し、哲学の視点から何が明らかにしうるかを問う場所としたいというのがこのセミナーの狙いである。

《21世紀初頭の世界は、日本はどうなっていくのか。迷走する政治状況のなかで、想像力の貧窮化にともなう文化の危機、学問の危機、大学の危機には底知れぬ不気味さがある。デリダ没後一年、この哲学者が存命していたら、いまの状況をどう見るだろうか。ファシズムが台頭した一九三〇年代のヨーロッパの政治危機とも対比させながら、気鋭・若手の論者が国家から文化の問題にわたる現状分析と批判を哲学的・思想的に深めるトーク・バトル。》

以上は、このセミナーのために準備したチラシ用に書いたわたしのコピー文である。

パネラーとしては、小林康夫さん（東京大学大学院総合文化研究科教授、表象文化論）、鵜飼哲さん（一橋大学大学院言語社会研究科教授、フランス文学・思想、ポスト植民地文化論）というデリダとの関係もとくに深い論者のほか、若手研究者を代表して『名を救う』の訳者でもある西山雄二さん、さらには最近話題になっている『国家とはなにか』（以文社）の著者である萱野稔人さんというメンバー構成である。

最初に小林康夫さんに「哲学の使命」とも呼びうる総合的な問題提起をしてもらい、鵜飼哲さんにそれを受けて「デリダとデモクラシー」といったテーマでレクチャーをしてもらう予定である。とくに後半生のデリダには政治的発言も多かっただけに、〈デモクラシー〉というテーマについてデリダがどのように考えていたのかを整理してみていくことは、今日とりわけ重大な問題のように思える。第二次小泉政権が国民の圧倒的「支持」のもとに成立し、自民党内部においてさえ反対者の政治的圧殺が平然とおこなわれるような強権政治がこのままいつのまにか独裁政治へと転化していくだろうことが、一九三〇年代のナチス台頭に前後するドイツで民主主義がいかに形骸化されていったかという歴史とパラレルにみえる、まさにこのような時代がいま現在の日本なのである。

一九三三年のナチスの政権奪取によって、哲学者エドムント・フッサールはユダヤ人であるがゆえにドイツからほとんど追放されたも同然となっていた。そのフッサールが亡くなる三年まえのウィーンでの講演「ヨーロッパ的人間性の危機と哲学」は、ナチスによる公職追放のような生臭い現実にはいっさい触れることはないままに、こうしたヨーロッパ（じつはドイツ）の危機的状況について批判した歴史的な文書である。この講演の最後でフッサールは、「ヨーロッパ的人間存在の危機」の出口として、「精神に敵対する野蛮さへの転落」か「哲学の精神によるヨーロッパの再生」かの二つしかないことを述べたあと、さらにこう語る。

《もしわれわれが、『善きヨーロッパ人』として、無限に続く闘いにも挫けぬ勇気をもち、もろもろの危機のなかでももっとも重大なこの危機に立ち向かうならば、人間を絶滅させる不信という炎のなかから、西欧の人間の使命への絶望というくすぶり続ける火のなかから、積もり積もった疲弊の灰のなかから、新しい生の内面性と精神性とをもったフェニックスが、遠大な人間の未来の保証として、立ち現われてくるでしょう。なぜなら、精神のみが不滅なのですから。》

（清水多吉・鈴木修一訳、平凡社ライブラリー版『30年代の危機と哲学』九四―九五ページ、表記は一部変更させていただいた。）

この「精神」への過大なまでの信頼は、当時のドイツの現実政治、大学制度等への不信と絶望にたいするアンチとして提出されたものであることは明らかである。ここで「精神」とは、いかなる時代と環境に生きる人間であっても、時代の惰性に流されず、思考の働きをとめずに物事の善悪の判断を誤らないように努力をつづける知の別名であろう。だとすれば、今日の知的・政治的荒廃のなかの日本に生きつづけるわれわれにとっても、見すごすことのできない共通の課題がここで熱く論じられているとみるべきではなかろうか。

それはともかく、〈デモクラシー〉というテーマにかんする鵜飼さんのレクチャーをもとに、『名を救う』の訳者でもある西山さんからは、この本でデリダがデモクラシーについて述べている問題とからませて、現実政治の諸問題にかんする若い世代からの発言をしてもらう予定である。また萱野さんからは、ひとまずデリダをはなれて国家論の立場からこれまでの議論をふまえた意見がなされるだろう。あとはモデレータとして熟練の（？）小林さんのリードで話をうまく進めてもらう予定である。

というようなわけで、未來社としても最初にして最後になるかもしれない紀伊國屋ホールでの主催イベントを紀伊國屋書店のご厚意で実現できることになった。〈文化の日〉にこうした政治と文化の危機を問い直すセミナーを実現できることは意味深いことであり、できるだけ多くの観客とともに有意義な会にしたいと念願している次第である。

注　紀伊國屋ホールで未來社一社がイベント開催するという前例のない会であったが、祭日にもかかわらず二〇〇名に迫る観客に恵まれたことは、まずまずの盛会と言っていいだろう。

（［未来の窓106］二〇〇六・一）

人文書のジャンル分けというゲーム

いま、わたしが所属している専門書出版社十九社の集まりである人文会の企画グループでは、ひとつの大きなプロジェクトが進行中である。昨年五月の総会後から一年間の予定で人文書の中ジャンルの全面的見直しをし、人文書を積極的に売っていこうとする書店にたいして連携し、あるいは働きかけようとする試みがそれである。

これは、すでに『人文書のすすめIII』の刊行」（本書一一九頁以下）において、人文書ジャンルの見直しが十年以上なされていないことをわたしが指摘したことに端を発する問題で、会のなかでつねづね課題としてきたことが真剣に受けとめられた結果である。書店店頭を見るにつけ、人文書の現状をなんとかしたいというわたしの危機意識の現われとも言えようし、猫の目のように変わる人文書の最前線にたいしてジャンルという枠組み設定を更新して時代をたえずとらえ直したいという編集者的欲望の現われかもしれない。

というのも、書店店頭における人文書の棚展開とは、わたしの持論では「ナマモノ」の世界と同じであり、鮮度が勝負を決するのであって、十年一日のごとく同じような棚展開、同じようなジャンル分けをしているようでは読者から見限られてしまうのは必定だからである。

人文書とは、学問の地道な研究の成果や文化の底深い脈流を背景に、時代の要請のなかでさまざまな問いに答えようとするものであり、そこには当然のことながらさまざまな視角や潮流や方法論というものが同時に存在しうる。これらを基本的な流れに切り分け、そこに中心軸を見出す（書店店頭で言えば、売れ線を発見する）ことが人文書ジャンルのたえざる再構築（書店で言えば、棚展開）であって、そこでは時代の空気に敏感に反応し、時代の先を見越していく知的想像力にあふれた著者や書物が必要とされる。編集者や書店の棚担当者は、本をつくる側であれ出版された本を棚に配置する側であれ、そうした流れを意識しながら「編集」するという共通の立場の人間となるわけである。

とりわけ書店の人文書担当者とは、たえず変動する人文書というナマモノの取捨選択（注文するかしないか）や棚構成（どう並べるか）をつうじて、「編集」した結果をただちに知ることができるという意味で、もっとも実践的で現実的な知のエージェントたるべきなのである。人文書の棚展開とは、ある意味では基本書と考えられる書籍群を「布石」とするゲームに似ている。これがうまく機能するかどうかは、その基本書の選択が正しいかどうか、その基本書の選択が正しいとしたらその周辺に集める書籍群の選択と配置が有効かどうか、という戦略と戦術のパズルゲームだからでもある。

その意味でも、編集者はこれら書店エージェントの日々実践されるゲームの結果を学習する必要があるとともに、今度はみずからもそのゲームに参加させてもらうことをつうじて「営業」的にみずからの編集感覚を磨きあげる努力が必要になる。また書店の人文書担当者はこれら編集者の編集感覚と情報をもとにこの編集的パズルゲーム（棚展開）をより高度なものにしていくことで、よりよい結果を生み出してもらうことが期待される。こんな理想的な相互交流ができたらいいな、とわたしはつねづね考えているが、残念ながらなかなかできていないというのが現状である。とはいえ、この間、何人かの書店人に協力を依頼し、快く引き受けてもらえたので、この中ジャンルの見直しという作業をとりあえず見通しのつくところまでは実現したいと思っている次第である。

さて、そういうわけで、人文書の既成ジャンルの見直しとして「哲学・思想」「宗教」「心理」「社会」「教育」「歴史」の各ジャンルの検討がとりあえず終了し、残るは以前「批評・評論」として設定したもっとも「ナマモノ」的なジャンルの再構築である。今回はこれを「現代の批評・評論」として設定し直すことにした。「評論」というネーミングには文芸評論的な意味あいが強く、なんとなく「売れない」という印象があるとの意見をくみ入れたのと、実際にここに集約されるのは既成の各ジャンルに定着し組み込まれる以前の、現代的な批評的主題群なので「現代」を強調する必要があるからである。

そしてわたしがこのジャンルの継続に力を入れたいのは、これらの主題やそれに即した書籍群こそがもっとも現代的でホットな問題を提起しており、また話題にもなり、したがって書店の人文書売り場でもっとも売れるはずだからである。すこし前なら〈現代思想〉とでも呼ばれたであろうこれらの書籍群こそが、さまざまにジャンルを横断しながら転成し新しい切り口を刻みつけており、もっとも豊かな可能性とそれゆえの危うさを同時に示しつつ人文書の中核を担っているのである。

それともうひとつこのジャンルを設定する理由としては、既成の人文六ジャンルの枠組みでは、これまではずされるのが常だった社会科学や自然科学、文学等のジャンルのなかから広く人文書としても読まれうる書籍群を組み込むことが可能になるからである。たとえば柄谷行人のように文学から出発して哲学的な主題に取り組むようになった批評家の全体を人文書の中核に据えることが可能になる。むしろ、傍流にされがちだった他ジャンルから越境してきた書籍のなかにも、現在の人文書の中心がありうることを、このことは示している。文芸批評や詩論の一部がたんに文学書であるだけでなく、人文書としても読まれるべきであるのはいまや当然のことである。

「現代の批評・評論」として選択的に取り出された書籍群がもつアクチュアリティには、それだけに可能性と同時に限界もある。それこそが「ナマモノ」たるゆえんなのだが、この「ナマモノ」の鮮度を保つためにはたえざるメンテナンスが必要なのはもはや言うまでもないだろう。その第一歩だけは近いうちに実現しておきたいと思っている。

注　この稿は、本文にもあるように、「『人文書のすすめIII』の刊行」で触れた問題意識をよりくわしく展開したものである。

（［未来の窓108］二〇〇六・三）

二年目の紀伊國屋ホール書物復権セミナー

ことしも書物復権8社の会主催で紀伊國屋ホールでの〈書物復権セミナー〉が開催されることが一月の例会で確定した。昨年にひきつづき、紀伊國屋書店と紀伊國屋ホールのご好意で、まことに有利な条件でセミナーをおこなうことができることになったのである。

昨年は初回の特別セッション（宮下志朗、鹿島茂、今橋映子の各氏が出演）のあと、各社もちまわりでほぼ毎月一回ずつ計九回の〈書物復権セミナー〉が開催され、各社の努力によりなんとか成功裡に終了した。その成果はこのほど作成することになった「書物復権マンスリーセミナー二〇〇五年度レポート」で報告されることになっている。

こうした成果をみて紀伊國屋書店側もことしのセミナーの継続を申し出てくれたことはまことにうれしいかぎりである。余力さえあれば、ことしも昨年以上の努力でよりよいセミナーを実現したいところであるが、なんとしても紀伊國屋ホールといったハレの舞台を満員にするには一社の力ではいかんともしがたい面がある。すくなくとも未來社のような専門書版元の地味な企画では四二〇席もある紀伊國屋ホールを埋めるべく読者に働きかけるには、宣伝力、動員力その他においておのずから力量不足を認めざるをえない。他社も多少の違いはあれ、ある程度は共通した思いをもっていたようだ。

そんなこともあって、ことしは五月、九月、十一月の隔月で三回開催、それも書物復権8社の会共催というかたちになった。七月には東京国際ブックフェアへの共同出展という大きなイベントがあるので、ここは無理せず、しっかり準備して九月以降に備えようということにしたわけである。(なお、ことしの書物復権による復刊は十周年を記念して、新曜社、創元社、筑摩書房、平凡社の四社がスポット参加することになっており、その準備もあって九月に延期されている。こうした定例的な活動も着実に成果を収めているのである。)

さて、そうしたなかでことしの〈書物復権セミナー〉第一回は紀伊國屋ホールと講師の都合もあって、五月十六日(火)に決定した。8社の会共催といっても、岩波書店と未來社が第一回目を企画することになり、ことしのテーマは〈批評と教養〉のありかたを問うといったかたちで進めることになった。

大学における〈知〉のありかた、教師のありかた、教育現場の問題をどう考えていくべきか、といった具体的なテーマから、かつてなら〈知識人〉と呼ばれた社会のオピニオン・リーダーの不在・消滅といった現実をふまえて、新しい知の仕掛け人、思想や社会への批判力をもった人間をどうイメージしていくのか、どうやって発見していくのかといった課題、さらにはいまや死語とも思われかねない〈批評〉や〈教養〉といったことばがいまでも意味をもつのか、意味をもつとすればどのような方向性において可能なのか、といった視点から現実批判、社会批判としての学問・研究のありかたを再検討していく、といった重い課題をことしのテーマにしようというわけである。いかにも書物復権8社の会らしい、ややまっとうすぎるテーマであることは承知のうえで、しかしこうしたテーマの追求は書物復権8社の会にこそふさわしいのではないかと考える次第である。紀伊國屋ホールといった晴れやかな舞台でこうした重いテーマを展開させるのは稀有の出来事になるかもしれないとやや不安を覚えつつ、これもこの時代のひとつの命運なのだと思わざるをえない。

さて次の問題は、そんな厄介なテーマを引き受けてくれそうな講師を考えなければならないということで、岩波書店、みすず書房の担当者と頭をひねった結果、ずばり高橋哲哉さん、姜尚中さん、佐藤学さんという顔合せでなんとしても実現しようということになった。昨年、『靖国問題』(ちくま新書)でおおいに話題になり、その関連でますます忙しくなった高橋哲哉さんは、ことしはすこし充電したいというところを無理に出演をお願いすることになった。さいわいにして他の二人の講師の方たちも岩波書店からの依頼で出演を承諾してくれることになり、豪華な顔合せが実現した。そこで議論内容をすこしずつ煮詰めていく段階にはいったところである。前述したような内容の議案をひとまず並べてみて会員社に叩き台として提案したところまできて、さらにこの内容をどういう方向に設定できるのかのつづきを思案しているのが本稿なのである。

こうした討論会は実際にやってみないとどういう方向に議論が動いていくのか予断することはできないが、この第一回では、できればこのあとに予定されている二回分も先取りしたようなかたちの、いわば総論的な議論ができないものかと期待している。こういうことをあらかじめお願いすると、講師の方も負担を感じられてしまうので、ここだけの話になるが、われわれ書物復権8社の会としては、できることならこの講師陣に〈書物復権〉理念の再定義をしてもらいたいところである。昨年の〈書物復権セミナー〉第一回がさながら本好きの「総決起集会」であったという内部評価があったのとはまたちがった意味で、〈書物復権〉運動の十年目の再スタートを飾るにふさわしい明確な位置づけをしてもらいたいと思うのは、やや身勝手なことにはちがいないが、これだけのメンバーが一堂に会して書物の文化について真っ正面から論じてもらえるなら、期待しないわけにはいかない。そうした流れが実現できたら、このうえない僥倖というべきだろう。哲学の高橋哲哉さん、政治学の姜尚中さん、教育学の佐藤学さんとジャンルもうまい具合に割り振りができているので、議論も自在に、思いがけないスリリングな展開もふくめておおいに楽しみである。

より詳細な内容や案内は、今後は紀伊國屋書店のホームページ、チラシをはじめ、書物復権8社の会各社のPR誌、ホームページ等を通じて明らかにされていくであろうから、ぜひご注目いただきたい。

注　この書物復権2006セミナー第1回《批評・教養の〈場〉再考／再興》は入場者三五〇名という大盛況であった。わたしも冒頭、主催者を代表して挨拶した。

〔「未来の窓111」二〇〇六・六〕

ふたたび人文書ジャンル見直しという課題をめぐって

「人文会ニュース」98号（人文会発行）で紀伊國屋書店本店の人文書担当、和泉仁士さんが「『じんぶんや』の試み」という興味深い文章を書いている。二〇〇四年九月から毎月一回、本店五階の人文書・文芸評論書売り場の一角で始めた「じんぶんや」というコーナーについて、その概要と趣旨を説明している。意外と見落とされがちなちコーナーだが、「本読みのプロ（著者や編集者）」にあるテーマで二〇〜三〇点ほどの本をコメント付きで推薦してもらい、さらにそのテーマに沿った小エッセイを寄稿してもらったものを小冊子にして店頭配布している。暖簾ふうの看板などもプロのデザイナーに協力してもらって作っているそうである。こうした企画は以前も、たとえばリブロ池袋店などで「〜の選んだ一〇〇冊の本」といったかたちで平台展開されてかなり話題になったものと似ている。それを継続的におこなうところにこの試みの意義があると思う。

その点は和泉さんもよく自覚されていて、著者や編集者の協力を得て「各ジャンルの基本書や、埋もれつつある良書を掘り起こし、スポットを当てることができ」、また「回を重ねることによって、それら各トピックの基本書や良書のデータベースを作ることができ、社員教育に繋がる。（基幹棚にうまく反映させる）」ことができることを指摘している。書店における人文書の棚構成とは、こうした日々のたえざるメンテナンスと発見・発掘の努力の賜物であることがよくわかるすなおな文章である。ただ、こうした企画はどうしても手間や時間のわりには売上げに結びつく度合いがもうひとつということになりがちで、社員の負担は相当なものだとも言及されている。たしかにそうした側面はあるだろうが、出版社に声をかけて協力を要請することもふくめて、できれば可能なかぎり継続していってもらいたい。こうした試みは貴重であるし、紀伊國屋書店本店クラスでなければ実現できない企画でもあろうから、（わたしもふくめて）協力を惜しまないひとはいくらでもいるだろう。

というのも、いま人文会で手がけている人文書中ジャンルの全面見直しという構想は、出版社サイドからの提案のかたちになるとはいえ、このわけのわからない人文書という巨大なジャングルを、ジャンル分けという解読格子を設定しながらなんとか解きほぐし、書店にわかりやすく提供しようとする試みであり、書店のこうした日常的な努力とリンクすることが可能かつ必要な試みだからである。この試みのいきさつは業界紙の「新文化」五月十一日号（注）に書いたので、書店や取次、出版社には読んでいただいた方もいるだろう。

ただ、なにぶんにも人文書というのは、既成の問題領域にあきたらず時代や状況の変化とともに開かれてくる新しい問題や課題に挑戦しようとするひとたちの学問的、批評的な営みである以上、これは本来的に変化しつづけるものであり、またそうでなければならないジャングルの世界なのである。人文書の世界に未知なるものがたえず生み出され、われわれの頭を悩ませながら、新たな切り口を要請する——この発想の転換をたえず要求するやっかいさがなくなったらもはや人文書とは言えないだろう。ましてやこの変化の激しい時代である。既成のジャンルにすっぽりと収まっているだけの本などは、純学術研究書であるならばともかく（それだってどうだか怪しいが）、もはや知的なインパクトを与えるものとは言えないだろう。

　こうして人文書ジャンルの見直しはとりわけこの時代の要請であり、終わりなき業界的課題のひとつであることが判明する。そうである以上、関心のある立場のひとそれぞれが協力しあい、たえざるメンテナンスが要求される。ハーバーマスのことばをもじって言えば、〈未完のプロジェクト〉として人文書に関与するすべての出版人、書店人、取次人が情報を提供しあい、意見を交換しながらすこしずつでも展望をひらけるようにするべきだろう。

　こう書いてくると、なんだか息苦しいばかりの話に聞こえるかもしれない。そんな面倒な世界なら最初から近づかないほうがいい、とされてしまいそうである。しかし、現実的には書店店頭ではちょっとした情報にもとづく棚展開の工夫ひとつで本が動くことが可能なはずである。人文書を置くことのできるスペースは書店の規模、立地条件などによってかなり限定されているだろうなかで、それでもいくらでも試みることができるのが人文書のおもしろいところである。「人文書のジャンル分けというゲーム」（本書一三八頁以下）と題してこのテーマで書いたように、ひとつには〈ゲーム〉として人文書棚を構成するといった余裕もときには必要ではなかろうか。思いがけない発見や発掘はそうした〈ゲーム〉感覚から派生してくるかもしれないからである。

　そう言えば、この文章を読んだ地方の（関西方面らしい）書店人グループがわたしの提案に言及していて、やはり人文書ジャンルの研究をしている書店人仲間が編集者、著者とタイアップして活動していることをホームページに記している。書店名も規模もよくわからないが、こうした試みが現に存在することはこの問題の必然性を示しているように思われる。こうした問題意識を共有できるひとたちがいるかぎり、人文書にかかわりをもとうとする出版人は、ジャンルへの問題意識をもつべきだろう。すくなくとも自社で発行する本がどういうジャンルに属するものであるのかをたえず情報発信していくのが望ましい。

　今後、人文会ではこうした問題意識をもって、会以外の出版社の出版物もふくめて、人文書と呼ばれるジャンルのたえざる再検討、再設定、そのジャンルの基本書はなにか、といった取組みを恒常的におこなうようにしたい。出版社サイドのおせっかいにならない範囲で、書店の人文書担当者との情報交換（売行き情報、著者情報や学問状況にかんする情報）を重ねていけば、必ずやいまよりはいい結果が出てくるのではなかろうか。

注　「人文書ジャンル分類の全面見直し」というタイトルで「新文化」に以下のような文章を掲載した。

*

［付論］人文書ジャンル分類の全面見直し

（「新文化」二〇〇六・五・一一）

人文書とはなにか。人文書と呼ばれるジャンルとはいったいどういう種類のものなのか。これまで漠然と「人文書」と呼ばれてきた書籍にはどういう特徴があり、どういう価値があるのだろうか。

こうした問いはつねに書店や取次の、実際に書籍を取り扱う人たちの現場の声として発せられてきた。実用書や一般書でもなく、純学術書でもなく、しかし専門的な知識を豊富にふくみながら読者にさまざまなことを考えさせる魅惑にあふれた書籍群というものが存在する。ときには話題にもなり、長期にわたって売れつづける本も多い。

人文書とは人文科学に属する種類の本であるとみなされてきた。すなわち、哲学・思想、宗教、心理、教育、社会、歴史の六つの大ジャンルに属する本が「人文書」とされてきた。この基本的な考え方はいまでもさほど変わらないが、問題はその内実である。時代潮流も社会環境も著しく変化しつづける現在にあっては、それに対応して学問も知識もそのありようをどんどん更新していかざるをえない。そうしなければ、その学問なり知識の存在理由が失われてしまうのである。

学問や知識のありようがどんどん変化しているならば、それらをどのように分類し、体系づけていくかという問題は、いま出版にかかわる者にとってきわめて重要な現代的課題である。これが「ジャンル」という名のもとに知の流れや傾向を総括し、方向づけを与えるものであるなら、なおさらである。

いま、人文会の販売委員会企画グループを中心にさきほど述べた従来の人文書六ジャンルの全面的な見直しを試みている。ここ一年ほどのあいだに検討してきた各ジャンルの下位ジャンルの改訂・組み直しとともに、これら既成の大ジャンルのどこにも収まりにくいが、いまもっとも「旬」の新しい流れや傾向をいくつかピックアップし、これらを「現代の批評・評論」ジャンルとしてあらたに提起してみようという試みである。

都内大書店の人文書担当者三名にも協力してもらって、書店の人文書棚の現状にも即した実践的な中ジャンルの徹底的な検討をおこなった。その結果、当初われわれ出版社側がイメージしていたジャンル構成とは異なる視点がいろいろ提出され、それらを協議しながらとりあえず基本的な枠組みができあがりつつあるところである。これを近く人文会全体で再検討し、さらに必要なキーワードや基本ブックリストをくわえた最新の「人文書ジャンル分類表」のようなものを作成して公表する予定である。

なぜ、こうした人文書のジャンル分類を明確にしようと試みたかと言えば、本が売れない昨今の不況のなかで人文書のような売りにくい書籍はますます書店店頭からはじき出されてしまうという危機感があるのはもちろんであるが、経営的に苦しい書店現場のなかでも人文書を売ってみようとしてくれる数少ない書店人がいまの人文書の動向を十分把握して展開するだけの余裕をもてていないのではないか、と思われるからである。

人文書の担当者を養成し、辛抱づよく成果を待つという余力が書店の多くになくなってきている。ほんとうはそうした担当者の存在こそが書店の総合的評価を生み出すのに、それができなくなっているのだ。実際に人文書を思うように展開し、成果を挙げている書店はおそらくナショナルチェーン・クラスの大規模店に、それも有能な人文書担当者がいる店に限られるだろう。

残念ながらそれだけではわれわれ出版社が出したいと思うような人文書はなかなか成り立たないのが現状である。中規模クラスの書店でなんとか人文書を売ってみようと思ってくれるような担当者にすこしでも成果を出してもらいながら、人文書を売るおもしろさを理解してもらい、書店で継続的に人文書を取り扱ってもらえるようにしたいのである。

人文書の読者というのは幅ひろい知識と教養をもっている。ひとつのジャンルにこだわらず、なんらかの関心のつながりからさまざまな人文書を読んでいる。書店の人文書担当者はこうした見えにくい関連を探りながら相互のつながりを発見し、これらを人文書棚の構成に役立てることによって棚を活性化することができる。たしかに人文書を扱うにはかなりの商品知識が要求されるし、日常的に情報をメンテナンスしていかないと棚はすぐ死に体になってしまう。もちろんすべての人文書に目を通すわけにはいかないが、あとがきや解説、注や参考文献等に掲載されている関連書を参考にしたり、編集者や読者から情報を聞き出すこともできるはずだ。こうして得た情報を棚に反映してみることで結果を出すことができるのが人文書を扱うことの醍醐味ではなかろうか。

「棚はナマモノである」というのがわたしの古くからの信条であるが、たんに新刊を並べればよいという意味ではなく、既刊本でも並べ方（切り口）を変えるだけで隣り合った本同士が棚を新鮮なものに見せてしまうことがある、ということを言いたいのである。書店の人文書棚は、担当者にとって「編集」の場なのである。岩波ブックセンター信山社の柴田信さんが「私は本を棚で売る」と主張されているのは、この意味においてであるとわたしは思う。

人文書のジャンル分類の更新という作業もじつはこれと似ている。書店の人文書棚は本来は書店人がその立地条件、スペース、客層などそれぞれの事情におうじて独自に展開するべき場所であり、書店人の特権の場であるとも言える。だから出版社の人間があれこれ提案するのは書店人への「押しつけ」になりかねない。ブックリストまで用意しようというのだからなおさらである。だから現在作成中の「人文書ジャンル分類表」はあくまでも必要最小限の人文書棚の「提案」であり、出版社サイドからみた人文書の最新の「編集」モデルにすぎない。

そしてこのモデルはつねに更新されるべき宿命にある。とりわけ「現代の批評・評論」ジャンルとして提起しようとするものなど、新しいがゆえにたえざる再検討を必要とするものばかりである。たとえば「カルチュラル・スタディーズ」「ポストコロニアル批評」「表象文化論」などといった切り口をもったジャンルはすでにかなり多くの基本アイテムがそろってきているから、こうした切り口のフェアをまずは展開してみたらどうだろうか。うまくいくようだったら、棚に残していけばいいし、ダメになったら削ればいい。

ジュンク堂池袋店副店長の中村文孝さんは「未来」四月号のインタビュー「書店空間の現在・過去・未来」で、こう言っている。「棚は動かせ、固定化するなよ、出来た時が壊す時だよ」。まさしく人文書ジャンル、人文書棚の本質であり、「完成はない」という流動性、永遠の未完結性こそが人文書のやっかいなところ、またそのおもしろさなのである。

この流動性、未完結性をたえず更新するためにも、書店現場での実験的なさまざまな試みが必要となるし、それらのデータのフィードバックをわれわれ出版社も必要とする。こうした取組みはいつでもどこからでも始めることができるし、そうすることで本の世界のいまだ汲み尽くされていない豊かさが見えてくるのではなかろうか。

（［未来の窓115］二〇〇六・一〇）

十周年の〈書物復権〉運動

この九月に書物復権8社の会と拡大四社による〈書物復権〉の復刊書五二点・五五冊が刊行された。ことしは〈書物復権〉運動十周年ということもあって、新曜社、創元社、筑摩書房、平凡社の四社にスポット参加してもらうことになり、これまでの八社各五点計四〇点という原則からかなり拡大した復刊になった。これにともない、九月十一日の「朝日新聞」夕刊には全七段の連合広告という会では初めての大宣伝もおこなった。例年の六月実施をことしにかぎり九月に実施することになった結果、読書の秋へむけてタイミングのよい復刊運動になったかもしれない。

紀伊國屋書店のホームページに置いてもらっている〈書物復権〉の復刊リストのページには「読者からのメッセージ」の抜粋が掲載されている。それらを読むと、この地道な運動が読者に着実な支持を受けて、これからも継続することを期待されていることがわかる。現在の書籍流通のありかたから読まれるべき本が店頭に置かれにくい現状への不満を述べる読者の声に、出版界の人間はもっと真摯に耳を傾けるべきであろう。

いつもそうであるが、今回も各社の復刊リストを眺めていて、こんな本がこれまで品切れになっていたのか、という素朴な驚きを禁じえない。ここに挙げられている書籍の多くはなんらかの話題性をかつてもっていたし、いまでも十分に現役たりうるものである。だからこそ復刊されたわけであるが、それにしても各社の事情はあるにせよ、――自社のものを考えてもお互いさまなのだが――、こうした書籍群の在庫をつねに切らさないようにしておくことができないところに、現在の出版界の苦悩が集約的に表現されている。十年前に当時のみすず書房・小熊社長の発案でこの〈書物復権〉運動が始められたのであるが、この苦悩の質はますます深まるばかりである。その意味でも小熊さんの先見の明にはいまでも頭が下がる思いがする。自社の本を〈名著〉と呼ぶ臆面のなさを批判するひともいるが、それだけ古い本に愛着と自信をもっていることの証しであって、そうした本をなんとか読者の手に触れられるようにしていこうとするわれわれの運動の趣旨はけっして歪めて理解されてはならないと思う。

復権される書物にもいろいろ事情のあることもあって、外から見ただけではそれらの事情がわかりづらいこともある。未來社の例で言えば、ことしの復刊にはそうしたものが含まれている。

そのひとつがウィリアム・E・B・デュボイスの『黒人のたましい』である。これは今回はじめてノミネートしてみたものであるが、読者の声のなかにこれをポストコロニアル批評の先駆的作品、アメリカ黒人解放運動の古典、などと高く評価してくれるひとが何人もいて、われわれとしても自信をもって復刊したものである。一九六五年初版（原書は一九〇三年刊）のこの本は、なんと最初は著者名がフランス語ふうの「デュボア」とされていたものであり、岩波文庫に収録されたときに正しく改名されたものだが、それだけ先走っていたことになる。これはたまたまヒューストン・A・ベイカー・ジュニアの『モダニズムとハーレム・ルネッサンス』という最近刊行した本のなかで再三言及されるほどの名著であることをわれわれが再発見した結果なのである。こうした灯台下暗しの例もあるのだ。

もうひとつは、これはすでに一九五〇年代に刊行され、増刷を重ねてきた結果、紙型が傷んでしまって二〇年以上にわたって品切れにしてきた平野謙・小田切秀雄・山本健吉編『現代日本文学論争史』上中下巻のケースである。旧字旧かな・8ポ二段組で合計一一〇〇ページ以上あるこのシリーズを、このたび新字新かな・9ポ一段組一六〇〇ページ以上にして新装新組版を復刊することになったために、ことしの夏は夏休みはおろか休日返上で死ぬほど校正に追われる日々だった。一九二五年から戦争中までの、しかも願ってもない編者三人を得て厳選された論争を集めたちょっと類書のない読み物でもあると同時に貴重な資料集でもある本シリーズは、いずれも一九七〇年代半ばまでに一八刷、一四刷、一三刷という実績を残していたものだから、三〇年ぶりに復刊すればかならず話題になるだろうという予想は立てていた。「朝日新聞」と「読売新聞」がさっそく記事にしてくれたのは、その意味では我が意にかなうものであったし、高値のわりにセット注文などで好調な動きを見せはじめており、まずはホッとしているところである。昨年やはり初版以来五〇年ちかくになる『日本詞華集』というアンソロジーを復刊してたいへん好評を博したのに味をしめて文字通り〈幻の復刊〉をめざしたものだが、どうやらほんとうに手間ヒマをかけて作ったものは長い歴史の篩にかけられても生き残りうるのだという認識をあらためて嚙みしめているところである。

現代のわれわれの出版（編集）の現場は、その意味で、あまりに時間に追われすぎているのかもしれない。ゴーストライターを使った政治家やタレントの一過的な本などは言うまでもなく、いまの著者はあまりに簡単に本を書き、知識を分散させすぎて薄っぺらになってしまった。編集者もそういう著者を追うばかりで、ほんとうに力を矯めている著者を発掘し、そうした著者の力作を世に送り出すことを怠りがちである。各社の新書本への力の入れようは理由なきにしもあらずだが、知識の切り売りに著者も編集者も荷担しすぎているのではあるまいか。

――と、ひさしぶりに慷慨調になってしまったが、〈書物復権〉の試みというのは、出版の原点がなんであるかということを何度でも思い起こさせてくれる絶好の機会なのである。未來社もここまで九年間で五〇点ちかくの復刊書を出してきたことになるが、先人の残してきた仕事を咀嚼しながら、いいものは極力残し、その精神を引き継ぐことの重要性をどう認識しなおすか、またリフレッシュできたところで考えてみたくなった。

（「未来の窓120」二〇〇七・三）

〈人文書〉の見直しの動きをめぐって

「論座」三月号が〈「人文書」の復興を！〉という特集を組んでいる。柄谷行人、ジュンク堂の福嶋聡さんらの評論、岩波書店前社長・大塚信一さんと講談社顧問・鷲尾賢也氏の対談などが掲載されているが、この手の雑誌が〈人文書〉についての特集を組むこと自体かなり稀なことである。〈人文書〉のわかりにくさ、定義づけのむずかしさが各人各様の言いかたで述べられており、考えさせられることが多かった。

いま、わたしも属している人文会では人文書中ジャンルの全面的な見直しを一年越しで進めているところでもあり、その中間報告をそのつど人文会ホームページ（http://www.jinbunkai.com/）にアップしているところである（この点については「論座」の福嶋さんのエッセイに好意的な言及がある）。今回この人文会が発行している機関誌「人文会ニュース」が一〇〇号を迎えることもあって、多くの業界人からの寄稿を仰ぐとともに、若手書店人と会員社の若手メンバーとの座談会がおこなわれ、またかつての代表幹事たちにも執筆してもらったりインタヴューを試みたりして、かなり充実した誌面をつくることができているように思う。事情があって刊行がすこし遅れているが、これにともない朝日新聞にも共同広告を打つとともに連動したフェアを全国規模でおこなうことにもなっている。

こうした動きに過剰な意味づけを与える必要はないだろうが、〈人文書〉にたいする認識を多くのひとに深めてもらういいチャンスであるとは言えるだろう。その意味で「論座」の特集はわれわれにとってもタイミングのいい企画になっている。そのなかでとりわけ柄谷行人の「可能なる人文学」という評論は、われわれ専門書系出版人がえてして勘違いしそうな認識の陥穽を衝くところがあって、深く納得するところがあった。人文書が売れないことが事実だとしても、それはほんとうに人文書の危機なのかという柄谷さんの疑問は、大きく言って量と質の面で立てられている。

まず第一に、人文書が売れていないといっても、一九六〇年代の高度経済成長と大学紛争の時代をピークとするとして、そのころよりいまのほうがまだより多く売れているのではないか、という現状認識である。これは人文書というものが、時代の動向とともになにが中心的に読まれるものであるかが変動していくものであるだけに、その輪郭をつかみにくいし、そもそも一九六〇年代ではまだ〈人文書〉と呼ばれるものがどんなものか一般的に了解されていなかったことを考えると、この柄谷の判断はかならずしも正確なものではない。すくなくとも柄谷の印象がそういうものだったにすぎないかもしれないのである。一例を挙げれば、吉本隆明『共同幻想論』や羽仁五郎『都市の論理』などといった話題作は、いまでは間違いなく〈人文書〉の中核とされていただろうが、これらは当時〈人文書〉とは認識されていなかったように思われる。すくなくとも、この時代の終盤に大学生活を始めた者としては、それ以前との比較が体験的にはできないけれども、あきらかにこの種の本が売れていたという実感を否定することができない。それはたんに知識として〈人文書〉を買って読むという意識からではなく、時代のなかの必然として、生きるうえでの指針やヒントを得ようとするがために読まざるをえなかったからである。そして〈人文書〉とはそもそもそういった書物に与えられるべき名前ではなかったか、といまにして思うのである。

しかしそれはともかくとして、この時代に〈人文書〉が売れたからといって、その時代がほんとうに良かったのか、と柄谷は問うのである。それは大量の知識人＝大衆を生み出しただけではないか、基礎的な勉強をしないままにすぐに大問題に向かうだけで、それはだいたい不毛な結果に終わるのだ、と。

「だから、人文書が売れるということが、このような速成知識人を増やすことだとすると、それは別に喜ばしいことではない。それはむしろ、知識人あるいは知識を簡単に否定するということに帰結すると思います。『知識人を批判する知識人』が一般化する。そして、彼らはまもなく、実際にも本を読まなくなる。近年に人文書が売れないというのは、そういうことの結果だと思います。」――柄谷が語ることは辛辣だが、現実に裏打ちされた発言だけに少々耳が痛い。

いまの読者の問題だけではなく日本の社会状況全般を見ていても、学問や知識といったものを軽視するか敵対するかのような身振りの風潮が政治家から教育者にまでひろく蔓延していて、批判的言説にたいしては抑圧的にか冷笑的にか働くようになっているのは、こうした底の浅い知的風土のなせるわざでもあろうか。学問的情熱が薄れてきているのは世界的傾向であるとしつつも、日本はそれが極端に出てきていることを柄谷は指摘する。

ところで柄谷行人の〈人文書〉批判は、批判のためだけの批判ではない。もちろん、コンピュータのあとに人文学はいかに可能か、というような問いがもはや簡単に成立するわけではないことを承知のうえで、なおかつその可能性を問わなければならない、と主張されるのである。そこに安易な回答や方策を求めようとすること自体が誤りなので、最終的にはいまのこの世界を変えようとする志向をもつこと、現状にあきたらないひとが新たな人文学を構築するはずだという確信をもってこの評論はしめくくられている。

こうした柄谷の提言にたいして人文系専門書出版社としてはどう応えなければならないのか。そのひとつの対応が前述した人文書中ジャンルの全面的な見直しにあったわけだが、なかでも既成ジャンルを超える新しい可能性を追求したものとして「現代の批評・評論」を再設定したことには重大な意味があることをあらためて認識してもらいたい。ここから人文学は新しい何かを生み出していくだろうし、出版社はそれを〈人文書〉の新しい動きとしてつねに注視し、意識的に育成していくべきであろう。

（「未来の窓121」二〇〇七・四）

「人文会ニュース」と人文会の思い出

専門書出版社二十社の団体である人文会は来年には創立四十周年を迎えるが、それに先んじて、会が発行している「人文会ニュース」が三月末には一〇〇号記念号を刊行する運びになった。予定よりだいぶ遅れたが、通常号の二、三倍の一二八ページのヴォリュームがあり、一部だが編集にもかかわった者としては手前みそながら、充実した内容になっていると思う。

営業マン主体の会として、みなが編集に不慣れななかにも力を出しあった結果としてこうした貴重な記録集が刊行されたことは、今後の会活動にとっても基盤の整備になったはずである。また、時代がおおきく旋回して出版業の将来もけっして安閑としてはいられないいま、これまでの会活動の基本線がどのようにして形成され育てられてきたのかを時代の流れとともに把握できるようになったことは、会を構成している各人にとって今後の活動においても有意義なことであろう。

この記念号はおそらく出版業界になんらかのかたちでかかわってきた者には、少なからぬ関心を呼び起こすだろう。本好きの一般読者にとっても、出版社がどういう背景のなかで本を生み出し、それらを流通させてきたかを覗いてみることは興味深いことであるかもしれない。（さいわいこの記念号は通常より多めに印刷することにしたので、希望される読者は入手できる。参加している出版社のいずれかに連絡されれば切手代だけで送付されるはずである。）

それはともかく、この記念号のなかで、わたしは二代目代表幹事だった相田良雄さん（元みすず書房営業部長）のインタビューの司会進行と編集にたずさわることになり、とても楽しいと同時に充実した時間をもつことができた。相田さんが代表幹事をされていた一九七七年から一九九〇年の十三年間のちょうど中ごろに会に参加し（八年半ほど在籍）、長い中断をはさんでこの四年ほどを会の構成メンバーとして舞い戻ってきた者としては、この相田政権時代を知る数少ない現役として、いろいろ記録に残しておきたいことがあった。その意味では、当時の仲間である菊池明郎さん（現・筑摩書房会長）や濱地正憲さん（誠信書房）、市川昭夫さん（法政大学出版局、故人）といったＯＢの同席・協力もあっていろいろな証言を引き出すことができたことはありがたかった。インタビュー後半はかれらの饒舌な丁々発止の会話を楽しむことになって、やや疲労気味の相田さんのバックアップをしてもらいつつ、なつかしい思い出がつぎつぎと蘇ってくるのを禁じえなかった。なかにはとても活字にできないようなオフレコ話もあって、テープを聞き直しながら何度も感慨にふけったり大笑いしてしまうようなこともあった。そんなおもしろさが活字としても残っていると思うし、事情を知らない読者でもわれわれが熱い共同性を築きながら活動していた時代があったことを想像してもらえるのではないかと期待している。

この相田政権時代にしばらく「人文会ニュース」の編集を担当していたことがあり、それがいまの「人文会ニュース」のスタイルのベースにもなっている。そのことについて今回のインタビューのなかで証言しておけなかったので、忘れないうちに書き残しておきたい。というのは「人文会ニュース」をどういう性格づけのものにするかということで会で議論することがあったからであり、その問題をめぐってかなり意見の衝突があって、それを克服するかたちでいまの「人文会ニュース」のスタイルが確立されたという経緯があるからである。

わたしは弘報委員長という役を仰せつかってしばらくして、この雑誌の性格について不満を感じ、もっとイキのよい広報活動ができないものかと模索を始めていた。もともとは新刊予告のような会の広報誌あるいは機関誌的な役目をもっていたわけだが、時代はもっと清新な情報をもとめる方向に動いていたのである。そこで新しい試みをしている書店人にその方法論を書いてもらおうということになり、当時、リブロ渋谷という小さいながらも斬新な展示と品揃えで画期的な成果を挙げていた書店の話を聞き、さっそく依頼をしに行った。そのときの店長がのちのジュンク堂の田口久美子さんだった。話を聞いてこれはいけると踏んで、例会に報告したところ、どうしてそんな小さな店から始めるのかという反対意見が当時の重鎮のひとりから出た。そういう書店情報を「人文会ニュース」に掲載するならやはり順序というものがあるだろうということで、大書店から人選すべきだという意見であった。まあ、当時の営業マンの常識からすれば、そういう大きいところに礼儀を尽くすのが当然で、まだ無名だった田口さんのような書店人をトップバッターに起用するのはおかしいというものだったのであろう。

いまから思えば一理も二理もあるだろうが、当時のわたしは盲蛇に怖じずというやつで、まあ怒りましたね（笑）。そこで今後の「人文会ニュース」はいままで通り会の機関誌として狭い業界向けの誰も読もうとしないもののままでいいのか、それとも何か新しい鼓動を伝えるような情報誌的性格のものにするのかとえらい剣幕で吹聴したものだから、みんな黙ってしまい、それなら西谷の言う通りにやらせてみようという相田さんの判決が出て、それからの「人文会ニュース」は編集担当の判断で自由におもしろい記事をどんどん掲載していこうという情報誌的な性格づけが与えられたのである。このことはのちに「人文書講座」のようなかたちで拡大され、それが人文会初の刊行物『人文科学の現在』へと発展していくことになる。そんなひと幕もあったことは覚えてもらっておいてもいい。

この五月でわたしも足かけ十二年半にわたる会活動への参加を後続に委ねることにした。もともと事情があって一時的な出戻りのつもりが長引いてしまったから当然のことだが、営業を中心にずいぶん勉強させてもらった恩返しもあって、多少の経験と知識を提供できたかもしれない。でも、きっと迷惑だったり不愉快に思われたことのほうが多かったにちがいないが、そんなことはもう知らない。

注 「人文会ニュース」一〇〇号は業界でもなかなか好評だった。たとえば月曜社の小林浩さんが書いている「ウラゲツブログ」(http://urag.exblog.jp/5345697/) には「『人文会ニュース』100号記念号は人文系業界人必読」とあり、詳細目次とともに「約40年前の人文会草創期時代をめぐる相田さんのインタビューを、特に興味深く読みました」と書かれている。

(「未来の窓125」二〇〇七・八)

人文書中ジャンル全面改訂進行中

この五月に二度目の人文会正メンバーを三年半ほどつとめてようやく無罪放免(?)になったところだが、どうやらまだ解放させてもらえないらしい。やり残しの仕事として在任中に提唱した人文書中ジャンルの全面改訂をなんとかこの秋までに仕上げてしまわなければならなくなったからである。もっともこうした仕事はあまりダラダラとするべきではなく、とにかく一度は全面的な改訂を公開できるところまでもっていって、あとはたえざる改訂作業という日常的な仕事の領域に移行しなければならない。

すでに人文会ホームページでも公開を進めている段階に入っており、すでに「教育学」「社会」「宗教」「心理」の四ジャンルはアップされている。残すは「歴史」「哲学・思想」「現代の批評・評論」の三ジャンルであり、このうちの後者二ジャンルの仕上げがわたしに課せられているのである。ちかく「歴史」ジャンルはアップされる段階にきているので、いよいよ切羽詰まっているわけである。

なかでも「現代の批評・評論」ジャンルは新しい学問動向・社会状況を横断的に把握し、それらに柔軟に対応できるようにすべきであるから、人文書の新しい傾向や出版物の動きに敏感でなければならないという重大な任務がある。それをキーワード、キーパースン、基本図書といった項目にまとめていく作業はちょっとしたクロスワードパズルのおもむきがあるとも言えようか。ここで言い訳するつもりはないが、これはそもそも一個人の手に余る仕事であるし、人文書の強い書店の現場を熟知しているベテラン書店人の協力を仰がなければならないのは言うまでもない。このジャンルはたえざるチェックとともに、時代の動向にあわせてドラスティックな変更・改訂を必要とするものであって、書店の人文書売り場が強力な新刊の出現によって並べ方をそのつど変えていかなければならないのと同じく、これらキーワード、キーパースン、基本図書の繰り替えを常時おこなっていく覚悟が必要である。既成の六ジャンルにおいても事態は根本的に変わらないが、とりわけこの「現代の批評・評論」ジャンルこそは、以前にも書いたように、「未完のプロジェクト」として終わることのありえない企てであり、完成したと思ったときからすぐに次のステップが始まるぐらいに変動の激しいホットな領域なのである。これをシジフォス的な苦行とみるか新しい挑戦として結果を楽しみにするかは立場の分かれるところかもしれないが、人文書という世界にかかわっていく以上、避けて通ることのできない課題であろう。

ともかく切迫している理由としては、人文書をどう並べていいかわからない書店が急増してきている現状が一方にあり、もう一方には売れないなかでも刊行意欲をもちつづける出版社の期待がかけられているという出版事情がある。そこへもってきて今回、この一年にわたって大取次のトーハン専門書グループとともにこのジャンル検討を進めてきた結果として、トーハンが大々的な「人文書のすすめ」フェア(注)を何箇所かの書店でこの秋に実現したいという意向をしめしてくれたことがある。秋の読書週間に向けて三〇〇〇点規模のフェアを一か月かそれ以上の期間で実施しようとするプランは、われわれにとってもこの中ジャンル改訂の実証実験として大きな意味をもつことになる。今回の試みは今後の人文書のあり方、売り方を方向づける意味で相当な役割を期待される。ぜひとも成功させたいものである。

そのためには、人文会だけの力ではどうにもならない問題がある。人文会協賛というかたちでなにがしかの協力はできるだろうが、最終的にはこうした試みに人文会以外の多くの出版社が協力して出品してくれることが肝要である。人文書を刊行している出版社は大から小規模に及ぶさまざまなレベルがあり、それに応じて人文書というものにたいする位置づけ、思い入れ、その販売姿勢もさまざまであろう。どちらかと言えば、細かい煩瑣な出品作業と出品条件を要求されるかもしれない今回の出品要請にたいして、こうした出版社のあいだにはかなりの温度差がありうる。専門書系の出版団体である歴史書懇話会や大学出版部協会などは人文会と親睦関係にあるからおそらく協力してくれるだろうが、ふだんあまりつきあいのない出版社にたいしては取次や書店のほうからの要請が必要になる。今回の趣旨がうまく伝わるかどうかが心配の種である。

もうひとつは書店のほうに今回の企画の意図を十分に理解し望んで参加してくれるところがいくつあるか、という問題である。相応のスペースをもたない書店はそもそも参加のしようがないし、取次と出版社側としてもそれなりの成果を期待しなければならない事情がある。うまく成功すれば、今後こうした試みは恒常的に実施可能となるだけに書店との相互選択はかなり慎重にならざるをえないが、一方では人文書中ジャンル設定の「実証実験」という性格もあるから、できればさまざまな規模と立地のタイプの書店のヴァリエーションがほしいところでもある。書店・取次の負担、出版社側の出品負担などをいろいろ考えあわせると、じつのところどういう選択がのぞましいのか、いまはまだよくわからない。現実的に考えると、実際のフェア設定に取り組む取次側の人力にも限界があるので、条件のととのう三箇所ぐらいの書店での実施が妥当なところかもしれない。ゆくゆくはさまざまなジャンルを自由に選択してもらって各地の書店が独自の試みとして人文書ミニフェアのようなかたちで取り組んでほしい。

ともかく、こうした試みが順調にスタートでき、期待以上の成果を挙げられることを仕掛け人のひとりとしては望んでいる。人文書という得体の知れないジャンルがどういうかたちでこれからも買われ読まれていくかは、大げさにいえば今後の出版事業がどういうふうに進展していくかの試金石になるとわたしは思う。

注 この「人文書のすすめ」フェアは、当時のトーハン風間賢一郎副社長命で進めることになり、試行錯誤のすえ、今井書店グループセンター店で実施された。イベントスペースとして二〇坪、五〇〇〇点のフェアを実現できる余裕のある店がなかなかないこともあって、ほかの店では実現するまでにいたらなかった。トーハン専門書グループの田沼浩さんによれば、今井書店ではこのフェアはひとまず成功したと喜んでくれたとのことで、こういう企画が今後もあればやってみたいとの意向を伝えられたそうである。

このひとたちが「読者」なのか

（［未来の窓137］二〇〇八・八）

恒例の東京国際ブックフェア2008（東京ビッグサイト）が終わり、猛暑がやってきた。ことしは三日目の夕方に激しい雷雨があったようだが（じつは会場内にいたのでまったく聞こえなかった）、おおむね好天に恵まれたこともあって、これまでの最高の入場者数だったと聞く。書物復権8社の会のブースのある「人文・社会科学書フェア」コーナーはいつにもましてコンスタントに相当な人混みがあり、全体としてもこれまでの最高の売上げを記録した。昨年から始めた書店・取次・一部メディア関係者を招いての各社合同新企画説明会のほうも滞りなく終了した。——こう書いてみると

すべて順調なように見えるかもしれないが、必ずしもそうではない。というのは、コストと手間がかかりすぎ、人員も相当に必要になり、広告宣伝的な意味でのプラス要素はあるにしても、必ずしも採算があっているとは言えないからである。すくなくとも8社のうち何社かは厳密には経費倒れしているのではなかろうか、という疑念をぬぐいさることができない。経営的な視点と営業的な視点は違うし、ましてや業界的なお祭り的要素による読者との出会い、サービス、交流、ひいてはある意味でのマーケットリサーチなど肯定的なプラスアルファがあることも間違いないので、このあたりの判断はかなりむずかしいのだが、ことしで四年になる共同出展が来年も当然のようにあるべきかどうかは、ここらで一考する必要があるだろう。（主催するリード・エグジビションと日本書籍出版協会との協力契約もあと三年で切れることも視野に入ってきている。）

未來社が二〇〇一年に創業五〇周年にかこつけて初めて単独ブースを出したときは、さまざまな要因があって相対的に大きな売上げを記録し、ビギナーズラックのように見られたものであったが、準備作業と後始末においても人員配置のうえでも実際のところはかなりきつかった。だから翌年には成果が半減したこともあって、二年で出展をとりやめた経緯がある。それが書物復権8社の会での共同出展という方向が出たときにはおおいに賛成し、推進派にまわったものであった。それはなによりも共同出展というかたちをとることによって単独ブースのときよりも大きな集客力を獲得できそうなこと、レジの共同化によって労力負担が大幅に削減されることが予想できたからである。そしてその予想はたしかに毎年毎年成果を増大させてきているとも言えないことはないのであるから、それをもって良しとする考え方も当然成り立つだろう。そんないきさつを回想しながら、やはりもうひとつ釈然としない思いが残るのである。

祭典が終わったばかりで問題点を整理しきれていないところだが、最大の問題は、このブックフェアがなによりも本のバーゲン・フェアでしかないことである。一般読者にとって定価の二割引きが標準化され、最終日の夕方ぐらいには出版社によっては半額か、それ以下にもなりうるという安値というのはまたとない購買意欲発揮の場になることは言うまでもない（書物復権8社の会ではそういうことはない、念のため）。まして日頃、割高の専門書を買い控えている読者層にとってはまたとないまとめ買いのチャンスである。四冊買えば一冊分がおまけで買えるといった実利は、再販制で小売価格が固定されている現状では、なかなか得難い魅力でもあるだろう。その意味でどこの区画より「人文・社会科学書フェア」コーナーにひとが集まるという現象は、ここだけに本好きが集まっている感があるほどである。たしかにそのかぎりでは、専門書の読者はまだまだ健在なり、と言えるのかもしれないが、わたしの実感からすればどこかがすこしずつ違ってきているように思えてならない。

その理由のひとつとしては、最近の読者は図書目録のたぐいをあまり欲しがらないという感じがすることである。これはおそらく一般的な現象でもあるのだろうが、とにかく図書目録のように余分な重さのあるものはいまは必要ないということなのであろう。数年前にはまだまだ喜んで図書目録を持っていってくれるひとが多かった。単独ブースを出していた二〇〇一年～二〇〇二年にはこの場所で毎年一〇〇〇冊ほどの図書目録を配ることができた。東京国際ブックフェアとは図書目録を配ることとなり、といった宣伝効果（つまりあとで見えないかたちで売上げに結びつく）が大きなウエイトを占めていた。ところが、最近は情報はもはや図書目録からではなく、インターネットで簡単に敏速に得られるという事情もあってか、ペーパー版はありがたがられなくなってしまった。年配の読者であってもそうした傾向にあるのだから驚きだ。このことの見えない損失はじつは相当に大きいのではないかとわたしは思っている。それとともに、目録を渡しながら読者との自然なコミュニケーションも乏しくなっているように思える。単独ブースだと本を手に取ったときから支払いまで一貫して同じ場所にいるので、その間にちょっとしたきっかけでコミュニケーションをはかることができたのだが、最近は売り場が別になっているためお客さんにお礼を述べるだけで終わってしまう。とにかくお客さんとの接点がほとんどなくなってしまったというのが実感だ。

これにはおそらくいまの読者のありかたともかかわりがあるのかもしれない。平たく言ってしまえば、東京国際ブックフェアでの購買者は、ひとりひとりが個性的な「読者」であることから個性の見えない「消費者」になりつつある。もちろんそれぞれの生活のなかで本の占める比重の高いひとたちであろうが、それでも本を介在させて生産者(メーカー)である出版社の人間とコミュニケートする絶好の機会であることをあまり認識していないような気がする。こちら側の働きかけが弱くなっている面も否定できないが、ただ淡々と本を手に取り、ながめ、購入するかしないかをひとりで決断する、こちらからのアクセスをどことなく拒んでいるかのような、このひとたちとはいったい何者なのか。この「消費者」たちが「読者」に変身する姿をわたしはうまく想像することができない。

(『未来の窓141』二〇〇八・一二)

人文書販売の現在——人文会四〇周年イベントに参加して

この十月二十三日から翌二十四日にかけて人文会四〇周年を記念して「人文書の可能性を探る」と題する書店人との東京合同研修会がおこなわれた。この大イベントは人文系出版社の集まりである人文会十九社が全国の書店人(北海道から沖縄まで九五書店一〇三名)を東京に招待して二日間にわたる四部構成の企画を実現させたもので、全体としては大きな成功を収めたことをまずは喜びたい。半年以上かけて準備してきたというだけあって、会員社メンバーだけでの手作りのイベントとしては遺漏のないものだったようである。

わたしも最初の代表幹事による開会挨拶と竹内洋氏の特別講演を除いてすべてのイベントに参加してみていろいろ思うこともあったので、若干のコメントを付しておきたい。

初日の講演のあとの最初のイベントは、ジュンク堂大阪本店の福嶋聡さんをはさんで人文会の会長でもある筑摩書房・菊池明郎社長、現役代表として東京大学出版会・橋元博樹さんによるパネルディスカッション「人文会の40年と人文書の可能性」（司会はみすず書房・持谷寿夫さん）。菊池さんの話は二〇年ぐらい以前からの人文会の歴史を伝えるもので、われわれ人文会同期メンバーとしてはなつかしいものだった。福嶋さんはいま現場をすこし離れているという立場であるとしながらも、〈オルタナティヴ〉の提起が人文書の役割であり、出版社には〈カノン〉となるような本作りを期待するというエールを送ってくれた。若手の橋元さんは福嶋さんの論を受けて、さらに〈広がり〉と〈公共圏〉をキーワードに一九九〇年代以降のカルチュラル・スタディーズの展開を解説しながら、人文書の新しい役割に可能性を見出そうとした。ただ残念なのはいままで人文会が進めてきた新しい人文書ジャンルの全面的見直しについての言及がなかったことである。福嶋さんが言う〈棚のオルタナティヴ〉こそ人文会がキーワード、キーコンセプト、キーパースンを軸に新しい書目をリストアップするなかで、出版社の側から書店担当者に提案するものだったはずである。その点についてのアピールが会全体としても不足していることを感じないわけにいかなかった。

第2部のイベントは書店人四名によるケーススタディ「人文書販売の現在と未来」とするもので、それぞれの書店での人文書販売の経験や試みを発表するものであった。紀伊國屋書店新宿本店の「じんぶんや」の試みは以前このページで触れたことがあるが、現在は四四回を数え、スペースもかなり広くなったらしい。まじめな取組みを持続していってもらいたい。また喜久屋書店倉敷店の市岡陽子さんによると、軽めの入門書が売れる店だそうだが、人文書担当者としては問合せや反応のあった本などを売り捨てず棚に入れること、既刊書でも面出しすること、ジャンルの垣根を低くする努力をしているということをきちんと話されて好感をもった。棚に一冊だけの本でも発売後三日以内に売れたような本の場合は追加発注するとして、未來社の『若き高杉一郎』に触れられたことはうれしかった。

初日はその後、会場の出版クラブの宴会場を使っての大懇親会になり、多くの書店人と挨拶を交わすことができた。書店人にも相当に若返りがあり、このひとたちが今後の人文書販売を担っていってくれるのだと感慨も一入。その晩は旧知のちくさ正文館・古田一晴さんや福嶋さんらと近くでさらに旧交をあたためることができた。

さて二日目は場所をアルカディア市谷に代えて、朝から編集者によるパネルディスカッション「人文書の最前線」。ゲスト・スピーカーとしてかつて未來社から出版人生を始めた小林浩さん（現在、月曜社）をはじめ、各社の編集者三名が出演したが、そのうち二名が新書担当者だった。〈人文書の最前線〉と謳っておきながら新書担当者では芸がなさすぎた。そのうちのひとりが「新書は人文書の最果てです」と言うのはジョークとしても、ほんとうの最前線はどうなっているのか聞きたかったわたしとしてはたいへん残念であった。小林さんの棚の編集としての営業という観点はいままでのわたしの視点でもあったので、その蘊蓄をもっと話してもらいたかった。また最後の東京大学出版会編集者の山田秀樹さんのオーソドックスな人文書編集の立場は、これからの教養は自分のことばで語ることができるかどうかではないかという明確な視点をもって語られていて、唯一安心できるものだった。おそらく誰が話しても人文書編集の奥義というものは簡単に見つけられるものではないが、人文書ということばが一般学生レベルではほとんど認識されていないことを出版社はもっと知ったほうがいいというようなシニカルな編集者は登用すべきではなかった。会場から人文書でなく新書の話でがっかりしたという意見が出たのは当然だろう。

最後に、「人文書販売の未来をデザインする」と題してフリーディスカッションがおこなわれた。事前に人文書アンケートに答えてもらっていたこともあって、おたがいにそれぞれの人文書担当者の意見も知ったうえでの討論であったが、現場担当者の苦闘がうかがえてたいへんリアルだった。それぞれの担当者が人文書を息の長いものとして、しかし並べかた次第では魅力あるオリジナルな人文棚ができるものであることを認識してくれていることがわかって頼もしかった。最後に出版社がどんな意図のもとに本を出しているのかという根本的な問いが出されて、司会者からわたしに答える役を指名されたのにはさすがに困った。ただ、書店の人文書売り場の現場が新しい本の出現にたいしてたえず〈ナマモノ〉としての切り口を要請されているのと同じように、編集の現場はそうした書店現場を想定しつつ新しい〈カノン〉となるような本作りに向けて努力していくこと、著者の原稿を〈ナマモノ〉として目的意識的に、よりよいものに高めていくように心がけていくことに向けられていくべきであることをあらためて確認できた。その意味でも貴重な意見交換の場だったように思う。

本という共同性の力——千代田図書館と人文会の連続セミナーの試み

（「未来の窓153」二〇〇九・一二）

この春から千代田図書館と人文会との共同主催で開催された人文会連続セミナー「本を選ぶときのポイント〜出版社を知り、出版社で選ぶ〜」が、この十月二十七日に番外篇として「本づくりのプロに聞く、大人のための読書術」というトークセッションをもって終了した。この連続セミナーは人文会会員社のなかから吉川弘文館、未來社、筑摩書房、平凡社、東京大学出版会、みすず書房の六社の出版人（社長あるいは編集者）がピックアップされて、毎月ひとりずつの講演が千代田図書館の研修室でおこなわれたもので、最後だけは十階のオープンスペースを使ってセミナー講師全員集合のうえ新谷迪子館長もくわわってのにぎやかな会になった。さいわい全体を通して好評だったとのことでまずはひと安心というところであろうか。

わたしは五月二十六日の第二回の分を受け持った。早くからこの企画を推進した東京大学出版会の橋元博樹さんから出演を要請されていた事情もあって、あまり得意とはいえない講演を引き受けていたのだが、もともと人文会にも長らく席をおいていたことから他の出演者よりは人文会の意図するところに意識的にかかわらなければならない使命のようなものも感じていた。公共図書館を利用する一般の閲覧者を対象とする出版社セミナーである以上、一般的にも人気の高い出版社が優先的に出演したほうがいいということもあって、第一回目だけは固辞させてもらった。その点で第一回目を引き受けてくださった吉川弘文館の前田求恭社長には責任の重いペースセッターの役割を押しつけたかっこうになって申し訳なく思っている。

ともかく、ここで話をさせてもらって感じたことは、少人数とはいえ非常に多様な聴衆であったことである。千代田図書館という高度な問題意識をもった図書館だけに、その利用者のなかにはそれぞれのジャンルでの相当な専門家が多数存在するらしいが、そのなかから出版社の声を聞いてみようというひとが少なからず出てきても不思議ではない。もっとも、今回の聴衆がすべて千代田図書館の日常的な利用者にかぎられていなかったことも事実で、なかには出版関係者らしいひとも含まれていたように思われる。それはともかく、老若男女いろいろな世代が聴きに来られていたのには当初かなり面食らったところもある。以前、編集者同士で地方の書店読者を相手に出版の話をしに行ったことがあるが(注1)、今回はどうもそういう一般の本好きを相手に出版社の現場の話をしていけば役目を果たせるというものでもなかった。多様な関心をもたれているのは察知できたが、どこに焦点を合わせていいものか、なかなかポイントがつかめなかったというのが実情であった。

その意味でも今回のテーマ〈本を選ぶときのポイント〉は出版社サイドの人間には話しにくいものだった。だからわたしは本を選ぶというのは読者自身であって、出版社の人間はそのためのサポートをしたり、機会を提供するにとどまることを最初に念を押しておくことにした。つまり本を専門としているらしい読者を相手に本の選び方をアドバイスするなど出版社としては、自社の宣伝をする以外にはむずかしいのである。わたしは編集者として自分が企画をたてるとき、本を読もうとするときの経験から、おもしろかった本の引用文献、参考文献、注など、その本が言及している主要文献を読んでみようという本のリレー方式またはネットワーク方式をお奨めした。もちろん、すぐれた本が言及している本で読んでいないものは圧倒的に多いから、読みたい本がネズミ講式に増殖していくのは避けがたい。しかしそれでいいのである。本を読むという快楽はそういうふうにして実現できるのである。と、まあそんなことをグダグダと話したのが、第二回目のわたしの「企画から出版まで——編集歴33年の経験から」であったが、はたしてみなさんはどんな話をされたのだろう。

そうした関心から最終回のトークセッションはそれぞれの講師がどんなことを考え、どんなふうに聴衆に働きかけるのかを身近に知ることができてたいへんおもしろかった。まず皆さんがまじめに取り組んできてくれていることに驚かされた。話の切り口としてそれぞれの講師が「私のこの一冊」を準備してきてそれについて自分の経験を話すというアプローチも、限られた時間のなかで全体の話の密度を高める工夫としてなかなかのアイデアであったと言ってよいだろう。わたし自身は、出版社の人間としての立場からというより、自分が若いときに本を読み、そして書くきっかけを与えてくれた多くの本のなかからフィリップ・ソレルスの『ドラマ』(新潮社)という一九六〇年代後半のフランスのヌーヴォー・ロマンの旗手の小説を取り上げたが、全体の方向としてはもうすこし「本づくりのプロ」といったやや啓蒙的な立場からの選書が要請されていたのかもしれない。もっとも東京大学出版会の竹中英俊さんのように日常からは想像できなかった石原吉郎『望郷と海』が選書されていたように、やはり自分が語りたい本、語るべき必然性のある本について個人的な思いをもうすこしじっくり話してみてもよかったという反省もないわけではない。

今回の試みは出版社と公共図書館が手を取り合って、一般の読者にむけてメッセージを発するという意味ではきわめて珍しいケースであったと思う。以前、図書館員の集まりで話をさせてもらったことがあったが、そもそも出版人と図書館員のあいだにさえ、共有すべき情報や認識が十分でないという気がしたことがある。おそらくいまでもその事態はつづいているだろう。それでもこうした問題意識をもつ公共図書館を舞台に出版人、図書館員、読者が本という共同性、書物という出来事をつうじて出版の現場、本の流通、その読まれ方などについてそれぞれの立場から意見交換をしうる場が今後も提供されることが可能になることが望ましい。今回の連続セミナーは冊子の形にまとめられる予定という(注2)。この試みがそのヒントになるなら、大きな一歩になるだろう。

注(1)「編集者と読者の交流の試み」(本書一一三頁以下)参照。
(2)この連続セミナーの内容は「人文会ニュース」一〇八号の千代田図書館連続セミナー特集号に掲載された。

書物復権の新しい試み

（［未来の窓167］二〇一一・二）

また書物復権の書目選びの時期がやってきた。例年、十二月になるとまず翌年の復刊候補書目十点のノミネートをおこない、これで第一次候補リストを作成して読者アンケートによるリクエストをハガキやインターネット投票で募集する。こうして市場調査をおこなった結果をふまえて三月には各社で復刊書目を決定し、五月下旬に一斉復刊するという流れになっている。今回で十五回目をかぞえることもあって、新機軸として、最近、業界で話題になっている電子書籍にかんして書物復権8社の会でも取り組んでみようということになった。

そこで今回は申し合わせにより、各社二十点をノミネートし、通常の各社五点の復刊（書籍版）のほかに、ノミネートして実現できなかった十五点の候補のなかから最低十点はいわゆる〈電子書籍〉化対応できるようにしようということになった。と言っても、ここで言う〈電子書籍〉とは巷間いわれている各種端末で読めるような最新のデジタル・フォーマット化された種類のそれではなく、一方では、これまでも進めてきた紀伊國屋 NetLibrary の登録アイテムとしてであり、もう一方では、デジタルパブリッシングサービス（DPS）を通じてのオンデマンド復刊である。未來社ではいずれも早くから取り組んできているものであって、ことさらに新しい試みというわけではないが、今回は書物復権8社の会の共同事業としておこなわれるところに新しい展開があると言える。

そのうち新しい試みとしてのオンデマンド復刊では復刊ドットコムの参加があることが今回の目玉のひとつと言えそうである。これは読者リクエストを書物の復刊に結びつける地道な事業を推進してきた復刊ドットコムが約四〇万人の登録利用者に向けて書物復権リクエストを呼びかけようとするもので、今回ノミネートされた書目のなかから書籍版またはオンデマンド版で復刊することを出版社が指定したもののうち、それぞれの本ごとに設定された基準部数を上回る注文が獲得された場合、出版社はオンデマンド復刊を義務として実現するというものである（注1）。もちろんリクエストしてくれた読者も購入が義務づけられる。いわば受注生産なのだが、オンデマンド復刊の場合は初期コストがクリアされれば以後の注文は一冊ごとにプラスになり、原則的に品切れになるということはない。問題があるとすれば、価格が相対的に高額になること（通常の本の感覚からすれば一・五倍〜二倍）と造本が必ずしもオリジナル版と同等というわけにいかない場合があるということである。それでも最初期のオンデマンド本のように粗末な造本と印字ではなく、十分に通用するレベルに達しているのがいまのオンデマンド本である。出版社とすれば、初期コストを回収するのに十冊か十五冊程度の注文があれば事足りるので、それだけの事前注文を復刊ドットコムが獲得してくれれば安心してオンデマンド復刊が可能になるという構想なのである。

専門書出版の場合、昨今の趨勢では、過去に実績のある本であっても、ある程度の部数の重版になるとそのためのコストがなかなか回収できないのが実情であり、書物復権のような運動で初回にかなりの部数が配本になるような場合はともかく、それ以外の重版となると、どうしても二の足を踏まざるをえなくなっている。品切れにしたくなくても、そうならざるをえない事情があるわけである。採算があうには本の性格にもよるが、最低ロットでも二〜三百部とか五百部といった見通しがないとなかなか重版するところまでいかないのが専門書出版のつらいところであるが、その本を必要とする読者にとっては値段が少々高くなっても手に入れたいというのが専門書の特徴でもある。こうした読者の要望と出版社の経済事情がなんとか連携できる可能性があるのがオンデマンド復刊ということになる。（注2）この意味で、復刊ドットコムの参入による復刊チャンスの増大は今後の専門書出版のありかたにとってけっして小さくはない福音となりうるかもしれないのである。

紀伊國屋 NetLibrary での電子化にかんしては、すでにこれまでも触れたことがあるが（注3）、大学図書館を中心とした電子書籍化と言えるもので、書籍のページをパソコンの画面上に再現する。ライセンス購入すれば学内でのアクセスが可能となる仕組みである。研究者を中心に今後の利用がより活発になることを期待しつつ必要なアイテムをすこしでも多く準備する機会になれば、今回の試みもおおいに意味のある結果をもたらすことになる。

今回の書物復権運動はこうした新しい試みを展開するにあたって、これに関連するひとつのおおきな課題に直面している。これまでのオンデマンド復刊はもちろん紀伊國屋NetLibraryへの出品にあたってネックとなっていたのが海外版権のある翻訳書で、これらはあらかじめその埒外におかざるをえなかった。海外版権の必要な本は翻訳し販売するためには事前に契約を交わさなければならないのだが、基本は前払い金を払い、本ができたあとにはその製作部数、在庫数等の報告をする義務があり、売れ高にもとづいて一年ごとに精算していくという契約になっている。前払い金分をオーバーすると毎年、差額を精算していくことになる。ちなみに前払い金が残っているあいだは、その金額は経理的には前払い版権料と呼び、それを超えて精算の対象になった部分は未払い版権料と呼ぶ。こういうなかでオンデマンド本や紀伊國屋NetLibraryでの注文などはそのつど発生する売れ高ということになり、そういう部数をどう処理するか、これまでの版権契約書では想定されていない。というか、まったく新しい課題としておおきくクローズアップされてきたのが、海外版権料交渉の問題なのである。書物復権8社の会のなかでも何人かで以前からこの問題への対処を考えてきたのだが、今回の試みにもかかわることとしていよいよ具体的に動き出す必要が出てきた。専門書出版にとっては共通の課題となるので、このさいわれわれでモデルを作ろうということになったわけである。

注（1）ここの部分はわたしの勘違いで、実際はオンデマンド復刊にあたって復刊ドットコムの利用者への案内をするにとどまり、相互的な制作—購入の義務関係は成立していなかった。今後の可能性に期待する。ここでは文脈上、訂正はしていない。

（2）オンデマンド復刊に関連してより進んだ小部数重版の可能性が出てきた。『宮本常一著作集』ショートラン重版化の試み」（本書二〇〇頁以下）参照。

（3）「デジタルコンテンツ販売をどう考えるか——紀伊國屋NetLibraryの挑戦」（本書一九一頁以下）および「紀伊國屋ネットライブラリーの新局面」（本書一九四頁以下）を参照。

大震災と東京国際ブックフェア

（「未来の窓173」二〇一一・八）

この七月七日〜十日にかけておこなわれたことしの東京国際ブックフェア2011もなんとか終了した。最後の七月九日、十日の土曜日曜は梅雨明け直後の猛暑に襲われたせいか、人出が例年よりかなり少なく、この両日で売上げの七割以上を占めるわれわれ書物復権8社の会のブースとしては、残念ながらかなりの売上げ減を強いられることになった。未來社としてもことしの目玉である沖縄写真家シリーズ〈琉球烈像〉をもっとアピールするようなレイアウトやポップなどの対応が遅れたためにかなりの売り逃しをしてしまったように思う。手には取ってくれるのだが、最後のひと押しがないためだった。日曜になって気づいて対応した結果、かなり売れるようになったが、ちょっと遅かったのがかえすがえすも残念だった。

そうした個々の対応はともかくとしても、いま終わったばかりの印象で言うと、ことしは東日本大震災の影響もあって、本のまとめ買いをするひとが大幅に減少したように感じる。これまでも毎年のように高額本を数十冊も手に持てるかぎり買ってくれる読者が現われなかった。

もうひとつは、相対的に高額の本（たとえば五〇〇〇円以上の本）の売行きが著しく悪かったように思えることである。いままでであれば、五〇〇〇円の本を買えば、二割引で一〇〇〇円のおつりがくる（つまりもう一冊買える）ということが大きなインセンティヴになっていたと思われるが、ことしはどうもそういうインセンティヴだけでは読者の懐を解きほぐすことはできなくなったのではないか。

ある読者に話しかけられたことでひとつ思い出せば、立派な本を出してくれていてありがたいけれども、お金も時間もないので目の保養にはなりましたとのことで、これは意外と意味深いように思う。読者はけっして本を見捨ててはいないし、評価すべきものは評価してくれていることがこのことでもわかる。にもかかわらず、ことしは本を買い控えているという印象を強くもたされた。おそらく東日本大震災とそれにつづく福島原発事故の影響だろうが、やはり生活必需品へとシフトする経済観念と先行き不安、じっくり本を読もうとするような精神のゆとりが奪われ日々の情報にふりまわされる恒常的な危機感によってますます深刻な本離れが加速しているのではないかと心配になる。思えば、この東京国際ブックフェアに本をもとめて集まってくれる読者ほど、今日の日本のなかでほとんど稀な読書人の姿であるとわたしなどは素朴に信じてきたのだが、今回のブックフェアではその神話が崩れはじめているような気がするのである。同時開催された電子書籍コーナーは相当な人数を集めたというが、はたしてそのようなひとたちがほんとうの読者なのか、これからも活字を読みつづけようとする読者なのかは、わたしにはまだ判断がつかない。

読者にアナログ派とデジタル派がいるとすれば、われわれのような専門書・人文書系の出版社はどうしてもアナログ派に支持してもらわなければならない。もちろんアナログもデジタルも両立させているような読者がどんどん出てきていることは当然で、出版社のほうも流通上、コスト上、製作上などのさまざまな次元でデジタルコンテンツ製作にも目を向けなければならない時代がきている。たしかに出版物の種類によっては冊子本の形をとらなくても成立しうるもの、デジタルのほうが都合がいいものはわれわれの世界にもすでに存在している。問題はそういうコンテンツの見定め方、活かし方をもっと読者目線で検討していかなければならないのである。

今回の大震災で一般にそれほど知らされていないこととして、書籍用紙の供給元である製紙工場が大きな損傷を受け、日本の書籍用紙の三割ほどのシェアが失なわれたという事実があげられる。それも年度末である三月の被災だったこと、また東京湾にちかい紙倉庫が液状化現象によって大ダメージを受けたこと、こういった事態によって必要な紙がなくなったり揃わなくなったことによって出版それ自体がおおきなダメージを受け、月刊誌などの刊行が遅れたりしたことがある。またオンライン書店のアマゾン・コムの市川倉庫が損壊し、通常の補充がおこなわれるまでに一か月から二か月に及ぶ補充停止がおこったことも専門書出版社にとってはかなり厳しい状況を生んだりもした。こうした直接間接の影響も出版社にとっては大きな痛手になっている。そうしたなかでの東京国際ブックフェアだったので、どういう結果になるか関心をもたざるをえなかったのであるが、悪い予感のほうが的中したと言わざるをえない。

最後にもうひとつ、東京国際ブックフェア会場での読者の声を紹介したい。混雑する人文・社会科学書フェアのわれわれ書物復権8社の会の通路で若い女性の二人連れとすれちがったときのこと。ひとりがもうひとりに「こんなご時世だから、もっと明るい本を見せてくれないかな」と間近で言うのを聞いて、わたしが思わず「すみません」と返事してしまったところ、変に笑われてしまったのか、怪しいひとと思われたのかはともかく、こういう印象をもつひともいるんだなとあらためて認識することになった。たしかにわれわれのブースには原発問題や震災問題などにかんする本がかなり目についたから、とりわけそう思われたのかもしれない。彼女らはちょうど端のほうにある岩波書店側から歩いてきたので、雑誌「世界」の原発批判のバックナンバーや反原発・脱原発の本が過剰に目についたのかもしれない。こういう本の配列や見せ方などはたしかに「明るく」はないだろう。こうした女性の見方がけっして能天気なものではないとも言えるし、ひとつのしっかりした視点であるのは理解できるが、とはいえ、この時代、やはりわれわれ出版人はたとえ暗い話題になりがちであっても、時代の核心に迫る問題提起を出版を通じて世に訴えつづけなければいけないのではないだろうか。そんなことをつくづく考えさせられたブックフェアであった。

第二部　出版技術と電子情報

小部数重版とオンデマンド本からデジタルコンテンツ販売まで

（「未来の窓29」一九九九・八）

小部数出版の可能性

「絶版本1冊から受注」――「日本経済新聞」七月一日号夕刊にこうしたセンセーショナルな記事が掲載されている。日販が出版社の品切れ本、絶版本を読者から受注して印刷・製本をし、配送もおこなおうという構想で、この九月には「ブッキング」という新会社を設立してサービス業務を開始しようとするものである（注1）。いわゆる「プリント・オンデマンド」（ＰＯＤ）による読者の要望へのサービスとなるわけだ。日販の説明によれば、出版社は在庫をもたずに必要な部数だけの重版をすることができ、しかもローコストでそれを実現することができるし、読者のほうでは読みたくても読めなかった書物が簡単に手に入るということになる。たしかに、こんなうまい話があれば、総論的にはおおいに賛成したい。われわれのような専門書中心の小出版社にとってはとりわけ積年の課題が解決できるのではないかという期待さえ抱かせるものがある。

しかし、いろいろ話を聞いてみると、なかなかそううまい話ばかりではないようだ。もちろん、読者のほうからの読みたい本がなかなか手に入らない、流通に時間がかかりすぎるばかりでなく、必要な本が版元品切れで入手できないといった不満や切実な要求に答えねばならないのは出版界の懸案でもあり、こうした問題に取り組もうとする日販の姿勢は敬意を表するべきものであることは言うまでもない。

したがって総論は賛成だが、各論のところで問題が十分に煮詰められていない点がいささか心配なのである。いくつかの問題をここで整理してみよう。

その第一は「ブッキング」という新会社が今後どういう戦略をもってこの事業に取り組もうとしているのかがもうひとつ見えてこない点である。というより、取次の現場からは出版の内実があまりにも見えていないという気がするのである。

たとえば、このオンデマンド出版の方式としてスキャン方式とデジタルファイルによる加工方式の二種類がまず設定されている。古い書籍の場合、ほとんどデジタルファイルというものは存在しないから、当面はスキャン方式、つまり原本をカメラ取りし、それを簡易印刷・簡易製本して読者に渡す方式がとられざるをえないが、それさえもきれいな原本二冊が版元にも残っていない場合が考えられる。初版ではなく、最新刷りの原本が必要なのは、訂正処理などがすんでいるものでないと、誤植その他がそのまま定着してしまうからである。それから写真や装幀などをそのままスキャンするとしても、当然ながら元版に比べれば精度は落ちるし、文字の場合とはちがって写真家やデザイナーの不満や拒否にあうことも考えられる。

くわえて著作権者の了解や、著作権料の見直し（＝料率の軽減）などの交渉も出版社の仕事とならざるをえない。また、翻訳ものの場合など、原出版社との契約事項には版権の二次使用については別途ないし割増規定があり、そのための再契約なども必要になってくるかもしれない。「1冊から受注」可能だということは、1冊しか売れない場合だってあるという危険と背中合わせであることを考えると、どんな本だって注文があったら、この方式で読者の要望に応えられるわけではないということでもある。やはりある程度売れないとこの方式さえも非現実的になりかねないのである。

それに関連して言えば、これからの出版物のありかたを考えるとき、これからつくられる本もふくめて、インターネットを利用してのデジタルデータの売買、ダウンロード、決済方式についてもあらかじめ考慮に入れておかなければならないだろう。しかし、いまのところ本と同じ内容のデジタルデータというものがほとんど存在しないという厳然たる事実を指摘しておかなければならない。ブッキングという会社が将来的にはネット上でのデジタルデータの売買を中心にすることを考えているのだとすれば（また、そうでなければ将来的に見込みがない）、デジタルデータというコンテンツがすでにいまでもある程度存在しているというような錯覚をもっていてはならない。本があれば、それに対応するデジタルデータが存在するだろうというのが大前提になっているような気がするが、事実はそれに反する。著者の入稿データは訂正以前の初校程度のものにすぎないから、いまの段階では、印刷所にあるデータが最終形態に近い。しかし、これには印刷所の編集機ごとにさまざまなコマンドなり記号なりがフルに入力されたテキストファイルしか存在しないというのが実情であり、これは言うまでもなく一般の読者にはなんのことだかわからない暗号のようなファイルなのである。要するに、使いやすくて容量的にも軽いテキストファイル形式の業界標準が存在しない現段階では、使えるデジタルデータはないということになる。

こうした重大な問題点はあるものの、とりあえず事態の打開をすすめるために、まずできるところから着手するという方向性は支持したい。ただし、ここにも大きな問題がある。というのは、これまでの重版ロットとして存在していた五〇〇部、一〇〇〇部という単位でなく、もっと小部数の重版を可能とする技術が出現してきたからで、二〇〇部、三〇〇部でも通常の重版が可能になりつつあるからである（注2）。そうしてみると、ブッキングがターゲットにしているであろう比較的要望の多い品切れ本が通常の書物として復活するチャンスが出てきたということになり、小部数重版にもすくなくとも二つの選択肢があらわれたことになる。

「書物復権」の運動にも示されているように、古い名著にもまだまだ読者は健在である。採算がとれなくなったというだけで重版ができなくなってきたここ何年かの専門書出版社の低迷ぶりにもようやく歯止めがかけられようとしているのかもしれない。これにわたしが考え実践しているような、新刊製作におけるテキスト処理の技法がより認識され一般化してくれれば、新刊においても小部数出版が可能になると思われる。出るべき新刊がなかなか出せないといった、経済不況に先導された出版における企画の貧困、これをわたしは「出版文化不況」と名づけているが、どうやらこの文化不況を突破するツールだけは揃いつつあるらしい。あとは著者、編集者、経営者など、出版人のアタマの中身の問題だけが残されていると言ったら言いすぎだろうか（注3）。

注（1）「ブッキング」は一九九九年十月に日販と出版社二九社により発足。未來社も日販の強い要請を受けて株主に名を連ねた。紆余曲折を経て二〇〇六年十月に日販の完全子会社になる。いまは株式会社復刊ドットコムとして日販から独立し、復刊書のリクエストサイトを運営しながら各出版社へのオンデマンド復刊をふくむ復刊斡旋事業に取り組んでいる。なお、「ブッキング」創立後三か月ほどでトーハン系のＤＰＳ（デジタルパブリッシングサービス）も発足し、こちらは比較的順調に成長して現在にいたっている。

（2）この種の小部数重版はオンデマンド方式の一括版でショートラン印刷と呼ばれており、通常の重版との比較で採算分岐点は三〇〇部程度と言われている。三〇〇部以内の小部数重版が可能な方式である。ただし、この時点では印刷の質、造本においてオンデマンド本と同じものであるにすぎない。『宮本常一著作集』ショートラン重版化の試み」（本書二〇〇頁以下）で後述するように、質の面でも満足できる水準に達するまでには十年を要することになる。

（3）この稿ではおだやかに「ブッキング」設立の問題点を指摘しているが、実際にはこの企画の最大の推進者であった日販の菅徹夫社長（当時）がわざわざ未來社を訪ねて挨拶に来られたとき（一九九九年七月六日）に、日本語オンデマンド本というのはそんなに簡単なものではないことをはっきり申し上げている。翌日の出版社七社との会合のさいにもやはり同じ趣旨のことを発言した。菅社長は日販社内で募集したと言われる企画賞となったこのオンデマンド本構想の確認のために、提案者とともにアメリカ研修に行って確信を深めて帰国したのだが、大きな落とし穴になったのは、アルファベットしかない英語にくらべて文字数の圧倒的に多い日本語では文字読み取り機（ＯＣＲ＝Optical Character Recognition）の精度に格段の違いがあったことで、本さえあれば簡単にテキストデータ化が図れるわけではないことを認識していなかったことである。また、当時の販売責任者であった橋昌利さんから電話があり、出版社は古い本のテキストデータを当然もっているのだろうと問合せがあったさいにも、そんなものはどこにもないと答えて驚かれたことがある。こうした基本的な誤認が菅社長にあったのではないか。同じころ、当時、トーハン社長になられたばかりの金田万寿人さんにもブッキングについての意見を聞かれてそうした問題点を指摘したことがある。日販との対抗上やむをえずＤＰＳを立ち上げざるをえなかったという金田さんの意向を受けてＤＰＳ初代社長の森崎一三さんがすぐに相談に来社されてわたしの意見を伝えたことがある。そのためもあってか、後発のＤＰＳは早くから凸版と連携し、そのルートで取引出版社にアイテムの提供を働きかけたことが今日の成功につながったのではないか、とわたしは判断している。

オンデマンド出版の意味するもの

（［未来の窓34］二〇〇〇・一）

最近とみにオンデマンド出版にかんする話題が多くなってきた。取次会社の日販がこの（一九九九年）九月に起こした株式会社ブッキング、それにつづいてトーハンが凸版印刷と組んだデジタルパブリッシングサービス、そして全国的な書店チェーンの紀伊國屋や丸善がはじめたオンデマンドによる読者からの直接受注、図書館流通センター（TRC）による図書館向けオンデマンドなど、こうした流通ポイントにおける受注出版（すなわちこれがオンデマンドのオリジナルの意味だ）の新しい方法が現実のものになりつつある。これにくわえてインターネットを介してのオンライン書店の出現による流通・販売レベルでの急速な展開など、出版界にもようやくニュー・ウェーヴが押し寄せてきているのである。

さらには、各出版社が自社のホームページをつぎつぎに開設して直販ルートを設定するなど、これまでの版元―取次―書店―読者というわゆる出版界の「正常ルート」とは別個のチャンネルがどんどん現われてきており、しかもこれらのルートによる売上げ比率がどんどん上昇しているとのことである。これにくわえて宅配便による出版社と読者、出版社と書店との直結サービスなどの新たなヴァリエーションの出現もあってますます出版物の流通経路は複雑化してきている。

これらは本質的にこれまでの出版流通のありかたを根底的に転換させる契機を秘めている。従来の取次ないし書店という中間経路をいわば中抜きにして生産者（出版社）と消費者（読者）を直接リンクしてしまおうとする傾向をもっているからである。もちろんこれがただちに中間経路の解体や崩壊に結びつくわけではないが、いまのようなインターネットをつうじての情報発信が多様性と瞬時性をもってくると、本を必要とする読者がどこにアクセスするかによってどこかが中抜きされてくるという事態はおそらく避けられないことになるだろう。だからこそ、品切れ本のオンデマンドによる復刊と販売のチャンネルを取次会社が確保しておこうとするモチベーションにも理由がないわけではない。

しかし、ここでオンデマンド出版というものがそもそもどういう性質のものであるか、もういちど考えておくことが必要だと思う。つまりオンデマンド出版は誰のためのものなのか、という根本問題を抜きにして技術論に走っても意味がないということだ。

十一月二十二日に紀伊國屋ホールで開催されたシンポジウム《オンデマンド出版の力》は、オンデマンド出版がそもそも書き手たる作家の側へ強いインセンティヴを与える営為であり、その作家のものを読みたいと思う少数の読者の便宜のためにつくりだされた手法であることがよくわかる、とても刺戟にみちたシンポジウムであったと思う。

今回のシンポジウムでは、オンデマンド出版の世界的先駆けであるスウェーデンの作家協会会長ペーテル・クルマン氏の講演があり、またこのクルマン氏の主張に共感した津野海太郎さんをはじめとする「本とコンピュータ」編集スタッフがくわわったパネル・ディスカッションが用意されていた。時間が十分にとれなかったせいか、議論はかならずしも意を尽くしたものとはならなかったきらいがあるが、事前に送ってもらった趣意書によれば、「この催しでは、オンデマンド出版を本の流通というよりも、本をつくる側における新しい技術革命としてとらえ」るという視点が明確に打ち出されていた。そしてオンデマンド出版とは「注文生産による小部数出版」と定義づけられているのである。

言いかえれば、オンデマンド出版とは、出版社の採算ベースにあわないとみなされた出版物をいかにしてそれを読みたい読者に手渡すかというモチーフにもとづいた出版行為のひとつの可能性の試みである、ということもできる。そこには経済効率至上主義の商業出版からは隔絶した、ものを書き考える人間の、自分の書きたいものをひとりでも多くの読者に読まれたいという作家本来の欲望に深く根ざした動機づけがある。もちろんそこには商業ベースでの出版も可能なものもふくまれているかもしれないが、とりあえず経済観念から自由に、原型的なかたちで読者の目にさらされたいという書き手の強い意志なり意欲を実現するルートが現実の力を得つつあるということである。言ってみれば、これは同人誌とか個人誌のような世界なのかもしれない。したがって注文がこなければ、それはオンデマンド出版にさえもならないという峻厳な事実も一方では残るのである。また出版社の編集者が関与しないことによって、より洗練された高品質の出版物になる可能性をそれはあらかじめ断念しているといえるかもしれない。

しかしそうしたさまざまな問題はあっても、そうしたなかにすぐれた出版物が存在しうるだろうことは、これまでの世界文学史ひとつ思い浮かべてみても明らかである。これは先ほどの話につなげていえば、流通経路の中抜きどころではなく、出版社さえも不要とされる出版形態が存在しうるということでもある。そうした出版社の中抜きという事態が起こりうることはあっても、それはむしろ出版社にとって喜ばしいことだと考えたい。なにも商業出版がすべてではないし、こうした書き手の主体的な努力によって新しい著者とすぐれた読者のひろがりが再構築されるならば、今後の出版にも希望がでてくると思うのである。むしろ出版社はそうした新しい形態の出版物までも視野にいれて、可能性のある著者を発掘していくようにしなければならないということである。いうまでもなく、これはいま現在のわれわれ出版人にいつも要請されている課題なのであるのだが。

こう考えてくると、最近の取次や書店によるオンデマンド出版への動きにも、もうひとつ不十分なところがあるのは否定できない。なぜなら、それはいまのところすでに品切れになった本の復刊という方向以外の展望をもっていないからである。つまりいちどは出版されたが、現状ではもはや重版することができなくなったような本が対象であるにすぎないからである。それももちろん大事なことであるが、それだけでなくデジタル・コンテンツのネット販売のようなことまで考えていく必要があるだろう、というのがわたしのいまの理解である。そこをどう考えていくのか。

「日本の民話」シリーズのオンデマンド化の実験

（［未来の窓110］二〇〇六・五）

本欄で「小部数出版の可能性」（本書一七八頁以下）というタイトルでオンデマンド本について書いたのはすでに七年ほど以前に遡る。これは取次会社日販の子会社として「ブッキング」が立ち上げられたときに書いたもので、オンデマンド本をふくめて小部数出版（というよりも増刷）の新しい可能性についてその時点での判断を述べたものであった。いま読み返してみて、そこで書いたことがそんなに的外れでなかったことが確認できた。というより、そこで述べたことは出版物の製作や編集にすこしでもかかわったことのある者であればすぐにわかることにすぎなかったからである。簡単に言えば、オンデマンド本とは原本さえあれば、一冊からでも印刷・製本ができ読者の要望に応えることができる簡易な印刷方式のことであり、そのための印刷機ができたことで可能になった方式である。品切れ本を流通に乗せるチャンネルを確保するという大義名分のある話だったからマスコミが飛びついたのも無理からぬことではあるが、品質の問題、管理コストの問題、著作権上の問題等いろいろな事情があってこれはそんなに簡単な問題ではなかった。案の定、ブッキングは初期の構想通りにアイテムが集まらず、大きな軌道修正を迫られて今日にいたっている。

ところで、ブッキングの立ち上げに遅れることわずか三か月ほどで立ち上げられたオンデマンド出版会社がやはり取次会社トーハンの子会社であるデジタルパブリッシングサービス（DPS）である。これはトーハンがブッキングに対抗上つくった会社であるが、当初の会社設立の動機づけの曖昧さにもかかわらず、現在は順調に発展している。それはDPSがトーハンとかかわりの深い凸版印刷と連携して着々とアイテム数を増加させていくことに成功したからである。出版社の自発的意志によってはなかなか増やすことのできなかった品切れ本のオンデマンド化が、それらのデータを多く保有している凸版印刷を介在させることによって、有利な条件のもと、出版社の同意が得やすくなったからであろう。

こうしたDPSの仕事に未來社としても無関心であったわけではなかったが、ちょっとしたきっかけで旧知の関係をつうじてこのほど本格的にオンデマンド本の製作・販売に取り組むことになった。というのは、未來社のような専門書版元では、品切れになっても残念ながら増刷するには採算的にむずかしい本がたくさん出てきてしまうからであり、著者や読者の要望に応えられないことが多かったからである。こうした品切れ本のうちにもかつてならロングセラーと呼ばれもしたようなある程度まではコンスタントに注文がくる本が相当あり、それらは機をみては増刷したり、〈書物復権〉の運動のなかで陽の目をみられるようにしたり、いろいろ努力をしていないわけではないのだが、それでもおのずから限界があり、より注文数のすくない本ではそれさえも不可能だった。そうこうしているうちに少ない注文もますます減少していくことになり、増刷はますますむずかしくなってしまう。そうしていくと、増刷で採算のとれる本は非常に限られたものにならざるをえなくなる。こうした悪循環を断ちきり注文にたいしてなんとか応えるためにはオンデマンドという方法を取り入れるのはひとつの有力な打開策につながるのではないか、というのがわたしの判断なのである。「未來社はオンデマンド本の宝庫だ」と言うのがまんざら冗談ではないのは、そうした事情によるのである。そしてわれわれの仲間とも言うべき中堅・専門書版元のいくつかがすでにDPSと連携して仕事を進めていることもおおいに参考になった。

今回は手始めに実験をかねて品切れの多い「日本の民話」シリーズ全七五巻・別巻四冊を新しい装幀のもとでオンデマンド化することにした（注）。これらは昔のシリーズのため、活字も古く（いまの読者はご存じないひとも多いだろうが、五号活字というサイズの活字が使われている）、活版のため印刷もむずかしく、また内容の性格上からも低価格が望ましいため、かつては〈民話〉ブームに乗っておおいに売れたシリーズでありながら、最近は品切れになるがままにせざるをえなかった。ところが最近、テレビなどで未來社のシリーズをもとにしたTBSの「まんが日本むかしばなし」が再放映されるようになったりとか、同じく未來社でも著作集を刊行している故宮本常一氏の本が静かなブームになるなど、荒廃した日本人の心情に豊かさを取り戻そうとでもするかのような動きがみられるのに呼応して、このシリーズのオンデマンド化が浮上したのである。

すこし前から準備していたこの企画がようやく動き出したところで、いま「日本の民話」シリーズの著作権者（またはその継承者）にたいして、オンデマンド本とはなんであるかの説明書とともに、オンデマンド版の出版許可をお願いしているところである。わたしも存じ上げない方がほとんどであるが、存命中のかたもご高齢にもかかわらずとても喜んでくださるかたが多いのにはあらためて驚いている。なかには早くも発注をしてくださるかたがいるなど、感触としても良好である。ＤＰＳのほうでも図書館へのセット販売などもふくめていろいろ販売計画を練ってくれているようなので、これも楽しみにしながら、こうしたことがきっかけとなって品切れ本の多くが復活できるようになったらいいと願っている。

そしてじつはこの過程で二冊のオンデマンド化が決定した。メアリ・デイリー（岩田澄江訳）『教会と第二の性』およびマリオ・フラッティ（岩田治彦訳）『フラッティ戯曲集』がそれである。これらは小部数の教科書採用の依頼がきっかけだったり、訳者の要望があったりした結果だが、こういう方法があることを知れば、著者や読者からの要望も増えてくるだろうし、ぜひ要望を出していただきたい。条件さえそろえば、とりあえずはこうしたかたちでオンデマンド化が実現可能である。今後はこうした出版情報を必要とするひとにいかに伝達できるようにするかが問題となるだろう。

注 「日本の民話」シリーズはさいわい全著作権者（著作権継承者）の了解を得て全巻オンデマンド化できるようになり、少しずつではあるが確実に読者をつかんでいる。その成果をふまえて全集・著作集の欠巻や比較的要望の多いアイテムを徐々にオンデマンド復刊しつつある。二〇一一年十月現在で「日本の民話」シリーズ七九点のほかに二八点のオンデマンド本が購入可能である。今後もアイテムを増やしていく予定である。

専門書出版をめぐる新しいチャンネル

（［未来の窓119］二〇〇七・二）

専門書出版の製作・流通・販売をめぐる最近の動きにはなんらかの変化が生じてきているように思う。未來社においても従来の書籍一点ばりとは異なる選択肢が出てきたからである。もちろん、基本はあくまでも冊子体としての書物であり、新刊活動もそれが売れた場合の重版（増刷）の場合もすべて書物が原則である。しばらく前に書物という形態にたいして、いずれ電子ブックや携帯電話等による情報交換媒体に取って替わられる運命にあるものといった風説がしきりに流されたことがあるが、実際にはそれほど決定的な変容にはいたらなかった。われわれが書物復権の会として十年前から取り組んできた復刊運動は、かつてのロングセラーを共同復刊のかたちで蘇生させようとする努力であり、いまなお所期の目的をクリアできるレベルを保っている。そのかぎりでは書物の刊行と普及という出版社の責務をなんとか果たせているのではないかと思われる。

しかし、こうした従来の書物の範疇には属さないかたちで新たな販路が開かれつつあるというのがここで確認しておきたい問題である。その代表的なものが、一方ではオンデマンド出版であり、もう一方ではインターネットでのコンテンツ販売というふたつのチャンネルである。

出版社にも規模やジャンル傾向、出版内容などに大きな差異がありいちがいに言うことはおよそできないが、中小専門書出版社においては在庫をいかにかかえるかという問題は経営の根幹にかかわる重要な課題となっており、かつてのロングセラーものが減少してきてしまった現在、いったん品切れになった書物にどのように対応するかがつねに問題となる。これはそもそも新刊活動においても企画選択の段階での問題でもあって、その企画が将来のロングセラーになりうるか、あるいはある時点までになんらかのかたちで最小限の利益を生み出しうるものかどうかが判断基準になることは言うまでもない。初版が確実に売れていてまだ余力がありそうな場合はさほど迷うことなく増刷することができるが、問題はそれ以下の場合であり、じつはそうした本の場合がきわめて多いのが現状であろう。増刷する場合には原則的にその増刷部数が近い将来に完売できるであろうという見込みがなければなかなか決断することができない。そうした場合、これまでは、しばらく様子を見たうえでなんらかの機縁があって思いきって増刷するか、前述の書物復権のようなある種の運動体の流れに乗せて増刷（場合によっては新組み）するぐらいしか手立てがなかったのである。それでも出版社はいつ回収できるかわからない先行投資を迫られているのであり、増刷したものの一定期間までにその投資部分を回収できないままになる書物だって少なくはないのである。

こうしたなかで年間数十部以下の売行きしか見込めない本が品切れとともにどれだけ書物流通の世界から退出させられていったかは想像を超えるものがあろう。未來社においてもそうして消えていこうとしている書物が数限りなくあり、そのなかにはかつてはそれなりに売れた本や話題になった本もかなりふくまれている。したがってそうした書物はけっして要望がなくなったわけではなく、注文もそこそこあるのであって、わたしとしてはこうした本をなんとか読めるようにしておきたいといつも思いつづけてきた。そこへ出現してきたのがオンデマンド出版という新しいコンセプトによる復刊の可能性であった。わたしは本欄でこのテーマにかんしてはすでに二回（「オンデマンド出版の意味するもの」〔本書一八五頁以下〕）〔本書一八二頁以下〕と「『日本の民話』シリーズのオンデマンド化の実験」〔本書一八二頁以下〕）にわたってそのときどきの見解を述べてきた。

この間に出版の世界ではさらなる地盤沈下がつづき、以前にもましてオンデマンド出版の可能性が広がってきた。もちろんこの間のオンデマンド印刷の品質向上には見るべきものがあり、まだまだ不十分とはいえ、必要な読者に必要な書物を冊子体の形で提供できるというオンデマンド本来の供給パターンがますます意味をもつようになってきたばかりでなく、商品としてもそこそこの価値をもつようになってきた。わたしはそこでかつて未來社の屋台骨を支える役割を果たした「日本の民話」シリーズ（全七五巻、別巻四巻）を一挙にオンデマンド出版の対象に設定してみた。このシリーズはかつてのロングセラーであるばかりでなく世に言う〈民話ブーム〉の火付け役になった実績のあるものであり、近年は価格設定上の問題その他で在庫を切らすがままにしてきたが、潜在的にはまだまだ多くの読者を望めるものではないかと考えていたからである。印刷会社のデジタルパブリッシングサービスの全面的な協力を得て実現したこのシリーズは、図書館をはじめいまはかなりの需要を回復しており、さらには全国トーハン会で重点商品にノミネートされる予定で、予想をはるかに超える販売が期待できるところまできている(注1)。これ以外の単品でもまずまずの成績を上げているものがあり、今後もさらにアイテムを増やすことになっている。

さて、もうひとつのネットでのコンテンツ販売という方法は、紀伊國屋書店が当面は大学図書館を対象として昨年末から公開を始めたNetLibraryへの参加というかたちで実現しそうである。これには若干の初期経費がかかるため印刷会社の協力も必要になるが、わたしの考えでは専門性の高い本であればあるほど、現在流通しているものであっても需要は十分存在するはずである。デジタル・コンテンツは利用者によっては書物本体と同様に、あるいはそれ以上に価値があると思われるし、理論上は販売対象は全世界(と言っても日本語が読める範囲に限定されるが)でありインターネットを介するため書物の現物性という流通上の制約を超えた情報の即効性という付加価値もあるからである。それにふさわしい書物をすこしずつアップしてみるつもりである(注2)。

注(1)このトーハン企画は残念ながら不発に終わった。展示用見本が作れなかったことや、大手出版社の売れ筋商品を選択する書店側の消極性が原因だった。

(2)紀伊國屋NetLibraryについては次の「デジタルコンテンツ販売をどう考えるか——紀伊國屋NetLibraryの挑戦」に基本的な考え方を述べてある。

デジタルコンテンツ販売をどう考えるか——紀伊國屋 NetLibrary の挑戦

（［未来の窓124］二〇〇七・七）

紀伊國屋書店がインターネットを介して書籍のデジタルデータの販売を始めることになったことは、前回「専門書出版をめぐる新しいチャンネル」ですこしだけ触れておいた。今回はその後の経緯もふくめてこの試みがどのような可能性をもっているのかを具体的に考えてみたい。

紀伊國屋書店はもともと、世界最大の図書館ネットワークであるとされるＯＣＬＣ（Online Computer Library Center Inc.）の日本での代理店であり、eBook（電子書籍）の大手プロバイダであるNetLibraryはＯＣＬＣの一部である。ここではすでに欧文をもとにした学術書eBookの販売には相当な経験を積んでおり、紀伊國屋書店も日本で実績をあげている。その紀伊國屋NetLibraryが和書（日本語コンテンツ）を対象にしたビジネスモデルとして立ち上げたのが、今回の試みというわけである（注1）。

インターネットが一般に普及して十年以上経過したこんにち、書籍をめぐる環境はおおきく変わった。すくなくとも、書籍の販売、入手等の手法やスピードはパソコンを使わずには成り立たないか、非常な不利益を覚悟しなければならなくなった。売上げデータ（ＰＯＳデータ）の活用においても紀伊國屋書店のパブライン等、書店による販売情報の即時入手が可能になり、売行き良好書の適切な配本・送品が実現し、重版の時期と部数決定においても無駄が削減されるようになった。またアマゾン・コムに代表されるオンライン書店の売上げは伸びる一方であり、読者の選書や注文にも迅速に対応できるようになっている。大型書店でもこれに対応するように、書店在庫を利用したネット注文による販売も相当なウェイトを占めるようになってきたと聞く。もちろん、ＤＴＰ（Desktop publishing）を活用した書籍や雑誌の製作においてもデジタル処理の高速化、技法の開拓等によって大幅なスピードアップ、経費縮減、製品の仕上がりのレベルアップが実現した。

そうしたパソコンとインターネットを基盤とする出版界のおおきな流れに乗るようにして、書籍のデジタルコンテンツの販売という戦略がここへきて現実のものとなりつつある。わたしはこうしたデジタルコンテンツの販売の将来性についてこれまでも何度か言及したことがあるが、それが今回の紀伊國屋 NetLibrary の試みによって具体化したことになる。

わたしは何年も前から書籍の最終データをテキストデータとして保存するように努めてきた。それはいつかなんらかのかたちでこのデジタルコンテンツの販売が現実のものになると想定してきたからであるが、その準備がいまここへきて意味をもとうとしていることはなんとも感慨にたえない。

ところで、こうした新しい動きにたいする出版界の対応は、及び腰になりながら他社の動きには妙に敏感になるというのが通例である。たしかに技術上の問題、販売戦略の問題、はたしてこれが営業的に即効性があるのか、費用対効果はどうか、といった問題が山積しているようにみえる。しかしわたしはそうした懸念をことさらに吹聴する立場はとらない。書籍の将来ということを考えると、そのデータが価値あるものであるなら、とりわけ専門書のデジタルデータなら、いつでもどこでも入手可能であるというかぎりにおいて、それを必要とする読者にはありがたいはずだからである。冊子本のように品切れにならないという意味でも存在理由があるとも言える。

さて、わたしが紀伊國屋 NetLibrary に提供しようと最初に考えたアイテムの条件とは、

一、すでにデジタルデータが存在し、

二、現在も売れている書籍であり、

三、専門家が何度も繰り返して読むような専門書、

というものであった。すでにデジタルデータが存在しているということは、コンテンツを安価に、すばやく完成でき、しかも中身の精度が高い、ということを意味する。そのことはビジネスモデルとしてはまだ未知の部分があるこの

NetLibraryに対応するためには、できるだけコストをかけずに、しかも初期コストの回収を確実にするための方法だと思われたからである。そこでわたしがまっ先に考えたコンテンツは、ちょうど昨年、これまでの活版本を組み直したばかりの故丸山眞男氏の『現代政治の思想と行動』であった。さいわい著作権継承者の了解も得られて、デジタルコンテンツの方面でもおおいに利用されるのではないかと期待しているところである。先日、ホテルニューオータニで開かれた紀伊國屋書店の八〇周年記念パーティの席上、数百人の来客を前に流された記念ヴィデオのなかで丸山氏の本が大スクリーンに映し出されたのは衝撃的だったが、それもこうした取組みの成果であったと言ってもいい。

出版社のなかにはデジタルコンテンツの販売は、一方で冊子本の売行きを減殺してしまうのではないかと懼れているむきもあるようだが、わたしはむしろ相乗効果をもたらすものと予想している。たしかに辞書とか、特殊な実用書にはそういう可能性を否定できないが、ふつうの専門書であれば、冊子本とコンテンツのどちらかが先に購入されることになっても、もう片方も必要とされるようになるのではないかと思う（注2）。紀伊國屋NetLibraryの場合は、海外市場への拡販のチャンスも増大するが、そこでは先にデジタルコンテンツが売れる可能性は高くなるだろう。それは冊子本が入手しにくいからであろうし、その場合、もともと冊子本は売れないままだったかもしれないのであるから、販売がマイナスになることはない。

さらにもうひとつ利点をあげるとすれば、このさいに将来の別途利用も考えられる活版時代の優良アイテムをデジタルデータにする機会とできることであろうか（注3）。このデジタルコンテンツは、再編集を可能とし、紀伊國屋NetLibrary以外でもさまざまに利用可能なので、このさいに思いきって年来の課題を実行するのもいい。多少の編集労力をついやしても元がとれるのではないかと思う。

注（1）紀伊國屋NetLibraryは二〇一〇年になってOCLCの代理店からEBSCO Publishingに移管することになった。くわしい事情はわからない。

(2) わたしはもともとデジタルコンテンツの販売によって冊子本が売れなくなるとは考えていない。むしろデジタルコンテンツと冊子本の同時販売は相乗効果があると思っていた。当時の紀伊國屋書店OCLCセンターではオンデマンド本のNetLibrary化を中心に考えていたようであるが、わたしのこうした考えはかなりの驚きを与えたはずである。丸山眞男『[新装版] 現代政治の思想と行動』のデジタルコンテンツ出品はその意味でも画期的だったと思っている。このデジタルコンテンツ化にあたってはまだそれに対応するフォーマットが用意されていなかったために、萩原印刷の木村雅巳さんがデータ提供にあたってのフォーマット化に尽力してくれた。そういうこともあって、紀伊國屋書店八〇周年記念パーティでのヴィデオ上映のなかで紀伊國屋 NetLibrary の仕事が紹介されるさいに、お礼の意味もかねて『[新装版] 現代政治の思想と行動』が大写しされる理由になったのである。これは当時の小屋英史専務がわざわざわたしに伝えてくれたことである。

(3) 活版時代の本のテキストデータ化にあたっては、次の「紀伊國屋ネットライブラリーの新局面」で述べるように、紀伊國屋 NetLibrary が凸版との協力関係を構築することになったさいに、活字データを凸版が紀伊國屋 NetLibrary 用にデジタル化してくれることになり、しかも実質的に費用がかからないという非常に有利な条件で実現することができた。

紀伊國屋ネットライブラリーの新局面

(「未来の窓152」二〇〇九・一一)

大学図書館向けの和書のeブック(本のデジタルデータ)販売を企図して出発した紀伊國屋 NetLibrary がオープンしてから二年ちかくになる。この間、未來社もふくめて中小出版社を中心にすこしずつアイテムを増やして現在九二〇点ほどになるらしいが、大学図書館側からすれば、収集するに十分なアイテム数やジャンルが揃わないうえに、この新しいデジタルデータを購入するにあたっての予算措置などさまざまな手続き問題や利用のための環境整備などいくつかの事情があって、紀伊國屋書店は当初想定していた販売予定に比べて大幅な下方修正を強いられてきた。協力的だった出版社のなかにも、製作コストや校正の手間の問題、取引している印刷所の技術レベルの問題、人文・社会科学系専門書の伸び悩み、といった現状を踏まえるともうひとつノリが悪くなっていたのは避けがたいことだった。

そこへ今回は思いがけぬかたちで救いの手が差し伸べられた。印刷業界の一方の雄である凸版印刷が、紀伊國屋書店と提携してNetLibrary事業を全面的に支援することになったからである。さらには凸版の子会社でもあるオンデマンド印刷専門のデジタルパブリッシングサービス（DPS）とも連携し、データを共有することでオンデマンド出版への使い回しも可能になった。どういうことかと言うと、出版社は紀伊國屋NetLibraryで販売したい単行本を凸版印刷に渡すだけで、凸版のスタッフによってOCR処理をふくむ適切なデータ処理がなされ、その初期費用も無料となる。その代りとしてeブックの設定価格の二十パーセントが当面の支払いの対象になるというものである。つまり、製作の手間とコストを凸版（と紀伊國屋書店）が立て替えるのでアイテム数を一挙に増やしたいというのが当面の目的である。ここには凸版と紀伊國屋書店OCLCセンター（現在は紀伊國屋NetLibrary）をめぐるさまざまな事情がうかがわれる。

昨今の大日本印刷（DNP）による図書館流通センター（TRC）や丸善の子会社化、さらにはジュンク堂書店の子会社化予定に見られる業界再編成へのドラスティックな動きを受けて、印刷業界や書店、図書館販売などそれぞれのシーンで競合する立場にある凸版印刷と紀伊國屋書店が対抗的に提携に踏み切ったというのが実情であろう。紀伊國屋書店のデジタルコンテンツ販売の構想にたいして、資金と印刷技術をもつ凸版が理解を示し、ひとつの大きな販売戦略として位置づけたという解釈も成り立つだろう。それ以上のことは推測の域を出ないので、ここでは論評は差し控えたいが、いずれにしても出版業界の地図が塗り替えられようとしている大きな流れの一環とみなすべきであることだけは間違いない（注）。

ここで考えるべきなのは、そうした流れをどう読むかということにあるのではなく、今回の提携によって不況にあえぐ出版業界、ひいては専門書出版社がどういう手立てで出版再生の道を見出せるか、その一点にかかっていると思われるのである。わたしはこの提案を受けて、これまで以上につっこんだかたちで協力してみようと考えるにいたった。凸版や紀伊國屋書店といった大会社にどういう思惑や計算があるかはともかく、たとえ同床異夢だとしても、それはそれでいいのではないか、というのが基本的なわたしの考えである。

ここではどこに当面の問題があるかだけを確認しておきたい。まず最初に問われるのは、凸版グーテンベルクルームでおこなわれた出版社向け説明会のなかでも質問がなされたように、出版社が渡すプリント本を凸版印刷のスタッフがOCRによってテキストデータ化を進めるときにその精度がぎりぎり許される九九・九五パーセントをほんとうにクリアできるのか、という点である。以前の説明会のときにわたしが質問したとき、九九・五パーセントと答えられたことをはっきり記憶している。言い間違いだったのかもしれないが、九九・五パーセントというのは一見許容することのできそうな数値に聞こえるかもしれないが、それが意味するのは二〇〇字にひとつは間違いがあるということで、通常の本でいうと一ページに数個は誤植があるという水準にすぎない。これでは商品としては通用しないと考えるべきであって、すくなくとも専門書の読者には許される水準ではない。これが九九・九五パーセントとなると話はかなりちがってくる。つまり二〇〇〇字にひとつということになり、二〜三ページに誤植が一個という水準で、これならなんとか許容しうるということになるからである。わたしが今回の提案なら乗ってもいいと考えるのは、このぎりぎりの水準を凸版印刷が保証してくれるかぎりにおいてなのである。この水準は凸版印刷のメンツにかけても死守してもらいたい。オンデマンド印刷への利用もふくめて、回収されたPDFデータやテキストデータはいろいろ再利用も考えられるので、そのときに徹底した検証をすればよい。

もうひとつは初期コストを凸版印刷と紀伊國屋書店が立て替えてくれるという条件はなんといっても魅力的で、そのために当面は設定価格の二十パーセント回収でもやむをえないと思う。危険負担や資金繰りの必要がないというのは、アイテム提供の大いなるモチベーション・アップになる。ただし説明会でも確認したことだが、ある一定数が売れた場合には、製作側においても初期費用の回収はすんでいるはずなので、それ以降はこのパーセンテージを従来方式の五〇パーセントに復していいはずである。この点は早い段階で確定しておくべきであろう。

こういう余裕が生まれるなかで、出版者側のDTPデータを基にした自主製作も従来よりははるかに活性化されるだろう。現在のように、出版社が質の高いアイテムを不況のゆえに死蔵している状況のなかでは、売れるものや条件の良いものだけが市場に出回るだけで、本来の多品種小量出版に支えられた文化の維持と向上は望めない。今回のような提案は高品質なデータの掘り起こしにもつながるという意味で、今後の出版の大きな希望にもなりうるのである。

注　この問題にたいしては「出版界の〈仁義なき戦い〉」（本書六三頁以下）でくわしく述べたが、さらにそれをふまえて「新文化」三月十一日号に書いた「〈責任出版制〉のすすめ」（本書六六頁以下）も参照していただきたい。

（［未来の窓168］二〇一一・三）

専門書の電子書籍という自己矛盾

二〇一〇年という年は「電子書籍元年」とも呼ばれ、出版業界全体が「電子書籍」に振りまわされた年だと言えるだろう。いきなりこう書き出すと、時代遅れな書籍一点張り主義者とでも見られかねないが、必ずしも電子書籍一般を否定しているわけではない。前号の「書物復権の新しい試み」（本書一七〇頁以下）でも触れたように、電子書籍といってもさまざまな種類があって、未來社なども積極的に参加している紀伊國屋 NetLibrary では、ライセンス購入者は書籍のPDFデータをウェブ上で見ることができ、必要な部分をコピー&ペーストできるように、テキストデータが画面と連動している。これを透明テキスト付きPDFデータと呼ぶのだが、これなども立派に電子書籍と言っていい。

ただここで問題になっているのは、そういう種類の電子書籍ではなく、アマゾンの「キンドル」だとか、アップル社の「iPad」とかソニーの「リーダー」とか、あまた出まわりだした端末デバイスに対応したフォーマット仕様の電子データのことである。二月七日の「朝日新聞」などでも大きく取り上げられているように、マスコミ（や業界紙）はこういう事態にたいしてなにかと大げさなかたちで話題作りに力を入れたがる。すると、出版社のほうも乗り遅れてはならじ、とばかりに猫も杓子も「電子書籍」となるわけだ。「電子書籍」とタイトルの付いた講演会などには出版人が殺到するという構図はとても見ていられない。かく言うわたしなどもこの種の会にいきがかり上、二つほど出てみたが、すくなくともコミックや小説、実用書などにかんしてはともかく、われわれのような専門書の世界にとっては絵に描いた餅で、およそ現実性に乏しい。逆に、こういうデバイス用に作られた書籍の画面を見ていると、紙の本の強さ、メディアとしての強度があらためて認識できる。読みながら動画が作動するとか、音が出るとか、語学教材のように場合によっては役に立つジャンルもあるだろうが、専門書の読解においてはこうしたものは不要であるし、ときには害毒でさえある。「活字と対話する孤独な作業の中からしか、自分だけの音楽も映像も生まれてこない。それこそが想像力を錬磨する読書の醍醐味ではないか」と佐野眞一が「朝日新聞」の記事で言うとおりである。何から何まで手取り足取りでないと読書ができないような環境作りが進められようとしているのだ。そうではなく、活字を自主的に追うことをつうじて想像力や思考力が身につくのである。

ところが、ここへきて専門書出版の世界においても思いがけない動きが出てきた。慶應大学メディアセンターが中心になって日本語学術書の電子書籍版を作り、学内での配信実験をおこなうというものである。学生や大学院生を対象にｉＰａｄを貸し出すかたちでモニターを募り、電子書籍がどのように利用されるものかを実験し将来の可能性を探ろうというわけである。基本方針としては、出版社から学術書の電子コンテンツを提供してもらい、図書館の個人認証システムを利用した資料貸出サービスを延長したダウンロード・モデルで、これらのコンテンツをさまざまなデバイスまたはＰＣで閲覧できるようにしようとするものである。

つい先日、呼びかけに応じて慶應大学図書館での説明会に出席してきたが、印刷制限や同時アクセス数などまだまだ未整備の状況での強行スタートというところが実情で、出版社としても利用者への課金をどうするのか、著作権者への了解の問題等もあり、そうやすやすと同調しづらい事情があるし、なによりもこれがどこへ行き着こうとしているのかヴィジョンがなかなか見えてこないところに疑問がないわけではない。もちろん慶應大学メディアセンターの試みはまじめなものであるし、その善意は否定することができない。とはいえ、モニターに参加しようとする学生たちのモニタ一応募理由などを読むと、世の中の電子書籍ブームに簡単に乗せられただけと思われる動機も目につく。読書経験の浅い学生たちだからマスコミなどの大騒ぎに影響されやすい点は割り引かざるをえないとしても、いかにも携帯世代らしく本を持ち歩くのは大変だからとかいう意見を読むと、本を情報としてしか読めない世代がどんどん出てくることにつながらないか、心配になる。

それればかりではない。慶應大学のプロジェクトには電子書籍のオンライン販売を視野に入れている大日本印刷のほかに、書籍とはこれまで関係の薄かったと思われる企業が何社も参入しようとしているが、これらの企業がなんらかのビジネスチャンスを見込んでいることはたしかであり、これにたいして慶應大学のせっかくのプロジェクトが草刈り場にならないか、という心配もないとは言えない。

そう心配ばかりしていてもラチがあかないので、わたしとしても（紙媒体の）書籍を出発点として電子書籍化への流れのある種の必然性を整序しておく必要を感じる。当然ながら、辞書や事典などのように情報の切り分けができるもの、一過的な情報を売るものは紙から電子化への流れは避けられない。情報誌や週刊誌、さらには新聞さえもこうした必然のもとにあるのは誰もが認めるところだろう。その一方で、もともと小部数であり内容的にも専門的で、読書経験をすること自体が反復的かつ高度に重層的にならざるをえない専門書やある種の文学書、芸術書などの場合は、どこかの部分を断片的に情報として獲得することがなにかを与えてくれるわけではない。こういう読書は全体的経験であって、そうした経験が電子書籍から得られることはまずありえない。すぐれた書籍は熟読されることこそを要請し、研究等の必要があったときに初めてその電子化データとの共在が意味をもつと考えればいい。その意味では学術書の電子書籍化とは書籍の亡霊か、せいぜいその補完物でしかない。電子書籍の便利さとか融通性とは保管や検索のためではあっても、本を読むことの本質とはそもそも筋がちがう。専門書の電子書籍化とは自己矛盾である。

『宮本常一著作集』ショートラン重版化の試み

（［未来の窓174］二〇一一・九）

未來社ではこのたび既刊本の重版にかんして新しい試みを始めることにした。東日本大震災の影響で本の売行きがますます低迷しそうだという予想もあり、これにたいする対策でもあるが、じつはそれ以前から問題であった小部数重版の可能性が現実味を増してきたからで、もしこの方法がうまく機能すれば、中小専門書出版社にとってはひとつの朗報ともなりうる。いまのところまだ実験的段階だが、うまくいく可能性は高い。ここではとりあえずの報告を書いておこう。

出版社にはその規模の大小、出版傾向やジャンルなどによって「重版」という概念もさまざまである。重版、正確には「増刷」の部数（ロット）もそれぞれまったく異なると言ってよい。ベストセラーなどはそれこそ万単位での増刷がおこなわれるだろうが、そういうものはごくごく稀である。通常は、とりわけ専門書などでは、一〇〇〇部〜二〇〇〇部、少なくても五〇〇部からといったケースが普通である。高額書の場合には三〇〇部ぐらいのこともあるだろうが、それ以下では採算がとれないとされてきた。スケールメリットの原理は、新刊書の場合だけでなく増刷においても貫徹される。つまり部数が多ければ多いほど一部あたりのコストが低減する。製版・刷版といったコストも部数にかかわりなく同一だし、一定の部数までは印刷費も変わらない。逆に言えば、部数が少なくなればなるほど、こうしたコストが割高になり、さらに製本代なども一部あたりの単価が割増しにならざるをえない。こういう事情があって、かつてのロングセラーなどの評価の高い書籍が、年々品切れ状態に追い込まれていくようになってしまった。出版社は採算がとれなければ、少数の読者の要望があっても、この品切れ状態を脱却することができないのである。

こうした専門書出版社のディレンマを克服する方法として、近年試みられてきたのが、ひとつは書物復権8社の会の

〈書物復権〉運動であり、もうひとつはオンデマンド出版である。後者は苦肉の策として、いわば読者へのサービス、言い換えれば出版社の言い訳として機能してきたのであって、もうひとつ決定的な打開策になっているとは言えなかった。

未來社が今回試みようとしているのは、こうしたオンデマンド出版の上を行く、出版社にとって主体性を取り戻せるギリギリの可能性としての「ショートラン重版」すなわち小部数重版のことである。もちろん、この「ショートラン」というのはオンデマンド本におけるもうひとつの方式としてすでに現実化されていることをわたしも知らないわけではない。言ってみれば、オンデマンドとは文字通り「注文に応じた」一部ごとの増刷であるが、ショートランはそれを出版社が先取りして小部数増刷することを指す。ただ、これは実際には、オンデマンド重版の複数版にすぎない。一部ずつのオンデマンド本を作る工程を必要部数くりかえしていくにすぎないからである。したがってコストは部数に応じてほぼ比例して増加するのであって、オンデマンド重版の限界が三〇〇部あたりとされるのは、こうした方式のコストが通常重版のコストに追いつき、追い越してしまうのがこのあたりの部数であって、それ以上になるとオンデマンド方式の方が高くついてしまうという単純な算術的理由によるのである。

未來社が試みようとしているのはある意味ではこのショートラン方式であるが、同じ名前でもこれまでのショートラン重版が中身はオンデマンド本と同じものであるのにたいし、こちらは通常重版のものに近いということである。何が違うかというと、これまでのショートランは用紙に限定があり、造本も並製しかできない、など元版を再現することが十分にできなかったうえに値段もこれまでの二倍から三倍になってしまうという問題があった。必要な読者にはそれでも我慢して購入してもらうという条件付きでの完全受注生産とも言うべきものにすぎなかった。もちろんそれでも一定の役割を果たすという意味では、十分に価値があることは言うまでもない。

しかし未來社が試みようとしているのは、元版と同じ品質のものを二割ほどの価格アップで抑えて再現しようとするものなのである。書籍用紙もこれまでと同じものを使うのでツカが変わることもないし、装幀や函などもそっくり再現できる。どうしてそういうことができるのかと言えば、これは取引先の萩原印刷が導入したキャノン製の新式オンデマンド機が、印刷仕上がりの質の向上はもちろん、A3ワイド判までの印刷稼働域の拡大など、さらには大幅なコストダウンを可能にしたことにより、品質を落とさずにすむようになり、これに萩原印刷の積極的な努力もくわわって小部数重版が実現できるようになったことによるのである。

こうした小部数重版が可能になることによって、これまで年間の売行きは低いが一定の部数を見込める書籍にかんしては、この方式をあてはめることが現実味を帯びてきた。その意味で未來社の場合、『宮本常一著作集』全五〇巻がそれにあたるので、とりあえず実行に移すことにしたのである。いちど重版するとどうしても十年前後の在庫をもたなければならないこの著作集は、単品で考えると通常重版が望めるような水準の売行きではないにもかかわらず、シリーズものゆえに切らすわけにはいかないという事情もあって、やむなく重版を重ねてきたのであるが、はたしてこれまでのようなやり方で採算がとれるかどうかはおおいに疑問をもたざるをえなくなっていた。それがショートラン方式を導入することによって、重版に必要な資金を劇的に圧縮することができるため、在庫管理の面ともあわせて、必要部数を適切にコントロールできることになったわけである。

もしこの試みがうまくいくことになれば、これまでオンデマンド本に頼らなければならなかったものも通常書籍として復活が可能になる。専門書の多様性が回復できるチャンスとなるかもしれないと期待しているところである。

注　この稿を書いたあと、たまたま東京ビッグサイトで催された「IGAS (International Graphic Art Show) 2011 でキャノンのブースでできあがったばかりの『宮本常一著作集』の見本とわたしのこの［未来の窓］の掲載ページのコピーがあわせて展示され、たいへん評判が良く、さっそくにもこの新式オンデマンド機が一台売れたとの報告を受けた。

インターネットとホームページ活用

〔「未来の窓5」一九九七・七〕

専門書とインターネット

「コンピュータと出版の未来」（本書二三三頁以下）でコンピュータと出版の未来の関係について若干論じたつもりだが、そのときには主として本の制作においてＤＴＰのもつ可能性がいかに大きなものになってきたかについて触れるにとどまった。今回は、こうした編集技術上の問題とは別の観点から出版におけるインターネットの利用可能性について考えを述べておきたい。

というのも先日、書協主催の「第2回インターネット研究会」なるものに参加してあらためて確認できたことがいくつかあったからである。まずなによりも、その参加者数に驚かされたことである。最近の書協主催の報告会は、消費税率変更にかんする定価表示問題あるいは再販制にかんする業界側の対応の説明など、それぞれの出版社にとって現実的な対応を迫られるか、経営に直接ひびく問題が対象だっただけに非常に多数の参加者があったのはいわば当然としても、インターネットともなると各社それぞれの社内事情もあろうから、いったいどういうひとたちが集まるのだろうと、ちょっとした関心もあって出かけたのである。第1回のときもかなりのひとが参加したという情報もあって早めに出かけたのだが、一〇〇人以上入る大会議室が定刻にはほぼ満席になっていたように思う。これまで同様、原則として一社一名だから、書協加盟社五百弱のうち二割をゆうに超える出版社が出席していたことになる。この数を多いとみるか、それほどでもないとみるかはいろいろ意見があろう。

もうひとつ気がついたことは、その出席者の多様性ということである。この多様性というのも二種類あって、そのうちのひとつはかなり年齢のバラバラな世代が出席していたことである。思うに、今回の出席者の顔ぶれはこれまでの消費税問題・再販制問題のときとは別のひとたちがそれぞれの社を代表して来ているのであろうか、相対的に若いひとが多かったように思う。やはりその社でコンピュータが一番わかるひとが出席しているケースが多いのだろうが、その役職も編集というよりは経理・総務系のひとか営業のひとのウェイトが高かったのではなかろうか。ともあれ、各社それぞれの事情でなんとかインターネットについての情報を得ようと努力していることが察知されて、やはり時代はここまできているのかと痛感した次第である。

ところで、出席者の多様性といったが、もうひとつの特徴は、出席した社がかならずしもいわゆる大手・中堅の版元ばかりではなく、少人数の比較的歴史の浅そうな版元が多く参加していたことである。というより、むしろ本来ここに来ていて当然のような老舗の版元が少ないわりには、こうした新興版元の出席が目立ったということになろうか。これはどういうことだろうか。もちろん、すでに自社のホームページを開設してしまっているような版元はわざわざ足を運ぶ必要もないと判断したからかもしれないが、どうもそういう話もなさそうな老舗の専門書版元の参加がすくないのは、なんとも気にかかる。そういう意味での出席者の多様性なのであって、今後も専門書を出すことでなんとか出版文化を支えていこうとしていると思われる中堅版元が立ち遅れているとしたら、やはり問題ではなかろうか。わたしがかつて所属していた「人文会」という専門書版元のグループなどもそうだが、全般に社員の平均年齢が高齢化している版元ほどこの傾向があると言ってよい。

未來社もふくめて専門書を出している版元は、現在の出版状況のなかではどうしても店頭展示される機会が少なく、あまり売れないこともあって在庫さえもってもらえないのが実情である。そういう版元の場合、これまでは高額の新聞広告を無理してときたま打つ以外には、自社目録や新刊案内をこつこつ送りつづけたりPR誌を発行したりしてなんとか読者とのコミュニケーションをはかるのがやっとだった。そうした版元にとって救世主的存在として脚光を浴びようとしているのがインターネットだというのは、いささか楽観的にすぎるだろうか。とはいえ、知的好奇心の高いひとであればあるほどコンピュータ操作やインターネットの利用などに積極的であるというのがいまや一般的であるとすれば、これまでの情報流通もおおきく変わってこざるをえないはずである。ラジオからはじまってテレビ・ヴィデオにいたったメディア情報が、これからは電子情報としてのインターネットによって加速されていくだろうことだけは間違いない。誰もがひとしなみに享受対象とされたマス・メディアの時代から、それぞれのひとが自分に必要な情報だけを選択的に取り出すことのできるミニマルなメディアへの移動。グ、ロ、ー、カ、ル、な情報化時代と呼ばれる事態とはこういうことを指すのであろう。

ともあれ、専門書の読者ほどこうした情報環境にいるというのが現実になってきつつあるとすれば、われわれのような小専門書版元が生き残る道はもはやここにしかないといっても過言ではない。あとはいかにその情報を専門書の読者にも納得してもらえるようなレベルに上げられるのかという技術の問題になるだろう。アメリカではすでにヴァーチャル書店というものさえ現われている。ここでわたしが考えているのもややおおげさに言えば、そうしたたぐいの情報なのであって、確かな情報でさえあれば、物流はそれに付加されるものとなる。誤解のないように急いでつけくわえておけば、われわれの最終的な目的はあくまでも書籍の普及なのであって、情報がインターネット上をひとり歩きすることをよしとするわけではない。

さいわい書協でもホームページの立ち上げと各社のホームページとのリンクも進められているようだ。この研究会では出版社ホームページのデモなどもあったが、未來社としても自社のホームページ開設という段階にようやく到達しかかっているときだけにおおいに興味深かった。ちなみに今回は今後のためにも早めに自社のドメインネームの取得が課題とされたが、未來社としてはさっそく〈www.miraisha.co.jp〉というもっとも未來社にとって必要なドメインネームを申請し、とりあえず取得することができたことは良かったと思っている。こうした他にもつけられそうな名前は先着するしかないのである。

書協のホームページ探訪

(「未来の窓8」一九九七・一〇)

すでにこの欄でも触れたことがあるが、書協のホームページがいよいよ立ち上がることになった。九月九日の記者発表もなされ、いまのところ順調に推移しているようだ。

そこでさっそくアクセスしてみた(ちなみに書協ホームページのURLは〈http://www.books.or.jp〉である)。まず出てくるのは「一九九七年六月までに発行され現在日本で入手可能な約五三万冊の書籍を検索し必要な情報を引き出すページ」というアナウンスであり、思ったよりきれいなメニューページである(というのはテスト段階であまり評判が良くなかったという話を聞いていたからだが)。アイテム数としては正確には五三二、六二〇冊の書籍が掲載されている。検索項目として「タイトル」および「シリーズ名」、「著者名」「発行年」「分類コード」「読者対象」「発行形態」「内容」「出版社名」「ISBNコード」とあり、どの項目からでもアプローチできるようになっている。

たとえば「出版社名」のところで「未來社」と入力すると、一九九六年までの一二九九冊の未來社の刊行物が掲載されていることがわかる。書名アイテム数だけなら全体の〇・二四四パーセントの占有率を示していることになる。この数字が未來社のような小規模の専門書出版社にとって売上げや店頭での展示率などに比較して相対的に大きな数字であることだけは確かであって、このことは大ベストセラーでもきわめて専門的な研究書でも同じ一冊として平等に扱われるという意味ではたいへんありがたいことであり、インターネット上では取扱い数量のうえでの優劣は基本的に存在しないことが示されている。

まえにも指摘したことだが、書店店頭に置かれにくい専門的な研究書ほどインターネット上での情報価値は高いはずである。専門書の読者はこうした電子情報ツールに親和する傾向が強く、書協のホームページ開設にともなってこうした本の在庫情報・内容情報のクォリティが要求されてくるだろう。今後は図書館などでの検索にも大きな役割を占めることになりそうだ。興味のあるひとはぜひ一度アクセスしていただきたい。

ところで、出版社ごとの刊行物一覧に列記された「書名」のひとつをクリックするとその本の「詳細」が現われることになっているので、ついでにリンクしてみる。一覧での「書名」「著者（訳者・編者を含む）」「発行年」「本体価格（税別）」「出版社」のほかにそこにあらたに現われるのは、「判型」「ページ数」「サブタイトルまたはシリーズ名」「ISBNコードおよびCコード」だけであって、いささかものたりない。これはこれまで発行されてきた「書協総目録」の最新データベースを元にしている以上やむをえないのであるが、そこでそれを補完する意味で各社のホームページとのリンクが必要になってくる。

その点では、残念ながらまだ十分に体制が整っているとは言いがたい。各社のホームページがまだそこまでの技術的なサポートができていないというのが実情である。書協加盟社四九八社（一九九七年九月現在）のうち、ホームページをもっていることが確認されている社は一一七社あるが、書協のホームページから各出版社のホームページへリンク（これを〈BookLink〉と呼んでいる）できるのは十一社にすぎず、対応予定の出版社も十六社にすぎない。つまり、せっかく書協の「books」で自社の刊行物にアクセスがあったとしても、該当する書物についての情報は、書協の最小限のデータ以上の提供ができるところまではいっていないということである。こうした読者向けの情報提供の努力は、出版社にとって技術上・コスト上の問題点はあるものの、いまや最重要な広告戦略のひとつとなったと言ってよいのではないか。

こうしたハイパーリンクの技術をもって出版社のホームページ開設の事業を展開できる業者はまだまだ希少であり、たとえば未來社の取引先でもある萩原印刷などはそうした事業にいちはやく取り組んでいる数少ない業者のひとつだろう。出版業のノウハウに通じたこうした業者でないとなかなか思うようなホームページまではつくれないかもしれない。出版社というところは、情報を取り扱う業種でありながら意外なほどこういう技術に弱いところが多いのである。

これからますます広がっていくであろうインターネットの世界を通じて出版社と読者の関係はこれまで以上に緊密に、しかも直接的になっていかざるをえない。再販制の帰趨がいぜんとしてはっきりしないとはいえ、出版文化の未来はあくまでも書き手としての著者、著作物をつくりだす出版社と、それを読んでくれる読者との深い信頼関係以外にありえない。それに比して流通部門が流通の調整を通じて文化に関与する度合いは低くならざるをえないだろう。規制緩和政策にともなう流通危機に対処するにこうしたインフラ整備が中小専門書出版社にとって急務なのは、こうした出版文化における原則的な理解にもとづいているのである。

インターネットは、そういう意味では最近、未來社でも導入した出版VAN（注）とは著しく性格を異にするものである。インターネットがオープンな性質のものだとすれば、出版VANは受発注オンラインシステムなどに見られるように閉じた世界にむけて流通を活性化するためのツールでしかない。おなじようにパソコンを通じて電子情報として機能するものにはちがいないけれども、情報が主要な出版社、取次、書店を回流するだけで、注文処理の迅速化に役立つことはあっても（それ自体は重要なことは無論だが）、読者の需要をあらたに喚起することにはつながらないというのも事実だからだ。それでも読者の活字離れを緩和するぐらいの機能があることをやはり評価するべきなのかもしれないが。この閉じたシステムを外に開かれたインターネットに接続する技術はいつになったら開発されるのだろう。

注　付加価値通信網Value Added Networkの略。業界ごとの非オープン化されたネットワークを指す。この稿の最後に、出版VANの「閉じたシステムを外に開かれたインターネットに接続する技術はいつになったら開発されるのだろう」という危惧を述べているが、その後、オンライン書店というかたちで読者が本を購入するシステムが開発され、いまや通常の書店を対比的に「リアル書店」と呼ばざるをえないほどに成長した。

インターネット時代の書物

（「未来の窓14」一九九八・五）

三月末になってようやく公正取引委員会の「著作物再販制度の取扱いについて」という最終見解が発表され、再販制はとりあえず維持されることになった。どうも三年ほどなりゆきをみてから「制度自体の存廃についての結論」を出していこうという方向のようである。もともと再販制度自体が原則「違法」とされ廃止の方向で検討されてきたものだけに、法改正まではもっていけないものの現実的な法解釈・運用レベルで制度自体をなし崩しにしていこうという公取委の狙いも読み取れなくはない。これまで問題とされてきた各種割引制度やサービス券の提供等がむしろ小売業者における経営努力として推奨され、制度の弾力的運用と認識されるようになったのがその一例である。時限再販・部分再販にいくらかでも加担する方策は積極的に評価しようというわけである。これまでそうした方策は再販制への違法行為であるとしてきた公取委が、いまや君子は豹変するとでもいわんばかりの姿勢で、再販制の弾力的運用の方向に動きはじめたわけである。

ともあれ、出版界は当面の危機を脱したことは事実である。しかし言うまでもなく問題は山積しており、再販制の是非をこえて解決していかなければならない個別の問題が多すぎるのである。そうした問題をひとつひとつ解決していくにはこの三年という時間はけっして長くはない。流通改善の問題ひとつとってもそのインフラの構築・整備は容易なことではない。現在、ここ数年の懸案であった長野県須坂市の出版社共同倉庫の設立（注1）がようやく現実的な日程に上ってくるところまできたが、ここにも出版社個々の業態にもとづく細部にわたる調整の課題が残されており、急ピッチでデータ整備などの作業が進められているようである。これにさまざまな思惑と計算がからんでくるのだから、実現への道のりはまだまだ険しいと言わざるをえないだろう。

こうしたなかでひとつの光明と言っていいのが、書協の書籍データベースをインターネットで公開するという動きである。この八月から書協のホームページ（http://www.books.or.jp）で最新のデータベースが検索できることになり、しかもすでにホームページをもっている出版社とのリンクも可能になるとのことで、もしこれが十全に機能するようになれば、それこそ流通の問題は根本的に変容することになる。経費の問題と人材の問題があるとはいえ、今後の出版界のおおきな流れとして、こうした電子情報による在庫確認・受発注の方法は不可欠のものにならざるをえないだろう。すでに書協のホームページからの情報をもとに、さまざまな出版社の合同による別個のホームページ構築の動きや電子書店という新たな商売が始められつつある。適切なコンピュータ・サーバと有能な管理者さえあれば、書店のようなスペースも人員も要らないのであるから、これは流通改善に苦慮する出版界にとってコペルニクス的転回と言っても過言ではない事態の到来なのである。現に、書協のホームページには一日平均で一万件のアクセスがあり、昨年九月の公開以来一度も更新していないにもかかわらず、アクセス件数が減少しない稀有な例になっていると言われている。このホームページ公開が、書協幹部が豪語するまでもなく、ペーパーレスの出版情報としては他に代替物がないからであるにせよ、ここ一〇年ぐらいのなかでの最大のヒットであったというのは、このインターネット時代にあってはあまりにも当然の話なのである。

最近刊行された石田晴久氏の『インターネット自由自在』（岩波新書）はとてもおもしろく参考になる本だが、石田氏によるまでもなく、これからはますます日常生活のなかでインターネットのかかわるウェイトが高まってくるであろう。技術の進歩とともにより高速化・大容量化とコストダウンがはかられ、パソコンのみならず電話機やテレビでも端末が可能になるということになれば、人間の生活も大きく変化するにちがいない（注2）。かく言うわたしもワープロ専用機時代を別にするとパソコン経験はまだ三年足らずだが、経理上の数字把握・分析から編集実務上のテキスト処理、さらには著者との電子メールによる情報交換やファイルの受取りなどまで、ほとんどすべてパソコン上でおこなっており、いまやパソコン抜きの仕事など考えられないほどになっている。出版社という情報発信の場に存在することは他のどんな業務にもまして多様なパソコンの利用が可能であることを日々痛感せざるをえないのである。

こうした仕事環境のなかにあってみると、あらためて出版とはなにか、出版物（書物）という形態とはなにかという問題に直面することになる。電子出版やCD-ROMという形態の情報もあり、ペーパーレスの時代に入りつつあるとも言われているこの時代に、なぜ書物という形態に意味があるのか。一方に、紙資源をめぐる森林保護のエコロジカルな問題があり、図書館などの保存・保管の問題もある。そういう書物をめぐる出版環境のなかでどういった出版をおこなうべきなのか、出版業界は一度この問題について真剣に議論をしてみる必要があるのではないか。

わたしの持論を言えば、出版物という形態はグーテンベルク以来もっともすぐれたハードウェアとして存在してきたし、おそらく今後ともそうした存在理由をもちつづけるだろう。つまり持ち運び可能であり、いつでもどこでも開くことができ、しかも必要な箇所には何度でも立ち戻ることができるという、携帯性・用便性・反復性といった利点は、コンピュータの発展とは別次元にあるということである。この場合、人間の頭脳と眼が基本的なソフトウェアということになる。

プラトンは『パイドロス』のなかで、文字の発見によって人間の記憶力の衰退がもたらされ、見かけだけの博識家がつくりだされるだけであり、「記憶の秘訣」ではなく「想起の秘訣」にすぎないと言って文字の効用を否定したが、そうした原則的な知のありかたにたいする了解はやはり欠くことができないにせよ、文字にたいするこの批判的言説自体が人間の無数の知の収蔵庫たる書物によって支えられてきたこともまた紛れもない事実なのだ。しかもそうした未来の古典たるべき書物は現在もなお生産されつづけているはずだ。この現実があるかぎり書物という形態は永遠にすたれることがないと確信しうるのである。

注（1）須坂市の出版社共同倉庫とは長野平安堂の平野稔氏が提案し、広大な敷地に出版社の保管倉庫を集中させ、そこに取次の集配機能、出版物の出荷・返品・改装などの機能を集約させようとした一大プロジェクトであったが、業界の一致をみず、

いつのまにか立ち消えになった。本書九一頁の注（1）を参照。
（2）この予想は携帯電話やｉＰａｄなどの出現によって現在ほぼ実現している。

（［未来の窓35］二〇〇〇・二）

専門書出版社のホームページ

ミレニアム二〇〇〇年はさしあたりなにごともなく始まった。不景気はあいかわらずだが、それでも心配されたパソコンの誤作動によるいわゆる二〇〇〇年問題――金融パニックもテポドン発射もいまのところ起こっていない。これで大丈夫という保証はどこにもないが、まずはひと安心といったところだろう。

わたしたちがたまたま一千年紀の終りから生きていて二千年紀の始まりを通過したというだけの偶然にすぎないのに、どこもかしこもミレニアム、ミレニアムというわけだ。狂った高性能コンピュータが人間と宇宙を支配するようになるスタンリー・キューブリックの予言的ＳＦ映画「２００１年宇宙の旅」では、まだずっと先の未来だったはずの二〇〇一年も早くも一年以内に現実化する。独自の時間観念をもつ中国ではすでに世界に先がけて二十一世紀に突入している。

そんなわけでもないが、未來社も一千年紀の最後、一九九九年十二月になってホームページを立ち上げることになった。まだほんの仮りのかたちのトップページと昨年度の新刊リスト、それに若干の新刊の表紙写真に簡単な解説を付したものにすぎないが、なんとか二〇〇〇年には間に合わせておきたかった。ちなみに未來社ホームページのアドレスは〈http://www.miraisha.co.jp〉である。すでに見ていただいた方からはなかなかきれいなトップページだとのお褒めをいただいている。ワインカラーでアクセントをつけたのだが、未來社の創立に深いかかわりのある木下順二さんと山本安英さんが主宰されていた「ぶどうの会」（のちの山本安英の会、すでに解散）にちなんだ色でどうしてもトップページを飾りたかったからである。なお、ホームページ製作はすでにこのジャンルでは定評を得ている萩原印刷＝DCube に担当してもらっている。この春までには完成するが、それまでにもできたところから順次お見せしていく予定である。興味をもっていただける方はぜひ覗いてみていただきたい。

この間、いろいろな出版社のサイトを開いてみたが、それぞれに社風と自社の刊行物の特徴をいかした工夫をされているのは当然だが、そう何度も見てみたいという魅力あふれるサイトは数少ないようである。ホームページが目録がわりではあまり意味がないので、やはりそこには読者や著者との交流の仕組みなり、読者が本を購入しやすくなるシステムとサービスなりが必要となってくる。いろいろな出版社がホームページを開いているなかで、やはり専門書出版社というのは特定少数の読者との結びつきを緊密にする努力がとりわけ必要だと思う。

いまのところ未來社ホームページでは新旧の出版物の紹介はもちろんのこと、さまざまな意見交換の場をつくっていきたいと思っている。また企画発表やオンラインニュースあるいはオンラインマガジンのようなものも実現したいと考えている。さしあたりは本欄の連載をテキストファイルで簡単に読めるようにアップロードしたい。読者との意見交換、批判的交流などができればありがたいからである。ご意見は〈info@miraisha.co.jp〉あてにお願いしたい。

以前、この欄でも書いたことだが、インターネットの活用は専門書出版社ほど利用率が高くなるはずである。それにはいくつかの理由があるが、出版物の性格によるところが圧倒的におおきい。その理由をここで整理してみれば、一般的にはつぎのようになる。

一、専門書は概して大量販売が考えられないから、もともと小部数出版であり、書店でもあまり取り扱われない。したがって注文でもしなければ、なかなか入手できない。

二、しかしその本が必要な少数の読者には、たとえ書店店頭に見つからなくても、なんとか入手しようとする強い動機が存在する。

三、しかも専門書の読者は相対的に高度な知識や情報を身につけているひとが多いから、コンピュータ使用率も高いだろうし、インターネットの利用率も高いはずである。

四、またそうした読者は、新しい知識や情報への好奇心が強いため、おおむね多忙な生活スタイルを築いているので、書店や図書館へ行って本を探すような時間さえなかなかもてないでいるかもしれない。

五、専門書は初版部数はすくないけれども長期にわたって売れて重版することもあり、古い本でも在庫があり在庫情報がきちんとしていれば、インターネット等の検索と発注により入手が可能になる。

六、専門書の読者は、たとえばある本の引用文献や参照文献からほかの本の情報を得るなど、一般的に読書行為をつうじて関連書情報ネットワークをおのずと構築しており、在庫情報と注文の仕組みとリンクさえできれば、中身をいちいち確認しないでも購入しようとする傾向がある。

やや図式的に整理したが、とりあえず暫定的に言えることはこんなところであろうか。いずれにせよ、専門書出版がこうした読者群を対象にしている以上、最低限このぐらいは意識しておいたほうがいいだろう。

さて、こうしたかたちでホームページを開こうとしているものの、本の売買ということで言えば、出版社のホームページそのものは副次的なものでしかないというのが実態である。なぜなら、読者は特定の書物の入手を目的とするか、特定の出版社に関心をもってアプローチしようとするかぎりでしか、最初から出版社のホームページを見にいくことはしないと思うからである。むしろ書店に行くつもりで最近はやりのオンライン書店のホームページを見にいくか、書協その他の公共的な団体のサイトを見にいくのがふつうだろう。出版社のサイトはそれらのサイトで見つかった本のよりくわしい情報を知るためのリンク先にすぎないのではないだろうか。もちろんそれでよいのだが、ここで言いたいのはしかるべき団体ないしグループとのリンクをしっかり張ることの重要性である。場合によっては、そうしたグループを結成して協同して読者へ情報提供するという方法なども、これからの専門書出版社のとるべき道ではないかと思う。人文会や歴史書懇話会などの専門書出版社グループが率先してこうしたグループ活動を積極的に始めるべきではなかろうか。

未來社ホームページの試みと挑戦

（［未来の窓40］二〇〇〇・七）

未來社ホームページがようやく本稼働することになった。ちょうどこの文章を書いている六月十三日の深夜、予定を半日早めてついにリニューアル・オープンということになり、これまで半年ほど仮トップページのままだった未來社のホームページが正式に公開されることになったわけである。なにをいまごろと言われても仕方がない。一九〇〇年代ぎりぎりの昨年末になんとか立ち上げたものの、思いがけず準備に手間どってしまった。小人数の出版社のわりには刊行点数や在庫点数もそこそこあり、それなりの歴史もある未來社のようなところでは、やはりある程度やむをえないことだったのかもしれないといまは思っている。今回の未來社ホームページ制作には長年の取引先でもある萩原印刷＝DCubeがあたってくれたのだが、すでに多くの出版社のホームページを専門的に手がけているだけあって、まずは十分きれいな仕上がりにしてくれている。

わたしも本欄で出版社（とりわけ専門書出版社）のホームページのありかた等についていろいろ書いてきているので、実際に自分の目でその効力を確かめられないできたことには内心忸怩たるものがあった。どれだけのひとが未來社のホームページを覗き、関心をもってくれるのか不安がないと言えば嘘になる。しかし未來社のように宣伝力も販売のための人員もすくないところで、なおかつ売りにくい専門書を中心に注文制を採用しているところでは、どうしてもインターネットというメディアを活用する必要があるはずなのである。

こうした観点から、未來社のホームページでは他の出版社ホームページには見られない特徴を出していこうと考えてきた。通常の検索と購入のシステムを導入し、近刊情報を配し、各種メディアや研究グループとのリンクを張るのは当然のことだが、ここでは出版界の関連情報、著者・編集関連の技術情報、著者や研究会にかんする学問動向、周辺情報などもどんどん取り入れていきたい。つまり直接の書籍販売と結びつかなくてもいい、出版に関心のあるひとにとって有用な情報やコンテンツを開陳していく場にしたいのである。

その意味で未來社ホームページ内の「未來社アーカイヴ」というコーナーにはとりわけ力を入れたいと思っている。すでにいくつかの出版関連情報を収録しているが、そのひとつが本欄での連載「未来の窓」である。出版界のその時どきの問題へのわたしなりの関心や、親しくさせてもらっている著者や著作物についての感想を記したものであるが、これはすでに三年以上のテキストデータの蓄積があり、「未来」本誌と同一のデータが閲覧できるようにした。

また、この「未來社アーカイヴ」には、「週刊読書人」でわたしが隔週連載している「出版のためのテキスト実践技法」の連載分も、読書人編集部の了解にもとづいて収録させてもらう。ただしこれは営業上、紙面掲載後一か月以上したものでないと掲載しないことにしていることをお断りしておかなければならない。ただ、これは今後のとくに専門書出版にとっては、著者においても編集者においても必ずや役に立つデジタル技法であり、いわば今後の出版界にとって革命的な技法だとわたしが信じているものなので、なんとか関係者に広く理解と協力をもとめたいものなのである。インターネット上でやりとりされるデジタルデータにかんする業界標準フォーマットへの提言であるとともに、直接出版にかかわるデジタルコンテンツの処理技法にかんするノウハウになっている。くわしくはそちらにゆずるが、以前、こうしたコンセプトにおおいに関心をしめし「革命的な出版技法」だと言ってくれた新聞記者がいた反面、こうした技法をたんに出版業界内の狭い技術論にすぎないとしか認識できない若い編集者たちもいた。わたしの考えでは、編集者ほど感度の鈍いひとが多いし、えてしてこれまでの自分の手法にこだわりつづけて保守的であるひとが多い。だから、むしろほんとうに自分の本を出したいと真剣に考えている著者たちのほうにこそ希望があると思っている。この技法はそのひとたちのために役に立つはずなのである。

そうした考えもあって、この「未來社アーカイヴ」には、著者が原稿データを入力するにあたっての具体的な問題点や方法を整理した「原稿入力マニュアル」も収録してある。すくなくとも出版をめざす著者にとっては知っておいたほうがいい細かいヒントや方法、考え方を簡略に示したマニュアルである。これはわたしがある著者につくるよう唆されてとりあえずつくってみた暫定的なものではあるが、その実質的な内容はいずれ「出版のためのテキスト実践技法」連載にもうすこしくわしい説明をつけて書いておこうと思っている問題の先取りであり、要約になっているはずである。また、これに関連したものとして、「編集用日本語表記統一基準」なるおこがましいタイトルのリストをこのマニュアルの付録のようなものとして収録してある。これも暫定的なものだが、一冊の本や論文のなかで、著者があまり注意を払っていないと思われる表記や送り仮名の不統一について一般的な一覧表にしてみたもので、これらを参考に著者それぞれが自分の表記法についてきちんと自覚し、意識的に選択してほしいと思うことから発想されたものである。こうした一覧表はケースによってはいくらでも増補も改訂もすることができるし、もしこれを利用しようとするひとがいたら、ぜひ自分用にカスタマイズされることをお奨めしたい。これらはそれぞれの著者なり編集者なりが自分流に仕事をスピードアップしたり正確さをチェックしたりするためのツールであり、そのためのヒントにすぎないからである。ただそうしたツールを相互に情報交換し、お互いの役に立つツールに鍛え上げていくこともあっていいのではないかと考える次第である。

そんなわけで、いろいろな狙いをもったホームページを作りたいと考えているし、著者と編集者、読者の意見交流の場や発表の場にできたらいいと思っているので、今後の未來社ホームページの試みに関心をもっていただきたいとひたすら願う心境である。

注　未來社ホームページは二〇〇九年八月に再リニューアルをおこない、大幅な変更をおこなった。本の購読はすべてオンライン書店へのリンクにとどめたのもセキュリティ面でのコストにもからんだやむをえざる処置だった。さらにこの稿で述べたもののうち、残存しているのは「未来の窓」、「編集用日本語表記統一基準」ぐらいであるが、その代わりに「SEDスクリプト一覧」「秀丸マクロ集」「知っていると得をする著者・編集者のためのパソコンTIPS集」のほか、Windows用、Macintosh用テキストエディタ等のパソコン用ツールのダウンロード・ファイルが収録されている。また、「週刊読書人」の「出版のためのテキスト実践技法」の連載と「原稿入力マニュアル」はその後、大幅に加筆されて『出版のためのテキスト実践技法／執筆篇』（二〇〇一年四月、未來社刊）、『同／編集篇』（二〇〇二年一月、未來社刊）となった。

（［未来の窓41］二〇〇〇・八）

未來社ホームページのその後

前回、未來社ホームページが本格稼働することになったことをお伝えした。おもしろいもので、リニューアル・オープン当日にさっそくここから注文が入り、インターネットの威力をまざまざと感じさせられたものだが、そればかりではなく、知り合いからの激励メールや感想メール、読者からの刊行予定の問合せなどのほかに、思いがけない反応などがあった。

たとえばそのひとつの例だが、「ACADEMIC RESOURCE GUIDE」というメールマガジンの編集者から前回の「未來社ホームページの試みと挑戦」を転載させてほしいという申し入れを受けた。おもに学術系の研究者が対象とのことで、未來社のような出版物の読者や著者とはおおいに重なるところがあり、喜んで転載了解のお返事をさせてもらった。こうしたインターネット上のさまざまなメディアとの相互交流や意見交換によって、たんに書籍の検索・販売に終わらない出版社ホームページの特色が出せるのではないかと考えている。出版社のホームページというのは一種のヴァーチャル・ショップなのであり、言ってみれば書店と図書館と研究施設が同居しているものなのだという認識をわたしはもっている。そこに必要な情報や魅力がなければ、ひとは見にきてくれないのである。

「未來社アーカイヴ」のページを見てくれた読者からは「出版のためのテキスト実践技法」についての好意的な感想が寄せられ、いずれ一冊にまとめられるときのための書名まで考慮してもらった。また、ある著者は原稿整理するにあたっておなじアーカイヴにある「原稿入力マニュアル」を参考に入力することにしたと知らせてきてくれている。ある編集者は「日本語表記統一基準」といった表記の統一にかんする認識がいまの著者にはもはやあまりなくなっていることを指摘し、こうした一覧表の提示はありがたいということを伝えてきてくれている。いずれも第一線で仕事をしているひとの対応だけに実感があり、とてもうれしい。

たまたまこの一文を書いている前日に取引先の印刷所で現場の優秀なオペレーターと、実践的なテキスト処理の技法についてさまざまな観点から意見交換をおこなう機会があった。最近のＤＴＰの急速な発展やフォントをめぐる印刷業界の問題などをふくめ、これからの出版業自体がこうした外的な諸条件への適切な対応抜きには成立しなくなるだろうという新しい状況がうまれている。こうしたなかでなによりも出版の原点であるのは、著者の原稿データであり、それをもっともシンプルに実現しているのがテキストファイルなのだという共通認識をもつことができた。いかに効率よく処理し、いかに安全にデータ管理をおこなうべきか、ということは印刷業界にとってもこれからの課題になるはずだ。今後の出版のありかたを考えていくうえでも、ますます［出版のためのテキスト実践技法］をきたえあげていく必要に迫られていると言ってよいだろう。

それはともかく、本格的にホームページを立ち上げたことにたいして、いまのところはまだわずかかもしれないが、こうした反応が出てきているということは、今後の書籍販売においても有力な販売チャネルができたことを意味する。

未來社ホームページからの注文の場合、読者は宅急便での受取りのほかに、未來社の特約店・常備店に限ってではあるが書店受取りができるようにした。これは本来の書籍流通を尊重するだけでなく、未來社の書籍を日ごろ扱ってくれている書店へのささやかな還元のつもりである。売上げになかなか寄与できない未來社の出版物を常備してくれている書店にとっては、思いがけないかたちで注文に結びつくことになるのであって、苦しい書店経営にいくらかでも貢献したいからである。もちろん読者にとっても手っ取り早い書籍の入手方法であろう。

こうした販売チャンネルの拡大によって、これまでの出版社→取次→書店という、いわゆる「正常ルート」のありかた自体が根本的に問い直される時代にはいってきた。うわさされる「アマゾン・ドット・コム」やドイツからのＢＯＬ

（注）の日本書籍市場参入という新事態を前にして、出版界三者の対応の遅れは深刻である。自己の権益を守ることに汲々としているうちにますます業界全体が枯渇し、読者離れが嵩じているのではないか。

しかもそこへもってきて来春に控えた再販制度見直し問題にかんして、公正取引委員会からまたも大きな課題を突きつけられているらしい。というのは、公取の担当主要メンバーが人事異動によって交替したこともあって、これまで何度も繰り返されてきた初歩的な疑問や矛盾と混乱もふくむ質問事項が非公式に出版界に提出されているからである。五月三十一日付けの「書籍・雑誌再販における論点及び質問事項」と題するペーパーの、「第1　再販制度の必要性について」の「2—（3）書籍間の内部補助等を通じた出版企画の多様性の維持について」のなかに、たとえば「企画の段階では、それなりの採算が採れることを前提に、部数や定価を決めて出版されるのではないか。全く採算が採れないことが分かっているのに出版することはあるのか（経営的に苦しくても出すものと、出さないものとの区分は、誰がどのような基準で判断するのか）。仮にあるとすれば、それはどのようなもので、その理由は何か。」とか、「安定的な収益源のない出版社では、どのようにして内部補助を行うのか。業界全体として行うのか。」といった調子である。まったくこれは未來社のことではないか（笑）と思わざるをえない。よけいなお世話である。しかも、そうした事態への対応策として現実離れした提案もある。つまり「内部補助による出版企画の多様性の確保の必要性からすれば、業界全体でファンドを積み、文化的な出版に補助をする方が首尾一貫していると考えられるが、どうか。」など、空想的としか言いようがない。ちなみにここで言う「内部補助」とは聞きなれないことばだが、要するに売れる書籍で得た黒字を赤字部門の補塡に充てることを言うらしい。業界全体で一種の業者間内部補助を実現してみたらという提案なのである。もちろんそんなウマイ話があるわけがないのである。

注　BOL（ベルテルスマンオンラインの略）はドイツの出版を中心とした企業体で、BOLジャパンを設立し日本市場でのオンライン書店業に参入したが、成功せず撤退した。

インターネットに出版の未来はあるか

（「未来の窓43」二〇〇〇・一〇）

本がますます売れなくなっている。真夏日（気温三十度以上）が六十日を超える、観測史上二番目というこの夏の記録的な暑さによってますます加速された感のある出版業界の低調ぶりは、業界紙によれば四年連続の対前年比割れを間違いなく確定的なものにしそうだとのことである。すでに昨年の段階で売上げは六年前の水準と同じ程度に低下している。さらにこの調子だと二〇〇〇年度は一九八〇年代の水準に転落すると予想することもできる。すくなくとも書籍の売上げ部数ではバブル崩壊の一九八八年並みになりそうだとさえいわれている。

出版大手各社の決算報告などにうかがわれる数字からも軒並み減収減益という情勢がはっきりしてきた。大手取次の日販が新刊書の仕入れを大幅に制限する措置に移行したことも不景気感をさらにいっそう拡張した。来年春に予定されている公正取引委員会による再販制度見直しの動きもここへきて依然として先行き不明である。出版界はこうした爆弾をかかえたまま、二十一世紀に突入することになる。

こうしたなかで、出版物のインターネット利用による販売の可能性をめぐってさまざまなチャンネル獲得競争が激化してきた。日販、トーハン、大阪屋といった取次各社がそれぞれインターネット販売に対応するためのウェブ在庫センターのインフラ構築を始めている。出版社とのあいだで取引条件をめぐって未解決の部分を残したままの在庫確保を躍起になって先行しているといった感がつよい。

また、ドイツの大手出版社ベルテルスマン（BOL）による日本市場参入もあり、世界最大手アマゾン・コムの参入もいよいよ本決まりになったと聞く。そして国内ではこの分野ではもはや老舗と言ってもいい「本の宅急便」（ヤマト運輸）による各社ホームページからの受注〜宅配のシステムもかなり一般的になっている。紀伊國屋、丸善、三省堂といったナショナル書店チェーンもすでにインターネット販売にかなりの実績を積み上げている。それに対応して全国の書店組織である日書連も本の在庫情報の電子化などによる流通の迅速化を急速に進めている。

もちろん、こうしたさまざまな販売チャンネルが広がるには、今後の出版流通の新展開をインターネットに見出そうとするそれぞれの思惑があるのだが、現状はまだまだインフラ整備の段階にすぎない。どんなに厳しくなったとはいえ、書店店頭での販売が圧倒的に高いシェアをあげていることに変わりはない。逆に言えば、全体の落ち込みをカバーできるほどインターネットのシェアが伸びていないのが現状である。

本欄でも何度か触れているように、専門書出版社のホームページは、本の内容上からも書店店頭での品揃え不足の点からも、たんに情報の補完装置という以上の実際上の販売チャンネルになりうるものである。しかし、未來社ホームページでのわずかなデータからでもうかがうことができるのは、出版社ホームページは情報を得る手段ではあっても、そこでダイレクトに注文をするひとはきわめて少ないのではないかということである。日本ではまだまだネット注文をする習慣が一般化していないのだろう。新刊の注文よりも既刊書の注文がほとんどであるのが未來社ホームページからの注文の実情である。ということは新刊なら書店で手に取ってみてから購入しようという読者心理が働いているのかもしれない。注文制をしいている未來社の出版物は特約店・常備店といえども、まとめて仕入れをしてくれることは稀だから、実際のところなかなか本を手に取ってもらうことはできないのにかかわらず、である。やはり相対的に高価になりがちな書籍が多いだけに、やむをえないのだろうか。いずれにせよ、売上げの1%以下の現状からなんとか全体の一割、さらには二割、三割と伸ばしていきたいし、伸ばしていかざるをえない(注1)。

今後の出版界の将来について考えると、出版物のインターネット販売の可能性を考慮に入れないわけにはいかないのは自明である。とはいえ、これまでのように紙媒体の書籍というパッケージの流通経路が変わるだけだと考えるのは、いささか楽観的すぎるであろう。出版物はたしかに便利な情報パッケージではあるが、百科事典類がCD―ROMにとってかわられつつあるように、書物というパッケージ形態が携帯・収容・使用においてもっとも適切とみなされる種類の出版物だけが特権的に残存することになっていくのではあるまいか。専門書、ある種の実用書など、反復使用あるいは情報保存の必要性の高いものが書物の形態を必要にするのではないか。ここへきて週刊誌やマンガなどのような、反復利用性も保存の必要性もすくない出版物の急激な売上げ減をみると、こうした未来イメージも独断とばかりは言いきれまい。

もうひとつ考えられるのは、書籍の内容と同一のデジタル・コンテンツの販売の可能性である。紙媒体と同時に、いくらか値段を下げるかたちでデジタル・コンテンツを希望者に販売することは今後かならず実現することだと思う。とりわけ専門書などの場合、必要な情報を自分の専用のデータベースとして活用するような研究者、専門家が近い将来かならず出現すると思うからである。というより、出版界がそのようなコンテンツを自由に提供できるようになれば、専門家はそれを自分のパソコンのハードディスクに溜め込み、自由に検索したり再利用することがいますぐでもできるようになるからである。いまはそれを許す条件が十分にそろっていないために現実化していないだけの話ではなかろうか。その意味では、出版界は近い将来のこうしたコンテンツ販売にもいまから対処していかなければならないはずである。

そのためにもデジタル・コンテンツの中身そのものを著者・読者にもわかりやすいかたちで標準化する必要がある。つまり誰が見てもそれと認識することができ、しかも初心者にも簡単に操作できるファイル形式が標準化されていく必要がある。わたしの持論はテキストファイルに特定のタグを付加した形式がいちばん簡単だと思われるが、HTML形式であれ、PDF形式であれ、今後の実用化しだいでは別になんでもかまわない。要は、そういう資料を次世代の専門家たちは当然のものとして活用するようになるだろうという認識を出版界があらかじめもつことである（注2）。

注（1）二〇一一年の現時点でオンライン書店のシェアはすでに全体の一割を超えており、専門書出版社においてはアマゾンのシェアは紀伊國屋書店、ジュンク堂書店を凌駕する勢いとなっている。
（2）このあたりの認識は、その後、紀伊國屋 NetLibrary でのデジタルデータ販売や電子書籍の配信の拡大などによって証明

されたように、業界でももっとも早い段階での指摘になっているはずである。未來社では刊行本の最終的なデジタルデータをテキストファイルとして保存するようにしている。

（［未来の窓116］二〇〇六・一一）

ホームページの活用再考

未來社ホームページへのアクセス数がこのところ安定した高水準を保っている。一日平均して五〇〇弱、コンスタントに四〇〇台半ばから五〇〇台後半までのアクセス数ははたして一般的にみてどうなのか、出版社としてはどうなのかは不明だが、未來社のような小出版社としてはまずまずの数字ではないかと思う。二〇〇〇年七月に仮立ち上げをしたころは月平均で二〇〇〇〜三〇〇〇（一日平均で六〇〜八〇）、二〇〇一年四月にリニューアル・オープンしたころは月平均で四〇〇〇台半ば（一日平均で一四〇超）といった具合で、しばらく一進一退をつづけながら二年ほどしてついに一日平均で二〇〇を超えるようになったのだが、ここ一年ほどのあいだに三〇〇台から四〇〇台に、そして五〇〇にも達しようとしているのである（注1）。

これはどういうことを意味するのか。わたしは専門書出版社のホームページ活用の意味について本欄でも何度か持論を展開してきた。書店店頭での商品露出度の低い専門書の存在をいかに読者に知ってもらうかという必要からと、店頭での衝動買いというよりも目的買いという性格の強い専門書と専門的読者との結びつきという固有の性格からして、購入の判断のための情報さえきちんと提供できれば、いまの時代にあっては、出版社ホームページは十分に可能性のある媒体だと思っている。その可能性のバロメーターのひとつがアクセス数なのである。当然ながらアクセス数を獲得していくためにはさまざまな努力が必要なのは言うまでもない。出版物の情報だけでなく、出版や文化的イベントにかんするおもしろい情報とか役に立つ情報など周辺情報が充実していること、さまざまな情報源とのリンクが張られていること、などもそうした努力の現われと言える。

しかし問題はいろいろある。たとえばアクセス数の増加だけで満足していることはできない。そこではアクセスの内容が問われるべきである。サーバーなどにはウェブ解析ツールがいろいろあるが、それらを使って調べてみるとアクセス数のほかにページ数などがカウントされており、これは誰かがアクセスしたあと同じサイト内でのサーフィン（つまりページを渡り歩くこと）の様子が反映されていることがわかる。もちろんこの数が多ければ、ホームページにそれだけ見どころがあるという証拠にもなろう。入口のところでおもしろくなさそうであれば、すぐ別のサイトに移動してしまうだろうからである。もうひとつのバロメーターはホームページへのアクセスポイントが数多くあることである。ホームページへの入口は必ずしもトップページばかりでなく、外部リンクや利用者のブックマーク（ウェブ上の栞のようなもの）や履歴機能からいきなり関心のあるページにジャンプすることができるからであり、それらもさきほどのウェブ解析ツールでどこからホームページに入ってきたかを分析することができる。それが多様であればあるほど、そのホームページには継続して読みたい箇所、見どころが多いことになる。

パソコンを使うのがあたりまえになり、インターネットを通じての情報の送受信が増加の一途をたどっているからといって、それぞれのホームページのアクセス数が自然に増加すると考えるのはおおきな間違いであり、錯覚である。利用者が増え続けているといっても、ホームページの数も増え続けているのだから、利用価値のないものはどんどん淘汰されるか見向きもされなくなる。おもしろさか有用性、最小限このどちらかがなければホームページの可能性など、絵に描いた餅に等しいとも言える。その意味でこれもけっして楽な可能性の模索ではないし、ある意味で危険がともなわざるをえない。なぜなら、インターネットの世界ほど情報の伝播も早いと同時に無責任な発言、流言が許容されてしまう世界だからである。

さてもうひとつの問題は、書籍の購入ルートにかんする問題である。昨今いわれているように、オンライン書店とりわけアマゾン・コムを利用する読者の数は増加する一方であり、リアル書店を圧迫している。出版社のホームページからの注文も読者への直送と結びつき、少ないパイがますます少なくなっている。紀伊國屋書店などでも店頭買いとネット注文からの在庫引き抜きが半々ぐらいになっているとも聞く。

とはいえ、未來社のホームページからの注文は、アクセス数の増加にくらべると、当初のわたしの予想に反して、さほど伸びているわけではない(注2)。二〇〇一年四月のリニューアル・オープンのときには『出版のためのテキスト実践技法／執筆篇』が刊行されたばかりで「朝日新聞」に写真入りで大きく取り上げられたこともあって、未來社ホームページでの一か月間の購入者数が一気に増え、つい先月、向井透史著『早稲田古本屋街』が刊行されるなどして購入者数がわずかに上回るまで更新されなかった。その程度には数字が伸びていないということでもあるのだが、その一方ではアマゾン・コムなどの利用には商品の多様性、送料無料の特典などがあるせいか、読者の最終的な購入先はオンライン書店に移行する傾向が強い。アマゾンのバックヤードとみなされる大阪屋の店売注文が大幅に増えていることでもそのことは確認できるのである。その意味で、出版社のホームページは直接販売にはたいして成果を上げていないように見えても、間接的にオンライン書店あるいはリアル書店での販売に貢献していると考えていいのではないかと思う。

ところで未來社ホームページへのアクセス数の増加に比例して購入書籍の冊数、金額がさほど上昇しないのは書籍購入へのインセンティヴの不足にも原因があったのではないかと最近は思うようになった。『早稲田古本屋街』が著者の署名付き（希望すれば）というプレミアム販売でもあったからかなりの注文があったわけで、読者にとってなんらかのプラス要因のようなものがあれば、読者の直接購入をもっと喚起することができるのではないか。その観点から今後は、品切れ本のオンデマンド化など、読者へのサービスの質もくわえてホームページの活性化をさらに考えてみようと思っている。

注（1）未來社ホームページは二〇〇九年八月に大幅な再リニューアルをおこなったが、トップページはじめ構造的な変更によって、従来のフレーム型の構造ではカウントされなかったアクセス数が顕在化することになった。その結果、一日のアクセ

ス数が一〇〇〇以上あることがわかった。最近は東日本大震災以後、若干減少気味である。
（2）前注での再リニューアルのさいに、セキュリティ上の問題で、自社ホームページからの注文を扱うのはとりやめにし、オンライン書店へのリンクだけにさせてもらった。このため、注文の実態が把握しにくくなったのは否めないが、ログ解析によってオンライン書店へのジャンプ状況などはデータ化されている。

未來社ホームページのリニューアル

（［未来の窓150］二〇〇九・九）

この八月六日の夕方になって未來社ホームページがリニューアル・オープンした。一九九九年十二月の仮オープンのあと、二〇〇〇年六月に正式オープン、その後二〇〇二年九月にいちどリニューアルしたあとはずっと変更なしできたのだが、二年ほどまえからホームページ製作を担当しているディキューブ（取引先の萩原印刷の子会社）から現在のインターネット状況を踏まえた再度のリニューアルの必要が提言されていた。

未來社ホームページを立ち上げてからこの十年のあいだに世界のパソコン環境、インターネット環境は著しい変化と発展をとげた。わたしも主として本欄をつうじて出版とインターネット、出版とパソコンにかんしていろいろ発言もし、そのつど意見や感想も述べてきたが、時代の流れは予想を超えた速度で進展し、わたしの想定をしばしば覆してきた。その帰結のひとつがこのホームページ・リニューアルという事態なのである。

このリニューアルにいたった理由は主に未來社ホームページの構造上の問題である。以前のものは立ち上げ当初におけるインターネット環境の未成熟という観点から、フレームと呼ばれる切り分けをおこなって負荷の分散〜高速処理を確保しようという狙いをもっていた。当時としてはそれが主流だったらしい。その結果、運営管理上からもサーバ管理者に頼らざるをえない部分がかなり残ってしまい、迅速なニュース発信、話題提供という面では不満があった。それでもわたしが作ってきた「アーカイヴ」ページは最初に作成してもらったＨＴＭＬ文書をベースに流用というかたちで増幅させた結果、相当なアクセス数をキープしてきた。さらに、簡単な掲示板形式を利用して二〇〇一年四月から始めた「日録」はコンスタントに閲覧者をカウントしてきている。

ディキューブ担当者によれば、こうした構造のために実際の閲覧の実態が、たとえばログ解析結果などに十分に反映しないかたちになってきたとのことである。フレームが分かれているためにサーバ側のカウント数がログに反映していないという。これまで未來社ホームページは小さな出版社のわりには一日平均四〇〇〜五〇〇の訪問者数をカウントしてきたのだが、実際はもっとずっと多いはずであるというのである。ヒット数、ページ数などが現実のアクセスを反映することになって、これまでよりもずっとアクセスされやすくなるということである。アクセス数が多いことがさらなるアクセスを呼び寄せるというインターネット事情がそこにはある。世に言うSEO（Search Engine Optimization）とはグーグルなどの検索エンジンに引っかかることが多いものほど検索結果の上位にランクされ、上位からアクセスするひとが多いためにアクセス数が必然的に上昇するという「猿でもわかる」論理なのである。そのSEO対策のための仕組みを構築することが今回のリニューアルの目的のひとつである。

その効果は日数不足でまだよく見えてこないが、すくなくともヒット数は、これまでの月間記録128,502をはるかに凌駕し、五日間ですでに20万ヒットに迫っている。これで見るかぎり、いままでのカウント数などは氷山の一角だったと言えそうである。訪問者数はいまのところさほど増えているわけではないが、これもSEO効果がでてくればかなりの増大が見込める。問題はそうした試みが、インターネットを通じての書籍の宣伝〜販売に最終的に結びつくかどうかである。

今回のリニューアルにあたって、当初よりつづけてきた未來社ホームページからの購入ページも書店からの注文ページも閉鎖することになった。これはもっぱらセキュリティのためであり、高額のセキュリティ費用をかけられない小出版社のホームページとしてはやむをえない措置をとらざるをえなかったのである。開設当初は常備店に優先的に注文がいくために書店での購入をナヴィゲートするように購入可能書店一覧から選択する方法と通常のブックサービス利用の二択をとれるようにして、画期的な試みと評価されたこともあった。しかし、当時とちがって、いまはアマゾンをはじめとするオンライン書店全盛の時代である。今回のリニューアルでは購入はすべてオンライン書店へのリンクによってなされることになり、リアル書店（従来の書店を呼ぶ新語だが、いやなことばだ）への販売可能性は紀伊國屋書店BookWebを除いては遠のくことになってしまった。書物復権に加担しているわたしとしてはオンライン書店のみ利するようで忸怩たる思いがあるが、ご寛恕ねがいたい。

それはともかく、今回のリニューアルによって新たにできるようになったこととしては、いわゆるブログ機能を活用してトピックスを瞬時にアップロードできるようになったことであり、もうひとつはNetPublishersというプログラムを導入したので、そのニュース機能を使って定型文書を簡単にアップロードできるようになったことである。わたしの「日録」はこの形式を利用して掲載していくことになる。これらの新しいプログラムに慣れていくなかで今後はもっと多様な試みが実現するだろう。社内の情報発信を活性化できれば、今回のリニューアルの目的のひとつは達成されることになる。

わたし個人としては従来の「アーカイヴ」ページの中身を今回かなり思い切って整理してしまったので、あらためてこのページでの新しい企画を準備しようと考えている。出版のための価値あるリソースをすべて公開する原則主義者をめざすわたしは、『出版のためのテキスト実践技法／総集篇』で開陳したSEDスクリプト集や秀丸マクロ集はすでにこの「アーカイヴ」ページからダウンロードできるようにしてある。［出版のためのテキスト実践技法］の拡大版として、出版にかかわるひとのために、さまざまなツールの紹介、細かいパソコンのテクニックや設定の方法などを「チップス集」（注）のようなかたちで書きとめていきたいと思っている。

注　これは現在は「知っていると得をする著者・編集者のためのパソコンTIPS集」という名に変わった連載で四六回までアップされている。アクセス数もかなり多いのでマニアックなひとが読んでくれているのかもしれない。時間をつくってもっと書いておきたいテーマである。

リニューアル後の未來社ホームページ続報

（［未来の窓151］二〇〇九・一〇）

前回この欄で書いたように、未來社ホームページがリニューアル・オープンした。まだひと月ちょっとしか経過していないが、予想を超える動きがすでに出はじめているので、すこし早いが報告をかねてその変化を追ってみたい。

まずは前回も述べたことだが、リニューアル・オープン当初からヒット数が一挙に増えたことである。これはホームページの構造上の問題でこれまで顕在化していなかった部分が数字に表われたという面がおおきくかかわっているので、あまり過大評価はできないが、それにしても八月の二十五日間で一一〇万超のヒット数はこれまでよりひと桁上回っており、この九月になってからはそれが八日間で四〇万ヒット、ひと月でみればおそらく一五〇万以上のヒットになる。これだけみてもたったひと月でさらに二割ほどアップしていることがわかる。

ホームページ制作者側に聞くと、ホームページへのアクセスの度合を計るにはヒット数またはページ数、それになによりもヴィジット数（訪問者数）が参照すべき数字だとのことである。それではヴィジット数はどうかというと、ここしばらく一日四〇〇～五〇〇ぐらいで推移していたヴィジット数が、リニューアル時の八月はアベレージが一日平均五二九で微増にとどまっていたが、九月の現段階ではすでに一日平均七六五と、約五割増になっている。八月の後半にはすでにこの傾向は出はじめていたのが、ここでもさらに増加傾向にあるようだ。ヒット数とヴィジット数が同じように伸びていることは今回のリニューアルが効果を上げつつあることを示していると思われる。

今回のリニューアルはトップページのＵＲＬ以外はほとんど変更ないし削除してしまったので、当初は戸惑った方もおられたようだ。わたしの「日録」も同じで、これまでブックマークを付けて見にきていただいた方には迷惑だったたかもしれないが、あらためてトップページから入り直してもらうしかないようにしたので、最初はかなりアクセス数が減ったが、しだいに従来のようなヒット数に戻ってきている。これまでアクセスの多かった「アーカイヴ」ページも同様で、以前の古くなった内容をおもいきりよく削除してあたらしく「著者・編集者のためのパソコンTIPS集」という連載を始めたところである。トップページに「TOPICS」というニュース記事を立ててここからも入りやすくしてある。ちなみにこの「TOPICS」というニュース記事も簡単に作成し即時アップできるようになったので、ホームページ自体の活性化にもつながりやすくなった。

こうした効果をはかるもうひとつのバロメーターとしてあげられるのが、今回からオンライン書店との直接リンクとそこでの販売結果を確認できるアフィリエイト契約を導入したことによって、そこで購入された本の冊数がヒット数、ヴィジット数の増加に比例して伸びてきたことである。これまで自社ホームページからの購入以外はとくに購入のためのルートをもうけていなかったが、オンライン書店とアフィリエイト契約を結んだことで、未來社ホームページからオンライン書店へ直接リンクをたどって購入された本のデータがとれるようになり、リニューアル・オープン当初はともかく、ここへきてその成果が毎日のように現われるようになってきた。アマゾンのほかに、ヴァリューコマース（楽天ブックス、紀伊國屋書店BookWeb、ブックサービス、ｂｋ１）、リンクシェア（セブンアンドワイ）が相手先だが、そこでのリンクの回数、注文冊数・売上げ冊数、売上金額、報酬金額などの最新情報が確認できる。売れた本を特定までできるのはいまのところアマゾンだけだが、未來社ホームページ側からのウェブ解析ソフトのデータからもある程度はウラがとれる。これとは別にアマゾンのベンダーセントラルにアクセスすると、自社本の販売内容がすべてわかるようになっている。こうしたデータを多角的に組み合わせることでどんな本がどのように売れているのかを把握できるようになりつつある。これはまことにおもしろいもので、いまのところは一喜一憂しながら本の売行きの動向を追っているのである。

わたしは以前にこうしたホームページへのアクセス数に比例して購入される本も増えていくのではないか、といささか素朴で楽観的な予測を立てたことがあったが、今回のオンライン書店での購入の結果を推測してみると、この比例関係はまんざら空想的なものでもないような気がしてきた。もちろん、自社からの直接リンクによってこれまでもオンライン書店での購入が実現するということはあったはずなので、このアフィリエイトによる販売ルートの特定というものが現実のほんの一部を見せているにすぎないことは明らかである。あとはもうすこし時間をかけてこうした比例関係がオンライン書店での売上げのなかでどのように比率を増していくものかをおおよそでも把握できるようになればいいと思っている。

ところで、さきほど「アーカイヴ」ページで「著者・編集者のためのパソコンTIPS集」という連載を始めたことを書いたが、わたしが愛用している秀丸エディタの制作者斉藤秀夫さんのホームグラウンド「秀まるおのホームページ」の「マクロライブラリ」(http://hide.maruo.co.jp/lib/macro/index.html)に、未來社ホームページの「アーカイヴ」ページでもダウンロードできるようになっている秀丸マクロの登録を始めた。利用者のきわめて多い秀丸愛好者の注目度の高い人気サイトだけにわたしの作った秀丸マクロがここでどのように評価されるのか興味のあるところだが、さいわいにして連日かなりのダウンロード数をカウントしている。ちょっとした腕試しといったわけで少々図に乗りすぎのきらいもなくはないが、ネット上では意外な出会いが可能であり、それらが相互に結びつく可能性にいろいろチャレンジしてみることはなかなか楽しいし、なにが有効かわからないところがおもしろいのである。

電子書籍とテキスト技法

コンピュータと出版の未来

（「未来の窓3」一九九七・五）

金曜の夜などに秋葉原に行くと、まるで別世界のような気がしてくる。駅の改札あたりはこれから行くひとと帰って来るひとでラッシュアワーの満員電車並みである。出版界はますます不景気だというのに、パソコン業界はあいかわらず好調を持続しているようだ。かく言うこのわたしもパソコンにはいろいろ投資している。というより、コンピュータの世界は、そこに入り込めばこむほど時間とお金を投資せざるをえないようになっているのだ。それがこの世界の恐いところでもありおもしろいところでもある。

いま世の中はインターネットの時代に入ったと言われている。アメリカにおおきく遅れをとり、いや東南アジアの諸国さえよりも遅れて、ようやく日本もこのツールを使うことがあたりまえの社会になりつつある。日本という国は電波法やらなにやら官僚主導のつまらない規制の多い国で、NTT分離・分割問題などに端的に見られるごとく、郵政省や通産省の縦割り行政のあおりもあって肝腎の法整備が進まないあいだに、世界の動きにどんどんついて行けなくなりつつある。識者のあいだでは早くからこのことについての指摘があったにもかかわらず、なにごとも官僚的な差配によってしか動けなくなっているこの国の社会は、もはや世界の同時代性を鋭くキャッチアップしていくにはあまりにも腐敗が進んでしまったというべきだろう。このたびの原発事故にたいする動力炉・核燃料開発事業団（動燃）東海事業所幹部の堕落しきった隠蔽工作など、こうした官僚腐敗の一部にすぎない。このことと規制緩和がたんなる経済合理性の追求にむかっていることとは表裏の関係にあるのではあるまいか。

ともあれ、いまやこれだけ世界をクモの巣状にネットワーク化したインターネットという情報世界は、どこに住んでいようとも人間を居ながらにして世界じゅうと瞬時にリンクしうる環境をつくりだしてしまった。このことは必然的に国境や民族や宗教を超え、言語をさえも超えてみせるのである。インターネットの原点がNASAの宇宙戦略に根ざしていたことを想起してみるまでもなく、もともと一国内におさまるような発想のものではなかったのであって、このことを考えればインターネットが疑似的にせよ世界を一元化し、ある意味ではすべての人間を同一の水準におこうとするスーパー平等主義の視点をもつことを否定することはできない。とはいえ、すでに企業の求人募集がそれぞれのホームページでしかなされていないというような事態が現実のものとなりつつある現在、インターネットへアクセスする能力があるかいなかが最初の選別の基準になってしまうという情報格差が存在するのも事実である。

出版の世界においてもこのことはいよいよ問われはじめてきた。編集の場でのDTP(Desktop Publishing)導入の問題もコスト削減の可能性とソフトの改善とによって急速に現実化のメドがついてきており、編集者の仕事の質的転換がやはり問われはじめている。コンピュータにたいする理解と最小限の技術習得はこれからの編集者には必須のものとなるだろう。

DTPの技術を身につけることによって印刷業者に依存していた細かい編集処理が可能になることは、おもしろいことに、本作りの原点への復帰を意味することにもつながるのである。専門書出版とはもともと〈手作り〉の要素が大きかったのだが、コンピュータの技術革新にともなって本の〈手作り〉感覚がふたたび現実のものとしてよみがえってきたともいえよう。サイクルがひと回りしたとでもいうべきか。さらに編集コストの削減は当然ながら一点あたりの刊行コストの大幅な削減にも直結するのであり、これまで採算基準に届かなかったことによって見送られていた企画の実現にも大いなる可能性が切り開かれたのである。

専門書出版の持続を志す者にとって、このことはきわめて大きな勇気づけにもなりそうである。最近の若手の著者などは、DTPとまではいわなくとも、コンピュータの処理能力も当然のように身につけているひとが多い。こうした著者との連携によってコンピュータ技術を駆使した出版の可能性はますます広がってくるだろう。

出版社にとってコンピュータは編集にのみ役に立つだけではない。商品の在庫管理や印税計算などの会社内部の処理ばかりでなく、いまやインターネットをつうじての自社のホームページ開設や取次など流通業者への情報提供も簡単にできるようになってきたのである。小さな専門書出版社にとっては、世界じゅうからアクセス可能なホームページの開設は弱体な宣伝力や営業力を補うことのできる有力なツールとして、いまや喫緊の課題になっているといっても過言ではない。げんにかなり多くの出版社が自社のホームページを開設しはじめている。ただし、いくつか覗いてみたかぎりではまだまだ使いやすいものとして構築されているとはいえないのが現状ではある。書協が「インターネット研究会」をつくりはじめたこともこうした実情を反映しているといってよい。

先日もある取次関係者と出版VANの導入について意見交換をする機会があった。こちらが事前に考えていたようなむずかしい問題はほとんどないことがわかったので、この点でも流通の現場への情報提供が簡単にできることになった。こうした技術革新によって出版物の流通はもちろん、本の内容にもどれほどの変化があらわれてくるのか、今後の出版文化のありかたについても慎重にみきわめていかなければならないと考えているところである。

（「未来の窓16」一九九八・七）

編集技法としてのテキスト処理

書籍出版のありかたがコンピュータ技術の急速な進歩につれておおきく様変わりしてきたことは、ここ最近十数年の印刷技術の変化に端的に現われている。グーテンベルク以来の活字組版とそれに関連する技術がほとんど消滅し、電算写植をはじめとする電子情報の編集処理技術のみが今日の出版を支えていると言っていい。それにともなって印刷そのものが活版から平版（オフセット）印刷に転換し、いまや活版印刷は詩集や句集といった小部数出版、あるいは特別な意味をもつ出版物に限定されてしまっており、しかもこれらの消滅もいずれ時間の問題となってしまった。

こうしたなかで、すでにこの連載でも触れたことだが、コンピュータの積極的な利用によって出版業に、そしてとりわけ編集業務にあらたな光明が見出されつつある。以前、この問題についてDTP（デスクトップパブリッシング）の大きな可能性について述べ、そこに「コンピュータの技術革新にともなって本の〈手作り〉感覚がふたたび現実のものとしてよみがえってきた」とやや過剰かもしれない意味づけをしたことがあるが（注1）、今回ここで述べたいと思っているのは、こうしたある意味では専門技術に近い編集技法を普遍化しようというのではなく、むしろ誰にでも操作可能な簡単な技術がこれからの本作りの仕事のうえでじつは大きな可能性を開くものであることである。

専門書出版を中心としている未來社のような出版社では、著者からの原稿入稿は最近はほとんどフロッピーによるものとなっている。それがワープロ専用機によるものであれ、パソコンのワープロ・ソフトによるものであれ、原稿がすでに電子情報化されているということは、すでに編集実務の半分が終了していることを意味する。もちろん実際は残り半分が重要な作業であるとしても、原稿が著者によって入力されたままの文字データとしてそのまま利用可能であるということは、この段階のままで原稿の内容的な吟味から徹底的な変更、校正まで可能であるということを意味する。つまり印刷所に入稿するまえに完璧な文字データを実現できるというわけである。印刷所にやってもらうのは、レイアウト上のさまざまな設定、つまりタイトルや見出しをふくめた書体や文字サイズ、行間やスペースの指定、ルビや傍点、写真や図版の組込み、といった編集作業のみとなる。基本的には文字データの流し込みと特定部分の割付け編集をするだけだから、よほど凝ったレイアウトにでもしないかぎり、比較的単純かつ短時間でできる仕事にすぎない。この方法をもってすれば、初校ゲラは最終仕上がりの確認のためにのみ必要な工程ということになり、初校校了というこれまでの編集業務では考えられない夢のような本作りが可能となる。

これがたんなる夢物語ではなくなったことは、わたしがこの間に試みた未來社でのいくつかの仕事が証明している。ひとつのモデルケースとして紹介しておきたいのは、つい先ごろ刊行されたカール・ポパーの『フレームワークの神話』という本である。これはポイエーシス叢書という哲学・思想・批評を中心としたかなり専門度の高いシリーズの一冊であり、レイアウトも戸田ツトムさんに依頼して下段に脚注を組み込むというかなり難度の高いものであるが、この三八〇ページを超え欧文や索引もふくむ本が事実上、初校責了で刊行にこぎつけられたのである。

じつはこれにはいくつかの前提があることもあらかじめ言っておかなくてはならない。この本の訳者グループの推進者は、すでにポイエーシス叢書で著書と訳書を三冊上梓している実績をもっていて、このシリーズのレイアウトにくわしく、そのためもあってすでに原稿段階で擬似的にページレイアウトされたワープロ文書ファイル（Microsoft Word によるイメージ・ファイル）と同時にDOS形式のテキストファイルを電子メールによって送稿してくれることによって、可能なかぎり高速かつ正確でわかりやすい原稿作成をしてくれたのである。こちらの編集作業とは、結局のところ、送られてきた原稿ファイルをページのかたちに出力し、通読作業をつうじて内容上の問題点や疑問点をはっきりさせるとともに、電子メールを使って校正作業をすすめるということであった。念のため出力した原稿を送って赤字を入れてもらい、それの戻りをまって印刷所渡し用のテキストファイルに修正しただけのことである。原稿の完成度がきわめて高かったせいもあって、赤字修正に要した時間もたいしたものではなくて済んだし、したがって印刷所に原稿とフロッピーを渡してから本になるまでにはひと月ぐらいしかかかっていない。興味のある方がおられたら、ぜひこの本を手にとって出来映えを確認していただきたいと思う。

このケースはいささか特殊かもしれないが、本の製作プロセスを認識してもらえば、どの著者にも、どの編集者にも参考にしてもらえる新しい本作りの技法であることが理解してもらえるだろう。この技法についてのくわしい説明はいずれきちんと体系化して書いてみたいと思う（注2）。

ここではこれ以上くわしく書くことはできないが、ひとつだけ言っておけば、すくなくとも専門書を志す著者もその原稿を受け取り手を加える編集者も、原稿は基本的にテキストファイル形式（できればDOS形式のテキストファイル）でやりとりするということが必要かつ十分であることの認識が本作りのアルファにしてオメガであるということである。なんだ、そんな簡単なことかというなかれ。原稿は軽快なテキストファイルで処理することがもっとも有効であることをまず著者と編集者が（再）認識する必要がある。とにかくゲラにしてから編集をするという考えは無駄が多すぎる。ゲラにしてしまう前にすることがいまやいくらでもあるのだ。そのためには起動や入力、検索・置換などもふくめて高速処理のできるテキストエディタというツールをフルに活用することである。著者のなかにはテキストエディタを使って原稿を書くひとがすでにいるが、文字だけの原稿なら重くて融通のきかないワープロなど使う必要はまったくないことを著者および編集者はとりあえず知るべきである。本作りのありかたがいまや大きく変わろうとしているのだ。

注（1）「コンピュータと出版の未来」（本書二三三頁以下）参照。
（2）この編集技法については、『出版のためのテキスト実践技法／執筆篇』（二〇〇一年）『同／編集篇』（二〇〇二年）『同／総集篇』（二〇〇九年）三部作としてまとめられた。

（「未来の窓18」一九九八・九）

シェアテキストという思想

前回、『越中おわら風の盆』という板画集の復刊について書いた「書物復権はありがたきかな」（本書一〇四頁以下）にはいろいろな方から思いがけないほどの反応があった。その後この話はますます発展してトーハンをつうじて共同通信社系の地方紙にプレス発表が配信されることになり、思わぬ展開になってきた。これを書いている八月九日現在、ことしの越中八尾の祭りでどんな結果が待ち受けているのかは不明だが、いずれにせよ相当な反応が出るだろうことだけは期待できる。

ところで、こういう特殊な制作過程をとらざるをえない本の場合は別にして、一般に未來社のように専門書が中心の版元の場合、どうしても一定程度以上の売行きが見込めない書物は「品切れ重版未定」ということになる。もちろん今回のように復刊されることが時にはあるから、かならずしも「絶版」というように永久欠番になることとは事情が異なるにせよ、ものによっては復刊するにも学問的価値がなくなってしまったというような理由によって事実上の絶版ということもすくなくない。そのあたりの判断は出版社としてはむずかしいことが多く、読者の不満を解消するにはなかなかかいたらない。

そんなときに最近出た『デジタルテキストの技法』(ひつじ書房)という本を読んで、〈シェアテキスト〉という考えがあることを知った。著者の家辺勝文氏によれば、これはインターネット上で流通しているシェアウェア(shareware)というソフトウェアの配布と売買の形式を書物に適用させてみようということで、すでにニフティサーブをつうじて実験的に試みられているとのことである。コンピュータをある程度以上やっているひとなら周知のように、市販のアプリケーションやユーティリティ・ソフトのほかに、インターネット上でじつにさまざまなソフトがダウンロード可能であり、パソコン雑誌の付録CD-ROMなどで収録もされている。これらはそれぞれのパソコン上で試用することができ、気に入ればそこそこの料金を郵便振替その他で支払うことによって製作者側に正式に登録され、使用を認可されるという仕組みになっている。シェアテキストという概念はそこから来ているのである。

この考え方はこれからの専門書出版を考えるうえできわめて示唆的な問題提起であることをまず認めておかねばならない。これはつまり、版元品切れで流通不可となった書物をその内容をディジタル情報化することによってインターネット上でダウンロード可能にすることであり、書物の形態をとらずとも閲覧・検索・引用することを可能にすることである。言うまでもなく、この場合、エキスパンドブックなど本格的な電子情報とは異なり、書物と同一の情報は文字部分に限定される。いわゆるテキストファイルとしてどのパソコン上でも読むことのできる文字データを電子情報化することによって、初期コスト(データ入力その他)以外のコストを不要とすることができるのである。つまり、出版物のように重版という一定のコストをかけることなく、無限に再生産が可能であるということである。

このことは、専門書のように書物の性格上、現在の流通システムの恩恵にあずかることのすくない著者とその書物を必要とする読者にとっては望ましい事態の出現であると言えよう。どれほど部数は少なくても、そのひとにとって価値のあるものこそが書物としての意義をもつことになるからだ。このことの流通上の可能性は大きいと言わざるをえない。

したがって問題はそうしたデータの交換価値ということになる。インターネット上にフリーウェアとしてアップロードされているソフト類は、言ってみれば製作者の好意によって無償で配布されているものであるが、〈シェアテキスト〉という概念はとりあえず有償のものとして設定されている。もちろん著者ないし製作者側の同意さえあれば〈フリーテキスト〉という考えもありうる。問題になるのはそのテキストが一定の文化的価値を有しているとともに、それが商品としても対価を払われることを要求している場合である。

その問題にかんして家辺氏は前述の書物のなかで、シェアテキストの対価を得るというかたちで著者の権利を守ることを主張しつつ、つぎのように指摘している。

《知的財産を共有するとはどのようなことを意味するのだろうか。作品の対価を支払うということは、もとより作品を自由に処分変更してもいいということを意味するものではない。商品を丸ごと買い取るのとは対価の意味が違う。いわば具体的な表現形式をもった作品への作品へのアクセスに対して対価を支払うのである。その場合、対価には二重の意味がある。作品のアクセスを認めると同時に、作品の譲渡ではないという積極的な制約である。少なくとも、このことを対価によって明確にすることができる。無償で配る場合には、この点があいまいになりがちである。》

ここに通常の出版物におけると同じように著者の著作権擁護の姿勢は明確に打ち出されている。それとともにオリジナル出版物の版元にも出版権があり、それにたいする権利擁護が必要になる。ただ問題なのは、シェアウェアがそうであるように、ソフトは気に入れば何度でも使用可能であり、それどころか日常的に愛用するものも多いが、それにたいして代金が支払われている割合はまだまだ少ないということがあるように、支払いは利用者側の善意にまかされざるをえないということだ。ソフトの場合、それでもなんらかの歯止めをかける工夫がこらされているためにやむをえず払うことになる場合があるけれども、シェアテキストのようにいちど情報が読まれてしまえばそれほど反復使用されることが多くないようなものに利用者の善意を期待するのは、やや無謀かもしれないという思いが消せないのである。ましてもともと高額の専門書の場合など、書物と同じ対価を設定することはむずかしいのではなかろうか。これから具体的な検討を要する問題であろう。

とはいうものの、こうした〈デジタルテキスト〉（家辺氏の用語）の可能性は原理的に有用かつ必要であり、出版社としてもペーパーの出版物だけでよしとする従来の考え方から一歩すすめて考えていかなければならない問題であるように思う。出版人の専門性があらためて問われる事態が現われつつあるのではないだろうか。（注）

注　これは昨今の電子書籍ブームにたいする先駆的かつ根源的な発想だといまにして思う。

（［未来の窓30］一九九九・九）

テキストファイルの業界標準化

前回、オンデマンド出版の問題について述べたなか（注1）で、これからの出版物のありかたについて、とりわけそのデジタルデータとの関係についてすこしだけ言及した。出版物が紙媒体（通常の書物の形態）としてのみ存在することを自明としてきたこれまでの出版の世界から、電子データそのものの流通・販売の可能性のもうひとつの世界へ、出版の世界も大きくひろがりつつある。これからは紙媒体とともにそのデジタルデータが売買の対象になるにちがいない。しかしながら、目下のところ、書物とまったく同一のデジタルデータで一般読者が利用できるものはじつはどこにもないのだということがまったくといっていいほど理解されていない。前回も書いたように、著者のもってきた文字データと印刷所の最終データとは通常は似て非なるものであり、いずれもそのままでは使いものにならないのである。しかも、いまのところ、編集者は多くの場合、著者のデータをそのまま印刷所に中継して渡すだけだから、出版社ないし編集者の手元には肝腎のデータはなにひとつ残されていないことが多い。

これからの新刊製作およびデジタルデータのインターネット利用ということを考えるとき、データがどういうかたちで保存され配布されるのがいいのか、そろそろきちんと考えておかなければならないはずである。ネット上で利用可能になるためには、データの軽量性、可変性、検索可能性などの点からもプレーンなテキストファイル形式がもっとも望ましいのはいうまでもない。せいぜい書式を組み込んだPDF（Portable Document Format）形式でなければならない。

プレーンなテキストファイルとはなによりも数列に変換されうる電子情報だけで成り立っている文字列のことである。したがって日本語表現につきもののルビ、傍点（圏点）などの約束事が排除されたファイル形式である。もちろん書体や文字サイズなども原則的に設定されない。だからこうした約束事を文字列のうえで表現する規則のようなものが誰にでもわかりやすいかたちで決められていなければならない。ところが、不思議なことにいままでのところ、こうした規則が明確に存在していないのである。印刷所ごとにルビ表示、傍点表示のしかたはあるようだが、標準フォーマットとして確立されたものではない。出版社もふくめたいわゆる業界標準といったものが皆無なのである。

聞くところによると、近く電子出版協会から電子データ・フォーマット形式が提案されるそうだが、これがほんとうに一般化可能なフォーマットであるならありがたい。どういう基準でことが決められるのかよく知らないが、誰にでもわかりやすく適切な標準化が望まれるところである。実践的な立場で文章を書いたり読んだりしているひとの意見が十分に組み込まれた標準化でないと、むしろ無用な反発や混乱のもとになりかねない。ことは今後の日本語表記の習慣などとも関連するきわめて重大な標準化になるはずなので、ぜひとも専門技術者のみでことを進めてほしくないものである。

もしこの標準フォーマットが適切なものであるなら、これからの電子データはすべてこの原則のうえで書かれることができる。著者も編集者もこの原則にしたがってデジタルデータをつくるように努力することになるであろう。

いまやオンデマンド出版をめぐって業界的に議論がなされはじめたところである。いまのところ紙媒体による復刊にアクセントがおかれているが、時代の趨勢としていずれデジタル・コンテンツの流通・販売が主流になってくることは間違いない。デジタルデータでなければ、これからの研究者にとって情報価値は低いものと見なされるであろう。出版物のデジタルデータは利用者にとって出版物もふくむ各種情報のデータベースとして活用され検索可能になってこそ意味があるのであって、人間の記憶にたよる情報処理などもはやこの時代においては残念ながら処理速度において格段の差がついてしまった。人間の記憶力の衰退につながるものとして文字の誕生を否定したプラトンの『パイドロス』のタモス王の考え方ではなく、知の収蔵庫としてのデジタル・コンテンツのデータベースの充実化・拡大こそがあらたな世紀の知を発展させる原動力になるのではないだろうか。

これまでの編集経験によれば、これからの来たるべき専門書出版はコンピュータの処理能力を駆使することをつうじて実現される度合いがますます高まるだろう。それは著者および編集者が日常的にコンピュータによるデータ作成、データ編集といったテキスト処理に習熟していることを前提とするが、しかしそれはなにも特別な能力や技術を要求するものではない。そうでなければ、たとえばDTPのように特殊な専門的能力を必要とすることになってしまう。そうではなくて、ひと通りのコンピュータ操作能力さえあれば、誰にでも可能な、一般的な操作をおこなうことによって、ハイスピード化とローコスト化がはかれるということが前提になっている。このことによって専門書出版物の採算ベースを大幅に引き下げることができるようになれば、これまで売行きがなかなか見込めずにお蔵入りしていた企画が実現可能な範囲に入ってくる。これをわたしは専門書の「出版革命」ではないかといささか大げさに主張したい。著者の理解と最小限の努力によって、専門書出版がおおきく可能性を広げる予感がある。そのためにもテキストファイルの適切な業界標準フォーマットが設定される必要があるのである。

この九月十日から「本の学校」大山緑陰シンポジウムが例年のごとく鳥取・大山で開かれる。ことしで最後になるこの「本の国体」にわたしもパネラーとして初参加することになっている。そこでの主題のひとつは「メディアの多様化は出版をどう変えるか?」(第一分科会)であるが、そこでわたしに課せられたテーマは「テキスト処理」の方法論である。来たるべき二十一世紀の出版のありかたをめぐって、とりわけデジタルデータの処理方法について、これまでもこの欄で断片的に語ってきたが、これを契機に具体的かつ実践的な手法を整理して報告したいと思っている。大山では時間の制約もあるので全面展開はできないだろうが、近いうちになんらかのかたちで一冊にまとめたいと念願している次第である(注2)。

注(1)「小部数出版の可能性」(本書一七八頁以下)。
(2) これはのちに『出版のためのテキスト実践技法/執筆篇』として二〇〇一年四月に刊行された。

大山緑陰シンポジウムに参加して

(「未来の窓31」一九九九・一〇)

前回お知らせしたように、この九月十日からの「本の学校」大山緑陰シンポジウムにパネラーとして参加してきたばかりである。今回が五年目で最後の回であるにもかかわらずはじめての参加ということもあってはじめは勝手がわからなかったが、自分の言いたいことのある程度は言えたような気がする。

なにしろ十一日(土)の朝九時から夕方五時すぎまでの長丁場で、全部で六つの分科会があるのだが、同時開催ということもあって他の分科会をのぞきに行くこともできず、ひたすら「メディアの多様化は出版をどう変えるか?」というわれわれの分科会に与えられたテーマにあわせて理念を構築し、なかなか見えてこない出版の新しい可能性について知恵をしぼるという時間を経験したのであった。

われわれの分科会は、元晶文社編集長で評論家の津野海太郎さんをコーディネーター兼司会として、日立デジタル平凡社の龍沢武さん、岩波書店の大塚信一社長、葦書房の三原浩良社長とわたしという顔ぶれで、人文・社会科学系専門書出版社の立場から現在の出版不況をどうやったら打開しうるのか、今日のコンピュータをはじめとするニューメディアを出版にどう生かすことができるか、というような問題を論じあうことができた。もちろんはじめから明快な答えなど出せる問題ではないことはわかっていたから、出版物の多様性が文化水準のバロメーターであることを確認し、小部数でもベーシックな本が出る条件を真剣に討議することができただけでも、とても貴重なことだったと思う。

うまく言えたかどうかは別にして、わたしが大山で主張したかったポイントはほぼ次の二点に要約できる。

その第一は、これからの出版においてコンピュータおよびインターネットの利用は必要不可欠であるばかりか、その使い方次第では、これまでの出版界における製作および販売・流通のそれぞれの側面でまったくあたらしい局面を切り開く可能性をもっていることである。デジタルデータの扱いに習熟すればするほど、製作におけるコストダウンおよびスピードアップがはかれるのであり、印刷業界との連繫がうまくとれれば各出版社における採算分岐点の引き下げにおおきく寄与することができるようになること、したがってこれまで企画倒れになっていた専門書の未知の可能性がおおきく広がることがまずあげられる。

またインターネットを利用しての販売チャンスの増大ということは、われわれのようなふつう書店の店頭ではなかなか陳列してもらえない専門書出版社にとっては情報提供機会の増大にとどまらず、読者の性格上さらなる販売・流通回路の増大という意味をもつと考えられるのである。なぜなら専門書の読者とはインターネットの利用率も高いはずだし、多忙なひとも相対的に多く書店に足を向ける時間もすくないわりには書物購入の必要度が高いから、必然的にインターネットを利用しての資料検索そして購入というかたちをとりやすいと思われるからである。現今のインターネット販売の社会的ルールがもうひとつ確立していない状態が整備されてくれれば、このチャンネルは今後おおきなウェイトを占めてくるであろう。そしてデジタルコンテンツ自体の販売・流通というあたらしい出版形態もいずれ確立されてくるのではないか（注1）。

第二の論点は、第一の論点のうち、主として製作にかんする部分を拡大して述べた問題である。つまり著者と編集者（それに印刷所）との出版物製作にかんする協力関係のあたらしい性格についてである。デジタルデータをいかに作るのか、内容上の吟味をいっそう深めることを同時にともないながらいかに訂正のない最終的なデジタルデータを完成し、印刷所にラストパスを送るのか、という問題である。印刷所に最終的に渡すファイル形式がテキストファイル形式であるならば、著者に正確なテキストを入力してもらい、編集者もまたテキストエディタを使ってこのファイルを専門的見地から徹底的に修正し、印刷所に渡すための最終ファイルを作成するということである。わたしはこの手法を便宜上「テキスト処理の技法」と呼んでいる。この欄でも何度かふれた手法だが、いざ数十人の業界関係者を相手に直接話しかけるとなると、この問題を短時間に説明することのむずかしさとおもしろさを感じさせられた。

わたしの言いたいことは、さきに書いたように、製作におけるコストダウンおよびスピードアップによって、これまでの採算分岐点をたとえば千五百部から千部に引き下げることが可能になり、そうすることで力量のある若手の企画や内容は良質でも採算性の低い企画が実現され、現在の出版不況ひいては文化不況を打破することが可能になるのではないかということである。

これらの論点にたいしていくつかの疑問ないし反論が出されたけれども、これらは本欄を読んでくださるかもしれない読者にとってもありうべき疑問かもしれないので、あらかじめそのいくつかにあらためてここで答えておくべきであろう。

ひとつはこうした作業をすることで編集者の仕事が増大し、本来の仕事ができなくなるのではないかという疑問である。これにはゲラにしてからの手間のことを計算に入れれば、テキスト処理の技法のほうがはるかに高速かつ的確であるとだけ言っておきたい。これは経験上すでに確認されている。

また、ゲラにしてからこそ著者も編集者も原稿を別の視点で眺めることができ、必要な修正も見つかるのではないかという反論である。ゲラになると妙に安心だという習性もあるのかもしれないが、しかしこれにたいしても、ゲラと同じようなプリントをすることができるユーティリティがあるので、かならずしもゲラを赤字だらけにされてむざむざコストがかかるようになるのを手をこまねいて見ている必要はないはずである。著者こそが一番で、編集者ごときが口を出すべきではないという意見も出て驚いたが、著者にも出版という行為への認識を新たにしてもらうべきではないか。

ともあれ、千部の出版が可能ということを強調して話したために、千部の新刊ということがやや独り歩きしすぎたきらいはあるが、ここはとくに修正しないことにした。現在の出版にとって千部というのはやはりひとつの壁にちがいないからである。刊行されさえすれば、本は独立した価値とそれ自体の生命力をもつからである(注2)。

注(1) このあたりのことは一方でアマゾン・コムをはじめとするオンライン書店の発展、もう一方はさまざまな電子書籍、紀伊國屋 NetLibrary などによって現実化してきている。

(2) このシンポジウムの記録は、のちに「第5回大山緑陰シンポジウム記録集 '99本で育むいのちの未来」(「本の学校」大山緑陰シンポジウム実行委員会)という大著として刊行された。

(「未来の窓38」二〇〇〇・五)

究極の編集技法にむけて

この欄でもすでに何度か言及したが、著者の原稿がデジタルデータによる入稿であることは出版にとってかなり有利な条件であることは否定できない。もちろん、デジタルデータといってもものによってはいろいろ問題のあることが多く、見かけとちがってあまり役に立たない場合さえあるのは事実だ。フロッピーディスクの中身をあけてみると、びっくりするほど乱雑だったり未整理だったりするファイル内容であるほうがむしろ普通なのである。

電算写植の登場以来すでに二十年ほど経過している出版業界であるが、これまではどちらかと言えば印刷技術上の問題は印刷業者まかせで、編集者は著者からのフロッピー・データをいわばブラックボックスのままで印刷所に渡してファイル処理してもらうことをあたりまえだと思ってきたのではなかろうか。すくなくともファイルの中身を一度ものぞくことなく、出力された原稿を割付けするだけであとは印刷所まかせ、という編集者がいまでも圧倒的に多いのではなかろうか。

かく言うわたしなどにもかつて経験があるが、フロッピー・データでの入稿の場合は入力の手間が省けるから組版コストは大幅に下げられるはずだと考えていたことがある。しかし印刷所からの請求は新規入力のものとくらべてページあたり通常で二割ほどしか安くならないので、どうして安くできないのか疑問を呈したこともたびたびあった。自分でファイル内容を確認するようになったいまから見ると、それは無理からぬ部分もあることがわかるのである。とくに初期のころなどは印刷所の編集機の水準から言っても、また活版から切り替えたあとの印刷現場の職人の技術水準から言っても、かかる手間やコストのほうが予想外に大きく、にもかかわらずそれに見合うだけの請求をするわけにもいかず、多くはどちらかと言えば泣き寝入りさせられていた印刷所も少なくなかったはずである。それでもまだ仕事の全体的な供給量は十分あった時代だったからなんとかやりくりできたのだろう。

昨今の不況のなかでは、そうしたありかたで出版業と印刷業がもたれあいながらやりくりしていくという形態は存続がむずかしくなってきたと思わざるをえない。もちろん、出版社が印刷所に無理を押しつけるといった弱肉強食の論理がまかり通るのを黙過するわけにもいかないが、やはりそれぞれに生き残りをかけた努力をしなければ、早晩この不況を乗り越えていくことはできないだろう。

そんななかで未來社のような専門書志向の小出版社にとって、これまでのような手法での編集や営業ではしだいに成り立たなくなっていくだろうことはいまや火を見るより明らかである。営業的にはインターネット活用による新しい販売チャンネルの確立を急がなければならない。書店ルートでの展開が専門書や小部数出版にとってますます不利になろうとしているのを見るにつけ、しかしまた専門書の読者は書店ルート以外にもまだまだ存在していることをさまざまな機会に確認することができるにつけ、なんとかこうした読者と書店以外の場所でも出会うチャンスを確保しなければならないからである。適切な情報を送り入手経路の便宜をはかることさえできれば、専門書の読者は必要な書籍の購入に目を向けてくれるだろう。インターネットでの書籍検索という手法は、言ってみれば余計な情報をフィルターにかけて知りたい情報に接近することを容易にするのである。衝動買いよりも目的買いにふさわしいのがインターネットによる書籍販売ではなかろうか。

しかしこれだけではまだ問題の片面にふれているにすぎない。もうひとつの問題はこの不況のなかで本来の出版事業をいかに効率的に実現することができるかという点にかかわっている。つまり売れないけれども文化的に価値のある出版物をいかにして世に送り出すことができるか、しかもそれをなんとか経営的に成り立たせることができるかという課題がいま専門書出版社に重くのしかかっているのである。

この点にかんしては、冒頭に述べたように、これまで印刷所まかせだった原稿ファイルの処理を、編集者がパソコン・レベルで簡便かつ高速な編集技法をもちいれば実現できることを認識してほしいと思う。

簡単に言えば、著者および印刷所の協力と理解を得ることができれば、入稿用の原稿データのテキストファイルを編集者が整形と変換をほどこし、適切な指示をそこに書き込むことによって、印刷所の高機能の編集機による一括変換処理が可能になるということであり、そのまま責了ゲラになるという仕組みである。もちろん著者との校正のやりとりは変換されたデータをプリントアウトすることによって事前に（何度でも）可能であり、ここで内容のチェック、変更は徹底してなされるから心配はない。ほとんどゲラと同じような組みにして出力できるテキストファイル用のプリント・ユーティリティもあるので、それを使えばゲラの校正と同じ感覚で仕事を進めることもできるのである。

さらにはわたしが現在研究開発中のテキスト一括処理プログラム（注1）が完成すれば、元の原稿を一種のフィルターにかけるようにしてさまざまな不具合や変更が一挙にできるようになるだろう。究極的には、この一括処理のフィルターにかければ、原稿の内容におうじてそれぞれ若干の手を加えるだけで、原稿がそのまま本の最終形態に変換されるという方法論であり、そうした方法の確立までもう一歩のところまできていると言っても過言ではない。とにかく、こうした技法の習得によって（一）大幅なコストダウンと（二）刊行のためのスピードアップ、さらには（三）徹底した原稿内容のチェックができるようになりつつある。この三種の神器がテキスト処理という編集技法のアルファでありオメガなのである。ちなみにわたしがこの二年ほどのあいだに手がけた二十点あまりの単行本の大半は、この技法によって初校責了で実現している。

じつはこうした新しい編集技法について「週刊読書人」で［出版のためのテキスト実践技法］という連載（注2）を始めたばかりである。とりあえずは最小限の基礎篇といったところから始めているが、つづけて具体的な実践マニュアルを展開する予定である。興味をもっていただける方はぜひ読んでみていただきたい。

（1）この一括処理プログラムはそれ自体としては完成しなかったが、原稿の性質や種類によってさまざまなSEDプログラムやマクロなどで部分的に一括処理できるプログラムは完成の域にあると言っていいだろう。後述の［出版のためのテキスト実践技法］三部作や『秀丸エディタ超活用術』などで詳述されているので、ぜひ参考にしてほしい。

（2）この「週刊読書人」連載は、編集人の武秀樹さんの依頼により始めたもので、二〇〇〇年四月七日号から二〇〇一年四月十三日号まで二十七回にわたった。さらに［編集のためのテキスト実践技法］の連載が二〇〇一年四月二十七日号から二〇〇二年一月十一日号まで十八回、つづけて［執筆と編集のためのパソコン技法］の連載が二〇〇二年一月二十五日号から二〇〇四年三月二十五日号まで七十七回にわたった。書評紙としては異例のなんと一二二回の長期連載となった。これらの一部は形を変えて二〇〇一年刊の『出版のためのテキスト実践技法／執筆篇』と二〇〇二年刊の『出版のためのテキスト実践技法／編集篇』に取り込まれている。

（［未来の窓51］二〇〇一・六）

『出版のためのテキスト実践技法／執筆篇』の反響その後

この四月十九日から二十二日にかけて東京国際ブックフェアが東京ビッグサイトを会場としておこなわれた。以前に本欄でも触れたように、未來社はことしが創立五十周年ということもあり、初めての出展を試みた。それにあわせていくつかの新刊書を刊行したが、そのひとつがわたしの『出版のためのテキスト実践技法／執筆篇』であった。たまたま直前の四月十六日の「朝日新聞」文化欄に写真入りで大きく報道され、付録をかねた名刺カード型CD-ROMを先着三〇〇名にプレゼントするということが呼び水となったこともあって、ブックフェア初日から初参加の未來社としては思いがけないほどの来客に恵まれた。『テキスト実践技法／執筆篇』が売れていることはフェアのなかで同業出版社間ではちょっとした話題になったくらいである。当初一〇〇冊持っていったところが、初日の午前中で売り切れたうえに予約注文が入る状態で、急いで社に取りに行ったほどである。結局、四日間で六九三冊の売上げを記録した（注）。

この四日間、わたしもデモ実演用として自宅のマッキントッシュのデスクトップ・パソコンとソニーのバイオノートをブースに持ち込み、来客の質問や応対につとめた。「朝日新聞」の記事を見て、これだけのためにやって来ましたというひとだけでも十数人を数えたのは驚きだった。以前にも書いたように、このブックフェアにおいては熱心な読者が全国から集まってくるという情報があって、この目でそうした読者の存在を確かめたいという気持ちが強かったのだが、その意味では大変に意を強くすることのできた有意義なイベントだったと思っている。

今回このフェアにあわせて『テキスト実践技法／執筆篇』を急いで仕上げようと思ったのにはいくつかわけがある。現在もひきつづき連載中の「週刊読書人」の隔週連載（いまは「編集のためのテキスト実践技法」と改題して続行中）は、本来はその後につづけている編集篇とあわせて一冊になれば相当にインパクトの強い本になるはずだ、という確信ははやくからわたしにはあった。しかし現在の出版不況を思うにつけ、この連載のペースではなかなか一冊にまとまらないうちに、出版不況のほうがますます泥沼化してしまうのではないかという恐れが強まってきた。連載のうち、四月十三日号掲載予定分までは著者の執筆（入力）のための基礎篇をかねた出版のためのパソコン入門篇のつもりで書いた部分であり、これだけ独立して出版してもとりあえず著者のためには役立つだろうと判断し、不足分を一気に書き上げて東京国際ブックフェアに間に合わせたわけである。なにしろ、出版の原点は著者にあるのだから、著者が出版のための原稿入力の基本的なルールを知ってくれるだけでも業界的にはおおいに意味があるだろうと思ったわけである。しかも著者のためのこの手のちゃんとしたマニュアルをまだ誰も書いていないのだから、業界的にも必要なはずなのである。だからこれはなによりも著者およびその予備軍のためのマニュアルであり、協力要請をかねた啓蒙書のつもりである。

もうひとつわたしのなかにあったひそかな狙いとしては、世の編集者というものにたいする不信というものが抜きがたくあり、どうせ編集篇とあわせて出しても編集者はそれほど熱心に読まないかもしれないと思っていたことがある。編集者というものはよく言えば一匹狼的なところがあり、あるいは自分の不勉強を棚に上げたがる人種だから、著者のほうから編集者の意識を突き上げるようなかたちでしか多くの編集者はこの本の意義を認めたがらないだろうという予感がした（じつはいまでもまだしている）からである。

こうした半分ヒネた思いで刊行したところがあるから、いくら「朝日新聞」の応援があったとしても、すぐにこれほど売れるとはとうてい思えなかった。その意味では、わたしの思い込みもおおいに揺さぶられるところがあった。ブックフェア会場でなによりも痛感したのは、ひとつには編集者のなかに同じ問題意識をもってそれぞれ真剣に実務的に取り組んでいるひとたちがすくなからずいるということ、それから同業者のなかには編集費のコストダウン、仕事の効率化という問題が切実に共有されていることであった。経営の立場のひと、それも少人数の出版社や編集プロダクション、フリーの編集者と思われるひとたちがやって来てくれて、いろいろ質問されたことにそれぞれのひとたちの出版にかける意欲を感じさせられたのである。

会場でわたしは何人かの優秀な編集者と知りあえたことをとてもうれしく、心強いことと思っている。そうした編集者たちや見知らぬ読者の方たちからのハガキや電子メールにも熱い共感をしめしてくれるものが多く、この現況をなんとか打開しようという勇気を与えられている。

それればかりではない。ふつうわれわれのような専門書出版の世界では考えられないような別の世界との接触が始まっている。わたしなどとはパソコンのキャリアがはるかにちがうような専門家との接点ができつつある。たまたまフェアで小著を購入してくれた専門家がさっそく細かい用語の間違いなどの注意をしてくれたし、知りあいになった編集者から教えてもらった鐸木能光という著者の『ワードを捨ててエディタを使おう 第2版』（SCC）という本を読んで、ウィンドウズ用のQXエディタというすぐれたソフトの存在を知ったばかりでなく、著者との連絡のなかからあらたに『テキストファイルとは何か？――知らぬでは済まぬ電脳社会の常識』（地人書館）という新刊を送ってもらうことなどにより、急速にこの世界のひとたちの姿が見えはじめてきたのである。鐸木さんとは考え方に非常に近しいものを感じている。こうしたひとたちと今後あたらしい世界を築いていけるのではないかという予感もまた楽しい。

また、神田神保町・東京堂書店では、佐野衛店長の話によれば、刊行後三週間ほどで四〇部以上売れたとのこと。おそらく単独書店ではいまのところトップだろう。さすがに出版社が集まっている街だ。編集者のなかにもつぎに予定している『出版のためのテキスト実践技法／編集篇』を期待してくれているという声が聞こえてきている。この編集篇はわたしとしても非常に自信のあるものだけにおおいに執筆意欲をかきたてられているところである。

注　この販売記録は自分でも信じられないくらいだから、ひとはますます信じられないだろう。まあいい。いずれにせよ、定価一二六〇円（税込み）を一冊一〇〇〇円で販売したのだが、おかげでブースにも人だかりがすごくて、トータル一五〇万円ほどの売上げがたち、その年の売上げベストテン（といっても十位だが）に入った。ビギナーズラックと冷やかされたが、たしかに翌年は半減、以後の書物復権8社の会共同出展でもこの数字にはとうてい届いていない。

（［未来の窓53］二〇〇一・八）

編集者の今後への期待――大学出版部協会編集部会セミナーを終えて

猛暑のなかの七月十四日夜、わたしはかなり上機嫌でこの稿を書きはじめようとしている。前日の十三日（金）午後に千葉県柏市の麗澤大学でおこなわれた大学出版部協会第6回拡大編集部会セミナー「編集者の意識革命――テキストデータ有効活用の手法」で多くの各大学出版部（局）の専門書系編集者を前にしての講演とそれにつづく質疑応答、さらには深夜におよぶ懇親会でのさまざまな会話のなかで、編集にかんしてこれまでに得られたことのない有意義な時間をもつことができたからである。

わたしは一般に編集者という「人種」をもともとそれほど信用していない。というか、あまり期待しないほうが精神衛生的にいいというだけだが。とりわけパソコンに関することになると、とくに文科系の編集者にははじめからあきらめてしまっているか、アレルギーをもっているひとが多い。だからわたしの『出版のためのテキスト実践技法／執筆篇』のような、現在の出版における原稿執筆作業、それと関連する編集作業にとって必須の基礎篇となるべきマニュアル書がどのようにこのひとたちに受け取られるものか、非常に興味があった。その興味は現段階ではなかば満足させられるものではあるが、まだまだ多くの著者や編集者に理解してもらっているとは言えないし、なかには誤解もあるようだ。そんななかで今回のセミナーがおこなわれることになったのである。

ただ今回はわたしの本に共感してくれた編集者が仕掛人になって催してくれたセミナー（注）だったこともあり、聞き手が大学出版部（局）の編集者たちだということもあって、かなりの期待をもってその場に臨むことができたと思う。時間的にもたっぷりあったので、あまり性急に話をしなくてもよいという余裕もあった。質疑応答のなかで、DTPの組版技術に関連するテキストデータの処理のしかたなどについて突っ込んだ質問なども出て、まだまだいろいろな側面から考えることが必要だと思わされることもあった。しかし総じて言えば、手間とコストのかかる専門書出版という現場に身をおいて苦労しているという編集者たちだからこそ、共通の課題ははっきりしており、それをどう克服するのかという問題意識においてわたしの技法がその解決策のひとつとして求められたのだと思う。その成果についてはこれからの問題だが、今回のセミナーはそうした方向へむけての運動の端緒である。とりあえずおおむね好評だったというセミナー担当者からのメールが届いたので、ひとまず安心しているところである。

考えてみれば、こういった編集者の定期的な会合や勉強会をもっている団体はきわめてめずらしい。人文会という専門書出版社団体にしても、販売にかんする共同作業の構築をめざしたものであり、こうした編集者だけの集まりは構想されることもなかった。書物復権8社の会でも、先年の「編集者を囲む読者の会」のような、書店現場を核にした会合を開く試みをしたこともあったが、なかなか継続性のある運動にまでは発展していないのが現状であり、それ以外に編集者同士が接点をもつという機会は実現していない。〈リキエスタ〉という新しい本の可能性発掘のための運動も、もうひとつ盛り上がりを欠いているようだ。

だからこそ、大学出版部協会が編集者の定期的な共同研究を持続させていることの意味は大きいと言うべきであろう。もっとも、あらためて考えてみれば、大学出版部というところは、それぞれの事情や性格や規模もあろうが、なんと言っても、専門書出版社のなかのもっともコアになるべき出版社グループなのだった。だからこういう共同研究もある面では必然性があったのかもしれない。その意味では、専門書出版のための方法論であるわたしのテキスト実践技法がほんとうに効力をもつためには、まずはこうした学術専門書の編集者に理解され、受け入れられるようなものでなければならないのであった。

このセミナーに先だって六月十五日におこなわれた日本電子出版協会(JEPA)のセミナー「専門書出版のためのテキスト実践技法――小部数出版への未來社の試み」の講師をつとめたときにも気がついたことだが、わたしのテキスト実践技法はもともと文科系の書籍の執筆・編集技法として構築されたものであるから、理科系の数式や図表の多い書籍や写真集のようなグラフィック中心の書籍、また執筆者の多い雑誌類などにはかならずしも適していない。あくまでもテキストデータ(文字)中心の処理を対象とするものである。理系の書籍や雑誌においては、たとえばアメリカでは著者も編集者もTex(テフと読む)の使用が標準化されていると聞く。これは一種のDTPである。わたしも試みたことがあるが、このソフトは日本語世界のなかではあまり発展できないでいる。やはりある種のタグ付けをするのだが、かなりわずらわしい処理をしなければならないからで、馴染みにくいからである。わたしの技法も割付けにかんする部分ではブラウザソフトに対応しているHTMLタグと呼ばれる方式に近いものを採用している。これは相対的に馴染みやすい方法のつもりだが、はたしてどうだろうか。

ともあれ理系の書籍をあつかう編集者にはわたしのテキスト実践技法をむしろ利用しつつ、自分にとって都合の良いように変更したり増補したりしてもらう必要があるだろう。いや、理系の書籍だけとは限らない。文系の書籍にあっても、それぞれの必要におうじてわたしの手法を応用してくれていいのである。わたしが主張したいことは、個々の技法や指定方式よりも、こうした方法論のもとに著者や編集者がより質の高い本を、ローコストで、しかもすばやく刊行しうるようにする共同作業こそが、これからの専門書の編集においてどうしても必要になってくることの認識なのである。

そのあたりのことを大学出版部協会に所属する理系専門書出版社の編集者たちが理解し認識してくれたであろうことを期待する。この七月十六日（月）に予定されている日本書籍出版協会電子部会セミナー「これからの専門書出版編集」で強調すべき問題はなによりもその点にあることが今回のセミナーをつうじてはっきりしたと思う。

注　この編集部会セミナーの仕掛人は東京電機大学出版局の植村八潮さんと法政大学出版局の秋田公士さんが中心だった。

出版界の「常識」という非常識——前田年昭・野村保恵両氏の悪意と誤読に反論する

（［未来の窓54］二〇〇一・九）

世の中にはどうも自分の考えや限られた知見をもって他人の考えをアタマから否定しないと気がすまないひとがいるらしい。貧しい読解力といいかげんな注意力はそのままに、ひとを見くびるための悪意をこめた書評を書くひとがいるということを最近わたしは二度ほど経験した。

わたしの『出版のためのテキスト実践技法／執筆篇』にたいする書評や論評は、インターネットをふくめると、ありがたいことにそこそこの数に上っている。そのなかで前田年昭というひとの「印刷雑誌」7月号の書評「『出版業界初の』『革命的技法』は何をどう変えようとしているのか?」は悪意と誤読にみちみちた程度の低い書評である。これにたいしてはすでに未來社ホームページでの「編集篇ベータ版」という文章（注）のなかで誤読の事実を指摘した反論を書いているので、これ以上対応するつもりはなかった。ところが、このひとが「出版のためのテキスト実践技法への反響」というメール配信をしていて、なにを間違ったのか、わたしのところにも送ってきたのであけてみて驚いた。

驚いたのはこのメールが「『出版のためのテキスト実践技法』問題に関心を持つみなさまへ」と呼びかけられていることである。いつのまにかそんな固有名を付けられて問題化されているとは光栄だが、これが本来のまっとうな意味での問題化なのであれば望むところなのだが、このひとの問題化はどうもそういう次元のものではないらしい。前田氏の印刷業界人としての批判の骨子は、出版のための入稿原稿はテキストファイルであるというわたしの主張は、すでに印刷業界では二〇年以上前からの「常識」であって、いまさらなんの「新味」があるのかという点に尽きる。これにたいしてわたしの「編集篇ベータ版」での反論は以下のものであった。

《前田氏が主張しているのは印刷現場における常識にすぎず、印刷現場にいたるまでの著者から編集者のところでは、テキストファイルとはなにかという理解はおろか、パソコンに触わろうともしないばかりかそのツールとしての優秀性を認めようともしない怠惰なひとたちがまだまだ多く存在している、という基本的な認識が前田氏には欠けている。わたしが主張していることのひとつひとつには新味がないとしても、こうした常識ならざる「常識」を整理し、理解を拒もうとしたりとっつき悪さを感じているような著者（およびとりわけ編集者）になるべくわかりやすく記述すること、それも出版にかかわろうとするひとのために特化したマニュアルを作ろうとしたことは若干の「新味」であるのではなかろうか。》以下はぜひ前述の批判文を読んでいただければさいわいである。

こうした前田氏のような出版業界の内実にたいする根本的な誤解はかなり根強くあるようだ。いずれにしても、こうした誤解のうえで書かれた批判は同じパターンになってしまう。「いまさらこの程度のものがなんで……」というパターンであって、表面化していないところでもそうした半可通の批判があるらしい。前田氏はこの反論にもかかわらず、さきほど触れたメール配信でご丁寧にも自分のもっと悪意のある元原稿までさらけ出している。わたしの反論まで入手できるように指示されているのだから、わたしの主張している意味がまったくわかっていなかったとしか思えない。あるいは、こういうことのやりとりを単純におもしろがるだけのひとなのか。これではとても話にならない。

ところが類は友を呼ぶという格言通り、もうひとつとんでもなくお粗末な書評が現われた。「季刊 d/SIGN」という新しい雑誌に野村保恵というひとの「これが、『出版業界初の提言!』なのでしょうか」という書評がそれだ。のっけから「ざっと拝見したところ、何等新味のある内容ではありませんでした」で始まり、「出版業界では公知の事実を、自分が知らなかったからといまさらのように『大発見』されても困ります」とか「二五年も編集者をやってお書きになる本がこのレベルかと思うと情けなくなります」といった調子でひとを見くびる発言をくりかえし、徹底して自分の知見の優位性を誇ろうとしている。揚げ句のはてには、自著の宣伝とそれにかかわった印刷所の名前まで挙げて迷惑をこうむった話まで書かれている。書評者として最低限のルールも文章の書き方も知らないお粗末さだ。前田氏と口裏を合わせたような表現があまりに多いところから見ても、またＪＩＳの分科会委員をつとめていることから見ても、両者が示し合わせていることは明らかである。このひとたちは自分たちが出版業界の「常識」、著者や編集者の実態などをなにもかも把握していると思い込んでいるらしいが、まったく現状から遊離しているとしか思えない。批判しているつもりのことは、そういった誤読をしたがるひとがいるだろうことをあらかじめ想定して、ちゃんと書いてあることばかりで、最後までわたしの本を読んでいないか読めていないことが明らかである。「出版社という中間でピンハネする存在」などということばに端的にあらわれているように、このひとはなにか含むところがあってこの書評を書いているのである。

にもかかわらずＪＩＳの委員がなにものかだと信じているらしく、たとえば送りがなについても、わたしが「現在の日本語の送りがなの原則は『本則』または『全部送る』というダブル・スタンダードになっている」と事実を述べているところをつかまえて、「本則」と「例外」、または「許容」と「例外」というふうに内閣告示による規定があるということを得々と述べている。そんなものはいつだって実際に原稿を書くひとたちの通念や傾向にたいして後追いで行政がからんでくるだけの話ではないか。そういった権柄づくの考え方がこの書評ではやたら目につく。
　こういった細部にわたる話は当事者以外には興味もないだろうからもうやめたいが、ひとつだけ気になるのは、どうして出版業界には周辺のひとたちまでふくめて、自分たちの権益なり既得権なりを守ることに汲々となり、新しい状況のなかでこれからの出版のありかたを本気で考えようとしないのか、ということである。実際に真摯に出版に取り組んでいる著者や現場の編集者の苦渋の声をあらためて聞くべきではなかろうか。

注　現在、このページは未來社ホームページから削除されている。

出版という自由への挑戦――渾大坊三恵さんの論説にふれて

（［未来の窓56］二〇〇一・一一）

　最近、なかなか興味深い出版論を読むことができた。朝日新聞総合研究センターから刊行されている「朝日総研リポート」一五二号に掲載された渾大坊《こんだいぼう》三《み》恵《え》さんの論文「出版という『ささやかな事業《コテージ・インダストリー》』――ネット時代に生き残るための試み」がそれである。渾大坊さんは朝日新聞社の編集者としての経歴をもつそうだが、そうした現場の編集者の経験も豊富であり、現在の出版事情についてもひろく目配りを怠らないで緻密なレポートをここで提出してくれている。
　じつは渾大坊さんとわたしのかかわりは、この夏に柏市の麗澤大学でおこなわれた大学出版部協会の拡大編集部会セミナー（注）でわたしが講師をつとめたさいに渾大坊さんが特別参加してくれたときにはじまる。このときのセミナーに関連する記述が最初のほうに出てくるが、ここで渾大坊さんが展開しようとしている「現実から目をそらさず、いまできることは何かと、手探りを始めている人々」についてのレポートの一環にこのセミナーをはじめ、わたしの提唱している［出版のためのテキスト実践技法］が問題としてとらえられているのである。基本的にはわたしの主張の眼目は理解してくれているのだが、このなかには誤解もふくまれている。「編集から印刷までのフルデジタル化、CD-ROMからインターネット経由の電子本へと本の世界が刻々変化しているとき、小部数でもとにかく本を出しつづけるために、できることはなんでもするしかないからだ」というのはやや悲観的あるいは皮相的で、そうした流れにあることは一面の事実かもしれないが、わたしはそれほど切迫したかたちで自説を展開しているのではない。そうとられてもしかたない面があることはたしかだが、いささかモチベーションがちがうところがある。

たしかに現在の専門書出版、学術書出版の状況はすさまじい状態である。どれほど話題性のありそうな本を提出しても、マスコミも識者もふくめて反応があまりにも鈍い。かつてのようなはばひろい教養人といった読者層が激減し、一部の専門家にしか読まれない運命にさらされている書物の現状とはやはり前代未聞のことかもしれない。しかし、わたしはそうした現状は本質的に出版という営為にふくまれているものだと観念しているし、すくなくともいまの日本の文化水準からいってもさほど大きなことは期待しないほうがいいと思っている。本の文化とは、書きたい著者がいて、それを読みたい（潜在的な）読者がいれば、あとは編集者がその著者と本にどれだけ精力を注ぎこめるかという一点にしかないし、あとは経済的な諸条件をどうとりそろえるかという問題にすぎない。わたしがもっとも言いたいのは、専門書編集におけるコストダウンの必然性の問題でもなければ、著者への協力要請（強要ではない）といったことではなく、むしろ編集者自身がつまらない単純作業から解放されて、もっとも精力を注ぎこむべきところにみずからの力を集中できるようにするにはどうしたらいいか、という編集者存在の意識革命なのである。コストダウンや著者への協力要請とはその派生物にすぎない。編集者はもっと自由で創造的でありたい。そのためにはパソコンによる技法の開発は絶対的に必要であり、その技法自体が楽しめるものでもなければならないと思っているだけである。著者には著者の楽しみかたがあっていいし、編集者には編集ならではの楽しみかたがあっていい。こんなことを書くと、また冷やかされそうだが、新しい条件を楽しもうとしないひとと、楽しめないひとに新しい技法を強制するつもりはまったくないだけなのである。

わたしはどんなに危機的であったとしても、出版そのものの危機、本の危機というものはまだ当分さきのことだと思っている。その点では、渾大坊さんも言及しているように、「経営の混乱」はあっても本の危機とは考えていない、本とはひとつの宇宙だという装幀家・中島かほるさんの意見にわたしは賛成である。

ロジェ・シャルチエは「読者は死んだのか？」というエッセイのなかでこんなふうに書いている。

「いま確実に言えることがある――これから数十年間は、二種類の書物（冊子本と電子本）が、そしてテクストを記し、伝達するための三種類の様式（原稿、印刷物、電子出版物）が共存するだろう。平和共存できるとは限らないにしても、書き物の文化が失われたのは取り返しのつかないことだと嘆いたり、新しいコミュニケーション時代が到来したと見境もなく興奮するよりは、この仮説の方がはるかに合理的なはずだ。」（「季刊・本とコンピュータ」13号）

だからこそ、わたしは渾大坊さんが論説のなかで紹介されている冬弓舎の内浦亨氏のような、インターネット上でさまざまな情報発信をしている書き手と手を結ぼうとする若々しい出版精神に共鳴するのである。ウェブ上にはたしかに垂れ流しのような文章をそれこそ倫理も社会性もなく展開しているものも多いが、そんなものは歯牙にもかけず「書くことに対する情熱と愛情」がきわだっているひとたちこそ、本の文化をこれまで支えてきたひとたちである。自分の書きたいことを自由に書きまくることをつうじて広い世界へむけて情報発信しようとすることから、あたらしいこれまた自由な読者、自由な編集者との出会いが生じたのであって、これまでの書物の歴史のなかには存在しなかったまったく新しい事態なのである。出版の未来もそうしたチャレンジ精神にあふれた著者や編集者、出版人によって切り開かれていくにちがいない、と思わせるに十分なとてもいい話である。

渾大坊さんの論説には、限定つきながらも、こうした方法にたいして「出版社と読者、著者と読者の距離を縮め、本を確実に読み手に渡すための方法のひとつではあるはずだ」という評価がなされている。このほかにもパソコンとインターネットにかかわって、オンデマンド出版の可能性や青空文庫の運動といった、読者に本をとどけようとする新しい試みをさまざまな角度から確認し展望しようとする情報があふれている。冊子本であれ電子本であれ、この自由への挑戦こそ出版するという営為のあくなき出発点であることがあらためて確認できるのである。

注 「編集者の今後への期待——大学出版部協会編集部会セミナーを終えて」（本書二五三頁）参照。

『出版のためのテキスト実践技法／編集篇』刊行報告

（「未来の窓59」二〇〇二・二）

予定よりいくらか遅くなってしまったけれども、ようやく『出版のためのテキスト実践技法／編集篇』の最終校正を終えてホッとしているところである。昨年十二月二十五日に入稿、最終日の二十八日に初校出校、正月明けの七日に責了、いろいろ設定上の不具合が出たが、印刷所の頑張りで十一日に青焼き責了、十二日に印刷というプロセスを経て、この十七日には見本ができる予定である。したがって本誌がお手元に届くころには、確実に本は入手できることになっているはずである。

実質的に入稿から半月足らずでの刊行ということになるわけだが、今回は正月休みをはさんで、しかもその間に原稿修正がじつはかなり入ってしまっており、理論通りにすべてがうまく進んだわけではなかった。今回は初校ゲラが出た段階で、つまり年末年始休暇にはいった段階で、わたしのテキスト処理方法論の恩師とも言うべき高橋陽氏からゲラ通読のお手伝いをしていただけるという願ってもない申し出を受けた結果、細かい表現の問題からSED（注）スクリプトの不具合にいたるまで、いろいろ修正が入ってしまったのである。もっともまとまった修正ややこしい部分はデータで渡したので、修正の多いわりには初校責了を貫徹することができた。

ともあれ、昨年四月に『出版のためのテキスト実践技法／執筆篇』を刊行し、予想以上の反響もあって今回の『編集篇』刊行を期待していただくかたがかなり多く、そうした声に励まされてようやく形を成すことができた。昨年四月の東京国際ブックフェアでの読者との約束はこの四月のフェアまでになんとか刊行するということだったから、前倒しでこの約束を果たしたことになる。わたしとしては異例のことである。とにかくこの八か月ほどのあいだに約三五〇枚の原稿をゼロから書き下ろしたかたちになる。

こうしたことが可能になったのは、いくつかの好条件に恵まれたことによる。その一は、すでに述べたように、『執筆篇』が好評で業界的にわりあい広く認知されたことである。その二は、前回にひきつづき「編集のためのテキスト実践技法」という連載をさせてくれた「週刊読書人」の好意にある。『執筆篇』刊行にあわせて最初の連載「出版のためのテキスト実践技法」を途中で打ち切るというわがままを許してくれたばかりか、今回も同じくこの連載を途中で切り上げることを認めてくれた読書人編集部にはお礼のことばもない。さらにはひきつづいてあらたな連載「執筆と編集のためのパソコン技法」まで可能にしてくれたことで、これからの著者と編集者のための、より具体的で広範なパソコン技法を考えていく契機になることができそうだ。

また三番目の好条件としては未來社ホームページという中間発表形態があったことで、ここに具体的な技法のノウハウやSEDスクリプトにかんする技術的な部分を「編集篇ベータ版」として発表することができた。これは『編集篇』の中核になっている第二章にほぼ該当する。ここの部分は問題のある箇所も多いので、ちかく削除する予定であるが、未來社ホームページのなかでもっともアクセス数の多いページのひとつであった。

こうしたことを背に受けてともかくここまで一気に刊行にこぎつけた『編集篇』だが、いざ刊行予定が見えてくると、はたしてこんなむずかしそうなパソコン技術論をまともに読んでくれる編集者がどれだけいるものか、あらためて不安になってきた。『執筆篇』のときにかなり意地の悪い批評が二、三あったこともあって、もともとの「出版のためのテキスト実践技法」がどういう構想だったのか、悪意ある評者が見くびろうとするような低レベルのものではないことを明らかにするために、若干の力みがあったかもしれない。またSEDという編集者にとって強力な武器になるツールにほれこむあまり、いくらかパソコン・オタクふうに見られてしまうようなところもあるかもしれないと反省するようになったのである。これまで高橋陽氏の（わたしに言わせればSEDの聖典ともいうべき）『sedによる編集&ＤＴＰ［実践］自動処理テクニック』（一九九八年、技術評論社）という本をはじめとしてSEDにかんする本は、残念ながら、それほどの売行きを示したものはないらしい。内容が専門的になってしまえばしまうほど読者は減少するという厳粛な法則がここでも貫いているのかもしれない。

しかしそんな不安の一方で、今回の『編集篇』はとにかく実用的でもあることをめざしているので、SEDスクリプトの機能のしかたに十分な理解が得られずとも、とりあえず本文中や巻末に収めた各種スクリプトを実行してみることによって、実際的な効果のたとえ一端でも知ってもらえば、わたしの意図は通ずるのである（ちなみに、このスクリプトファイルは未來社ホームページの「未來社アーカイヴ」ページで公表する予定なので、そこからコピーしてもらってかまわない）。実践が先にあれば、理論的な理解はあとからでも間に合うのである。

『編集篇』の原稿の最後の仕上げにかかっている段階で、前号でも触れた専門取次・鈴木書店の倒産という事件が生じて、わたしはたいへんなショックを受けざるをえなかった。もちろんこれまでの長年の有力取引先が突然消滅することによって経営的にもダメージがあるからでもあるが、今度の『編集篇』の販売においても鈴木書店は『執筆篇』のときと同様、力になってくれるはずだったからである。専門書出版社との取引の多い鈴木書店だからこそ、［出版のためのテキスト実践技法］のような専門書の著者や編集者を読者に想定した本は広めてもらう必然があったわけなのに、間に合わなかった。いまはそのことが残念でならない。

その一方ではさいわいなことに、この『編集篇』刊行にあわせてすでに二つのセミナーでの講演が準備されている。ひとつは見本予定の翌日（一月十八日）に熱海のニューフジヤホテルで開かれる出版労連・全印総連の合同シンポジウムであり、もうひとつは印刷会社・平河工業社主催の「ヒラカワ小部数書籍印刷セミナー」（二月七日、同社北池袋事務所プレゼンテーションルーム）である。業界人の関心をあらためて惹くことができればさいわいである。

注　ＳＥＤとはStreamEDitorの略でセドと読む。秀丸エディタなどのような対話型（interactive）エディタとちがって、バックグラウンドでテキスト処理を超高速におこなうUNIX系のプログラム。正規表現を駆使することができ、適切なスクリプト（命令文）を与えれば、さまざまなテキスト一括処理ができる。

平河セミナーその他を終えて

（［未来の窓60］二〇〇二・三）

前回このページでお知らせしたように、『出版のためのテキスト実践技法／編集篇』刊行にともない、二つのセミナーで講師をする機会があった。ひとつは出版労連・全印総連の合同シンポジウムであり、もうひとつは平河工業社主催の「ヒラカワ小部数書籍印刷セミナー」である。

前者はかならずしも［出版のためのテキスト実践技法］のみの関連ではなく、鈴木書店倒産にともなう出版界内外の危機感を共有する出版労連（と全印総連）の企画によるものであり、近い将来に合併を企図する両組織の、春闘へむけての討論集会のおもむきをもつものであった。小出版社とはいえ、経営者のはしくれであるわたしのような者に話をせよとはどういう風の吹きまわしかと思いきや、もはやたんなる賃上げ闘争に終始するわけにはいかない出版企業人としての危機意識の反映であることが、事前の打合せに来社された出版労連幹部の共通の認識であることがひしひしと伝わってきたのである。

わたしがこのシンポジウム参加を引き受けたのは、ひとつにはこうした出版人たちの問題意識に共鳴するものがあったからだが、もうひとつの理由としては印刷現場にいるひとたちに［出版のためのテキスト実践技法］の有効性を訴えてみたかったからである。

出版社と印刷所の関係は、その需要と供給の関係において、またそのコストと支払い関係その他の商取引上の諸問題において、ある意味ではかならずしも利害が一致するわけではない関係にある。ある大手版元などはある印刷所にたいして年間の仕事量の一定の供給を保証するかわりに、すべての単価やコストを自分で決めているばかりか、請求書まで発行してしまうというような驚くべき実態がある。これに類した関係のなかで出版社が印刷所にたいしてとうてい平等とはいえない関係性を強いているのが一般的な実態である。

合同シンポジウムのなかで全印総連側の講師、月岡政雄氏（三省堂印刷）が印刷所の意見として出版労連のひとたちに訴えたのがじつはこの点である。出版社の都合によって帰宅時間や休日まで自分の自由にならないという現実があること、しかもそうした仕事を通じて得られるはずの売上げ請求が不当にコスト削減を強いられること、揚げ句のはてにいつ換金できるかもしれない手形払いであり、しばしば倒産等によってただの紙切れになってしまうこと、などを冗談めかしながらも切々と話されたのが印象的であった。

出版社の人間はおうおうにしてこうした関係を見損なっていることがある。自分の仕事にたいする愛着もあろうが、自分が仕事を供給する側にいることに慢心していないか、あらためて考えるべきであろう。編集者がやるべきことを印刷所に押しつけることによって、印刷所は請求書に反映させることのできないむだな仕事をかかえこむことになる。いわばシャドウ・ワークとしての原稿整理、ファイル整理などが印刷所の仕事のかなり大きなウェイトを占めている。

わたしの［出版のためのテキスト実践技法］はその意味でも、著者や編集者のみでなく印刷所のオペレーターにおいても有効だということを知ってもらいたい。編集者は印刷所に入稿する原稿をファイルのすみずみまで整備しておくことができれば、どれだけ印刷所の仕事からむだな手間ひまが削減できるか、ということであり、このことの意識化と実現への努力をおいては出版社と印刷所の共存共栄ははかれないし、ましてや出版労連と全印総連の組織合同も実現がむずかしい。そういうような話をさせてもらったが、じっさいにどのように受けとめられたかいまひとつ判然としない。

そのあとに二月七日に開かれた平河工業社主催の「ヒラカワ小部数書籍印刷セミナー」は、より具体的な問題に集中して話をすることができたという点ではよりいっそう意味深いものだった。予定をはるかに超える一〇〇名以上の参加者のほかにも、予約なしで来られて後方で立ち見をされていたひとがかなり見受けられた。平河工業社の和田和二社長が古くから提唱されている「小部数書籍印刷」と、わたしの提案しているテキスト編集技法が合体して専門書の小部数出版が実現しうるなら、今後の専門書の出版事業の可能性もおおきく開かれるのではないかという感想をもった。

このセミナーは平河工業社が外部の講師を招いておこなう最初のセミナーだそうだが、さいわいにもいろいろ呼びかけをしてくれたおかげで、わたしの編集技法に関心をもってくれている出版人、編集者、オペレーターなどが集まってくれ、わたしの実演もふくめた出版論、編集論に耳を傾けてもらうことができた。『編集篇』一冊を購入して方法をマスターすれば、一六〇〇円の本代で一冊の編集をするのにその一〇〇倍から二〇〇倍ぐらいは簡単にモトがとれますよ、と冗談で言ったのがよかったらしく、持参した『編集篇』四五冊、『執筆篇』二〇冊もすべて売り切れてしまった。その後、そのセミナーを聞いてくれた愛知県の女性が未來社ホームページから買いそびれた分を注文してくれたことなどもあり、昨年の東京国際ブックフェアでの『執筆篇』の反響と同じぐらいの手応えを感じるセミナーだった。

昨年もいくつかのセミナーをやらせてもらったが、こうしたセミナーをつうじてつくづく感じていることがひとつだけある。押しつけがましいことはあまり書きたくないのだが、思いきって言ってしまえば、小出版社、理科系出版社、大手出版社、編集プロダクションなどの思いがけない出版社が多数参加してくれる反面、わたしがもっとも念頭においているような人文系専門書出版社の編集者がこうしたセミナーにさっぱり来ないことである。わたしに言わせれば、わたしの技法がもっともマッチしているはずの人文系専門書出版社の編集者がこうした方法の有効性に耳を傾けようとしない現実こそ、編集者という存在の自覚のなさの証拠であり、十年一日のごとき方法への故なきこだわりこそ、専門書出版の困難を倍加させているのだという認識の欠如、というか甘えなのだ。もともとわたしは編集者に幻想をもっていないから、知ろうとしないで損をしていようといっこうかまわないが、いま編集者だからという理由で許容されるものなど、なにひとつ存在しないのである。

発想のツールとしてのデジタル編集マニュアル

（［未来の窓71］二〇〇三・二）

ブックデザイナーの鈴木一誌さんの新著『ページと力——手わざ、そしてデジタル・デザイン』（二〇〇二年、青土社）という本を読んでいて驚いた。鈴木さんによれば、「編集、デザインや組版、製版、刷版にたずさわってきた人間が共通に目ざしてきたものは、ページを生みだすことではなかったか」として、この対象を「ページネーション」と名づけている。つまり印刷物のページをつくる作業そのもののことである。最近のようにＤＴＰでどんなページでも組むことができるようになったことと関連して、鈴木さんは従来の組版ルールが崩れてきていることを問題とし、一般的な組版ルールを作りだす必要を感じて「ページネーションのための基本マニュアル」（略称「ページネーション・マニュアル」）を一九九六年に発表していた。今回の本の巻末付録にこのマニュアルの改訂版が掲載されている。わたしが驚いたのは、このマニュアルが、わたしがこの何年か考えてきた執筆と編集のためのマニュアルと、問題にしている領域のちがいはあれ、問題意識において共通することである。

残念ながら、わたしはこうした組版マニュアルが存在することをこの本で知るまで聞いたことがなかった。不勉強といえば不勉強な話だが、ＤＴＰをみずから手がけることもなく最終組版は印刷所におまかせという方法をとってきたわたしからすれば、それぞれの印刷所に独自のマニュアルはありうるとして、そんなマニュアルが印刷業界全体の問題として顕在化しているとは想定できなかったというのが実情である。

しかし、それならば、わたしが提案した［出版のためのテキスト実践技法］だって、著者の入稿用原稿作成の段階から編集者がそれを処理し印刷所に渡すまでの工程を出版編集にとって原則的な問題においてマニュアル化しようとしたほとんど業界初めての提案だったのであり、「ページネーション・マニュアル」に遅れること五年にして出現した出版編集の立場からの具体的なマニュアルのつもりである。その意味では、鈴木一誌さんの「ページネーション・マニュアル」はわたしの［出版のためのテキスト実践技法］のその先に位置するものであり、デジタルデータを適切に処理して印刷物をつくりだす点において連続性をもちうる考えかたなのである。

じつはこの本を読んだのは、鈴木さんが戸田ツトムさんとともに編集するデザイン雑誌「d/sign」の次号（4号）の特集《複製》のためのインタビュー（注1）を鈴木さんから受けることになったことが直接のきっかけである。そこでの話し合いのなかで「ページネーション・マニュアル」と［出版のためのテキスト実践技法］の問題意識の共通性と連続性が相互に確認できたことは収穫だったと思う。

わたしはいま未來社ホームページの「［出版のためのテキスト実践技法］増補・改訂版」（注2）で、主としてテキストエディタを使ったわかりやすい新しいデジタル編集マニュアルを展開しているところだが、そこでやろうとしていることは、著者からの入稿原稿とファイルを受け取った編集者がまずやらなければならない確認事項や手順からはじまって、できれば印刷所に入稿する段階までに編集者としてやっておいたほうがいいと思えることをマニュアルとして網羅的にチャート化することである。これは鈴木さんの「ページネーション・マニュアル」で約一八〇項目のチェックポイントがあるのと同じで、実際にその必要がないかもしれないものまでふくんだ、あらゆる可能性にたいしてファイルの修正ないしチェックをする方法を体系化しようとするものである。その意味で鈴木さんが「ページネーション・マニュアル」について述べている考えかたはおおいに参考になる。

鈴木一誌さんは「ページネーション・マニュアル」にはふたつの次元があると言う。ひとつめは「いろいろなしごとの最大公約数的なガイドラインとしての汎用レベル」であり、ふたつめは「実際のしごとにあたって、それぞれのひとが自分用に加筆や削除、改変をしたもの」、つまり自分用「ページネーション・マニュアル」という実践レベルである。

鈴木さんはこうも書いている。

《「ページネーション・マニュアル」は、山の装備表に似ている。「ページネーション・マニュアル」を眺めながら、この項目はいらない、ここをもっとていねいに膨らませたいと思えるのは、つくりたいページのイメージがすでにあるということだ。「ページネーション・マニュアル」はまず発想のツールでありたい。具体的なケースで各項目を改変するべきだというのはこうした理由からだ。発想のためのツールであるためには「ページネーション・マニュアル」はそれ自体で完結するのではなく、使うひとと対話をする必要がある。》（『ページと力』一七二ページ）

これにくらべるとわたしの［出版のためのテキスト実践技法］は、著作物の性格やジャンルなどの種類も多岐にわたり執筆者から編集者までの仕事にとりあえずなんらかのかかわりがあるという意味で守備範囲が広く、残念ながらまだ「汎用レベル」に達しているとは言いがたい。むしろわたしの個人的実践をつうじて見出してきた経験をなんとか普遍化してみようとしたものにすぎない。しかしだからこそ「ページネーション・マニュアル」と同じく、仕事をするひとのための「発想のためのツール」でありたいし、著作権フリーという意味での「コピーレフト」として提出されているのである。いまのところ、わたしの［出版のためのテキスト実践技法］をさらに発展したかたちで実践してくれている実例は知らないが、唯一、プログラム作者の山下道明氏がそのすぐれたテキストエディタLightWayText（Macintosh用とともにWindows用もある）にストリームエディタSEDを組みこんだかたちにヴァージョンアップしてくれたものが出ている。わたしの『出版のためのテキスト実践技法／編集篇』を読んでSEDの良さを知って搭載してみたとのことで、これなど「コピーレフト」の可能性の一端であろう。

この二月には昨年も引き受けた平河工業社の「小部数書籍印刷セミナー」がある。未來社ホームページでのデジタル編集マニュアルをさらに発展させたものについて話をできればいいと思っているところである。

注（1）このインタビューは「d/SIGN」4号（二〇〇三年五月刊）の「未來社社長・西谷能英氏にきく／重版が『読者』のあらたな地平を拓く（聞き手＝鈴木一誌）」として掲載された。
（2）「［出版のためのテキスト実践技法］増補・改訂版」はその後、『出版のためのテキスト実践技法／総集篇』として予定よ

り大幅に遅れて二〇〇九年七月に未來社より刊行され、それにともなって、未來社ホームページからは削除された。

テキスト実践技法のその後——秀丸エディタ本をきっかけとして

最近、未來社ホームページの「未來社アーカイヴ」ページ（http://www.miraisha.co.jp/mirai/archive/）へのアクセスが急速に回復してきている。

この「未來社アーカイヴ」ページへのアクセスの急増の一因としては、最近、翔泳社から刊行された『秀丸エディタハンドブック』にわたしの技法が紹介されたことによると考えられる。この本は秀丸エディタの一般的な解説書というよりもかなりマニアックな専門家向けのもので、主として正規表現を使った検索・置換の技法と、それらに関連するマクロ（特定の作業を実行するための小プログラム）の組み込みとその紹介などが中心となっている。付録として一三個のマクロがCD-ROMに収録されているが、そのなかでわたしの「編集用日本語表記統一基準」にもとづくSEDスクリプトを秀丸用にそのまま移植した「編集用日本語表記統一マクロ」がふくまれている。このマクロは他のマクロにくらべてはるかに大規模なもので、実際に秀丸に組み込んでみるとじつに強力にファイル処理を実行することが確認できた。ただし、ひとつのマクロファイルにいくつかの異なる次元のファイル処理を実装してしまったので、あまりにも強力すぎて現実的でないところがあるのではないか、という懸念が残る。せっかくの強力マクロだが、いくつかのファイル処理用マクロに切り分けたほうが現実的だと思える。もし許してもらえるなら、このマクロファイルを改訂した別の秀丸用マクロを作成してみたいと思う。なにしろ、対話型エディタで、もっとも人気の高い秀丸でSEDスクリプトにも似たマクロを走らせるという画期的な試みなのであるから、その寄与するところは相当なものだからである。パソコンで日本語表記を統一するというコンセプトを発案したわたしとしては、こうしたかたちで編集用ツールとして現実化されることにはおおいに賛意を表したいのである。

それはともかく、この本でわたしの「出版のためのテキスト実践技法」が必読文献として紹介されているばかりでなく、未來社ホームページのSEDスクリプト「sed.html」が出典として明示されていることもあって、「未來社アーカイヴ」ページを参照してくれるひとがここへきて急増したのではないかと考えられるのである。

ところが世の中にはいろいろ考えているひとがいるものである。わたしの技法書の読者というひとから紹介されたのだが、翻訳者の井口耕二氏がみずからのホームページで、やはり日本語の表記統一にかんするまったく同様な問題意識から独自のSimplyTermsというソフトウェアを作られていることがわかったのである。さっそく井口氏のホームページ(http://homepage2.nifty.com/buckeye/software/transtools.htm)からこのツールをダウンロードしてみて驚いたのは、そこに開陳されているスクリプトがわたしの「出版のためのテキスト実践技法」ときわめて類似していると同時に、わたしのものよりもはるかに細かく豊富なことであった。「漢字をヒラくもの(一部トじるもの)のスクリプト例」や「誤表記を正すためのサンプルスクリプト」などがその宝庫である。これらをうまく適用することによって日本語の表記統一がより高度に実現できるようになれば、執筆と編集の仕事にますます役に立つはずである。なかにはここまで必要かと思えるスクリプトもないではないが、これはおおいに参考になるものである。やはり実際上の(井口氏の場合は翻訳という)仕事の必要から生じた問題意識のなせるわざで、実例にひとつひとつきあたり、それらを採集するなかから時間をかけて構築されてきたものであろう。わたしは強い共感をもつことができた。いずれ、わたし自身のスクリプト集を増補するときには使わせていただきたいと思っている。

こうしたインパクトのあるさまざまな仕事にふたたび刺戟されて、以前から課題としてきたより実践的なテキスト編集技法の再構築に取り組みたいと考えている。ふつうの対話型テキストエディタのレベルで、画面で確認しつつ、しかも高速処理が可能となるようなさまざまな編集技法を紹介できればと考えている。そんなわけで未來社ホームページでの「[テキスト実践技法]増補・改訂版」をしばらく中断していたのを最近ようやく再開しはじめたところである。さいわいアクセスしてくれるひとが多いので励みにしているが、前述のような有益な情報があればいろいろ提供してもらえるとなおのことありがたい。なるべく早いうちにまとめてみたいと思っている。(注)

注　この連載をベースにした『出版のためのテキスト実践技法／総集篇』は二〇〇九年七月に刊行された。

秀丸エディタのすすめ――『秀丸フル活用術』の刊行予告

(［未来の窓100］二〇〇五・七)

いまやすっかり執筆や編集の日常のなかにも溶け込んでいる感のあるパソコンだが、そのなかでわたしが愛用している各種テキストエディタを使って作業をしているひとは、実際どのくらいいるのだろうか。理系のひとたちの場合はいざ知らず、わたしのかかわりの深い人文系の著者や編集者はあいかわらずWordとか一太郎といったワープロを使っているひとが多いようだ。もちろん徐々にではあるが、テキストエディタ(以下、エディタ)を使うひとも増えてはいるのだろう。最近はこれら各種エディタにかんするマニュアル書がいろいろ出始めるようになったのがその証拠だ。

かつてはエディタにかんする本と言えば、三〇〇〇部どまりというのが業界の通説であったらしい。エディタはパソコンの専門家をめざすひと向けのツールであるという認識が一般的であったためでもあろう。だからパソコン系大手出版社からはこういった類のマニュアル本が出版されることはあまりなかった。むしろワープロにかんするマニュアル本のほうがマーケットが大きいということもあって、もっぱらそれらが書店店頭をにぎわせていたのであった。

しかしどうやらここへきてすこし事情が変わってきたらしい。パソコンに精通したひとが増えてくるにつれて、ワープロのような執筆や編集にとっては余計な機能ばかりが目につく重いだけのツールではなく、エディタをふつうに使って作業するひとが急速に増えてきたのだろう。Windows系の代表的なエディタである秀丸エディタなどはユーザ数は一〇〇万とも二〇〇万とも言われている。こうしたユーザのほとんどがプログラマーやパソコン専門家ばかりとは考えられないから、かなり多くの使用者がふつうの書き手や編集者なのであろう。ここ一、二年のうちに秀丸にかんするマニュアル本が三冊も出て、かなり売れているらしいという情報もある。

たまたまその一冊『秀丸エディタ ハンドブック』（二〇〇四年、翔泳社）の付録にわたしが「出版のためのテキスト実践技法」で作成した「編集用日本語表記統一基準」が秀丸用マクロとして転用されることになり、それがきっかけとなってこの出版社からふつうの著者や編集者を対象とした秀丸エディタのマニュアル本を書き下ろすことになった。わたしもかなりマニアックなほうなので、ふだん活用しているさまざまな秀丸の活用法をコンパクトにまとめて皆さんに開陳しようということになったわけである。

とにかくこの半年ぐらいのあいだに仕事のあいまをぬって三〇〇枚超の原稿を書くのは大変だったが楽しくもあり、このほどいちおう書き上げて翔泳社に渡したばかりである。書名はわたしの案では『秀丸フル活用術』としたいところだが、いまのところ未定である（注1）。それでもこの八月初頭には刊行予定となっているので、そろそろお披露目をしておいてもいいだろう。

今回は、既刊の『出版のためのテキスト実践技法／執筆篇』『同／編集篇』とは異なり、秀丸という特定のエディタのためのマニュアル本なので、一般的なエディタの紹介や方法論ではなく、かなり詳細に秀丸エディタの使い方を紹介した。秀丸という高機能エディタがどれほどすごいことができるのか、一般のユーザはおそらくここまではご存じないだろうというレベルまで説明したので、こちらとしても思い残すことはない。さらに今回はテキスト編集用に、『編集篇』で紹介したSED（StreamEDitor）のテクニックを秀丸用に作り直した表記統一のためのマクロ（目的を特化した小さなプログラム）を九種類用意した。これらは出版用の原稿の技術的な不備を整形し、また表記の統一を一気におこなうツールであり、実際に進行中の仕事でいろいろテストしたので、かなりの精度の高さがあると自負している。ちなみにこれらのマクロ・ファイル名は「ファイル整形マクロ」「不適切表記修正マクロ」「アルファベット、数字の置換マクロ」

「欧文の半角処理マクロ」「漢字を開くマクロ必須篇」「漢字を開くマクロ選択篇」「送りがなの統一マクロ」「世紀、年月日にトンボの十を使うマクロ」「割付け用タグ付け一括処理マクロ」である（注2）。わたしの方法に多少なりとも関心をもっていただいているひとにはこれらのマクロが何をしようとしているのか、およそ見当はつけてもらえるはずである。一例としてあげれば、原稿のさまざまな数字の乱用（全角、半角の算用数字や漢数字の混在）を和文中の数字は一気に漢数字化するといった処理である。

未來社ホームページにアップしてきたこれまでのSEDスクリプトの内容をこのさいかなりヴァージョンアップして秀丸に組み込んだので、従来のWindows系読者がSEDを使いにくかった不具合を、この秀丸用表記統一マクロを作成したことにより大きく改善したことになるだろう。

というようなわけで、エディタを使って仕事をするひと、とりわけ書き手や編集者のためのわたしなりの方法論は、SEDというかなりとっつきの悪いプログラムから、ごく普通に使えるツールであるエディタでもほぼ同等の処理が実現できるマクロの利用という方向にも開かれることになった。もちろん、これですべてが解決するわけではないことはあらかじめ言っておかなければならない。出版のための原稿は内容の性格上それぞれ相当に異なる問題をふくんでいる以上、すべてにあてはまるオールマイティの技法というものはありえず、あくまでも一般的な問題に幅広く対応できるように設定してあるだけだからである。あとはこれらを利用して、使うひとそれぞれが必要な処理を追加してくれればよいのである。

とりあえずこの『秀丸フル活用術』の刊行によって、［出版のためのテキスト実践技法］以来の課題のひとつが解決されたと思いたい。あとはテキストエディタを使ってまだまだ実現可能な技法についてさらなる開発と研究につとめるつもりである。

注（1）この本は結局、『編集者・執筆者のための秀丸エディタ超活用術』として二〇〇五年九月に翔泳社から刊行された。

（2）これらの秀丸マクロは、その後、「秀丸マクロ集」として未來社ホームページの「アーカイヴ」ページ（http://www.miraisha.co.jp/mirai/archive/）にアップしただけでなく、秀丸の制作者である斉藤ひでお氏のホームページのマクロライブラリ（http://hide.maruo.co.jp/lib/macro/index.html）に二〇〇九年九月に登録してもらった。このうち「ファイル修正マクロ」はすでに一五〇七アクセス（二〇一一年十一月五日現在）を数え、数ある秀丸マクロのなかの三八五位に入っている。

テキスト編集マニュアルの総集篇をめざして

――『出版のためのテキスト実践技法／テキストエディタ篇』の刊行

（［未来の窓145］二〇〇九・四）

早いものでわたしが『出版のためのテキスト実践技法／執筆篇』を未來社の五十周年記念の一環として刊行してから八年がたつ。もともと著者との原稿のやりとりのなかで必要にせまられてつくっていた著者用の入力マニュアルを、パソコンにくわしい著者との話のなかで一冊にすることを奨められてまとめたものだが、さいわいに「朝日新聞」の記者の好意的な記事が掲載されたことによって最初から話題の書になった。おかげで日本書籍出版協会の大会議室での講演や大学出版部協会編集部会での研修合宿をはじめ、いくつものセミナーに呼ばれることになった。当初から約束した続篇の『出版のためのテキスト実践技法／編集篇』を早めに書き下ろしたのも、そんな流れのなかでのことだった。

その後、パソコン書の版元である翔泳社から依頼されて『編集者・執筆者のための秀丸エディタ超活用術』という本を書き下ろしで書くことになり、これはいまでも秀丸エディタの定番のひとつとしてアマゾン・コムでもかなり上位にランクされている。刊行当初はベスト一〇〇に入っていたこともあるから、自分でもびっくりだったが、以前は三〇〇〇部も売れれば上出来と言われていたテキストエディタ関連本が、『できる〜』や『よくわかる〜』や『はじめての〜』といった純然たる実用マニュアル本と相前後して上位に並んでいるのはなかなかの健闘と言っていいだろう。

それはともかく、『執筆篇』『編集篇』刊行の直後から未來社ホームページで修正や増補や改訂を公表してきた。この「未來社アーカイヴ」ページ（http://www.miraisha.co.jp/mirai/archive/）はいまでも未來社ホームページのなかでアクセスの多いページだが、一年ほど前から以前の改訂版の整理をはじめ、「テキストエディタ篇」として公表を始めた。ことさらに新しいページを立てているわけではなく、これまでの「［出版～技法］増補・改訂版」の内容を書き替えるかたちでオープンにしているだけだが、入りにくいページであるにもかかわらず、かなり見てくれるひとがいるらしい。

そんなこともあって、これまでの［出版のためのテキスト実践技法］シリーズの総集篇として『出版のためのテキスト実践技法／テキストエディタ篇』（注）を刊行するための仕上げを始めようとしている。このたびは、在庫を最小限に抑えるためにショートラン方式で印刷・製本をおこない、できればすこしずつ改訂と増補をくわえていく「年度版」にしようかと思っている。パソコンの世界は日進月歩の世界だから、ツールの進歩に応じて本のほうもヴァージョンアップをはかる必要があるからである。もっとも、ここで対象としているテキストファイルやそれを扱うためのツールであるテキストエディタはきわめてベーシックなものなので、本質的な変化はほとんどない。あるのはちょっとした使い勝手の工夫や進歩によって、操作性やスタイルに変動があるだけである。その意味では、『執筆篇』『編集篇』で記述した原則や考え方はいまでも十分に通用するものであると思う。出版のためのデータがいまでもテキストファイルであり、それをいかに有効に処理することができるかというところに出版・編集の現場がかかっている事情にいささかも変りはないからだ。

もうひとつこの『テキストエディタ篇』の刊行を急ぐことにしたのは、たまたま未來社の編集部事情にもあるのであって、まだキャリアの乏しい若手編集者を基本からきっちり教え込んでいく必要を感じるからである。さいわい呑み込みがよく、未來社＝西谷方式のテキスト処理を学習をかねて実際の仕事で実践していくなかですでにかなりのことができるようになってくれているのだが、編集の経験というのは奥が深い。早く一本立ちできるようになってもらうためには、まずは技術的なことは完璧にマニュアル化して伝授できるようにしておくことが必要なのである。もちろん編集者としての基本はその以前にも以後にもあるので、技術がすべてではないのは言うまでもない。そうしたことはもともとマニュアル化できるものではないので、これからの経験で反芻していってもらうしかない。

そしてこうした基本的な問題は、これからの編集者の育成のためにも、未來社にかぎらず共有されるべきものであって、出版社はこうした編集技術、テキスト処理の理論をきちんと導入すべきではないかと思う。すくなくとも、わたしのやりかたは、テキストエディタの高度なテキスト処理方式である正規表現を駆使しているので、原稿のテキストにたいして表記のブレや誤記等を統一的に発見・修正し、正確かつ迅速に変換をおこなうことができるのであり、一方では、割付けを的確にまた美しく実現するためのマニュアルでもあるのである。こうした方法をつうじてなされるテキストの整備が編集、通読などのための集中力を高め、内容のいっそうの充実を実現するために役立つだけではない。印刷所入稿以前にテキスト処理をすべて終わらせてしまうためほとんど初校責了にできるのであり、面倒な組版も編集機の初期設定を誤らなければ指定タグによる一括処理で実現してしまうことができるから、組版コストも格安であがるのである。わたしのこの方式は、すでに十年以上の経験をふまえているので、完成の域に達していると言っても過言ではないはずである。こうした編集の基本スキルとその手順を明確にしてマニュアル化することが、出版人としてのわたしの最後の使命だと思っている。

今回はショートラン方式～年度版刊行という試みのほかに、以前『共生のための技術哲学』という本で実践してみたような、購読者への本文テキストファイルの配布、あるいは一括処理のための最新マクロやツールなどをメールで配布するサービスを考えてみようかと思っている。出版不況の時代だからいっそう、こうしたマニュアルの普及はワークシェアリングの精神の運動論でもあるのである。

注　このマニュアルの書名は最終的に『出版のためのテキスト実践技法／総集篇』とし、ショートラン方式もやめてとりあえず通常印刷とした。また巻末にこの本を購入したひとが切り取って送ってくれれば必要なデータ（マクロファイルもふくむ）

をメール配信できる切片を用意した。

書籍での用字用語の統一のために

（「未来の窓154」二〇一〇・一）

編集歴も三十数年になると、じつに多様なジャンル、著訳者の原稿に接してきたことになる。また自分でもこれまでなにがしかの原稿を書きつづけてきた。そうしたなかで、仕事柄か、おのずと日本語の表記のありかたについて人一倍の神経を使ってきたように思う。

たとえば自分のことを「私」とするか「わたし」とするか、さらには「僕」あるいは「ぼく」とするかは書くひとによっても、また文章の性格によっても、書く時期や年齢によってもちがいがあるのはある意味で当然であるが、どうもひとはそこまで自覚していない場合が多いということにあるときから気づいた。つまり同じ文章の隣りあった行のなかで「私」と「わたし」が平気で並んでいたりすることがきわめてしばしばあるのである。「私」と「僕」が混在することはさすがにそうないが、こういうことをひとはそんなに気にしないのだろうか、ということが逆に気になってしまったわけである。人称で言えば、「彼」と「かれ」、「我々」と「われわれ」などの表記のしかたをどうするのか、書き手は自分の原則をちゃんと決めているのだろうか。こうしたことは漢字の使いかた（ひらがなへの開きかた）、動詞の送りがなの送りかたなどについても同じように言える。こういうことにかんして書き手は驚くほど自覚的でない、というのがわたしの実感である。

一般的に言って、文学や哲学にかかわるひとは表記にかんしても自覚的なひとが多いのは、文章の性格上、言語それ自体で存在するべく書かれるものであるために、文章の細部にまで緻密に神経が配られているケースが多いからである。その一方で、ことばは伝達すべき内容のための手段であって、それ以上のものであるとは考えていないと思われる文章も数限りなく存在する。そういう書き手は社会科学系の学者に多いというのがわたしの経験的理解だが（もちろん例外もたくさんある）、そういうひとの場合、表記の統一などはほとんどこちらにまかせてくれる。ほんとうにそれでいいのかという疑問がないわけではないが、こうしたほうがこちらとしてはすっきりするので、未來社方式に統一させてもらっている。

この未來社方式にかんしては、わたしが長年かけてデータを集めて一覧にしたものを「編集用日本語表記統一基準」として公表している（二〇〇一年刊の『出版のためのテキスト実践技法／執筆篇』で初出。その後、最新の『出版のためのテキスト実践技法／総集篇』でも改訂版を掲載）。この一覧は未來社ホームページ（http://www.miraisha.co.jp/mirai/archive/touitsu.html）でも最初から公開しており、かなり参照されているので、ご存じでないひとはぜひ参考にしてほしい。世に「用字用語の統一」と呼ばれているもののひとつだと思ってもらってもいい。

わたしがここでやろうとしていることは、日本語の表記を現代ふうに変更すること、そのためには読みにくい漢字をひらがなに開くこと、副詞や接続詞はひらがなに開くこと、動詞や指示詞の字義通りの意味以外（二次使用）の使用にかんしてはひらがなにする、といったことである。以下に一例を挙げよう。

（副詞）専ら→もっぱら
（接続詞）従って→したがって
（動詞の二次使用）（意味を）持つ→もつ
（指示詞の二次使用）（理解する）上で→うえで

この「編集用日本語表記統一基準」はたんに一覧表として提示しているだけではない。わたしは［出版のためのテキスト実践技法］シリーズにおいてこうした変換をパソコン上で実現できる一括処理ツールとしてＳＥＤや秀丸マクロを具体的に説明し、実用化できるように提出してきた。編集者はもちろん、著者のなかでこうした問題意識をもっているひとならだれでも使えるツールになっているはずである。わたしの意図としては、こうしたデジタル・ツールを使いこなしてもらって編集作業（著者が原稿の整理をする場合もふくめて）をすこしでも軽減するとともに、日本語のあるべき姿を共同して実現していこうとすることである。わたしが長年やってきた編集作業を公開するのはもっぱらそういう目的のためである。

今回の『出版のためのテキスト実践技法／総集篇』ではさらに、動詞の送りがなのパターンを以前にくらべて大幅に増補したばかりでなく、二つの動詞の組合せから成る複合動詞の統一処理の方法、ルビの付けかたの原則とそのための具体的方法などをあらたに組み込んだ。デジタル編集上の諸問題はこれでほとんどすべて処理できるようになったと思っている。

わたしの［出版のためのテキスト実践技法］はこうした「用字用語の統一」などに尽きるわけではない。同音異義語や類似語など変換ミスをしやすいことばをチェックするための、また、よくある表記ミスと思われるものを見つけ出すデジタル手法も、暫定的だが実働できるようにした。そのほかに、印刷所に渡すための「タグ」と呼ばれる組版のためのデータ処理をした入稿データを作成するためのくわしい編集手順も紹介しているのである。残念ながら、この［出版のためのテキスト実践技法］の有効性（正確さ、高速処理、組版価格の低価格化などによる全体的なコストダウン）が限られた範囲でしか知られていないために、この方法がもっと広く利用されるようになっていない。

この（二〇〇九年）夏に未來社ホームページがリニューアルされたのを機に、このホームページ上で「知っていると得をする著者・編集者のためのパソコンTIPS集」というネット連載をはじめたこともついでにお知らせしておきたい。パソコンを利用する編集者や著者のためにちょっとしたヒントやテクニックを書き込んでいるものだが、すでに多くのかたが参照されているようである。わたしの関心は、出版にかかわるひとたちを中心に、できるだけ有用な知識や技術を共有してもらうことである。なんでも面倒くさがってしまうひととは共有することもないだろうが、利用してくれれば役に立つはずである。こちらもできるだけ多くのひとが参照してくれればいいと思う。

第三部　出版文化論

著者と出版文化

著者と出版社の関係

（「未来の窓4」一九九七・六）

著者と出版社の関係はそれぞれ独特である。もちろん、著者が志向している著作物あるいは研究テーマとその出版社が一般的傾向としてもっている出版領域がうまく合致することがすぐれた書物がうまれる前提条件になっている。とりわけ専門書の出版にかんしてはこの条件はほとんど必須のものだと言ってよいだろう。専門書とは、それが当該ジャンルの最高水準の知にかかわるものであろうとするかぎりにおいて、その研究自体が要求する出版形態、体裁、記述スタイル等を必然的に要請するものであり、出版社はその要請に対応する準備がなければならないからである。

それは具体的にはどういうことだろうか。ひとつには、著者が全力をあげて取り組んでいる研究には他者の容喙を許さない部分があり、出版社の売行き部数偏重の要求はしばしば専門書のあるべきかたちを歪めてしまうことになりがちだということがひとつある。げんにある種の出版社では編集者が執筆内容のいちいちに口を出すということが当然のことになっているらしい。出版という営為はたしかに著者と編集者のコラボレーションであり、編集者はその経験と業務上の立場から著者をサポートすることができることが望ましい。わたしは編集者の役割は一種の〈産婆術〉だと思っている。しかしこうした役割には一定の限度とわきまえがあることも同時に知らなければならない。売らんかなの姿勢ばかりが先行して、もともと難解になることもやむをえない専門的主題の展開についてまで「ふつうの読者」を想定した「わかりやすさ」を無理やり要求するようなことは編集者の越権行為であるばかりか、著者をも読者をも愚弄する行為である。すぐれた書物はいかに専門的に高度な内容をもっていても、いずれは読者の広い支持を得ていくものであることはいまさら言うまでもない。

ところで、ここで著者と出版社の関係について述べようとしたことは一般論であって、書物の誕生には著者と編集者の現実的な出会いがなければならない。出版社サイドから言えば、個々の編集者が自社の出版への姿勢なり方向性なりを十分に認識したうえで自発的に著者へのアプローチがなされるべきであり、そこからしか実践的な仕事はうまれない。編集という仕事もまた出版というかかわりを通じて豊かな創造性をもちうるとしたら、著者の仕事の全域をカバーしうるだけの知識および情報をもたなければならないのである。編集者がこのような力量をもつときに、出版社の財産はなによりも人材であるという定式が成り立つのかもしれない。

こうしたいわば自明のことを書かずにいられないのも、昨今の出版業界内外での議論のなかに〈出版文化論〉をあえて避けて通ろうとする立場こそが賢明であるかのような倒錯した考えがまかり通っているからである。どこで文化的出版物と非文化的出版物との線引きをするのかというような議論はその典型であろうか。誰の目にも明らかなように、出版物にはすぐれた文化的な書物と、むしろ悪質ともいうべき非文化的エセ書物があり、その中間にあってもなくてもいいような多くの書物がある。業界内の誰もそんなことを言わないのは、それが再販制を規制緩和の対象にしようとする政府と一部の学者の主張に重なるように見えるからであり、また業界人として同業者を批判するかのような行為は慎まなければならないと考えられているからでもあろう。しかしこうした事なかれ主義こそいつに変わらぬ日本的土壌というものではなかろうか。下らぬ出版物が横行している現状で、きびしい出版文化論なしでほんとうに出版界はやっていけるのか。

今回はそもそもこんなかたちで書くつもりではなかった。というのは、いままたま自分がかかわっている小林康夫さんの新著『大学は緑の眼をもつ』についていろいろ書きたかったことがあるからである。

もとより小林さんとのかかわりは十年ほどまえになるが、東京大学教養学部の当時の若手教師たちと「扉の会」という読書会とも研究会ともいえるようなものを組織したときあたりから始まり、小林さんの知へのあくなき姿勢におおいに共感するところがあって、かれの未來社での最初の出版、『起源と根源――カフカ、ベンヤミン、ハイデガー』（一九九一年刊）が結実をみたあと、その交流は親密さをます一方にあると言っていい。その間に、この「扉の会」の仲間でもあった船曳建夫さんとの共編で東京大学出版会から出されたいわゆる〈知の技法〉シリーズ（『知の技法』『知の論理』『知のモラル』）が大ベストセラーになったことはよく知られていよう。今回の新著はそのタイトルにもいくらかあらわれているように、小林さんの大学人としてのトータルな姿勢を示している。〈知の技法〉シリーズについてさまざまに発言した記録も一部収録されているものの、これはかれの仕事のほんの一部にすぎないことがよくわかるのである。

そういえば、このシリーズが世間をにぎわしているころに、わたしがよく耳にした批判は、〈知〉に技法などというものはありえないとか、そもそも東大の権威を笠に着てベストセラーを作ったにすぎないとか、言ってみれば本人のコンプレックスの裏返しか知の貧しさを露呈するだけのようなものが多かった。もちろんそうした要素を全面的に否定はできないにせよ、そんなことは先刻承知のうえで戦略として提出されていることがあまり理解されていなかったことは、事情のよくわかっているわたしとしては残念だったが、今度の新著によって小林さんの大学人としてのスタンスはまず全面的に打ちだされていると言える。

すくなくともこの本は、たんに小林康夫というひとりの大学人あるいは著者の生きる姿勢や営為をいさぎよく示しているばかりでなく、大学にかかわる者、知にかかわる者にとってなんらかの指針をあたえてくれるように思える。紙数の関係上くわしく書く余裕がなくなったが、どれほど親しくとも、書かれたものを通じてしか発見できないそのひとがかかえている深い真実があるということを、わたしはこの本の編集をしながら何度も実感することができたのである。

学術専門書出版の可能性と現状

（「未来の窓9」一九九七・一一）

今回は学術専門書出版の可能性について考えてみたい。昨今の学術専門書出版の厳しい現状についてはいまさら強調することもないだろうが、今日ほどそれぞれの専門領域において専門分化がはなはだしく、どの領域においても専門研究がひとしなみに閉塞状況にあるような時代はこれまでにはなかったといってよい。それぞれの研究領域だけでは出版が成り立つだけの専門的読者を擁しえなくなり、必然的に学術出版の非活性化、研究発表のチャンスの喪失という現象が生じてきているのである。そうした現実をふまえていまや多くの大学では教員の出版活動にたいして各種の出版助成金を出すのがふつうになってきている。公的機関さらには文部省（現・文部科学省）の助成金制度もあらためて見なおされてきたようだ。

もちろんこうした制度の発展ないし定着は手放しで喜べるわけのものでもない。むしろ制度によってしか支えられなくなっている学術出版の非自立性こそが問題なのだ。

学問研究とはそもそも社会や制度とは独立した次元をもつものであり、社会や制度にたいする相対的な自立性を獲得してきた。大学とはそのような独自の役割をもったものとして成立してきたはずである。そこには実学的な側面もあろうが、多くは社会や歴史の構造を批評的に解読し分析する視点を保持することにその存在理由があったわけである。わたしがかつて大学に入学した一九六〇年代後半という時代にはそうした認識は自明の前提であり、大学の「自治」なるものはたとえ幻想にすぎなかったにせよ、大学人たちの意識をある程度は拘束していたのではなかったろうか。そこではすくなくとも人文・社会科学系の学問は体制に奉仕すべきものではなく、体制に抵抗し批判的に関与するものとして存在していた。いまから見れば信じられないことであるが、学問研究には社会や制度との接点でまさに生きた学問としてみずからの存在自体を問うという自己言及性というか自己批評性が必要とされたのである。学問は象牙の塔に閉じこもることは許されなかった。

その意味からすれば、いまほど学問研究のアクチュアリティが失なわれている時代はないのかもしれない。あるいは個別の学問領域が十全に発展しうるには、今日の高度に発達した情報化社会ではあまりにそれぞれの研究者に過剰な負担がかかりすぎるようになってしまったのかもしれない。真に専門家でありつづけるためにはその専門領域だけでもじつに膨大な資料が渉猟されなければならないのである。必要な情報が入手されるためにはおそろしく無駄なエネルギーが消費されざるをえない。なにしろ有象無象あわせて年間六万点の新刊が刊行され、既刊本とあわせると五〇万点を超える出版物が流通している時代なのである。しかも情報は活字化された通常の出版物ばかりではない。インターネットやCD-ROMといった電子情報からテレビ、ヴィデオ、映画におよぶ旧来の視聴覚情報もある。学問研究はこれらの情報を取捨選択するなかから発展しつづけなければならないのであるから、これは相当に骨の折れる仕事とならざるをえない。

学術的な専門書出版が困難になってきた背景には学問をとりまくこうした研究環境の変化というものも無視しえない。しかしなによりも問題なのは、専門研究という名目のもとに学問のタコツボ化が生じていることに気がつかれていないことではないだろうか。とりわけ社会や時代の進展とともに推移してきた社会科学系の学問体系それ自体が大きな問い直しを要求されているのであり、新たなパラダイム・シフトが形成されなければならないだろう。にもかかわらず、管見によれば、社会や制度との密接な関係にある社会科学系の研究者ほど、タコツボ状況への自己認識が不足しているように思われてならないのである。

これはわたしの持論のひとつだが、現在のような専門分化の著しい学問状況にあっては、特定のジャンルの専門家はせいぜい五〇〇人以下、極端な場合には数十人という規模のものになっている。大小さまざまな学会があっても、おなじような問題意識や知識（情報）を共有できていて共通の言語で語り合うことができる研究者はおどろくほど少ないようである。むしろおなじ学会に所属していながらまったく言語が通じあわない関係のほうが多いのではなかろうか。これではそうした専門領域の学術書が出版されることはきわめて困難なものとならざるをえない。売れない専門書出版の経験からそう判断せざるをえないのである。

学術専門書が出版できるのは基本的に二つの場合しかない。ひとつは専門領域において高いレベルの業績でありながら、超域的な読者を獲得することができそうな問題意識の広がりと普遍性をもった本の場合である。かつてならクロスオーヴァーとでも言ったかもしれないような脱領域的な広がりのなかでみずからの専門領域の前提をたえず問い直し、その学問それ自体の自己批評にもとづいて検証された知見によって専門外の研究者の関心をもひくことができるようなすぐれた専門書。ひとことで言って〈売れる専門書〉――専門書出版社の「夢」とでもいうものがあるとすれば、まちがいなくこの種の専門書の発掘であり、そうした可能性を秘めた研究者の発見にあるだろう。だからこういう可能性のある専門書の出版は、出版社にとってひとつの賭けであるが、それはかりに成功しなくても意味のある賭けなのである。

もうひとつが、残念ながら〈売れる専門書〉の可能性がさしあたり明確には見えてこないにもかかわらず、その専門領域において出版される意義のある企画の場合である。こうした出版物の場合、さきに述べたような各種出版助成金の力を借りることになる。学術専門書出版が困難なこの時代にこうしたさまざまな助成金を利用することはおおいに必要なことであるのはもはや言うまでもあるまい。

それにしてもこうした学術専門書が三〇〇部ほどは図書館で購入されることが確実なアメリカとくらべると、日本の図書館行政というのはなんとも情けない。おそらく日本の図書館ではこうした学術専門書はせいぜいその数パーセント程度しか購入されていない。図書館予算を削ろうとする政府も政府なら、読者のニーズという名目でどこでも手に入る一般書をそろえることしか考えていない多くの図書館。図書館が専門書出版を支えるような時代はいつかくるのだろうか。

著作権と出版権

（［未来の窓15］一九九八・六）

最近は出版人が集まると、本が売れないという話ばかりに終始する。昨一九九七年はいよいよ戦後初めての前年対比マイナス〇・七％というデータが出た。新刊点数は三・八％増の六万五千点強ということだから、新刊一点あたりの売行きというのは実質的にさらに下がっていると言えるだろう。

各社いろいろ打開策を講じていることはいるのだが、なかなか決定打が出せない。すでにお知らせしたように、この六月から専門書7社の会（岩波書店、勁草書房、東京大学出版会、白水社、法政大学出版局、みすず書房、未來社）の〈書物復権〉の運動が全国の主要書店の協力を得て動き出す。たんなる重版ではなく、読者のリクエストにも応えるかたちで名著を品切れのままにしておかないための試みであり、この運動がどのような成果をもたらすか、あわせて展開されるテーマ別ブックフェアの成果とともに、おおいに期待している。この機会に読者の方々が書店に足を運ばれるようあらためてお願いしたい。

話はもどるが、新刊点数のわりに本が売れないことの背景にはさまざまな問題がある。言うまでもなく、政権担当政党や官僚の無能ぶりに起因する経済秩序の崩壊からくる底なしの閉塞状況があり、読書にむけられるべき時間も経済的余裕もなくなっているという根底的な問題がまずある。それにくわえて、出版界内部にもこの状況を根本的に立て直そうとするような動きが出てきていない。新刊点数が増大しつづけるわりには良書と呼べるものの割合がますます反比例的に減少しているのではないかと思えてならない。

ある会で出版点数が増えること自体をまずは肯定していくべきではないかという論者がいたが、わたしはそうは思わない。もちろん、言論統制などが絶対にあってはならないし、なにか権威的、制度的なものにすがろうとすること自体が出版人にとって自殺行為であることは百も承知のうえでの話である。しかし売れればなんでも出していいとか、風俗的にか思想的にか問題のあるような本（や写真集）が数多く書店店頭に並べられているのをみると、やはりこんなものが出版の自由かという思いがつよくなるのはいかんともしがたい。フランスの哲学者エマニュエル・レヴィナスが言ったように、自由とは倫理的なものであって、無際限の放縦のことではなく、なにものかによって命ぜられてあるもの、厳しい倫理的要請のもたらすものなのである。

出版行為というのはそもそも著者の長年の研鑽の成果であり、編集・出版という仕事はそれを書物という形態にまとめあげるために専門知識をフルに動員させて実現されるものである。それは手間のかかる仕事であり、ときにはきわめて厄介な仕事である。しかし編集者は著者とともにそのプロセスに創造的にかかわってこそ、知的な文化事業としての出版の価値を最大限に引き出すことができるのである。それがなければ、ただの製造業者にすぎない。

最近の出版社、編集者にはこのような出版の原点からかけ離れた志向の持ち主があまりにも多いようだ。郷ひろみの『ダディー』（幻冬舎）などという一時的なゴシップ的興味のために作られた（＝製造された）本が、これまでの流通のありかたを無視するかたちでベストセラーに作り上げられるという事件が最近あった。著者も書名もヴェールにつつまれたままで事前に大量発注され、大量にばらまかれ、マスコミでのスクープとともに大きな話題になった。三か月もすれば誰も読まなくなることがあらかじめわかっているような本が突然あらわれて、泡沫のように消えるのである。書物の週刊誌化とさえ言われるような現象のどこに出版文化のかけらでもあると言うのか。あるベストセラー出版社の編集責任者がこの本の作り方にたいして「尊敬している」というのを聞くにおよんではなにをか言わんやだ。

そんなことを憂えているところへ、東京大学出版会の出しているPR誌「UP」五月号の「出版契約書」というコラムを読んでおおいに共感した。そこで（W）氏によると、某大手出版社からの文庫化、著作集への収録依頼がつづき、しかも断ると著者からの個人的なお願いという手段に出られたとのことである。日本書籍出版協会の「出版契約書」にもとづく著作権の排他的使用、二次的使用という項目への著者側の理解があれば、こんな事態にはならないのではなかったかとも言われるのである。「著作権者と出版者、出版者と出版者との間には守り合うべきルールがある。それは、著作権者を保護するためだけではない。出版者を守るためだけのものでもない。総体としての出版活動・出版文化の、健全な発展にとって不可欠のルールなのだ」と（W）氏は結論づけている。（注1）

こういうことは未來社においてもよくあることである。著者にとって、たとえば文庫化というのは自分の本が安く広く読まれる可能性をもつだけにおおいに食指が動くのは理解できないわけではない。文庫出版社の編集者は著者にそういう口実で甘い罠を張るのである。編集者によってはその著者の熱心な読者である場合もあって、悪意はないと思っているのだろうが、欲しいものはお金によって自分のものにしても構わないという、大手出版社にありがちな横暴にたいして無自覚な編集者であるという事実には変わりはないのだ。わたしにも親しい著者に某大手出版社から文庫化の話があってどうしたらいいか相談を受けたことがある。おおむねこれまで述べたようなことを話して了解してもらったが、こういうことはいまや日常化していると言ったほうがいいだろう。本がこれだけ売れなくなってくると、じっくり本を作っているヒマがないのだろうが、古い言い方をすれば「ひとのフンドシで相撲を取る」ようなマネだけは許すべきではない。

さいわい書協でも出版権の法的整備を急ごうという動き（注2）もあるようだし、はやく欧米並みに著作権と同じ資格で出版権も存在し、それによって出版文化が成立しているのだという共通認識にたちたいものである。

注（1）この（W）氏とは当時の東京大学出版会専務理事渡辺勲さんである。
（2）出版権の確立という課題はいまのところいぜんとして法制化されていないが、電子書籍問題の出現などにともなって大手出版社が自己権益を守る立場から問題視する向きも出てきている。

読書文化史からなにを学ぶか

（「未来の窓23」一九九九・二）

《書物がすばらしいものであればあるほど、売れるチャンスは少なくなる。優れた人間というものは、大衆を超越しているから、彼の成功は、作品の真価を認めるのに必要な時間と正比例するのだ。けれど、いかなる出版社も待ってはくれない。今日の書物は、明日売れなくてはいけないのだ。このシステムにおいては、出版社は、高度かつ遅々たる認証を必要とするところの、実質のある本など拒否するのである。》

なにやら売れる本にしか関心を払おうとしない最近の出版界を批判した現代の出版文化論のように思われるかもしれないが、この文章がいまから一五〇年以上まえに書かれたものであるという厳然たる事実に驚かないわけにいかない。まるで今日の出版界のありようを大予言したかのような的確な認識が示されていて、作品の評価、とりわけ芸術作品の評価がいかに困難かつ非合理なものであるかを、出版という商行為の原則に照らして指摘されている。じつはこの書き手はフランスの大作家オノレ・ド・バルザックであり、一八四三年に刊行された長篇小説『幻滅』のなかの一節が先の引用文なのである。

よく知られていることだが、バルザックは若いときから印刷・出版などの事業の失敗で途方もない借金を抱えてしまった人物で、とにかく借金返済のために昼も夜もコーヒーをがぶ飲みしながら書いて書いて書きまくった作家であった。勃興期にあった出版ジャーナリズムに早くから首を突っ込んでいたこともあって、出版の内部事情に当時から誰よりも通じていた人物でもあった。したがって冒頭に引用したような書物の真価と売行きにおけるギャップというか、書物の刊行のための必要条件がどれほど書物の実質とかけはなれたものであらざるをえないかをバルザックは熟知していたのである。

西欧社会が教育の普及や印刷技術の革新などによって今日にいたる近代メディア、近代ジャーナリズムの発展をみせたのは十九世紀のことであった。文学・芸術のジャンルにおけるいわゆる「近代」がこの時期の産物であることはつとに指摘されてきていることである。

わたしにとって出版や読書環境をめぐる社会史的な考察は立場上からもとても興味深い。こうしたテーマをめぐって最近刊行されたものに宮下志朗著『読書の首都パリ』(みすず書房)という好著がある。わたしの大学院時代の親しい友人の本をこういうところで紹介するのはいくらか気が引けるが、かれが専門のラブレーやルネサンス関連の本はともあれ、十九世紀の主として小説文学にかんしてこれほどの「思い入れ」をもっているとは残念ながら気がつかないままできたのだから、ちょっとした驚きでもあるので許されたい。そして何を隠そう、冒頭に引いたバルザックの小説からの引用もこの本からの孫引きなのである。出世作『本の都市リヨン』(晶文社刊、大佛次郎賞受賞)をはじめとして、多くの書物論についての著作、翻訳を手がけているかれにとっては十九世紀というのはもうひとつの専門領域といっていいかもしれない。この本は「十九世紀の首都」とも呼ばれたパリを舞台としてバルザック、フロベール、ゾラといった十九世紀フランスを代表する大作家の作品を、しばしば詩人ボードレールの意見を引合いに出しつつ、さまざまな社会的歴史的モメントを縦横にからませながら自在に読み解くといった手法によって構成されている。しかしそこで参照されているのは新聞連載小説、読書クラブという制度、出版社と著者の金銭をめぐる関係、セーヌ河岸のブキニストと呼ばれる露店の古本屋、ベンヤミンでよく知られるようになったパサージュと呼ばれる商業地域、等々の書物をめぐる社会史的知であって、それらが自由にカップリングされて「読書の首都」を立体的に構成しているさまの叙述は壮観であり説得的である。書物の側面からみた一風変わったフランス文学史と呼んでもいいかもしれない。

ところでわたしはこの本についてここで論評をするつもりはない。ただ、ここからいくつかの現代との共通点と差異を引きだしてみたいのである。最初に書物の出版にかんするバルザックの現代的な考えを紹介したわけだが、これ以外にも当時の小説の出版部数と定価についての興味深いデータが挙げられている。一例を挙げれば、ゾラの代表作としていまでも読まれている『テレーズ・ラカン』(一八六七年刊)という小説でさえ初版は一五〇〇部でしかなかったのである。しかもこれはごく一般的な数字であったようで、おおかたは初版発行部数は一〇〇〇部から二〇〇〇部だったようだ。今日の専門書出版の初版部数とまったく同じではないか。これをどう考えたらいいのか。

もっともこうした小説の場合、大部数が出ないのにもわけがあった。ひとつには定価が非常に高く、貴族や金持ちでなければ一般のひとが簡単に所有することのできない希少性としての価値をもつものが書物であるという通念があったからであり、もうひとつには、都市部を中心として貸本屋または読書クラブというシステムがよく機能していたからである。だから小説は小部数にもかかわらず、よく読まれた。知名度の高い作家でも小説の印税または原稿料だけで自立していくのが大変だったのはそういう背景があるのである。もっとも、逆に言えば、一定以上に売れさえすればその程度の部数でも生活しうるだけの印税が見込めたということでもあろうか。フロベールの『ボヴァリー夫人』が刊行時におけるスキャンダルによる追い風にもかかわらず、三万部しか売れなかったこと、またそれでも生活的に自立しうるだけの部数であったらしいことが推測されるのだ。

フランスにおけるこの貸本屋または読書クラブというシステムはいまはすたれてしまったようだが、サルトルが本を読むために図書館に通っていたように、公共スペースとしての図書館の整備が進んでいる国では、書物とは、専門書であろうとなかろうと、またかなり高価なものであろうと、きちんと購入され読者のために確保されるべきものであるという認識が伝統として定着していることがわかるのである。こういうものが文化の厚みというものであって、残念ながら日本の図書館行政にはいまだに根づいていないものなのである。

書物というものがこれほどにも読む対象として求められた時代があったのだということ、このインターネット時代にもこの記憶は残ることができるだろうか。

追悼する想いのなかから

（［未来の窓25］一九九九・四）

ことしになって未來社の代表的な著者の追悼のための二つの会にあいついで出席することになった。その一は、一月三十日に成蹊大学4号館ホールでおこなわれた故・安藤英治氏の追悼式であり、その二は二月二十日に神楽坂の出版クラブで故・埴谷雄高さんの三周忌として開かれた「埴谷雄高を想う会」（シンポジウムと懇親会）であった。一方はウェーバー研究者として著名な学者であり、もう一方はいうまでもなく『死霊』で名高い戦後作家である。お二方のいずれにもわたしは未來社の仕事の関係でその晩年にお会いする機会があり、それぞれわずかながら印象にとどめさせていただいている。

本号（「未来」一九九九年四月号）で追悼の小特集（注）を組むことになっている安藤英治氏は、未來社からは、その学界での衝撃的なデビュー作となった『マックス・ウェーバー研究』（一九六五年）と最後の著作でもある『ウェーバー歴史社会学の出立』（一九九二年）を刊行されたほか、故・大塚久雄氏によって改定されたウェーバーの梶山力訳『プロテスタンティズムの倫理と資本主義の《精神》』を復権（一九九四年）させ大塚学派に異を唱えるなど、最後まで学者としての良心を守る姿勢を貫かれた。

成蹊大学での追悼式（学部葬）に参加して驚かされたのは、質実剛健の安藤氏が、学界での孤高とも言うべき立場とはちがって、その教育者および剣道部顧問としてのさまざまな教え子たちから敬愛され信頼されているお姿だった。弔辞を何人かの方が読まれたが、なかでも小林昇氏のものはご霊前に向かってではなく、ホールの聴衆に向かって話しかけられるというやや異例のかたちで、ありし日の安藤氏のお仕事の全貌をくまなく紹介して間然するところのないもので、印象に深く刻まれるものであった。亡くなられた部屋の仕事中の机の上には、数年前にミュンヘンでおこなわれたウェーバー学会での発表をまとめることになるというドイツ語の書物のための最終ゲラが広げられたままだったという。いかにも大学者にふさわしいエピソードであり、立派な追悼式であった。

埴谷雄高さんとは生前最後の五冊の評論・対話集の刊行に直接かかわらせてもらっただけに、思うところもまた複雑である。埴谷さん自身によって「運命的な××と××シリーズ」とも呼ばれた評論・対話集シリーズは合計三十三冊にまで上った。晩年の埴谷さんと関係の深かった白川正芳さんによれば、埴谷さんは関係の深かった講談社と未來社を特別視してくださっていたとのことで、最後の対話集の打合せに吉祥寺のお宅へうかがうことをお知らせすると、体調の悪かったときでさえ朝から「きょうは未來社が来る、未來社が来る」とおおいに張り切ってくれていたそうである。亡くなる前年の一九九六年に最後の対話集『超時と没我』『跳躍と浸潤』『瞬發と残響』が刊行される前後にお会いしてお話をうかがうことが多かったが、いつもその話の宇宙的広がりに埴谷さんらしさを感じつつも、その息苦しそうな呼吸が気が気でなかったことをよく覚えている。

そんな埴谷さんをあらためて追悼する会が、命日である二月十九日の翌日、三周忌をかねて「埴谷雄高を想う会」としておこなわれたわけである。昨秋から講談社の渡辺勝夫さんの呼びかけで河出書房新社のIさんとわたしとで「想う会」の事務局会議が何度かおこなわれて、この会が実現したわけだが、これには講談社版全集の監修委員の方たちの意向がおおいに働いている。宇宙へむけて無限の思考を凝らそうとした埴谷さんらしく、たんなる追悼集会というよりは「想う会」として埴谷さんを想いながらいろいろ話をしてみようとの主旨である。午後のシンポジウムには大江健三郎、島田雅彦、鶴見俊輔の各氏によるトークがあり、土曜日にもかかわらず多くの聴衆が参加してくれて、こうした会を開く経験の乏しいわたしとしてはいろいろ学ぶところがあった。

いくつかのハプニングもあったが、埴谷雄高さんの思想がこうした会のなかにも力強く生きつづけていることが感じられる集まりであり、文学者を追悼するという行為がいかなる強制もはたらかない自発的なものであることが、あらためて認識された。さまざまな追悼の会に出席したことがあるわたしにも、懇親会の最後まで多くのひとが埴谷さんとの別れを惜しむかのように居残りつづけたことが、ことに印象深かった。

「埴谷雄高を想う会」があった翌週には、青土社の清水康雄社長が亡くなられ、二月二十六日の葬儀にも参列した。面識を得る機会はついにこないままになってしまったが、個人的には大学入学したてに愛読した創刊されたばかりの第二次「ユリイカ」をはじめ、「現代思想」その他でずいぶんお世話になってきた。とりわけこの「現代思想」の刊行において日本の思想界に与えた影響力ははかりしれないものがあるだろう。弔辞で中村雄二郎氏もそのような意味のことを述べられていた。懇意の著者を通じて以前から清水氏の具合が良くないことを聞いていただけに、やはり来るべきものが来たという印象は免れなかった。ここでも大岡信さん、那珂太郎さんなどさまざまな詩人、批評家、編集者、デザイナーとお会いすることができたけれども、日本の出版界はひとりの重要な人材を失なったことになる。

学者の追悼式と文学者を想う会、そして出版人の葬儀と、その主旨はそれぞれかなりちがうけれども、多くのひとがひとりのひとの生前の業績なり人物なりを高く評価し、愛着をおぼえることを通じて、残されたひととひとのあいだにさまざまなコミュニケーションがおこなわれる、このことに本質的なちがいはない。人間の実在は消滅しても、書き残されたことはひとびとの心に、そして書物としてひとびとの前に残される。書物あるいは出版という仕事は、残されてはじめてその重要な意味が見えてくる。書物という存在は、見えないところでひととひとを結びつけ、なにものかをひとに伝える。埴谷雄高さんのことばではないけれど、〈精神のリレー〉というものがたしかに存在するのである。出版という仕事はそういう人間の本質的な営為に深くかかわっている。そんなことをあらためていろいろ考えさせられた。


注「未来」一九九九年四月号は「追悼・安藤英治」として刊行された。寄稿者は小林昇、住谷一彦、石田雄、大野英二、肥前榮一、上山安敏、松沢弘陽、折原浩、川鍋正敏、倉塚平、中野敏男、梶山祥子、胁圭平の各氏。

追悼ふたたび

（［未来の窓26］一九九九・五）

前号で未來社の主要な二人の著者の追悼の文章を書いたばかりであるのに、今回またしても、個人的にも親しくさせてもらっていた著者がお二人つづけて亡くなられてしまった。お二人とも昨年のはじめから入院されていたから不意のことではなかったとはいえ、ひとの生が断ちきられるという残酷さは、残された者の無念さとは本来的に釣り合わないものがあり、人間のいのちについてあらためて考えさせられる。元気に生きていて仕事をできることの幸福――どんなに多忙であっても、生きていてこそひとは他者と出会うことも語り合うこともできるのである。

三月十七日に亡くなられた矢代梓さんは一九四五年生まれのまだこれからといってよい研究者で、専門のドイツ思想から二十世紀の文化、音楽全般にわたるその該博な知識とあくことなき関心、そしてそのエネルギッシュな能弁ぶり（と声の大きさ）は、一度でもかれと接したことのある者なら誰ひとり知らぬ者とていないほど有名であった。矢代さんは中央公論社の笠井雅洋さん（本名）という名物編集者としてもつとに知られていた。

そのお通夜と葬儀にそれこそ日本全国からさまざまな著者、研究者、編集者、芸術家が駆けつけたことからもわかるように、その交友圏は広大であり、いろいろなひとと多彩な接点をもつことができていたのであり、おおげさに言えば現代日本の思想・文学・芸術界の粋が結集したと言ってもいいほどのものだった。わたしもそこで思いがけぬ多くのひとたちと挨拶を交わすことができたし、そのあと初対面のひともふくむ何人かのひとたちと献杯をしながら思い出にひたることもできた。ひととひとを出会わせ結びつけるのが矢代さん（というか、ここでは笠井さん）の真骨頂だったとすれば、笠井さんは死してなおひととひとを結びあわせようとしたのかもしれないと勝手に解釈している。

あらためて考えてみると、笠井さんとのおつきあいはいつから始まったのだろう。最初の出会いのときがいまひとつはっきりしないのがむしろ不思議なぐらいなのだが、もう十年ほどまえからつづいている大学教師や詩人や編集者の忘年会のなんとはなしの集まりがあって、おそらくその二年目ぐらいから笠井さんはレギュラーとして早くもその存在感を誇示されてきたように記憶する。笠井さんの本と音楽にかんする話術と元気はいつでも座の中心になってしまうのだった。

そんな笠井さんに著書を出すことを長いこと奨めてきた結果、ハーバーマス論を小誌に連載してもらい、それがようやく『啓蒙のイロニー――ハーバーマスをめぐる論争史』として実現したのが一昨年の七月だった。これまでどちらかと言えば、黒子に徹してきたところのある笠井さんの事実上はじめての本格的な著書になったと思われるが、このあたりから笠井さんは本気で著述家として立っていこうとしていたはずである。『啓蒙のイロニー』刊行のあと、いっしょに呑んでいるときにそうした意欲を語られていたことを思い出す。そのときの話題のひとつが、ドイツの古書肆フィッシャー書店の創立者にかんする伝記を準備中だという話だったと記憶している。本来の専攻テーマであるワイマール文化史についても膨大な情報量のなかからきっと優れた著書が続々と生まれたにちがいなかった。

そんな笠井さんがノドを患って入院されたのが昨年二月だった。一年におよぶ長い闘病生活のあと、親友の山本啓さんに亡くなる直前に語ったという「くやしい!」という笠井さんの叫びがいまもわたしの心に刺さっている。お見舞いに行くたびに、引越ししたばかりの家に積み上げられたままであろう数百箱とも言われる蔵書やCDの整理が全然できていないことを気にかけていた笠井さん。引越しが一段落したら一度みんなを新居披露に招待してくれる約束になっていた笠井さん。出版にまつわるいろいろな企画やらパソコンの伝授をすることになっていた笠井さん。楽しみや期待をいっぱい残して、心身の疲労が重なってこうした死を招いたことがほんとうに残念でならない。心からの冥福を祈ります。

悲しみは突然、しかも続けてやってきた。

笠井雅洋さんの亡くなった四日後の三月二十一日、経済思想史の杉山忠平先生が長い闘病生活のすえに亡くなられたという知らせを受けた。小誌今号（「未来」一九九九年五月号）に小林昇、水田洋両氏のご弔辞を急ぎ掲載させていただいた。先生のご業績、人となりはこのお二人の心あたたまるすばらしいご弔辞に十分に尽くされているので、ここではわたし個人の先生への感謝をわずかにでも書き留めておきたい。わたしは、もともと先代からの長いおつきあいをいただいていた杉山先生に、ときどき未來社にやって来られたときにご挨拶をする程度であった。かなり以前、奥様をなくされたあとで元気を出していただくためにスタークの『経済学の思想的基礎』の翻訳のお仕事を編集者としてかかわらせていただくことがあった。あとにも先にも、わたしが先生といっしょに仕事をさせていただいたのはこの一冊だけだったが、先生の厳密な学問への姿勢を実地に学ばせていただく絶好の機会だったといまさらに思いかえされる。

そんなうちに小林昇先生のご推輓もあって、小林先生のあとを受けて五年ほど監査役を引き受けていただいた。そういうわけで、毎年十一月下旬になると、決算報告のために杉山先生の東中野のマンションにお邪魔する習慣ができ、そこで杉山先生のご専門である経済思想史の関連の学問動向やら先生ご自身の近業についてお話をうかがうことになった。こちらが門外漢でなければ、もっとそういったお話からいろいろ直接役に立つお話を引き出せたかもしれないのだが、のちにケンブリッジ大学出版局から出版されることになったアダム・スミス関係の専門的な注釈書のお話などをただひたすら拝聴させていただくだけに終わってしまった。

そんなこともあって、杉山先生はむしろ出版界の動向をわたしから聞きだそうとすることのほうに興味をもたれることになって、専門書の売れない話などをもっぱらお聞かせするようなかたちになってしまった。お送りする未來社の本にひとつひとつ丁寧に励ましのことばを手紙に書いてきてくださるほんとうにジェントルマンというべき先生だった。ほんとうに長いこと、ありがとうございました。

文化創造としての出版——相賀昌宏氏への異論

（『未来の窓37』二〇〇〇・四）

出版の世界とは、そこで仕事をするひとたちやさまざまな関連取引業者、そして著者や執筆者との、それこそ生活や生き方、考え方までふくんだ総体的なかかわりをもつ世界である。それは業界全体で一兆円の取引高にも満たない比較的小規模な領域であるにもかかわらず、一方では言論の力と直接むすびついていることもあって、いきおい相対的におおきな発言力や影響力をもたらしうる業界なのである。したがってそこにはさまざまな幻想や思い込みなどが繁殖しがちである。そこから生ずるさまざまな問題点があることを認めたうえで、なお出版という業種が他業種にはみられない特殊な精神的・文化的な機能をはたす役割をもつとわたしは考えるが、そのわたしにはとうてい首肯しがたい主張があらわれた。

日本書店商業組合連合会（日書連）の機関紙である「全国書店新聞」二月十六日号に見開き二ページにわたって掲載された小学館・相賀《おうが》昌宏社長の「職業としての出版——経済と文化の関係」という講演記録がそれだ。講演そのものは一月十一日に浦和の書店・須原屋本店で開かれた「須原屋研修生OB会」研修会でおこなわれたもののことである。

一読するともっともな主張が並べられているだけのこの講演のどこが、なぜ問題なのか。

まず相賀氏の主張をみてみよう。冒頭で小学館の創業者でもある祖父の相賀武夫氏の言い残した「出版は営利事業である」ということばを称揚しながら、その祖父のことばを出版業におけるつぎの四つの自戒に敷衍する。つまり「出版業と比べて他の仕事を文化的に低いものとみなし、出版に携わる自分は他人より上にいるという思い上がった意識」、「職業人であるにもかかわらず金銭感覚が欠如しているかのように振る舞ったり、経理や商取引に関する不勉強を恥じない態度」、「自分たちの仕事は世間の商売とは違うという意識で世俗から距離を置いたり、専門性の殻に閉じこもるといった保身の心」、「利益を出せないことに対する言い訳と諦めといった、欺瞞の心」の四つである。いちいち思い当たるところのある議論だが、そんな出版人ばかりがいるわけではないし、そもそも相賀氏がどうしてそんな低次元の問題を引き合いに出して自説の根拠にすえようとしたかが問題なのだ。

相賀氏の主張の根幹はつぎの論点に集約されよう。

《出版は文化との関係で、その役割や質が常に問われてきた。しかし、「文化」という言葉の陰で、出版業界では経済常識が軽んじられてきたのではないか。その結果、(中略)結局は人間の心を諦めや閉塞感や不信感や嫉妬の中で荒廃させ、文化的な力を弱めていくという逆説が成り立っているのではないか。経済生活の質と文化は相互に切り離せないものである。(中略)経済的にしっかりすることから文化の力を高めていくことが、あらためて重要な課題として立ち現れている。やはり経済抜きには文化も成り立たない。(中略)出版に携わる人たちは何となく現実から離れたところに、あらかじめ与えられた出版というものがあるかのように振る舞っているとしか思えないときがある。幻想の中に生きているといったら言い過ぎであろうか。》

もちろん言い過ぎである。「経済抜きには文化も成り立たない」とは原理的には言えるが、経済行為のありかたもふくめたすべてが文化の実質であり、経済的に成り立たない場合でも文化的に価値のあるものは出版にかぎらず無数にある。むしろ経済的に無理を承知でもやらなければならないところに文化を作り出す意味があることのほうが多いのではないか。最初から経済的に成り立つことを考えたのでは、ほんとうに文化的価値のある試みに手をつけることはできない。経済問題を解決してから文化の問題に取り組む、などというご都合主義は実践されたことがない絵空事である。ここにあるのは経済が先か、文化が先かというい つに変わらぬ不毛な議論でしかない。「われわれの雑誌作りは、こちらで国政を論じ、あちらで裸を出す。そうしたものを人間そのものの感性として取り込む」と相賀氏はみずからの商売としての出版をこんなふうに言う。文化とはこんな節操のない、上っ面なものではない。

相賀氏の講演タイトルに示唆をあたえたのかもしれないマックス・ウェーバーの『職業としての学問』の一節にはこ

うある。「学問に生きるものは、ひとり自己の専門に閉じこもることによってのみ、自分はここにのちのちまで残るような仕事を達成したという、おそらく生涯に二度とは味われぬであろうような深い喜びを感じることができる。実際に価値ありかつ完璧の域に達しているような業績は、こんにちではみな専門家的になしとげられたものばかりである。」

（尾高邦雄訳、岩波文庫二二ページ、傍点―原文）

相賀氏の言うように、「志の出版」ということばを嫌うのは自由だが、出版において文化的価値の創出ではなく、「商人の心を持つこと」を一番に強調するのはやはり貧しい発想である。文化的な出版行為とは専門家がみずからの専門領域で全力を傾けた結果、はじめて既成の文化を更新するのであって、「お客様が気付く前に、その半歩先で落ちているゴミを拾ってさしあげること」などでは断じてない。

以前にもこの欄で書いたように、出版における文化性とは読者のニーズにあわせて本を作ることにあるのではなく、読者の未知の知的欲求を喚び起こすような新しい知や文化を創造的に作り出すことであり、そうした力と可能性をもった著者や執筆者と協同して停滞を打ち破ることにある。

相賀氏の見解にたいする疑念はまだほかにもあるが、いまはこれだけにとどめておきたい。大手出版社の経営者であり、書協のニュー・リーダーとも目されている相賀氏だけに、「全国書店新聞」のような媒体への掲載を承認するにあたっては、その発言が公式発言として大きく受け止められることをもっと配慮すべきだったとわたしは見る。その結果がおそらく相賀氏の意図に反して、文化的な出版を心がけて苦闘している小出版社や専門書出版社の努力を間接的に誹謗し抑圧することにもつながりかねないのである。そうした言説の政治性を感ずるがゆえに、わたしは必要以上の批判をしているのかもしれない。これがもしわたしだけの誤解であるならば、出版界のためにもさいわいである。

注　この稿を発表するにあたっては当時もいまも在籍している「21世紀の出版を創る会」のメンバーのうちの、相賀氏と親しい何人かの出版人に事前に原稿を見てもらい、論点はともかく、原則的な間違いはないかの確認をしてもらった。この会は出版大手の人たちが参加している会でわたしなどは勉強させてもらっているだけだが、わたしのこの稿のような原理論一点張りの主張にたいしても開かれている。そうした準備をして発表したものだが、すぐに相賀氏から電話があり、わたしの主張はすべてごもっとも、との意見を表明され、その率直さに打たれた経緯がある。その後、何度もお会いする機会があるが、いつも友好的で「未来の窓」も読んでくれている。この稿はまさに「雨降って地固まる」の例となっているかもしれない。

業界の縮小という選択は可能か？

（「未来の窓44」二〇〇〇・一一）

「本は物理的消滅の危機に瀕している（これは我々の時代の最も喧伝された共通認識の一つである）」とエドゥアール・グリッサンは最近刊行されたばかりの『全－世界論』（恒川邦夫訳、みすず書房）の「世界の本」という文章を衝撃的に書き起こしている。その理由として視聴覚と情報機器の発達が本を差別することが挙げられているが、グリッサンはさらにつづけてこう書いている。

《世界を一つの全体として夢みあるいは描くことができる時代は去った。かつてはそうした全体としての世界を想定し、その生成を考え、持続的調和を素描することが可能だった。我々がいま考えられる生成は終わりのない生成である。予測不能性と不連続性が我々をあくまでとらえて離さない。》

この黙示録的宣告は、しかしながら、〈書物という坩堝〉が現在のインターネットによる情報の展開と増殖による圧迫をどれほど受けようと、書物が不変のなにか、恒常的なものの明証性を喚起し保存するものであることを否定するものではない。「インターネットは世界を展開し、世界を繁茂するがままに我々に提供するが、本は世界の不変数を照射し、解放する」とグリッサンは言うのである。ここで〈不変数〉と呼ばれるものは「世界についての一つの考え方がもう一つの世界観と出会う場所」としての〈共通場〉のこととされている。

マルチニック島出身でフランス語系クレオールの詩人・作家であるグリッサンの認識する方向性は、世界の辺境に身を置く立場からの発言であるだけにかえって世界性を感じさせるものがあるが、インターネットによる世界の拡散性・重層性と書物による世界の凝縮性の対比において、書物のもつ意味をあらためて価値づけようとするものである。《書物は不変数を予見し、意図を完成させることによって、停止し、現在時を基礎づけ、入植させることができる。書物は世界の過剰を、味気なくしたり、骨ぬきにしようとせずに、文字通りの意味から脱却させる。》

書物という形態の将来に不安をもつわれわれにとっては力づよい認識であると言っていい。かつてフランスの詩人ステファヌ・マラルメは世界のすべてを凝縮したような一冊の絶対の書物を夢想したが、いまは書物の絶対性が問題なのではなく、過剰なる世界をそこにとり集め、相互に反射させ、世界の意味をあらためて考えさせる触媒の働きをするのが書物の役割だということになるだろうか。書物はそこからなにか固定的な知識や認識や感動を引き出すだけのものではなく、この過剰で不透明な世界をまえに人間をあらたな発見へとみちびく〈坩堝〉となるのである。

予想される二十一世紀でのさらなる世界のネットワーク化のなかで書物という形態はいったいどうなっていくのだろうか。書物の本質についてのグリッサンの明快な指摘にもかかわらず、書物が購入されなくなり読まれなくなりつつある現在の事態は基本的に進行することは避けられないと思う。世界各国で進行していると言われる書籍の発行部数減、売上げ部数減の厳粛な事実は、いたずらに嘆いてみても事態が解決するわけではないことを教えている。

現代に生きるわれわれは世界に対峙するにあたって書物というメディア以外にもさまざまなチャンネルをもてるようになっている。さまざまな情報獲得の手段を自在に選択できるようになっているのであるから、かつてのように書物というほとんど唯一の情報獲得の手段にどうしても頼らなくてもすむようになった。これは書物に専門的にかかわる者にとっては不利な事態であっても、一般のひとびとにとってはむしろ好ましい事態だといえるはずである。したがって書物が、そして書物に専門的にかかわる著者や出版人が二十一世紀においても生き延びることが可能だとしたら、書物のありかたについての根本的な認識の転換が必要になるだろうことは間違いない。

それがはたしてどんなことなのか、簡単に予断は許されないことだが、おそらく確実に言えることは、現状の出版の世界がいまのスケールのままで存続することはむずかしいだろうということの一点である。専門書の世界ではすでにこれまでの最低ロットであった一五〇〇〜二〇〇〇部という数字を大きく割り込み、へたをすると一〇〇〇部にも届かないという本がどんどん出はじめている。これまでだったら初版はもちろんのこと、ある程度は重版も期待することができた種類の本がいまや軒並みそうした現実にさらされているのである。もちろんそもそも一〇〇〇部以上は最初から望めない種類の純学術書は別としてである。そしてこのことは一般書、実用書、児童書の世界でも相当な勢いで進んでおり、こうしたことの結果として出版業界の縮小、再編成というのは時間の問題になっていくだろう。

すでに大手取次の日販が相当数の希望退職者を募ったところ予想をはるかに上回る希望者が現われたと聞く。また中堅出版社でわれわれにもきわめてかかわりの多い平凡社がかなり思い切った経営合理化をすすめることになり、未來社としても倉庫問題で直接の影響をこうむることになった(注)。いまのところ大きな問題になることはなさそうだが、在庫管理上の対応を急ぎ迫られることになった。書店業界においても廃業に追い込まれている中小書店の数はますます増えつづけている。いずれにせよ、ここへきて出版業界三者それぞれにおいて、余裕のあるなしにかかわりなく、規模の縮小、廃業、倒産という流れはもはやとどめようがないところまできているのが出版業の現状である。

したがって今後は業界三者がいたずらに競い合い自己利益の追求にのみ走るのではなく、ともに共存しあいながら無駄を切り捨てて落ち着くべきところまで縮小していくという覚悟が必要ではないかと思う。グリッサンの指摘するような書物の必然性が可能であるかぎり、出版の必要もまた存続するのであるから、必要最小限のレベルにとどまることを意図するかぎり、本当の危険は回避できると思うからである。

注　「営業部移転その他をめぐる近況」(本書四六七頁以下)にあるように、未來社では一九八四年に平凡社の子会社であった「みやこ出版倉庫」と取引を始めて以来、十七年にわたって埼玉県朝霞市にあった倉庫に在庫を預けていたが、みやこ出版倉庫の土地売却にともない取引をやめ、紹介もあってやはり朝霞市の同業者・第一美創との取引に移行した。

書物文化の保存

（『未来の窓45』二〇〇〇・一二）

前回、「業界の縮小という選択は可能か？」というタイトルでいささかペシミスティックな一文を書いてしまったが、その後ある雑誌の座談会に呼ばれて話す機会があって、そのときのオフレコの雑談からこの一文で書いたことがあらためて現実的であることがわかった。そこにはある大手出版社に勤務しているひとがいて、そのひとによれば創刊雑誌の売行きはひどいもので、これからは売れるものはなにもでてこないだろうとの観測が述べられていた。ネット社会というあらたなインフラが構築され、たとえばｅコマースというような、実態はこれまでの通販でしかないものにそれらしき名前を付していかにも新しい商売であるかのような体裁をつくろっているものに、はたしてどれだけ将来性があるかというような議論も出た。ここでわたしも図に乗って「二十一世紀のいずれかの時点で出版という形式は消滅せざるをえないだろう」といったことを口にしてしまった。これは出版の業界誌ではないので出版人としての公式発言ではないが、かならずしも不用意な発言だったとはいまでも思っていない。文学系出版物がとみに売れなくなっている現状のなかで、これからの文学者は有名であれ無名であれ、これまでのような出版を前提にみずからの活動を想定していくことはむずかしくなっていくだろうという文脈のなかでの発言だからである。

すでにいろいろ報道されているように、スティーヴン・キングが新作をネット上で発表し、それを章ごとに読者に直接購読してもらうという実験的手法でおおきな成功をおさめているらしい。出版社を通して購読してもらうよりもはるかに利益があがるということである。まるごと収入になるのだから印税（ふつうは一〇パーセント）の何倍かの一冊あたり収益となる、いくら読者が減ったとしても、かれほどの人気作家ならば読者も十分だという計算なのだろう。読者からしてみても、書物になるまえのできたての原稿を読めるのだし、有名作家とも直接つながっている関係を享受できるという幻想もまんざらではないだろう。アメリカという高度に発達したネット社会、書店も近傍にかならずしも存在しない広域社会、しかもこれだけ話題性に富む出来事ともなれば、こうした現象はすこしも誇張ではない。もっともこうした現象が日本でも起こるとはとうてい思えないが。(注)

ともあれ、こうしたいくつかの問題からわれわれ出版業界もまた当面の打開策を講じていかねばならない。

そのひとつのありかたはグーテンベルク以来のこれまでの書物の歴史をさまざまな方法でデータ化していくことである。高宮利行『グーテンベルクの謎——活字メディアの誕生とその後』(岩波書店)によれば、『グーテンベルク聖書』をはじめとする稀覯書のデジタル化はいまや着実に世界じゅうで実現されつつあり、インターネットをつうじてのそうしたデジタル図書館へのアクセスは今後ますます活発化するであろうとのことである。これによって世界じゅうの稀覯書の閲覧が居ながらにして可能になる。《グーテンベルクによって西欧にもたらされた印刷メディアは、二十世紀後半にマルチメディアに取って代わられた。しかし、この「第二グーテンベルク革命」は、再びグーテンベルク時代の印刷文化やそれ以前の写本文化にメスを入れる機会を与えている》と高宮氏は前掲書で書かれている。こうした努力によって書物の比較研究、年代研究といった学術研究が可能になるばかりでなく、同じ方法論を拡大していくことによってより一般的な書物、あるいは特定の場所にしか保存されていない貴重な資料へのアクセスが容易になっていくことにつながるだろう。スキャン方式によるオンデマンド出版の可能性もそのかぎりではおおいに意味があることになる。

さて、しかし出版がなにも過去のほうにばかり向いているのではないことは言うまでもない。高宮氏の本では十分触れられていないようだが、二十世紀末の「第二グーテンベルク革命」は印刷文化そのものを過去に追いやってしまう危険性でもあるのだ。印刷文化とは著者と読者のあいだに印刷・製本技術を介在させてこそ成立するものである。さきに例を挙げたスティーヴン・キングの手法にも見られるように、読者がインターネットをつうじて著者のウェブサイトからダウンロードしたものを私的にプリントアウトして綴じたとしても、それをもはや印刷文化とは言えないだろう。印刷文化とはいちど著者の手を離れ第三者たる編集者の目が通ったものが印刷・製本業者の技術を介在させて読者に手渡されることによって新規に産出される文化なのである。

そうだとすると、ここで問われなければならないのは、〈編集〉という作業のもつ今日的意味ということになる。もちろん、従来からなされてきた著者と編集者によるコラボレーションという機能によってすぐれた本が生まれるという基本的な構造は変わってはならない。編集者は著者の原稿を書物の形態に変換するだけの技術者であってはならないのであって、著者の仕事をサポートし、編集の経験をつうじて著者の可能性を最大限に引き出す役目を負っている。むしろこの機能がより強固に発揮されることを通じてしか、著者が編集者にみずからの原稿を託すという意味はないと言っていいほどなのである。しかし、今日的な編集者の役割はそれにとどまってはいられない。なぜなら、急速に読者を失なっていくネット社会の出版のなかで、著者のもっとも身近にいる者としての編集者は、場合によっては著者に代わって著者の過去の仕事（業績）を保存し維持していかなければならないかもしれないからである。簡単に言えば、書物のデータをなんらかのかたちで保存し、必要に応じて再利用できるかたちを整えておかなければならない。これまで印刷所まかせだった書物の保存形式、つまり紙型やフィルムといった物質ではなく、デジタルデータとして正確なデータを保存することが編集者の重要な仕事のひとつになっていくのではないだろうか。わたしなどはことあるごとに、書物になった原稿の最終データをみずから保存しておくことを著者に勧めているが、こういったことはどの著者にでもできるわけではない。データ方式のオンデマンド出版の可能性がすくなくとも残されている以上、出版という紙媒体の形式は弱体化しても、文化はかろうじてそこで保存されることになるからである。

注　こうしたとうてい起こりそうもなかったことがほぼ十年後には日本でも現実のものになった。村上龍、京極夏彦といった著名作家の何人かが出版社抜きでみずからの作品をネット販売するルートを構築することによって、S・キングと同じ現象を生み出しつつある。

だれが本を生かすのか

（「未来の窓50」二〇〇一・五）

佐野眞一『だれが「本」を殺すのか』（プレジデント社）が売れに売れているらしい。この出版不況の時代に、出版不況のよって来たる原因を多方面にわたって取材し存分に切りまくっていく本が売れているというのも妙なめぐりあわせのような気もするが、ここまで言ってくれるとある種爽快な読後感がある。もちろんこれだけの分量の本で問題にすべき箇所には事欠かないけれども、現状の出版界は、かたや物言えば唇寒しの事なかれ主義と、一方では再販問題にたいする対応に見られるような体制順応主義とその裏返しにすぎない徹底抗戦主義とが相俟って、とどまるところを知らない荒廃が進行しているのだから、佐野のような外部の人間からの叱咤は必要なのだ。もっとも知っているかぎりでは、大手出版社のひとたちにはこの本の評判はよろしくない。

当然と言えば当然だろうが、佐野の批判の主要な眼目のひとつは大手出版社の横暴と売上げ至上主義の経営姿勢にあるからだ。もっとも、佐野は返す刀で中央公論社や平凡社をはじめとする老舗出版社や中小の専門書出版社のひとりよがりの姿勢についても厳しい批判を忘れない。どちらかと言えば、角川書店や幻冬舎、草思社といったこの不況のなかを独自の戦略をもって生き残ろうとしてきた出版社の努力を高く評価している。たとえば、こんなふうだ。

《失業予備軍をかかえてなお出版文化を言いたてる空想的出版社や、知名度だけはあるが、誰が読むのかわからないような本や、読者をなめきっているとしか思えない企画を連発している大手出版社よりは、少なくとも次代をとらえようとしている角川の方がまだずっとマシだとはいえる。》（二一一ページ）

なにが「ずっとマシ」なのかはともかく、ここで佐野が指摘している「空想的出版社」または「誰が読むのかわからないような本」を出しつづけている（のかもしれない）未來社のような出版社も同時に批判の対象になっているらしいことがうかがわれる。ある地方出版社経営者の口を借りて「堅い本一本ヤリの未來社」ではなく、「どんな本でも出す講談社」のようでありたいと言わせているのは、ご愛嬌だと言うしかない。どういうわけでそういうレッテルを貼られているのかよくわからないが、もし外側から見れば未來社が「堅い本一本ヤリ」と見られているのだとすれば、むしろ望むところだ。地方出版社としては「どんな本でも出す」必要があるのだろうが、東京の出版社がみんなそうなったらどうしようもなくなってしまうではないか。堅い本も出すが、やわらかい本も出すというふうに、器用に立ち回れないし立ち回りたくないだけのことだ。

佐野眞一の本を読んでいると、しばしばこういった大手でもなく中小専門書版元でもなく、独立プロ的な出版人（それに書店人、図書館人、ライター、編集者）への熱いシンパシーが感じられるところがあり、それはそれでおおいに結構なのだが、しばしばかれらがもっているルサンチマンをそのまま代弁しているかのような印象をもつ。われわれにだってルサンチマンはあるが、こういう陰口の引用はあまり感心しない。ただ、版元論の最後につぎのように言っているのは全体の文脈のなかでややパセティックな紋切り型のトーンに変調しているように思えるが、やはり首肯せざるをえない。

《いま液状化する一方の状況のなかで、出版社がなお自立して生き残ろうとするならば、自らにつきつけられた抜本的な意識改革の刃を恐れることなく受けとめる勇気をもつことである。そして、自分らがつくる本を待っている読者が絶対にいるという確信と、それをどんな方法をもってしても読者に届けようとする強い意志をもつことではないだろうか。》（二一二ページ）

ここまでのところ本書の、出版社に直接かかわる部分にやや拘泥しすぎたかもしれない。さまざまな論点や発言は得がたい資料となっているところも多く、ここまで取材しまとめあげた佐野の努力というか不思議な情熱は、『本』の世界をいわば串刺しに」したかどうかはともかく、やはり多としなければならない。

ところで本書でもうひとつの大きな論点になっているデジタル化の問題についても言及しておきたい。出版界の現在の〈制度疲労〉について語る者は本の未来についてもそのヴィジョンをなにがしか語らねばならない。佐野の基本認識は「プロローグ」においてはやくも示されている。

《いま「本」にかかわる者は誰でも、自分の意志があるなしにかかわらず、デジタル化の波に取り囲まれている。著者も編集者も、デジタル化によって大きな変革期を迎えている出版流通の最低限の仕組みを理解しなければ、もう「本」をつくることすらできない。》(一三ページ)

自称アナログ人間の佐野眞一は、オンデマンド出版や電子出版の将来性について理解はするものの、最終的な場面でのみずからの抵抗を隠さない。かく言うわたしだってどれほどパソコンに習熟したとしても、電子本があれば紙の本などなくてもかまわないという一部のひとたちのようには考えない。つまり編集者および出版社というチェック機関の存在を全面的ではないまでも肯定する。本を生かすひとも多くはないが、存在するのだ。

著者はどんなにすぐれた知識や感受性や特殊能力をもっているとしても、〈編集〉というプロセスを経ないではその知の世界に最終的な構成力を与えることはできない。技術的な処理ひとつとってみても、わたしがこれまでかかわった仕事において万全な内実をもっていたものは残念ながらひとつもあったためしがない。どんなによくできた原稿でも〈編集〉の目から見たら完全ということは本来的にありえないのである。ここにこそ編集者または出版社の存在理由があるのであって、編集者が〈壁〉や〈権力〉のように感じられるとしたら、こうした試練を乗り越えようとする力や意志が足りない者の言い分でしかないだろう。もちろん、なかにはとんでもない考えちがいをしている編集者もいるから、そんな編集者はさっさと見切りをつけてしまえばいいだけのことである。著者の協力者としての編集者の価値――このあたりについては佐野と意見が一致するらしい。

注　佐野眞一の『だれが「本」を殺すのか』(通称『本コロ』)には『だれが「本」を殺すのか　延長戦』(プレジデント社)という続篇(二〇〇二年刊)があって、その第二部「『本コロ』は、だれに、どう読まれたか」という書評集があり、そのなかにこの稿の全文、および野沢啓の名でわたしの書いた「北海道新聞」二〇〇一年四月十五日号の詩時評の一部がご丁寧にも拾われて転載収録されている。なお、ここで「ある地方出版社経営者」と呼んでいるのは秋田の無明舎出版代表・安倍甲氏のことである。

出版界は崩壊するのか──『出版大崩壊』を読む

（「未来の窓52」二〇〇一・七）

小林一博さんの『出版大崩壊──いま起きていること、次に来るもの』（イースト・プレス）が業界人のあいだの話題になっている。前々回に本欄でとりあげた佐野眞一『だれが「本」を殺すのか』とともに、いま出版界について書かれた本の二大ベストセラーと言ってよい。いずれも出版界の現状と未来についてのきびしい診断とけっして明るくはない見通しを述べていることで共通している。大手出版社による過剰生産が取次・書店をも巻き込んだ過剰流通をも同時にうみだすことによって出版不況に拍車をかけ、ほんらいの出版事業をおおきく歪めてきたことを両者とも指弾している。両者のちがいをしいて言えば、佐野氏が出版界の外部から横断的に、そしてやや思い入れたっぷりに出版のあるべき像を提出しているのにたいし、小林さんのほうは業界事情に精通した内側の人間としての視点から出版界のさまざまな病巣を歴史的・構造的にえぐりだし、具体的な提言をされているところであろうか。

今回はこの小林一博さんの本からいくつかの論点を引き出してみたい。ただ、いま述べた小林さんの提言のいくつかは理想論に傾きすぎ、実際の出版不況のそれぞれの側面において現実離れしている感があり、実践的な指針としては必ずしも説得的でない。たとえば出版社の決算書の公開などはおよそ非現実的である。と言っても、長年この業界のさまざまな局面において実践的な活動をつうじてきたえあげられた知識と経験に裏打ちされた小林さんの著書から教えられること、示唆されることの多いわたしからすれば、この警鐘の書を論じることは、こちらに興味のあるいくつかの論点を現実の出版経営の立場から斟酌してみるにすぎないのかもしれない。

ともあれ、『出版大崩壊』の展望するところの最大の眼目は、大手出版社が「新刊書の垂れ流し」をやめることによる出版業界全体の縮小均衡化の必然性である。トータルで現在の年刊六万数千点を三万点以下にすべきであると小林さんは提言する。さらにすべての本を取次—書店ルートで流通させなくてもよいという判断を示されている。また、取次は中小零細版元や中小零細書店にたいする取引格差を是正し、大手出版社や大手書店への優遇措置をやめよ、と提言されている。

これらの提言にはもちろん大賛成であるが、問題は、大手出版社や大手取次、大手書店がこうした数量の優位性や既得権を放棄したり断念したりすることができるか、ということだろう。おそらく現実はそのようにはなかなか動くまい。なぜならこうした優位性や既得権それ自体が別の優位性や既得権から自己増殖してきたのであり、この無限連鎖をみずから断ち切ることは自殺行為にひとしいからである。利益が利益をうむという構造はなにも出版業界だけに固有のものではなく、よかれあしかれ資本主義社会の必然の論理なのだから、会社が倒産なり大幅リストラの必要に迫られないかぎり、ダウンサイジングというのは現実的な選択肢のなかにははいってこないのではなかろうか。すくなくとも大手出版社の現状から見て、主体的あるいは理性的にこうした縮小均衡化への動きがでてくることは考えられない。

しかし、主体的な動きとしてはどうあれ、いずれ客観的な要請として業界全体の縮小均衡化は避けがたい事態となるだろう。印刷技術の進歩やインターネットの発達等の複合的理由によって紙媒体による冊子本は唯一絶対のものではなくなった。そうなれば、たんなる一時的な情報価値でしかないような種類の本や雑誌、一度読んでしまえば読みかえす必要のない本、他のメディアに取って替わられることの容易な種類の本は早晩淘汰されるか大幅に減少するだろうからである。(注)これにさらに世代交替にともなう、読書そのものにたいする認識の変化や読書習慣の変化などがくわわって、この変容は加速されるだろう。小林さんの期待は、その意図に反して別の理由から現実のものになるにちがいない。ただ結果としてそうなったときにはもはや手遅れということになりかねないかもしれないのだが。

『出版大崩壊』のなかでわたしがいちばん痛切に考えさせられたのはつぎのような一節である。

《出版社はもともとベンチャー企業といえる。その原点に立って、企業も社員も保守・保身ではなく、新分野を含めた多方面に活路を求めるべきだ。編集も既得権に安住することなく、外部に出て、ベンチャー精神を発揮していけば、出版崩壊時代の編集やコンテンツビジネスなどの周辺分野において活路を見いだしたり、新たなビジネスチャンスをつかむ可能性も生まれてくる。（中略）インターネット配信などにより、著者、作家と読者が直結する方向、つまり産直関係に進む流れがある。その際、編集者も中抜きされる。それに備える新たな存在価値を見つけ確立していくためにも、編集者自身がベンチャー精神と創造力をもって自己革新を進め、みずから生き残りの道を開拓していく必要があると思う。》（二六九ページ）

まことに大胆な指摘だと思う。ただ現実にはこうした条件と能力をそなえた編集者がどれだけいるかと言えば、お寒いかぎりだろう。現在のほとんどの編集者は組織の外部に出ればたちまち干からびてしまう存在にちがいない。出版社がそもそもベンチャー企業だという認識のないところにぬくぬくと育ってきた編集者が大部分だからだ。自分が企画し、編集した本がどれだけのコストがかかり、どれだけの売行きを示しているのかに無頓着な編集者は、出版社という既成の組織の幻想にも無頓着なのである。これは大手出版社だろうと中小の専門書版元だろうとたいして変わりはない。その出版社の規模なりにコスト計算や売行きの指標があるのだが、そういう数字にいっさい関心を寄せる必要なしでこれまでやってこれたからである。

しかしこれからの出版は、小林さんの言うとおり、これまでの実績にかかわりなく、あらためてベンチャー的な業種として認識しなおしたほうがいいように思える。専門書版元というのはまず大きな幸運は望めそうもないが、それでもやりかたしだいではまだまだ可能性をもっている。本を出そうというすぐれた著者がいるかぎり専門書出版のチャンスは残りつづけるし、編集者のやる気と能力が活路を見出す可能性はいつでも開かれているのである。

注　この予言は申し訳ないことにぴったり当たってしまった。出版界はその後もマイナス成長をつづけており、最盛期のおもかげもないぐらいに衰退してきている。とりわけマンガ雑誌、週刊誌、ファッション雑誌など数え上げていけばきりがない。電子書籍なるものでその不足分を補塡しようとしてもどれだけの実効性があるかは未知である。

（〔未来の窓61〕二〇〇二・四）

ベストセラー論議再論

二月下旬から三月上旬にかけてかなりの数の地方紙で「ベストセラーは必要か」という刺戟的なタイトルの出版関係のおおきなインタビュー記事が掲載された。確認できただけでも北は「秋田魁新報」から南は「沖縄タイムス」におよんでいる。インタビュアーとまとめ役は共同通信社編集委員の朝田富次氏。《争論》というものものしい振付けがなされたもので、本の文化にとって〈ベストセラー〉と呼ばれるものははたして存在理由があるか、という視点からの挑発的な特集ページである。もちろんこの設問の裏にはベストセラーなど必要ない、というメッセージが秘められているのは言うまでもない。この挑発に乗った（乗せられた？）のがわたしと筑摩書房専務の松田哲夫さんのふたりである。ともあれ、このページの一部が「ジャパン・タイムス」にも翻訳、掲載されたところをみると、その筋ではかなりの評判になっているのかもしれない。

言いたいことを存分に言ってくれてかまわないという朝田氏の事前のつよい慫慂もあって、すっかりその気にさせられてしまったわたしとしては、おおむね自分の主張がきちんと伝えられていることにひとまず納得しているところである。とはいえ、朝田氏には申し訳ないが、やや短絡的な表現になっているところもところどころにあり、誤解のおそれのある部分が気になる。

そのなかでもっとも問題があるのは、わたしがベストセラー本にたいして全否定的な態度をとっているかのような記述である。これは最初に話をもちかけられたときにもはっきり断っておいたことだが、朝田氏のベストセラー否定の論脈とは主張をやや異にして、ベストセラーのなかにもすぐれた本はいろいろあるし、わたしもそれらの本をしばしば読むことはある。だからベストセラーがいいか悪いかという問題設定自体に問題があらかじめふくまれているのではないかと指摘しておいたはずである。すぐれた内容とわかりやすさをあわせもつ本がたまたまベストセラーになることをわたしは否定したことはいちどもない。ただ吟味に耐える内容もその資格もないのに、虚偽の宣伝や力づくでベストセラーにしたてようとする出版手法をわたしは断固として否定しようとしているだけである。朝田氏のまとめ文のなかに「取材を通し、西谷さんのベストセラーに死を！の気持ち、いい本を出したい思いがよく分かった」とあるのは、わたしからすればちょっと勇み足、ということになる。「ベストセラーに死を！」とはあまりにも穏当さに欠ける。

そんなわけでせっかくの全国ネットの特集記事にいささか苦言を呈したように思われるかもしれないが、これもわたしの主張に反発するであろうと予想される一部の出版人のためにあらかじめ釘を刺しておこうとする配慮のためにすぎない。朝田氏が出版文化擁護のために、ベストセラーよりもロングセラーを、とするわたしの主張の眼目を原則的に支持してくれていることを多としなければならないのである。じっさい、これからの出版はマスプロ、マスセールを錦の御旗として成長してきた量志向の「出版産業」にかわって、多様性と質志向の「出版文化」への転換を余儀なくされていくであろう。インターネットやモバイル機器による多様性への志向性（悪く言えば「ミーイズム」）が日本人特有の同一化志向をゆるやかに解体していこうとしているのであり、そのなかでさして取り柄もない一過的な読み物などが淘汰されていくようになるのは時代の必然だからである。

その意味で興味深いのが、今回の「争論」の相手とされた松田哲夫さんの発想である。もちろんここでも、インタビューによる不正確さと遺漏はまぬがれがたいので、あくまでも大筋のところで理解できた範囲の問題である。もとよりこの「争論」というのはべつにわたしも松田さんも意図したわけではなく、朝田氏による戦略的配置にすぎないので、結果としてベストセラーというものへの異論を述べあったかたちになっているだけである。両者とも相手を意識したことなどないはずである。

しかしベストセラーを続々とヒットさせる編集者としての松田さんとはちがって、わたしにはベストセラーというものへの信仰も経験もない。ベストセラーを一面的に追う出版人や取次人、書店人のためにロングセラー志向の本がどんどん居場所を奪われているという日々の惨状をいやというほど経験しているだけだ。そうした経験から判断すれば、「ベストセラーが出版界全体の浮揚につながっています。ベストセラーのついでに他の本も売れ、地味な本の出版も可能になる」という松田さんの楽観的な発言にはやはり首をかしげざるをえない。とはいえ、「ロングセラーも健全に育つ出版界でありたい。編集者を会社から解き放ち、企画で勝負させるなど出版界を変革する時期に来ていますね」という最後の発言には安心させられると同時に時代の要請とも思われる鋭い問題意識も感じられる。

とりわけ、編集者を会社のなかに埋没させずに、その企画力と実現力によって評価するという考えかたにはおおいに賛成である。ごく一部のベストセラーによって出版社が支えられ、業界全体も繁栄するという幻想の時代は終わった。ベストセラーや広告収入に寄生する編集者（だけではないが）はようやくその安逸をおびやかされつつある。社名に依拠しているだけで努力のない一部有名出版社の編集者も同じだ。これからも出版をめざし、あるいは継続しようとする編集者は、みずからの実現した企画とその成果によってその存在理由が明らかにされるべきであり、必要な評価を受けるべきである。俗悪さや一時的な評判を狙う本よりも、継続的な評価、しかるべき評価を受けるような本を製作するほうが長い目で見て有利になるような評価の基準を確定していきたいものである。

すぐれた編集者は著者をも読者をもつくりだす。出版不況もここまでくると、ごまかしが利かなくなる。同工異曲のものを再生産してきただけの著者も編集者も早晩退陣を迫られるだろう。逆説的に言えば、それだからこそ真の「編集の時代」はこれからなのかもしれない。従来の手法に凝り固まった編集感覚ではこの不況の時代に光を見出すことは不可能なのである。

〈理想なき出版〉に抗して

〔「未来の窓66」二〇〇二・九〕

このひと月ちかく、ちょっとした中耳炎がきっかけで左耳の内耳障害を起こして入院させられるハメになってしまった。じつはこの原稿も退院をまぢかにひかえて病棟で書きはじめているところである。これまでにも短期間の入院生活は二度ほど経験したことがあったが、今回のようなひと月ちかくにおよぶ長期入院は初めてである。もっとも、とても病人らしからぬ元気と仕事ぶりには呆れられているぐらいだから、あまり心配していただくには及ばない。機能の回復もほぼ順調である。とはいえ、多くの方にご心配をおかけしたことをこの場を借りておわびかたがたお礼を申し上げたい。

この間の入院生活は出版にかんするさまざまな問題をあらためてゆっくり考える機会になった。ここでその一端を書いてみたいと思う。

まずなによりも、この入院生活のなかでパソコンとインターネットとがどれだけ役に立ったかということが挙げられる。未來社ホームページの「西谷社長日録」を見てくれているひとはすでに早くから気がついてくれているだろうが、ここで毎日の生活と仕事の進行が報告できたことは、もっぱらパソコンとインターネットのおかげである。もしこれが実現できなかったらよけいな心配や憶測を生むことになりかねなかった。なにしろ未來社ホームページのなかでもっともアクセスが多い「日録」なので、そこに大きな欠落が生じることになるわけだから。

それはともかく、入院生活は規則正しいうえに、余分な労力を使うこともなく邪魔も少ないので、仕事の環境としては最高と言えなくもない。これまでのわたしの持論通り、原稿の編集作業にはパソコンは必須の道具であるが、今回はパソコン二台をベッド脇にもちこんだせいもあってふだんよりよほど仕事の能率が上がったのは、当然と言えば当然の話である。一種のカンヅメ状態だったのである。

今回、こうした突然の入院によっていままでしたこともない座談会の「ドタキャン」（注）ということをしてしまった。せっかく「本とコンピュータ」で学術出版の未来について専門家のひとと話すチャンスを与えられたのに、予定の前々日に入院ということになってしまったからである。まさかこんなことになるとは思わなかったのである。もっともそのおかげか、その代わりに頼まれた本の書評が出版についていろいろ考えさせてくれる点の多いものだったので、こうした機会を与えられたことは、偶然とはいえ、よかったことだと思っている。なにしろナースステーション気付で書評用の本が届くという機会も今後あまりないだろう。

その本の名はアンドレ・シフレン（勝貴子訳）『理想なき出版』（柏書房）。一部には知られている本かもしれないが、気になっていた本でもあったのですぐ引き受けたのだが、これが予想をはるかに超えて収穫の多い本だったわけである。原書名がたんに“The Business of Books”（「出版稼業」とでも言うべきか）というのを『理想なき出版』と改題したのはやりすぎではないかと思うが、たしかに内容は、アメリカのメディア産業を中心としたコングロマリットによる大手・中堅・専門書出版社の買収につぐ買収、その後の使い捨て、出版物に見られる政治性も批判性も失なったアメリカ出版界の理想の喪失と崩壊を描いた本なのだから、こう名づけても差し支えないのかもしれない。ただ、著者はむしろ〈理想の出版〉をめざして長年活動してきた独立系専門書出版社の雄だけに、意図と反する誤解を読者に与えかねない。

それはともかく、著者のシフレンは、第二次世界大戦中のフランスでヴィシー政権に出版界を追われた父をもつ亡命ユダヤ人である。父はガリマール社にあの「プレイヤッド叢書」をもたらした功労者だったにもかかわらず、ヴィシー政権に同調したガリマールから追放されたとのこともこの本から得られた驚くべき情報である。著者はこの父がニューヨークに来て創立したパンセオン・ブックスに時を経てかかわることになり、多くのすぐれた編集業績を残しつつも、親会社になっていたランダムハウスとのさまざまな経緯を経て、金もうけ主義一辺倒の資本家の論理によってつぶされていくのである。そこからさらにザ・ニュープレスという独立系出版社を起こして再起するのだが、その数十年にわたる出版人、編集者としての生き方こそがまさに出版のなんたるものか、出版はなにをめざすべきなのかを足跡そのものが語っているような人物なのである。

五つのコングロマリットとその金もうけ主義に支配される現在のアメリカ出版界のなかで、なおも出版をすることの意味を追いつづけようとする一匹狼的な不屈の存在。メディア・ネットワークの支配の論理のみが優先するなかで、読者を啓発し、読者に受け入れられるために「待つ力」をもつ書籍の可能性を最後まで信じること。――わたしがこの本から得たなによりもの励ましは、おそらく日本においてもアメリカの出版界と同様の事態がおこってくる流れのなかで、今後の出版は少数の出版人による少数のすぐれた読者とのコミュニケーションがなによりも大事であること、そのためには出版社は同志的結合をもった人間たちで構成され時代に抵抗する企画の開発によってのみ存続しうること、そのことによってたとえ少数であっても読者の支持を得られるにちがいないという確信なのである。

最後に、ドイツの出版人クラウス・ヴァーゲンバッハの次の力強いメッセージをこの本から孫引きしておきたい。「新しい、変わった内容の、常識を越えた、知的刺激を与えてくれる実験的な本というのは、極めて小部数かそれを多少超える程度の部数でしか発行されないものなのだ。そういう本を出していくことが、小規模出版社の仕事なのである。私たちの任務だ。小さな出版社には、経営の専門家はいない。ただ本が好きで、主張を持った人々が出版に携わっている。彼らが働くのは、本が儲かるからでないことだけは確かである。自分たちで出さなければ、誰も出版しない本を出すためなのだ。」

注　この座談会は、「本とコンピュータ」編集者の仲俣暁生氏の依頼で「季刊 本とコンピュータ」第II期5号に「人文書出版の未来」という座談会に名和小太郎氏（情報処理学）、土屋俊氏（千葉大学教授、哲学、当時は千葉大図書館長）とともに出席を要請されていたもので、事前にメール等で準備をしていたにもかかわらずの「ドタキャン」で、急遽、編集委員の龍沢武さんに交代してもらった。その代わりに同号での書評を頼まれて書いた。その内容はこの稿と重複するところもあるが、短いので引いておきたい。

＊

［付論］書籍には読者を〈待つ力〉がある

――アンドレ・シフレン『理想なき出版』

（「季刊本とコンピュータ」第II期5号、二〇〇二・九）

たいへん勇気づけられる本である。この出版不況の時代にあって、いったい何が出版業を成り立たせているのか、編集者とはどういう存在であるべきなのか、という原点をあらためて考えさせてくれる良識と敢闘精神にあふれていて、読む者をしばし興奮させる。それと同時に出版産業をとりまく環境の悪化に慄然とさせられる本でもある。

わたしはこの本でアメリカおよび世界の最近の出版情勢の激変についてずいぶんと認識をあらたにさせられた。コングロマリットと呼ばれる巨大メディア資本が歴史も名もある大出版社、専門書出版社をつぎつぎと自分の傘下に収め、利益至上主義の路線のなかで使い捨てていく当今の出版環境が招く知の荒廃はとどまるところを知らぬ勢いである。アメリカの出版業には以前からこうした買収や合併の話はつきものだったとはいえ、いまや五つのコングロマリットに集約されてしまったアメリカの出版は今後どうなっていくのだろう。わずかに生き延びている独立系出版社や大学出版局と言えども、この大きな潮流のなかでは存続の危機にさらされざるをえない。日本の出版界がいずれ同様の流れに乗せられていきかねないだけに、けっしてひとごとではすまされないのである。

そうした劣悪な環境のなかで著者シフレンは独立系出版社パンセオン、そのあとにみずから創業したザ・ニュープレスでの出版活動をつうじて、この荒廃への一途をたどろうとするアメリカの出版業への挑戦をつづけてきた。この本は傑出した出版人としての自伝であると同時に、すぐれた著者をはじめとする協力者との関係、時代への批判的な問題意識からの企画がいかに重要であるかを熱く伝えようとする出版論でもある。書籍には「主流に逆らい、新しい思想を生み出し、現状に立ち向かい、いつかは読者に受け入れられると期待して待つ力がある」とのシフレンの結語の力強いことばを出版人はなんとしても肝に銘ずるべきである。

「絶版論争」の中間総括

（［未来の窓67］二〇〇二・一〇）

「［本］のメルマガ」というメールマガジンでちょっとした「論争」に巻き込まれている。というか、わたしの書いたものがひとつのきっかけとなっていくつかの誤解、誤読、悪意ある中傷にさらされている。本に関心のある読者がかなり読んでいるメールマガジンなので（読者は現在五〇〇〇人を超えているそうだ）、本来は同じ「［本］のメルマガ」で反論なり意見を言うべきなのかもしれないが、ひろく公開している「論争」でもあり、この［未来の窓］で現時点でのコメントを記しておくことにしたい。

まずこの「論争」なるものの経緯を簡単に紹介しておかなければならない。六月中旬に旧知の小林浩さんより電話で「［本］のメルマガ」での「公開討論『絶版論争：なぜ再刊できないか／いかに再刊するか』」への寄稿をもとめられた。わたしは「［本］のメルマガ」の存在は知っていたが中身を読んだことはなかった。そこで小林さんにこの公開討論の第一回と質問状をメールで送ってもらい、これなら出版社の立場から回答してもよいと判断して「専門書重版のむずかしさ」と題する短文を書き送った。これが掲載されたのが、六月二十五日発行の「［本］のメルマガ」一〇九号である。（なお、このメールマガジンは［本］のメルマガのホームページ［http://www.honmaga.net/］でバックナンバーにアクセスできるので、後述の論とあわせて内容を確認してもらえばありがたい。）

ともかく、わたしがこの短文で述べたことは、出版社が「基本文献」とされているような書籍でさえも「出版社の都合」で重版をしないのはけしからん、という読者の批判（非難）にたいして、まず業界用語としての「絶版」と「品切れ」あるいは「品切れ再版未定」が曖昧に、あるいは意図的に歪曲されて使用されている現状をふまえ、これらの本来の語義を簡単ではあるが説明し、読者の誤解や不信をまずは取り除こうとしたのである。さらに出版社の復刊運動などにもふれ、不十分ではあろうが、この出版不況のなかでの出版社の重版への取組み、「基本文献」を品切れにさせないための努力の一端を披露したつもりである。こうした出版社の努力があるということを読者にも知ってもらいたい、というメッセージをこめてこの短文を書いたのである。小林さん（「[本]のメルマガ」編集同人・五月氏）の質問にはこれでとりあえず答えたつもりであった。

ところが反応は思わぬところからつづけてやってきた。

その最初の反応は、翌七月二十五日発行の一一二号での岡本真氏の「出版社は自らの『特別意識』から脱却せよ」である（なお、タイトルは編集同人が付けたもの）。岡本氏は「ACADEMIC RESOURCE GUIDE」という学術系メールマガジンの編集兼発行人で、以前［未来の窓］の一文を掲載してくれたことがあり、いまだにその一文「未來社ホームページの試みと挑戦」へはアクセスが多い。しかし岡本氏は「絶版」「品切れ」等に関する業界用語にたいするわたしの規定には理解を示してくれるものの、《「基本文献」と呼ばれる本でさえもそうたやすく売れるわけではないのであるから、専門書出版社とその読者はこの厳しい現実にたいして共存こそすれ、敵対関係に立つべきではないと思う》というわたしの意見や、出版社のリスクを読者はあまりにも知らなさすぎるのではないか、という主張にたいして、それは出版社の特別意識であると言う。

「読者と出版社、還元すれば買い手と売り手の共存関係はそれはもちろん望ましいものです。しかし、共存関係とは一方が他方に対して、依存し一方的な要求をするところには成り立ちません。」というのはあきらかに論理の飛躍と矛盾がある。出版社は商品としての書籍を提供し、それをなんとか読者に知ってもらう以外にいかなる一方的な要求もすることはできない。読者に依存するのは、読者に本を買ってもらう以外に成立与件をもたない出版業の性格上あたりまえのことであって非難さるべきものではない。また、つぎのような論理も理解はできるが、首肯しかねる。

《そもそも出版業界に限らず、どのような業界でも買い手との関係構築には気を使うものです。買い手の理解が不足していると感じれば、まずは売り手側が自らを顧み、必要な対応を自らに課し、そこから買い手の理解へとつなげていくものでしょう。出版業界には、こうした常識はないのでしょうか。出版業界は自らの世界を特別なものと意識する傾向が強いと感じます。これは、売り手と買い手の関係をあえて出版社と読者と表現するところに、端的に現れているでしょう。(中略)そろそろ、こうした特別意識から脱却して、当たり前の努力、当然の工夫に取り組むことを切に望みます。》

売り手と買い手の関係を出版社と読者の関係と表現することのどこに出版社の「特別意識」があるのか理解に苦しむ。たしかに岡本氏の言われるように、営業努力が足りないことは認めざるをえない。しかし「当たり前の努力」のなさそうな出版業といえどもこの資本主義全盛の世界では例外なく資本の論理に貫徹されている。岡本氏は出版業を単純な売り手—買い手関係に還元しようとするが、一部の大手出版社はともかく、専門書系小出版社はどれほど努力しても、大量の資金を投入してこそやっと「当たり前の努力」に見えるような無謀な投資をする力がないことを忘れているのではないか。正論はいつでも現実的であるとはかぎらないのである。

この岡本氏の真摯な提言とは別にまったくの悪意と中傷の産物としか言いようがないシロモノが八月二十五日発行の一一五号での高岡某なる「良書出版という『気持ち悪い』言説」である。わたしが読者の疑問に応答することが「専門出版社が経営実情を業界内で語るだけでいい話」とするのは、そもそもこの「論争」の議論の場をこわそうとすることだし、出版社としての応答義務を放棄する、典型的な業界エゴではないか。

注　この稿を書いたいきさつは本文に述べたとおりだが、参考のために「[本」のメルマガ」に書いた文章を以下に再録しておきたい。

*

[付論] 専門書重版のむずかしさ

（「［本］のメルマガ」109号、二〇〇二・六・二五）

「本のメルマガ」編集同人から「公開討論『絶版論争：なぜ再刊できないか／いかに再刊するか』」に人文書版元の立場から参加せよ、との依頼を受け、参考に送ってくれた読者qqnさんの「一読者からの『義憤』と『期待』」を読んだ。qqnさんの意見にはなるほどという側面もあるが、単純な誤解もあるので、このさいきちんと理解してもらったほうがいいと思い、この一文を草する気になった。ただし、わたしは人文書版元全体の意見を述べる立場にいるわけではもちろんないので、あくまでも未來社という弱小版元で経営と編集実務をおこなっている者の立場から意見を述べたいと思うだけであることをあらかじめ了解してもらいたい。それから「絶版論争」というものが成立するとも思えないので、このネーミングはあまり適切でなかろうということもあらかじめ言っておきたい。

さて、まず議論の混乱というものがもしあるとしたら、〈絶版〉と〈品切れ〉もしくは〈品切れ重版未定〉といった業界用語があいまいに使われていることがひとつの原因であろう。〈絶版〉とはもともと活字時代の文字通り〈版〉を断つこと、つまり紙型を破棄することによって事実上重版を不可能にすることであった。出版社が重版の可能性を放棄することを意味した。もっとも最近では本から直接写真どりすることも可能になったし、そもそも紙型などもはや存在しない。その代わりになるのがフィルムだが、これさえも最初から残さないで印刷することが可能である。また、多くの文庫出版社のように重版を最初から考えずに出版しているところもある。こういうところでは品切れ即絶版に等しいのが実情である。しかしすべての出版社、とりわけ専門書出版社はそういう一発勝負をしているわけではない。限られた営業力、宣伝力でそれでなくても売りにくい専門書をコツコツ売っていかざるをえないのである。ただ自社出版物が長く売れてほしいという願いと意地があるから最初から重版を断念するようなことをしないだけである。

　通常、出版社に在庫切れの本がある場合、出版ＶＡＮや書協データベースなどでその在庫ステータスとして〈品切れ〉という呼称がまかりとおる。委託制主流の出版界では版元在庫切れであっても（とくに新刊など）書店や取次にかなりの在庫が売れ残っていることが多い。こうした場合、版元は注文品に応えるには返品を待つか、重版するしかないが、最近の本の動きの悪さから重版を見合わせ、返品待ちに頼ることが多くなる。よほど注文が多ければ重版するが、たいていはしばらく読者に我慢してもらうことになるようだ。未來社のような注文制（買切制とも呼ばれる）をとっているところでは、品切れになれば重版のメドも立てやすいが、それでも重版後になんらかの返品を覚悟しなければならないので、慎重にならざるをえないのである。重版することはある程度売れている実績なしには考えられないが、それでも重版した分が売り切れる予測がたたないと、出版社はむだな在庫をかかえて四苦八苦することになる。倉敷料や税金を考慮にいれると赤字になってしまい、経営を圧迫することになる。こうしたリスクについては出版社のみが責任を負うという構造になっている。そのことを読者はあまりにも知らなさすぎるのではないだろうか。

　ｑｑｎさんの意見ではこれも「出版社の都合」ということになるのだろうが、たとえば〈書物復権〉についてもすべて復刊するとは最初からうたっていないのであるから、というよりすべて重版できないのがこれまでに述べてきた事情のとおりであるから、やむをえないことを了承してほしい。「基本文献」と呼ばれる本でさえもそうたやすく売れるわけではないのであるから、専門書出版社とその読者はこの厳しい現実にたいして共存こそすれ、敵対関係に立つべきではないと思う。

専門書出版と読者との関係構築再論

（「未来の窓68」二〇〇二・一一）

前回、「[本]」のメルマガ」でのちょっとした「論争」について論及したが、そのなかであえて論じなかった問題点がある。この問題がどうにも気にかかっているので今回はその問題を論じてみたい。

前回にも触れたが、岡本真氏の批判する「出版社の特別意識」とは、出版社が他の業界のようには読者（買い手）にたいして「関係構築」に気を遣っていないのではないかという出版社の意識のありようのことである。岡本氏の疑問ないし批判はすべてそこから発している。わたしが気になってしかたがないのは、前回この欄でその疑問ないし批判に一般論として反論したが、実際のところ、そういった「特別意識」がこの業界（の少なくとも一部）にないとは言えないのではないか、というところから問題を再検討する必要を感じるからである。もちろん、そう言ったからと言って、岡本氏の批判を全面的に肯定しているわけではないこともあらかじめことわっておかなければならない。問題はむしろその先にあり、より根源的に出版と文化や歴史とのかかわりにあるだろうということである。

岡本氏の言うように、出版業もひとつの産業であるかぎり、その買い手としての読者との関係のなかで出版社がみずからにたいして特別な意識をもつのは独善であり、思い上がりであり、時代への感受性を欠いた古い体質の現われかもしれない。これが読者を高みから啓蒙しようとするものであったり、読者への一方的な押し売りであったりするならば、このような批判を浴びてもしかたがない。げんに専門書系出版社はそういうふうに見られがちであり、出版界内部からもそういった批判をしようとするひとたちがいることも事実である。

しかしすぐには売れそうもないが文化的にか学問的にか価値があるだろうという本を出版しようとすることは、たんに一商品を生産し売りに出すことではない、という側面も出版においては存在する。そうした本は、テレビやマスメディアで大々的に広告しうるような対象ではもちろんないし、そもそもそういうことの可能な大出版社からは間違っても刊行されることはない。そうした文化的にか学問的にか価値があるだろうという本が売れることは稀である以上、なお出版してみようという行為はなにか特別な思い入れなしでは成立しない。すくなくとも現今の資本主義の論理のなかでは自殺行為に近いものがあり、銀行などの金融業者がお節介にもお奨めするところの「もっと売れる本」でないことは確かである。もちろん、そうした本のすべてがマイナスの経済効果しかもたないわけではないからこそ、つまり小出版社であればなにかの要因がはたらけば若干でもプラスに転化しうるからこそ、そうした企画の実現が可能になるのである。もっともいまのような時代であればなおのこと、そういう千載一遇のチャンスの確率もいっそう低くなっているから、どうしても出版してみようという本はますます少なくなり、そういう本への思い入れはますます強くならざるをえない。しかし、むしろそうした出版物への思い入れを失なったら出版などたんなる一産業にすぎなくなる——というのが、わたしがあえてここで強調しておきたい論点なのである。

これこそ絵に描いたような「出版社の特別意識」だと岡本氏はやはり言うだろうか。わたしはそうは思わない。出版物の価値は最終的に読者が決めるのであり、それも歴史的に淘汰されたかたちで決定されるのである。この峻厳な事実こそ、出版人は襟を正して受けとめなければならない最大かつ最後の審級なのであって、「出版社の特別意識」などその前にあってはしょせんたんなる思い込みにすぎない。あるのはただ最初からそうした歴史的な審級を必要とする出版物を刊行しようとするか、そんな必要のない一過的な消費物としての出版物かの選択であり、後者であれば、それをいかに量的にも期間的にも効率よく売ろうとするかだけが問題となるのである。そこからは読者への「関係構築」は他の業界と同様、最大限の努力がなされることになるのはことの必然であろう。ところが前者の場合は、その文化的あるいは歴史的価値を評価することはできてもおうおうにして出版物の潜在的な可能性に期待するだけで、売るための十分な努力をすることができないままになりがちである。ここから岡本氏の言う「買い手の理解へとつなげていく」「当たり前の努力、当然の工夫に取り組む」姿勢が欠如しているように見られてしまうことになる。出版社の側にいい本さえ出していれば、読者が理解してくれるのではないかというほのかな期待や甘えがあるのも否定しがたい。といって前回も書いたように、必要以上の経費や労力をかけて広告や宣伝する力もないので、必然的に、外から見れば営業努力が足りないということになってしまう。小出版社や専門書出版社はこのジレンマをかかえて四苦八苦しているのが現状なのである。

さて、わたしはなにが言いたかったのだろう。岡本真氏の問題提起を受けて、出版社はみずからの出版物および出版行為にたいしてどのように考えていくべきなのかをあらためて考えてきたのだが、どうやら落ち着くべきところに落ち着いてきたらしい。未來社のような小出版社の場合もこれまで述べてきたことの例外ではなく、みずからの判断で出版する文化的または歴史的価値があると思ったものを刊行してきたし、これからも刊行していくというこの基本線を崩すことはないだろう。すぐれた少数の著者と読者、少数の理解ある書店および取次との関係をいっそう緊密にし、本誌「未来」や未來社ホームページのようなメディアを有効に活用するなかで、どこまで時代との接点をもつことができるかを試しつづけるしかない。出版物をつうじて時代にはたらきかけるしかないのが出版社の宿命である以上、さまざまな批判は避けがたいし、意味のある批判には応えていくしかない。

「[本]のメルマガ」での「論争」が今後どのように展開していくかは別にして、思いがけず出版社の意識のありかたへの問いが回答されてきたことをきっかけにいろいろ考えるところがあった。結論らしいものはまだないが、これからの専門書出版がどのような立場から読者との関係を構築していかなくてはならないか、という大きな問題が解決を迫られていることがはっきりしたと思う。

出版にいかにかかわるのか――三つの会への感想

（「未来の窓77」二〇〇三・八）

七月にはいってから出版関連の会につづけて三つ出席した。出版関連の会と言っても、いつもの業界的な定期的な催しに類するものではなく、いずれも個人の業績にかかわるもので、それも出版評論家、著者、編集者といったそれぞれ異なるジャンルで出版にかかわったひとを偲び、あるいは祝うという会だった。わたしもそれぞれ異なる立場から出席させてもらい、出版にいかにかかわるのかという点で、いろいろ思うところがあったこともあって、今回はまことに失礼ながらあわせてご報告かたがた感想を述べさせていただきたい。

七月七日（月）夜、東京の市谷アルカディアでこの五月三日に七十一歳で亡くなった出版評論家、小林一博さんを送る会があった。わたしなどは実際におつきあいさせていただいたのは晩年の十年間くらいで、長い年月にわたって小林さんと親しくつきあわれたひとたちには比べるまでもないが、現在もつづいている〈二一世紀の出版を創る会〉の前身〈二一世紀の出版を考える会〉で小林さんと毎月一回お会いして議論をかわすことができたことはいまでは貴重な経験となっている。この［未来の窓］での拙文についても何度か感想やあたたかい励ましのことばをいただいたこともある。評判になった『出版大崩壊』にも見られるように、小林さんは最後の最後まで戦闘的で反骨的な批評家の姿勢を崩さなかった。ともすると、現実への妥協に流れがちな出版人への確固とした出版倫理からの批判的視点は、思わず襟を正さざるをえないほどの強力なものだった。それゆえに、晩年はそういう批判に身に覚えのあるひとたちからやや敬遠されたところがあるようにさえ見受けられる。

それはともかく、今回の送る会で配られた遺稿『出版半生記 1959-1970』（「小林一博遺稿集」刊行委員会発行）は、これまでの小林さんの生い立ち、経歴についてあまりくわしくないわたしのような者にとっても大変ありがたい贈り物である。

小林さんがかつて詩を書いていたという事実がわたし個人にとって意外であったということは別にしても、この本では小林さんの〈出版半世紀〉が赤裸々に語られているばかりでなく、さまざまな具体的資料とともに、戦後の出版界の草創期が明快に語られており、いまはなき「日本読書新聞」やさまざまなメディアに在籍した者の内側からのリアルな眼差しで出版界のいまにいたるも変わらない内情が明らかにされている。この遺稿にはまだ後半があるとのことだが、各方面に差し障りもある部分もふくめて最近の出版界にたいする小林さんのナマの声をぜひ聞いてみたいと思うのはわたしの偽らざる感想である。関係方面の英断を期待したい。

この小林さんを送る会のあった同じ週の七月十二日(土)、昨年四月九日に八十二歳で亡くなられた詩人・評論家、安東次男さんを偲ぶ会が丸の内の東京會舘であった。この会は安東氏の誕生日である七夕の日にちなんで「七夕忌」とされるもので、没後一年を期しておこなわれた追悼の会である。主催者の中村稔氏ほかの方々が述べられたように、生前「威張りの安東」と呼ばれたひとだけにどれだけのひとが集まってくれるか心配されたそうであるが、まったくもって杞憂であった。すぐれた詩人、俳人のほか、東京外国語大学での教え子たちなど、安東氏を敬愛するひとたちが多く集まり、氏を偲びながらお世辞などなにひとつない、じつに真率な思いの数々をそれぞれに語られた、楽しくもありじつのある、まれにみる感動的な追悼会であったと思う。思潮社社主の小田久郎氏の緩急自在な司会のもと、飯島耕一、大岡信、吉増剛造、粟津則雄といった錚々たる顔触れによる安東氏にまつわるエピソードを聞きながら、できれば生前の安東氏にちゃんとお会いしてお話する機会をもたなかったことを残念に思った。

そんなわたしがこの会に出席した理由は、ほかでもない、ことしの書物復権運動の復刊本のなかに安東氏の『澱河歌の周辺』を四十一年ぶりに新版として刊行し、この本が安東夫人、多恵子さんのご希望で参会者におみやげとして配られるという願ってもない幸運に恵まれたからである。この本の復刊を以前からわたしは望んできたが、なかなか機会のないままに安東氏が亡くなってしまった。一九六二年に刊行された初版の『澱河歌の周辺』はさいわいにもその年の読売文学賞を受賞し、のちに芭蕉や蕪村の評釈家としても著名になる安東次男氏の出世作となったものであり、芭蕉、蕪村からフランス詩やシュールレアリスムにまで及ぶその多彩なテーマの組合せによっても、知るひとぞ知る、幻の本であった。「現代詩手帖」での安東次男追悼号のなかでも何人かのひとがこの本に言及されているのにさらに力を得て、シリーズ〈転換期を読む〉の一冊としてこのほど復刊が実現した。解説は粟津則雄氏に力作を寄せてもらい、この本の読み直される理由がよりいっそう明瞭になったし、予想を上回る売行きを示しているようでもあって、まさに〈書物復権〉をなしえた喜びをかみしめているところである。だからこそ安東氏の生前にこのことを実現しえなかったことだけが心残りなのである。

そしてこの「安東次男さんを偲ぶ会」の翌十三日（日）に池袋の東京芸術劇場大会議室でおこなわれたのが「松本昌次さん編集者五〇周年と影書房二〇周年を記念するつどい」であった。今回触れた三つの会で唯一の存命中の編集者の活動を祝う会であったが、ご存知のかたも多いように、松本さんの前半三〇年の編集者人生は未來社の最初期から中期にわたる時期と重なっている。前述した『澱河歌の周辺』も松本さんの編集に負っているのである。

松本さんは現在七十五歳。いつに変わらぬ批判精神を発揮してますます意気軒高である。冗談で「生前葬」だと言っているらしいが、当人はまだまだそんな気でいることはないだろう。自分のお祝いの会であろうが、司会からマイクを奪ってまでの弁舌ぶりには、かつて数年間にわたって未來社で仕事をともにした時間が彷彿としてくる。というか、さまざまな会合でもよくごいっしょすることも多く、そのたびに未來社の仕事、わたしの書くことにいちいちご批評をいただくので、いささか辟易することもあるが、その存在感は背後霊のごとくわたしにとってはなつかしくもあり、得がたい先輩である。これからもますますのご活躍を祈るとともに僭越ながら良きライバルでありたいと願うのみである。

いま、この時代に哲学することとは何か

（［未来の窓98］二〇〇五・五）

桜も一挙に花開いたかと思うまもなく雨に打たれて早々と散ってしまい、いまや五月の連休も間近である。大学では新入生を迎えてのオリエンテーションやクラブの勧誘などもひと通りすみ、いくらか落ち着きはじめたところであろう。かつては「五月病」と呼ばれた青春期特有の挫折はいまの学生たちにも存在するのだろうか。本を読まない＝読めないと言われる学生がキャンパスにあふれかえっている現状を憂えるだけでなく、こうした学生たちをどうしたら本を読む環境に導き、かれらに本を読む快楽を知ってもらうか、というわれわれがなすべき課題にたちもどらざるをえない。

四月二日、東京新宿の紀伊國屋ホールでおこなわれた書物復権8社の会主催の《On Reading:「本」の底力（そこぢから）》と題するトーク・セッションは、パネラーのひとりである今橋映子さんがいみじくも述べられたように、本をどうしたら活性化させることができるかを考えているひとたちの〈総決起集会〉といった趣きがあった。そのなかでの今橋さんの主張によれば、いまの若いひとたちは一般に言われているよりよほど本を読んでいるのではないかとのことである。一部には読解力や創造力の豊かな若い読者が存在することはたしかだろう。こういう読者といかに持続的にあつい関係をとっていくことができるかが、出版界の今後をありうべきものにしていくうえでの最重要課題であることには変わりがない。

一方で、大学生協で取り組まれている〈読書マラソン〉という試みも、どんな本であれ一〇〇冊の本を読んで感想を書き、本のおもしろさ、楽しさを仲間たちに伝えていこうとする運動で、かなりの成果を上げているようである。専門書出版社の一部にはこうした運動を自分たちの出すような専門書とは関係のないレベルの話であるとして軽視する向きもあるが、むしろこうした地道な読書運動を盛り立てる方向で考えていくべきではないかと思う。専門書の読者も最初

から専門書を読んできたわけではない。どこかで本に出会い感動する経験があって、本を読むことを持続できるようになったはずだからである。

こうした若い読者の問題とともに、書き手の側にも現状打開の動きがでてきている。先日、東大駒場で小林康夫さんがことしから始める哲学セミナーに出席する機会があった。これは小林さんを中心にしたＵＴＣＰ（University of Tokyo Center for Philosophy 共生のための国際哲学交流センター）というプロジェクトの一環として、既成の五つの部門をいわば横断的に〈いま、哲学とは何か〉という根源的なテーマ設定のもとに〈いま〉をとことん考え抜いてみようという目標をかかげて出発しようとするものである。そこには主として三十代の大学院生たちやすでに教職にあるひとたちもふくめて三十人ほどが出席し、活発な議論がかわされた。こういうひとたちにまじって、わたしとしてもひさしぶりに根本からものを考えるという貴重な機会を与えられた。大学教育のカリキュラムには属さない、フリーな教育的実践の催しであるとともに、それ以上に思想や学問の危機を哲学的に問い直す実践そのものの場としてこのセミナーは構想されたのである。

わたしが出席することになったのは、これからの若い有能なひとたちが何を考え、どのような力量をもっているかをじかに見ておいてほしいという小林さんからの要請のためでもあるが、小林さん自身がいまの思想状況、学問状況をどのように引き受け、どのように哲学的に切り開こうとしていくのかをリアルタイムで確認してみたいからでもあった。

今回が初回ということもあって、小林さんがはじめにこのセミナーのためのプレゼンテーションをおこなった。そこでまずとりあげられたのがジル・ドゥルーズの『哲学とは何か』の冒頭の文章である。

「『哲学とは何か』という問を立てることができるのは、ひとが老年を迎え、具体的に語るときが到来する晩年をおいて、おそらくほかにあるまい。」

ここでドゥルーズのことばを介して小林さんが提示しようとするのは、哲学を個別研究の対象としてではなく、また哲学的知見をもとになにか新たな理論や言説を立てることでもなく、〈哲学する〉ことそのものがこの時代を生きていくうえでの指針ともなり、世界を身をもって切り分けていくことにつながること、そのことに尽きてもよいという命題なのではあるまいか。どこか市川浩身体論を思い浮かべてしまうが、ドゥルーズにおける〈老年の哲学〉とはもはや〈学〉としてではなく、つまり学問的対象でも学問的方法でもなく、メタ学問としての哲学の高みからではなく、ごく日常的な地平から世界を理解するべく考えを展開していくことにあると言えるのではなかろうか。哲学、というよりも哲理あるいはポエジー。老年においてひとはアカデミズムでの野心や欲望を超越し、自分の固有の視角から世界をもっとよく見つめようとするとき、世界は哲学が描き出すようには存在せず、より直接的な具体性として現われているはずだ。おそらく小林康夫さんが目指そうとしているのもそうした等身大の地平からこの現実世界とその現象をあらためて読み解こうとすることなのではないか。

とはいえ、こうした等身大の地平から知の運動をあらたに起こすこともとりあえず目指されてはいる。ここに集まろうとしている若い研究者たちのためにとりあえずの発表媒体が準備され、さらなるアウトプットの可能性として出版も射程におさめようとしているからである。その意味ではこの哲学セミナーはたんなる談話会でもなければ特定のテーマをかかげた研究会でもない。〈哲学とは何か〉をキーワードに学問研究の若い息吹きを立ち上がらせ、促進するための実践的な場としてのフォーラムでもあるのだ。こうしたフォーラムが若い研究者たちを巻き込みつつ、同時に小林さん自身の哲学的問いが今後どこまで実現されていくのか、おおいに期待したい。

注　このフォーラムの結果がのちにＵＴＣＰ叢書第１巻の小林康夫編『いま、哲学とはなにか』（二〇〇六年）に結実した。

（「未来の窓99」二〇〇五・六）

よみがえる日本語の宝庫――『日本詞華集』の復刊に寄せて

ことしも書物復権８社の会による名著復刊の季節がやってきた。ことしで九回目になるこの運動も業界の一部にはすっかり根づいたと言えそうだが、それでも受け皿となる書店の地図が毎年すこしずつ変化しているので、こうした運動をつうじてやはり時代の動きを敏感に感じ取らざるをえない。

一時ほどの勢いではないが、ナショナル・チェーン書店の新規出店がいまもつづき、こうした書店が専門書に力を入れている関係もあって、〈書物復権〉の復刊本がこれらの書店店頭に多く並ぶことになる。それにひきかえ、かつての地方文化の華でもあった老舗書店の全般的衰退が目につく。これを受けてこの運動も大都市集中化の傾向を強くもつようになってきた。大学生協の弱体化もふくめて専門書の読者層の幅が狭くなってきたことを痛感する。その一方ではアマゾン・コムを中心としたオンライン書店の成長ぶりには目を見張るものがあり、読者の顔がいよいよ見えなくなりつつあるとも言える。現にリアル書店での〈書物復権〉アンケートの反応は年々減少しているようだ。この現状をどう考えていくのかが今後の〈書物復権〉運動の展開にも大きく関係してくるだろう。

ことしは六月八日の取次搬入と例年よりやや遅めのスタートになるが、さっそくにも紀伊國屋書店新宿南店での書物復権フェアが動き出すのをはじめ、ことしから七月に移行した東京国際ブックフェアにも昨年にひきつづき書物復権8社の会共同出展が決まり、ちょうどできたばかりの復刊書を展示・販売することができるようになった。ちなみに、ことしの共同出展は昨年以上の規模になるとともに、それぞれ小さいながらも独立したブースを並べることになり、昨年とはちがった意味で読者との直接的な接触が期待できるようになった。わたしも読者や著者との接点をもつために、できるだけ連日自社ブースにいたいと思っている。

さて、そんななかで未來社はことしも五点の復刊をおこなう。そのなかには内田義彦『経済学の生誕』といった古典的名著や、昨年もノミネートされながら外れたがことしはトータルでトップの投票数を獲得した柴田寿子『スピノザの政治思想』もふくまれているが、なんと言っても今回の最大の目玉は四十七年ぶりに復刊することになる西郷信綱・廣末保・安東次男編『日本詞華集』である。

わたしの長年の夢の復刊のひとつだったこのアンソロジーは、聞くところによれば、古本屋さんでも超高値のつく貴重本になっている逸品なのだ。一九五八年初版のまま広く知られることもなく消えていたこの日本詩歌の粋を集めたアンソロジーは、たんに短歌・俳句・詩ばかりでなく、古代歌謡から風土記、神楽歌、催馬楽歌などを集めた古代篇、連歌や「梁塵秘抄」をはじめとする中世歌謡を集めた中世篇、「隆達節小歌」などの歌謡もふくめた近世篇、さらに近代篇といった四部構成になっているが、西郷信綱、廣末保、安東次男といった当時まだ四十になるかならぬかの少壮学者・現代詩人を擁して編まれたこのうえなく目配りの利いた贅沢な日本詩歌のエッセンス集なのである。このアンソロジーは、おそらく願ってもない最高の選者たちを得て、知るひとぞ知る幻のアンソロジーとして埋もれてきたのであった。

さいわいなことに四十七年も前の印刷にしては活字状態が良く、新組みにしてでも出したいと思っていたわたしの願いが通じたのか、高麗隆彦さんの美しい装幀を得て、そのまま写真版で再刊できることになった。本文二段組み、ほかに脚注もある五百頁のこのアンソロジーは、もちろん近年の作品の収録はないものの、一定の時代の篩にかけられたひとつの定番アンソロジーとして今後も読まれつづけてほしい。すでに廣末さんも安東さんも故人になられたいまもご健在の西郷さん（注1）から今回、本アンソロジーの復刊のためにすこし長めの「復刊本へのあとがき」をお寄せいただけたのは、なによりもうれしいことである。このアンソロジーの再出発のためには力強い援軍を得たと言える。「この本は何と、前書きも後書きもなしに出版されたのである。本文を充実させるのに全力を尽くしてしまい、それらをものする余力が三人とも、もう無くなっていたためらしい。現に、これはそれほど肉体的・精神的エネルギーを要する困難な仕事であったと今でも回想する。だから私のこの一文がその欠を補う序文めいた形になるのを、どうかお許し願いたい」と、この「あとがき」は始まり、「人麻呂や芭蕉や茂吉（あるいは宮沢賢治）の作とを、即座に同時に読めるのだから、この『日本詞華集』はまさにアンソロジーとしてかなり優れたものだといっても、決して不遜ではなかろう」と締めくくられている。

西郷信綱さんほどのひとが自賛するほどの、これはどこにも存在しえなかったアンソロジー＝詩の華を集めたもの、なのである。山本健吉氏がかつて英仏独のアンソロジーに比して日本にそれが一つもないのは「詩人や批評家や国文学者たちの大きな怠慢」だと述べたことを西郷さんは紹介されているが、日本のように古代からのことば（言の葉）の長い歴史をもち、さまざまな短詩型文学の宝庫である国は、考えてみれば世界じゅうにほとんどないのであるから、こうしたエッセンス（詞華）をあらためて熟読玩味する喜びを味わう特権にあふれているはずなのである。大岡信さんの『折々のうた』もその意味でこうした宝庫発掘の試みのひとつであったことがわかる。

こう考えてみれば、本を読む習慣の欠如とはこうした過去の優れた日本語（やまとことば）の蓄積への無知と無関心にその源があるのではないかと思えてきた。あらゆる頽廃から守られてきた日本語の富が一堂に会したものがアンソロジーであるとすれば、この『日本詞華集』はその最大の成果であることをこれからもやめないであろう。〈書物復権〉の運動がこうした宝庫発掘につながったことを喜ぶとともに、このアンソロジーが広く読まれることを期待している（注2）。

注（1）西郷信綱さんはその後、二〇〇八年に九二歳で亡くなられてしまった。二〇一〇年から平凡社で『西郷信綱著作集』全九巻が刊行中である。なお、この第一回配本『西郷信綱著作集 第1巻』（二〇一〇年十二月刊）の月報に「西郷さんからの薫陶」として西郷さんについて書かせてもらったので、以下に掲載しておく。

（2）「毎日新聞」二〇〇八年八月七日号書評欄で池澤夏樹氏が『日本詞華集』をとりあげ、アンソロジーとしてはこの一巻を措いてはない、と絶賛してくれた。おかげですぐに3刷までになった。

＊

（『西郷信綱著作集 第1巻』〔平凡社、二〇一〇年十二月刊〕月報）

［付論］西郷さんからの薫陶

西郷信綱さんには未來社の『ある軌跡　未來社20年の記録』という20周年記念刊行物（一九七二年刊）に「偶感」という短いエッセイがある。社史刊行物で非売品という性格上、通常は一般のひとには手に入らないということもあって、あまり知られていないと思うので、少し長いがひとまず紹介させてもらおう。「未來社には、一風かわったところがある」と始まるこのエッセイは以下のようにつづく。

《普通の出版社なら、私ごときをも、たいてい「先生」と呼ぶ。ところが未來社は決して「先生」とは呼ばず、必ず「さん」と呼ぶ。これは私を正当にも差別してくれているのかとうぬぼれていたら、さにあらず、どんな偉い人でもみな「さん」呼ばわりで通しているらしい。たとえば「丸山先生」「花田先生」「埴谷先生」「木下先生」といったものいいを、西谷さんの口からも松本さんの口からも、ついぞ聞いたためしがないように思う。「先生」と呼ぼうが「さん」と呼ぼうが、そんなことはどうでもいいことだといえばそれまでの話で、（以下略）》《少くともこのへんに未來社らしい一つのコンテクストがあるとはいえそうに思う。それがどんな意味をもつコンテクストかは、まだあまり考えたことがない。あえて邪推するなら、「さん」呼ばわりされて気を悪くするような、つまり「先生」的権威に未練のある方々はわが社と大して縁がない、ということは魂胆なのだろうか。いや、魂胆などという見えすいたものではなく、いつの間にやらそうした沈澱ができあがり、おのずとそのような次第になったらしい歴史的風格がそこには読みとれる。》

もちろん西郷さんはそのあとに「私は未來社のこのようなやりかたを、それじたいとして天高く持ちあげる所存は毛頭ない」と釘をさしておられる。まことに恐れ多いことと言わざるをえない。たしかに未來社にはそういう反権威主義を標榜するところがあったことは事実で、わたしもそれをいくらか踏襲しているところがある。それでも西郷さんを直接「さん」呼ばわりした記憶はさすがにない（ちなみに引用文中の「西谷さん」とはわたしの父能雄のことである）。にもかかわらず、ここでは、親しみをこめてあえて「西郷さん」と書かせていただく。

最後に西郷さんにお会いしたのは二〇〇五年四月二十六日で、川崎市中原区井田のご自宅でであった。ご自宅にお邪魔したのは、そのときが最初で最後であった。そのときの目的は、専門書出版社八社でいまも継続している「書物復権」運動の一環として復刊させてもらうことになった西郷信綱・廣末保・安東次男編『〔新装版〕日本詞華集』のための「復刊本へのあとがき」の原稿をいただくことであった。ちょうど刊行まぢかの『日本の古代語を探る——詩学への道』（集英社新書）と関連して詩学と語源にかんする内容を盛り込んでくれたもので、こうした短文にも手を抜くことのない西郷さんの書くことへの意思を感じさせてくれるものであった。

このアンソロジーはその後、池澤夏樹さんに「読売新聞」の書評で「アンソロジーとしてはこの一巻を措いてはない」と激賞されたもので、なんと初版は一九五八年、四七年ぶりの復刊であった。編者三人が箱根をはじめあちこちの宿にこもって編集作業をした話が件の「あとがき」に出てくるが、まだ少壮学者とも言える三十代から四十代前半の、いまから顧みれば錚々たる編者たちのそれぞれの関心の広さと個性が華麗に競合した、稀にみるアンソロジーらしからぬアンソロジーが生まれることになった。というのは、通常の詩歌アンソロジーなら通俗と見なされて排除されてしまいかねない歌謡（風土記、神楽歌、催馬楽や小歌）といったものまで収録しているからである。

どうしてこの本が初版から四七年もの長きにわたって復刊されなかったか事情はわからないが、わたしが自宅の書庫から取り出して愛読していたもので、「復刊」するならこれを措いてはない、と判断したのは間違いではなかった。刊行してみれば、六八〇〇円という高額にもかかわらず、たちまち三刷にまでいったことはある意味では当然だったと思う。もっとも当初は組み直しをしなければならないと思って設定した価格で、その必要がないほど版がきれいでフィルム製版ですんでしまったために、かなり安くできてしまい、西郷さんから価格の件でお叱りを受けたこともいまとなっては懐かしい思い出のひとつである。

そのまえに西郷さんとかかわりがあったのは、一九九九年三月十七日に五三歳の若さで亡くなった中央公論社の名編集者笠井雅洋さん（筆名は矢代梓さん）の葬儀にさいして、わたしが「矢代梓さんを偲ぶ会」の案内文を書くことになり、その発起人のひとりとして西郷さんに引き受けていただいたときである。生前の笠井さんから自分のほんとうの先生は西郷さんひとりだという話を何度も聞いていたことがあり、そのことから西郷さんにお願いしたところ、その早すぎる死に驚かれるとともに快諾されたことを覚えている。葬儀のさいにもご挨拶させていただいた。笠井さんはひととひとを結びつけることで定評のあるひとだったが、その葬儀のさいに多くのひとと初めてお会いしたこともいまにつながっているが、西郷さんとも久しぶりにお会いできたのだった。

そもそもわたしが西郷さんに初めてお会いしたのは、未來社に入ってしばらくたった三〇歳前後のころで、当時の編集長だった松本昌次さん（現・影書房社主）に連れられて毎月一回、西郷さんを囲んで開かれていた『古事記』を読む勉強会でだった。この会は三年ほど続いただろうか。毎回、『古事記』の短いパッセージを細かく読み込んでいく根気のよい仕事で、研究者というものの真髄をとことん拝見させてもらったことはほんとうにありがたかった。すでに小社のPR誌「未来」で、のちに『古事記注釈』第一巻（平凡社）に収録されることになる連載「古事記を読む」（一九七一年一月号—一九七三年十月号）を愛読していたので、かなりの程度は西郷的古事記解釈を理解していたつもりであったが、そのバックグラウンドの深さと広さ——それも国文学的なものだけでなく、最新のヨーロッパ思想の知見をくわえた——にあらためて驚かされたものだった。

毎回の「授業」のあとの酒を酌み交わしながらの懇親会では、より個人的なレベルの話もうかがえた。なかでも忘れることのできないのは、ものを書くのがどれほどたいへんかということで、一日に一枚書くのが目標だとおっしゃったことがある。わたしが大学院でマラルメを研究していたことをお聞きになっていたせいか、君ならそのことの意味はよくわかるだろうと言っていただいたことがつよく印象に残っている。そのころからわたしがマラルメ的呪縛を超えてものを書き出したのも、西郷さんの励ましと書くことへの知的インパクトがあったからであることをいまとなっては嚙みしめていく以外にないが、不肖の「弟子」はいまだにそのありがたい薫陶を活かすところまで至っていないのである。

国立国会図書館の納本制度六〇周年

（「未来の窓134」二〇〇八・五）

国立国会図書館の納本制度が施行されてことしの五月で六〇周年になるという。納本制度とは、戦後まもなくの一九四八年（昭和二十三年）に法律化された国立国会図書館法にもとづき、一般に市販目的で発行された図書、雑誌、新聞その他を発行者は納入する義務があるとするものである。

わたしも未來社入社以来、こうした制度が以前から存在すること、実際に取次への新刊見本のさいに国会図書館分として届けられた本が自動的に納入されることは知っていたが、そうした仕組みが法律にもとづいたものであり、その運用方法にもさまざまな歴史的背景や経緯があり、また現在にもつづく未解決の問題をかかえていることはこれまでよく知らなかった。先日、国立国会図書館の方が納本制度六〇周年のキャンペーンのために来社され、くわしくお話を聞くことができたことをきっかけに小稿で考えを整理してみようという気になった。というのも、学生時代もふくめていろいろ調べものをしたり、編集用の資料を探しに行ったりするのはいつも国会図書館だったから、あの夏でもひんやりした建物ともどもどこかよそよそしい雰囲気にもかかわらず、なんとなく親近感があるからである。それにまた当然のことと思っていた国会図書館への納本が意外にそれほど認識されていないこともあって、収書率は一〇〇パーセントにはまだまだ遠いことがわかったからである。出版社はこの制度をどう考えるべきなのか、このままでいいのかという問題を考えてみようと思う。

今回、国立国会図書館法という法律を初めて調べてみて、いくつかの発見とともに認識を新たにしたことがあった。そのうちのひとつが、国立国会図書館という名前のとおり、「国会議員の職務の遂行に資する」という明確な規定（第二条）があったことである。国会図書館とはそもそも国会のための図書館なのであった。いまの空転ばかりしている国会のための図書館というとどこか空しい響きをもってしまいかねないが、本来は国の最高決定機関に付属する調査機関なのであって、ここにすべての書籍が保存され活用されるべきであるのは言うまでもないだろう。すくなくとも日本の文化的資産である書物はきちんと永久保存される必要がある。そのための納本制度であることをあらためて確認しておいたほうがいいだろう。

その点で気がついたことは、国会図書館への納本、納入は公的団体（国、地方公共団体、独立行政法人等）の場合と民間企業の場合とでそのしくみがかなりちがうことである。「国の諸機関」にかかわる場合は「公用又は外国政府出版物との交換その他の国際的交換の用に供するために」「三十部以下の部数を直ちに」納入しなければならないし、独立行政法人や国立大学法人、特殊法人の場合は「五部以下の部数を直ちに」納入しなければならない（第二十四条）とされているのにくらべて、民間企業の場合は「文化財の蓄積及びその利用に資するため、発行の日から三十日以内に、最良版の完全なもの一部を」納入しなければならない（第二十五条）とされ、強制の度合が少ない印象を与える。しかもその納入にさいしては「当該出版物の出版及び納入に通常要すべき費用に相当する金額を、その代償金として交付する」という項目が付加されていることであり、さらに第二十五条第二項として、発行者が納入義務を怠ったときにはその小売価額の五倍以下の「過料」を課するという規定があるにもかかわらず、「この規定は、現在まで一度も適用されたことはありません」（「国立国会図書館月報」五四七号〔二〇〇六年〕の「現行の納本制度の概要」）とコメントされているという具合に、一部骨抜きになっていることを公的に認めている。このコメントはなかなかユーモアに富んでいるというべきものだが、どこか日本的な妥協性の現われともとれなくはない。

ともあれ、ここで注目すべきものとして、納入のための「代償金」という制度がはっきりと定義されていることである。これは通常われわれが国会図書館分として取次に正味五掛けで卸しているものを指している。現在は日販とトーハンが半年交替でこの集品と納入代行をおこなっているが、これも歴史的経緯はあったようで昭和二十六年以降に取次からの一括納入の制度が確立したことによって、それ以前より納入率は大幅に上昇したらしい。そしてこのルートの確立によって納入にともなう支払い(=「代償金」)がスムースにおこなわれるようになった。戦前のレフェリーをともなう納本制度が治安・風俗にたいする取締りを目的とする強権的なものだった反省を踏まえて、「代償金」という低姿勢をともなう義務化というスタンスのとりかたがいまの国会図書館の基本なのである。ただ、この「代償金」制度がそのような背景をもっているとしても、今日のような新刊ラッシュがつづくとそのためのスペース確保の問題もさることながら、支払いのための予算も莫大なものにふくれあがっている(二〇〇六年当初予算で三億九〇〇〇万円)。またこの制度を悪用する悪徳出版社もあるそうで、本の価格を異常に高くつけてその半額でも十分なもうけにつながるような納入をするところもあるという。国会図書館としては法律上も制度上も、納入される書物の質の問題は問うことができず、すべて網羅的に収集するという原則があるため、こうした悪質な行為にたいする防御策をとることができない。書物の永久保存もかねて関西館の設置、第二国会図書館の施工なども視野に入れているのであれば、今後の集書方針において、必要な本のみ複数納入、二冊目からの「代償金」制度の導入なども検討していくべきであろう。

国の機関である以上、もっと予算をつけて購入すべきものはきちんと購入するようにすべきである。そして不要なアイテムは無償で一冊納入というかたちにとどめ、税金の無駄使いにつながるような姿勢はあらためるべきだ。日本書籍出版協会へ働きかけて、新刊納入の一冊目は無償、二冊目からは有償という合意をとりつけるようにしたらどうだろうか。

注　この稿を国会図書館の徳原直子さんにメールでお送りしたところ五月二十四日の納本制度座談会(パネラー=佐野眞一さん、筑摩書房・菊池明郎社長、国会図書館・田屋氏)への出席とその後の懇親会への参加要請をいただいた。佐野さんが冒頭に「未来」四月号を掲げてわたしの「未来の窓」に好意的に言及してくれたのが印象的であった。そのまえに徳原さんから佐野さんが「大変読みやすく、また、面白かった。参考になった」と言っていたとの情報を得ていたので別に驚かなかったが。

編集は著者とのコラボレーション

真実は細部に宿る——矢代梓さんの思想史年表

（「未来の窓32」一九九九・一一）

『年表で読む二十世紀思想史』（講談社）という本がいま手元にある。著者はことしの三月十七日、五十三歳という若さで喉頭癌のため亡くなった矢代梓さん（本名・笠井雅洋）。この欄でも追悼の一文をすでに書いたことがある（「追悼ふたたび」〔本書二九九頁以下〕）が、未來社からはいまや主著となった『啓蒙のイロニー——ハーバーマスをめぐる論争史』が出ている。この本が一九九七年の夏に刊行されたあとしばらくして発病されたことを思うと、なんとも複雑である。

このたび刊行された『年表』には今村仁司氏の解説的まえがきとともに笠井いち子未亡人の「あとがきに代えて」が付されている。「もしかしたら私は本と結婚したのかしら、と思うくらい笠井との生活は、始めから終わりまで大量の本とともにありました」といち子さんも書かれているように、二万冊以上と言われる蔵書は、これまた膨大な量のCDやLDとともに、引越ししたばかりで未整理のまま自宅に残されているそうである。本来であれば、この大量の本がもとになって『年表』も大幅に手を入れて刊行されるはずであった。

講談社の「現代思想の冒険者たち」という書き下ろしシリーズの付録として書きはじめられたこの年表の元原稿は、このたび刊行された『年表』よりもはるかに多くの枚数があったはずである。付録としては多すぎる原稿のかなりの部分が削除されていたらしい。そのことは生前の矢代さんの不満として聞いていたからほぼ間違いない。矢代さんのことだから、おそらくふつうの思想史年表とはちがって、微細なエピソードなどまで書き込んだ読み物としてもっと大部の二十世紀思想史概説となっていたにちがいない。そのおもしろさは『年表』の本文にも痕跡となって一部は残されているが、「フユトニスト」（一種の文化欄コラムニスト）としての矢代さんは、さまざまな思想史的・芸術史的側面を縦横に折り込んだ立体的な年表を構想していたのだろう。専門領域のドイツはもちろんのこと、イギリス・フランス・アメリカ・ロシアなどひろい目配りで哲学から芸術、文学、社会的・風俗的事象についてまで、きわめて幅広い知識と感受性をもっていた矢代さんだからこそ可能な壮大な知のパノラマが描かれていたであろう。

今村仁司氏のまえがき「笠井『二十世紀思想史年表』のおもしろさ」にもあるように、矢代さんのひそかに手本とする人物はアビ・ヴァールブルクであるかもしれない。言うまでもなくワイマール文化のひとつの象徴ともいえるヴァールブルク研究所を設立した人物である。矢代さんの本来の研究領域がワイマール文化研究であったことを考えればおおいにありうることである。今村氏は矢代さんのことを「荒ぶる細部探求者」と呼び、つぎのような評言を書いている。

《批評的フユトニスト、あるいは細部探求者としての笠井君は、例えば、大思想家とその思想にも当然ながら関心と興味をいだくけれども、それと同じ程度に、あるいはそれ以上に、普通の観察からは漏れてしまう細部としての、人物の人間関係、人と人との、人と事件との、出会いかたのほうに情熱的といっていいほどの興味と関心をいだくだろう。彼の書物収集の本来の動機は、自分の好きな書物を集めるというよりも（中略）、例えば一人の人間が思想を作っていく背景を、あるいは思想と社会的（付き合いの意味での）背景との関係を、証拠をもって突き止める道具にすることにあったのではないのだろうか。これをやりだすとキリがないほど多種多様な書物の集積になるのは宿命的必然である。（中略）それは知的構想に支えられた、一種獰猛なまでの探求精神があって、書物の探索と事実のなかにある精神的結晶を発掘することとである。》

さすがに矢代さんとの長い交流を思わせる洞察力あふれる人間観察である。矢代さんは思想のちょっとした断面、思想家や芸術家の行状やつきあい関係、人間関係の細部に目をとめる。まるでそこにすべての解明すべき問題があるかのように。思想の実質よりも、その思想の形成、その思想を生み出した背景とか事情のほうがはるかにおもしろいのかもしれない。矢代さんの関心のもちかたを見ていると、たしかにアインシュタインではないが、「神は細部に宿る」と言っていいのかもしれない。

たとえば、恥ずかしながらこの本ではじめて知ったのだが、ジェイムズ・ジョイスの『ユリシーズ』がちょっとした出会いからパリのシェイクスピア・アンド・カンパニー書店から出版されたこと、この書店はアメリカ出身の女性が始めた書店で、当時は英米作家の廉価本が少なかったため、本を売るより本を貸す店として第二次大戦前まで重要な文学サロンだったことなどが一九二二年の項目として書かれている。こうした細部の事実がどれほど文学そのものにとって外部的な些事であろうと、文学作品もまた社会や歴史のなかになんらかのかたちで取り込まれるものである以上、その社会的受容のありかたにこそ、深い真実が宿っていることがありうるのである。こうしたことを思想史年表のなかに平然と書き込んでしまうひとが矢代梓というひとなのだ。ちなみに、ここで出てきたシェイクスピア・アンド・カンパニー書店というのはいまではパリ左岸のカルチエラタンのはずれ、セーヌ川沿いのサン・ミシェル地区にある、入口から見ると本が天井までつかえているような小さな書店で、そこの現在の女主人は本のことならなんでもご存知、一度つかまったら話を聞くのが大変ということで有名なひとらしい。まるで矢代さんのようなひとがここにもいるのだ。

こういったちょっとした驚きがこの『年表』を読んでいるといろいろ出てくる。真実は細部に宿るというのは実感である。ともあれ、矢代梓というおそるべき好奇心のかたまりのような人物がいなくなった出版界、思想界というのはますますさびしい世界になってしまったような気がする。みずからの関心にそって思うように編集の仕事をこなし、ついにはそれにあきたらずこの『年表』のような本を書いてしまったひと、どんな話題にも元気に大声で関心をしめし、意見を述べることのできる、博覧強記の編集者そしてフュトニストとしての矢代さんのようなひとに出版文化はこれまでささえられてきたのにちがいない。あらためてご冥福を祈りたい。

悪の凡庸さの危険——高橋哲哉さんの近業から

（「未来の窓36」二〇〇〇・三）

高橋哲哉さんの最近の活動ぶりが目覚ましい。昨年末からことしの一月にかけて論集、対談集、翻訳本がつぎつぎと送り届けられてきて、それぞれが高橋さんの現在の関心事を強烈にアピールする相互連関性とアクチュアルな問題意識にあふれるものだからである。いまさら高橋さんの仕事の充実に驚くような関係ではないが、それにしてもこの八面六臂の活躍には頭が下がる。加藤典洋とのいわゆる「歴史主体論争」をはじめとして、クロード・ランズマンの映画「ショアー」の日本への導入をきっかけとするナチス・ドイツによるユダヤ人絶滅政策の哲学的・歴史的問題の再検討、さらには「従軍慰安婦」問題を端緒とする戦時中の日本軍による集団的犯罪行為の糾明と戦後の日本政府による責任回避の姿勢への追及、さらにはネオナショナリズムとして九〇年代後半に台頭してきた自由主義史観派との理論闘争など、いまや高橋さんの存在抜きでは日本の現代思想のアクチュアリティは保証できないほどである。

ここは高橋哲哉さん（これ以後は、これまでのつきあいに甘えて哲哉さんと呼ばせてもらう）の最近の仕事の内容を論評する場所ではないが、哲哉さんの与えてくれるインパクトになにがしかの返答をしておきたい誘惑にかられるのである。

とりあえずさきほど触れた三冊の本を正確に紹介しておこう。主として加藤典洋との「歴史主体論争」を収録した『戦後責任論』（講談社）、徐京植《ソ・キョンシク》氏との雑誌「世界」での連続対談を収録した『断絶の世紀　証言の時代——戦争の記憶をめぐる対話』（岩波書店）、さらに哲哉さん自身が紹介に力を入れているアイヒマン裁判のドキュメンタリー映画「スペシャリスト」の監督たちによる書物の翻訳、ロニー・ブローマン／エイアル・シヴァン（高橋哲哉・堀潤之訳）『不服従を讃えて——「スペシャリスト」アイヒマンと現代』（産業図書）の三冊である。とくにあとの二冊は昨年一年間での仕事なのだから、驚きだ。

最初の『戦後責任論』は、一九九五年一月に加藤典洋が「群像」に発表した「敗戦後論」に哲哉さんが反論をくわえることによって始まった「歴史主体論争」の関連文献と講演を収めたもので、五年間の文献が収録されており、刊行がずっと待たれていたものである。加藤の『敗戦後論』（講談社）の刊行に遅れること二年あまり、論争という面ではやや遅きに失した感がなくもないが、そのぶんその後のネオナショナリズム批判、日の丸・君が代法制化問題への批判など、たんに加藤典洋との論争のみに終始しない包括的な「戦後責任」をめぐる論になっていて、さすがである。この論争がはじまるまえから加藤典洋の論について哲哉さんと長々と意見交換をしたことがいまとなっては隔世の感があるのは、それだけ哲哉さんのこの問題への持続的な取組みと粘り強い論及が説得力と迫力を生みだしているからである。

加藤典洋の一種クセ球のような、アジアの二千万の死者たちへ謝罪するための責任主体の立ち上げという論点は、一見すると心情的に共感を招きやすい情動的なもので、多くの「進歩的知識人」がそれに面食らわされたという経緯をもつ。閣僚の戦争責任をめぐる失言があいつぐなかで、そうした失言・妄言を生みだす「内向きの自己」と、外から与えられた平和憲法にひたすら依拠する左翼勢力の「外向きの自己」という戦後日本の「人格分裂」というテーマはある種の新鮮な論法として戦後五〇年の時点で現われたのである。右でも左でもない立場を標榜するこうした手のこんだ論法が、じつは戦時中の日本軍に蹂躙され凌辱されたアジア諸国の被害者たちの抗議の叫びにいっさい耳をふさぎ、自国内でのみ完結する「主体」の再構築、多分に心情的で実感的な自意識のまやかしの満足にすぎなかったことがひろく理解されるには、哲哉さんの水ももらさぬ緻密な分析が必要だったのだ。

本書でもっとも印象的なのは、「責任」responsibility が原義では「応答可能性」という意味をもつことの指摘であり、そうした「責任＝応答可能性」としてアジアの無辜の死者たち、そして元「従軍慰安婦」たちの抗議の声に応答することがわれわれの戦後責任であるという哲哉さんの断固たる姿勢である。哲哉さんによればこの責任は「日本社会をよりラディカルな意味で『民主的』な社会に、すなわち、異質な他者同士が相互の他者性を尊重しあうための装置といえるような社会に変えていく責任」(傍点—原文)であるということになる。デリダやレヴィナスに依拠しながらこうした問題を論ずる哲哉さんはすばらしく明快であり、説得的である。応答することの責任という過剰な負荷が哲哉さんの言動の原動力になっていることがよくわかる。

あまりスペースがなくなってしまったが、哲哉さんに教えてもらって映画「スペシャリスト」の試写を観たのは昨年十二月のことだった。ランズマンの「ショアー」に勝るとも劣らぬ力の入れようでこの映画を紹介している哲哉さんが提示しているのは、やはり歴史のなかでの責任のありかたであり、ナチのホロコーストのような歴史的犯罪の一部始終を闇にほうむることなく、歴史の経験としてあますところなく明らかにするべきであるという観点なのである。

ハンナ・アーレントの『イェルサレムのアイヒマン』(みすず書房)に触発されたシヴァンはイスラエル人でありながら、戦時中ナチのユダヤ人移送のスペシャリスト、アイヒマンに事態の本質をなかば知りつつ協力したユダヤ人評議会《ユーデンラート》のありかたに批判的であり、そうした自分たちの同胞にたいして自己批判的な視点をもたず、もっぱらアイヒマンの悪魔ぶりを強調しようとするイスラエル政府のプロパガンダ的なスタンドプレーに反対してフランスに移住したドキュメンタリー映画作家である。この映画を観ると、「模範的な勤め人」アイヒマンに象徴される「悪の凡庸さbanality」(アーレントの著書のサブタイトル、ただし邦訳では「悪の陳腐さ」になっていて、これは首肯しがたい)こそがナチス・ドイツや旧日本軍の巨大な悪の推進力だったこと、こうした人間の無知と思い上がりによる災厄は人為的であり、これからも再発しないとは限らない危険な問題であることが、現代日本の思想動向とパラレルに検証されるべきだということがあらためて認識されなければならないのである。

『ブレヒト戯曲全集』の日本翻訳文化賞受賞にふれて

（「未来の窓42」二〇〇〇・九）

このほど第37回日本翻訳文化賞に未來社刊行の岩淵達治個人全訳『ブレヒト戯曲全集』全8巻が決定したという知らせを日本翻訳家協会から受けた。正式発表は九月一日だそうだが、事前公表は別にかまわないということなので、本誌（「未来」）の読者には早めにお知らせしておきたい。この全集はすでに優れた演劇書に贈られる湯浅芳子賞を受賞しており、ドイツでの権威あるレッシング賞の受賞も内定しているとかで、トリプル受賞ということになる。直接編集にたずさわった者としてもこの快挙をおおいに喜びたい。

この全集は岩淵達治さんの個人全訳というところに特長があり、ブレヒト生誕一〇〇周年の一九九八年の二月から巻数順に刊行を始め、三か月に一冊のペースで昨一九九九年十一月に第8巻が出て完結した。平均三五〇～四〇〇ページで合計三八篇の戯曲が収録されている。

二十世紀を代表する演劇作家としてのブレヒトは、これまで日本でもさまざまな版が出ており、岩波文庫などにも代表作のいくつかは収録されている。俳優座を率いていた故・千田是也さんなどは戦前からドイツでのブレヒト体験をもとに早くからブレヒト劇の紹介や上演に取り組んでこられたが、こうした筋金入りの新劇系のひととは別に、いわゆる六〇年代以降のアングラ、小劇場運動などを展開していったより若い層にもブレヒトの手法や方法論はどんどん吸収されていったようだ。

現代演劇ではいまではあたりまえのように感じられる日常世界を〈異化〉する手法、つまり惰性的習慣的な行為や感覚の意味を問い直し、そこに新しい意味を見出そうとする問題意識は、書かれたテクスト（戯曲）を絶対視してきた近代劇の再現《リプリゼンテーション》＝上演の演劇観を否定し、舞台と観客の関係を身体論的な地平から問い直すことにつながる。あらかじめ完結している劇のテクストを舞台で再現してみせるという意識からではなく、演劇とはいままさに眼前の舞台で俳優（たち）によって演じられているということの歴然たる事実性、偶然性にもとづいてはじめて実現されるのだという、いまから思えば当然の認識がブレヒトによってようやくもたらされたのである。

そもそもあらためて考えてみれば、舞台上に俳優が、客席には観客が、同じ時間を共有して存在するという演劇に特有の濃密な空間性は映画とも文学とも異質のものであり、そこにこそ〈演劇〉といらすぐれて古代的な様式が現代においても異質性として存在しうる基盤があるのである。ブレヒトの〈教育劇〉という独自のスタイルは、舞台が観客の意識を創造的に変革し、またそのことによって演劇自体もまた変革されるという双方向的な交通を実現しようとするものだった。

こうした演劇の身体論的地平は文学などにおいても同じような問題として、とくに一九六〇年代以降にあらわれてきた。つまりこれまで自明のものとされてきた書くことそのもののありかたがあらためて問い直されたのである。フランスなどを中心に展開した構造主義はそうした近代そのものを問い直そうとする近代批判という新しい現実認識のありかたを示したのだった。そのなかの中心人物のひとり、ロラン・バルトがフランスにおけるブレヒト受容の最尖端であったという事実がなによりもブレヒトの現代性をあらわしている。

そして日本においてブレヒトを早くから紹介し、上演などをつうじてブレヒト劇の問題性を問いかけてきたのが、前述した千田是也さんであり、本全集の訳者・岩淵達治さんであったことはよく知られていよう。「ブレヒトをモダンという位相に閉じ込めている種族に入るのかもしれない」と自己認識されている岩淵さんは第8巻に付された作品解題の最後にこんなふうに書かれている。

《ここで総括の意味も含めて言えば、私がブレヒトの理性の演劇（弁証法の演劇、叙事的演劇など言葉はなんでもいいが）を日本に紹介しようとしてきたのは、新劇成立以来試みられてきたモダンな演劇の総仕上げの掉尾にある試みと位置づけていたからだ。》

いまやブレヒトの後継者と目されてきたハイナー・ミュラー流の斬新な演劇が、たんに演劇というジャンルを超えたところに成立するようになっている。ポストモダン演劇の本格的なスタートという見方もあるミュラーの「ハムレットマシーン」なども岩淵さんは先駆的に紹介されてきたが、ここではいかにも岩淵さんらしく、日本における新劇（モダン）と新劇以後のさまざまな潮流との断絶を埋めようとする根拠をブレヒト劇の翻訳におかれたのだと思う。

とにかく岩淵さんの本全集にたいする意気込みのほどはこの二年間のあいだに全8巻を出し切ってしまったということからもうかがわれると思うが、それまでの蓄積でもある旧訳、上演用台本の本格的な手入れや改訳はもちろんのこと、あらたに一〇本ほどを訳し下ろされたことからもおわかりいただけると思う。七〇歳を過ぎてからのワープロ専用機からのパソコンへの乗り換えなどもその努力の現われの一例にすぎない（ただし、これはあまりスムースにはいかなかったようであるが）。

こうした熱意ある試みの結果が今回の「日本翻訳文化賞」受賞であったことは、岩淵さんの仕事ぶりを身近に体験することができた者にとってもうれしいばかりでなく、評価されるべきものが正当に評価されうる土壌がまだこの国に存在することの証明でもあり、ありがたいことである。

これに力を得て、『ブレヒト戯曲全集』とは別にブレヒトによる古典の改作劇と呼ばれる作品五篇も、本巻の別巻として年内刊行をめざしてこれから編集に入るところである。これらはもともと岩淵さんの希望には入っていたものであるが、オリジナル戯曲でないことと全体の分量の関係で予定からはずしてしまったものである。ただブレヒトにおける改作劇の意味は、たんなる上演のための改作というものにとどまらない、演劇史上でも重要な方法論的意味があることが再確認できた以上、それらのうちの代表的な作品をまとめて本巻にたいする別巻として一冊にすることは、今後のブレヒト研究にとっても演劇研究にとっても貴重な資料になることは間違いないだろう。

いま、なぜか宮本常一

（「未来の窓69」二〇〇二・一二）

ひさしぶりに『宮本常一著作集』の続巻を刊行することができた。なんと五年ぶりの新刊である。いろいろ事情がなかったわけではないが、読者から怠慢の誇りを招いてもいたしかたない。編集担当の引継ぎもふくめ、これからはすこしでも刊行ペースのピッチを上げていきたいと思っている。

今回の第四二巻は「父母の記／自伝抄」というタイトルにもあるように、宮本常一の生い立ちから家や両親のこと、みずからの民俗学者としての足跡を自伝ふうに語った文章を集めたもので、宮本常一ファンにとっては周知のことも多いだろうが、その独特の飾らない語り口にたまらない魅力を覚える読者も多いことだろう。

ここには、雑誌等に既発表のもののほかに、尊敬する父の死を見守る過程を日記として記録した「父の死」や、アサ子夫人との結婚にさいして書かれた「我が半生の記録」といった貴重な自伝など初出の原稿が三篇ふくまれている。とくに後者は昭和十年（一九三五年）四月、友人の紹介でその後の夫人となる女性と出会ってから十日ほどのあいだにこれまでの自分の半生（数えで二十九歳まで）を一気に綴ったもので、宮本常一というひとがどれだけの努力と熱意のひとであり、清廉潔白なひとであったかがおのずからにじみ出てくるといった性格の文章である。この長文の記録の最後に「妻たる人に」という短い文があり、これから結婚しようという相手にむけてこれほど率直な思いを述べることはおよそ例外的なことと思われるので、その最後の部分を引いておきたい。

《私の家の財産は家の不幸のためにほとんどなくなりました。／そうして、何ぴとにもこれといって誇るものはありませんが、ただ一つ、祖先伝来の「無我奉仕」「同情」「正義」といったような心を持っていること。これはいささか誇っていいかと思っています。／私の家に来て下さるためには、つつみかくしのないところ、こんな悪い条件の石ころ道を歩いておいでにならなければなりません。／だから私自身としてはどうしても強いることができなかったし、またこれをかくす気にもなれないのであります。》

これは一風変わった手紙であり、こんなものを結婚前に渡された女性は心底びっくりもさせられただろうが、この真情あふるる思いこそ宮本常一というひとの真骨頂だったのであろう。だからこれは巧まずしてすばらしいラブレターになっている。

今回、この「未来」誌で佐野眞一さんに『宮本常一著作集』に寄せて感想を執筆してもらったが、断簡零墨にいたるまで宮本常一の書いたものは渉猟したと言われる佐野さんにしてなお、この未読の三篇には驚くものがあったと書かれている。くわしくはそちらを読んでいただきたい。よく知られているように大宅壮一賞を受賞した、この著者の『旅する巨人――宮本常一と渋沢敬三』（一九九六年、文藝春秋）によって、最近の宮本常一ブームはしっかりと定着したものになったと言えるが、それというのも宮本常一というひとの学問へのかかわりかたが、佐野さんも言うように、旅することによって人間や土地への地に足のついた人間観察への尽きない関心に裏づけられていることからくるのであろう。現代のようなひとの心のありかたがやせてとげとげしくなってきている時代にこそ宮本常一のようなひとが読み返される必然性があると言えようか。

紹介をかねてこの本のなかから宮本常一というひとの生き方、考え方を髣髴とさせると思われる文章を以下に引いてみよう。

《民俗学という学問は単に過去の消えゆきつつある習俗を調査し記録していくものではなく、過去の生活エネルギーを現在を経て将来へどのようにつないでゆくかについてしらべる学問ではないかと思った。》（「自伝抄」）

《私の旅の目的はいわゆる民俗事象を採集することであった。しかしもっと大切なことはそれを保持継承している人たちの生活を見ることではないかと思った。さらにまた田舎とは何か、またなぜこのような形で存在しているのであろうかということであった。》（「自伝抄」）

《私は学者ではない。調査によってあたらしい理論を生み出したり、学説をとなえようとしている者ではない。渋沢先生が私を東京へよび出して全国を歩くように言われたとき、「おまえは学者になるなよ。学者はたくさんいる。おまえは事実をほりおこしてくることだ。……おまえには学問以前の仕事をしてもらいたい」と、私のいくべき道を示された。私はいまもそれを忠実に守っているつもりである。と同時に、私はすぐれた人の言葉には、異を立てる前にできるだけ忠実に耳をかたむけるように努めてきた。自己が自己を主張することも大切なのだが、相手の立場や言い分を知ることも大切である。》（「私の民俗学〜民俗学への道」）

こんなことばを読むと、現代の荒廃した人間関係のありかたに宮本常一のことばがなんとか響くようにならないものかと、痛切に感じてしまうのはわたしだけではあるまい。

宮本常一はしかし学問のありかたにも厳しい批判の目をもつひとでもあった。たとえばこんな発言もある。

《学会にでていくと、よくみんながいってる［ん］ですよね、これはわたしの専門外ですがって。あれほど愚劣な態度ってものはないと思うんです。それは、自分が責任をもって研究したことではないかも知れないが、だからといって、自分が責任をもって研究したのはなんだっていうことになったら、それはおそろしく幅の狭いものになってしまいますよ。しかし、それを支えてる場ってものは、ぼくは非常に広いもんだと思っているんです。》（「私の民俗学〜理論と実践」）

もうこれぐらいで十分だろう。こうした学問への姿勢の一貫性は地に足をつけた仕事の蓄積のうえにしか成り立たないのである。このことを確認できただけでもこの書の存在理由は明白である。このたび、こうした仕事の現代的価値を理解してくれた図書館流通センター（ＴＲＣ）の協力によって全国の図書館への『宮本常一著作集』のセット販売の道が開けた。これを機会に読者層が拡大することを切に望むところであることを最後に付記しておきたい。

注　二〇〇八年からは著作集とは別に宮本常一の『私の日本地図』全十五巻の刊行が始まった。

編集者という職分――『表象の光学』をめぐる回顧

（「未来の窓75」二〇〇三・六）

編集者という職分にはおのずと定年とでも言うべきものがある。そういうふうにずっと考えてきた。というのは、編集という仕事は、一面では経験と知識と人脈が必要な仕事であるが、別の面ではそれ以上に新しい知の情報とそれにともなうセンスとアイデアが必要な職分だからである。編集者は一般的に著者と世代感覚をともにするものであり、必然的に著者とともに成長し、成熟し、老いるのである。最近のように、印刷や製版の技術進歩が激しい時代には、従来の編集手法が経験としても知識としても役に立たないものになりつつあり、その結果、これまでかかわりの深かった著者との関係だけが編集者の財産というかたちになっていく。これがへたをすると、もはや読まれる意味のなくなりつつあるテーマや著者の仕事に汲々と取り組むというかたちになっていきかねない。編集者ごとの能力差とか個人差もおおいにあろうが、これがわたしに言わせれば編集者の老害ということになる。編集者の職分に定年が必要だとわたしが言うのも、そうした編集者の生理的な問題に根ざしているのである。

こういうことをわざわざ書いてみようとするのも、わたし自身がそろそろそういう立場になろうとしているという自戒にもとづいているからである。そしてまた、年齢的体力的な制約も感じられはじめたところでもあり、できれば自分のやりたい仕事だけをしていきたいという年来の願望をそろそろ実現すべき時がきたと感じられるからである。

未來社のような専門学術書出版を中心とするところでは、かなり広い学問範囲にわたって高度な内容の企画が持ち込まれたり推薦されたりしてくる。それぞれの企画内容は優れたものが多いだろうことは疑わないが、出版する側は人数的にも資金的にも限度がある。専門領域の内容にまで精通した編集者が必ずしもいるわけではないし、その内容がどれだけいまの時代に通用するレベルのものであるか不明なままのことも多い。十分な読み込みをする時間的余裕もないので、いきおい著者のこれまでの実績とか推薦者のことばなど周辺的な情報にもとづいて採否の判断を下さざるをえない。こうしたかたちで出版社として引き受けざるをえない仕事が多いのは、逆に編集者としての頽廃の兆しでもありうるのである。

さいわい、未來社も編集部の世代交代の時期を通過しつつあり、徐々にではあるがこれまであまりフォローできなかった若い研究者や書き手たちを発掘しようとする機運が出てきたところである。わたし自身も昨年の終わりごろから自分のやりたい仕事に手がつけられるようになりつつある。その中心のひとつが、予定よりかなり遅れてはいるもののここへきて一気に収束状態にはいろうとしている小林康夫さんの『表象の光学』なのである。

これは長年の懸案だった企画で、いま初出を調べてみてあらためて驚いたことだが、当初の計画からすでに十三年が経過しているのである。なぜ企画のはじまりの時間を特定できるかというと、この企画の直接のきっかけとなったのが「現代思想」一九九〇年五月号の〈デカルトの世紀〉特集の「デカルト的透視法──表象装置としてのコギト」という小林康夫さんの論文であるからだ。初出時にこの論文をおもしろく読んだわたしはさっそくこの論文を出発点とする論文集を小林さんと計画したのである。（この論文はもちろん今回の『表象の光学』の巻頭論文として収録予定である。）

もちろん、刊行の遅れはもっぱらわたしの催促の怠慢が原因なのである。この間に小林康夫さんは仕事をしていなかったどころではない。わたしの担当しているポイエーシス叢書の輝かしい一冊目として一九九一年に刊行された『起源と根源──カフカ・ベンヤミン・ハイデガー』をはじめとして、『光のオペラ』（筑摩書房）などの単行書、ベストセラーとなった『知の技法』三部作シリーズ（東京大学出版会）ほかの編集本、さらに講演やテレビ出演などなど、ほとんど休む間もなく仕事をこなしてきているのをわたしはつぶさに知っている。その間に未來社からも『大学は緑の眼をもつ』というエッセイ集、『文学の言語行為論』という編集本、さらにジャン＝フランソワ・リオタールの『インファンス読解』の共訳本を刊行してくれている。しかしながら、これらの数々の業績のなかでも、前記『起源と根源』と今回の『表象の光学』が小林康夫さんの力量が最高度の水準の稜線を築いている仕事であるとわたしは確信している。

けなのである。結果として当初の計画よりずいぶん膨らみもし充実したものになったとはいえ、やはり編集者としてのわたしが小林さんの可能性を最大限に引き出す役割を十全に果たしえたと言えるのか、という忸怩たる思いが強く残るのである。わたしが編集者論を述べたりするときにいつも主張する著者と編集者との理想的なコラボレーション的関係は、小林さんとの関係をつねに念頭においているのである以上、なおさら思わざるをえないことなのである。

やや個人的な思いを過剰に吐露したような気もするが、要するにここで言いたいことは、編集者には著者との運命的な出会いというものがあり、それは良くも悪くも編集者のその後を決定するということである。わたしにとってのそれは小林さんをふくんだ「扉の会」という東大駒場の若手教師たちとの読書会形式の勉強会だった。一九八〇年代前半の足かけ三年ほどにわたって月一回開かれた「扉の会」は、思えば学問研究のありかたをめぐる熱い討論によって、ひとりひとりにとって充実した研鑽の場だったはずである。そこで意気投合した小林康夫さんと船曳建夫さんのアイデアによって『知の技法』シリーズは生まれたのである。

「扉の会」メンバーはいずれも当時まだ二十代後半から三十代半ばぐらいの気鋭の教師たちで、いまやそれぞれのジャンルで存分に力を発揮しているひとたちである。ここで名前だけでも記しておけば、北川東子、桑野隆、小林康夫、高橋哲哉、竹内信夫、船曳建夫、湯浅博雄の各氏である。未來社でもすでになにがしかの仕事を実現してもらっているが、今後はこれまでの信頼関係をもとにいっそう多くの仕事の実現をはかりたいと望んでいるところである。

危機のなかの〈学問のすすめ〉——折原浩『ヴェーバー学のすすめ』の問いかけ（［未来の窓81］二〇〇三・一二）

いま、編集者として会心の著作の編集を終えようとしている。本稿が活字になるころには、すでに書店に配本されているであろう折原浩著『ヴェーバー学のすすめ』がそれだ。今回はこの本の編集にかかわりながらいろいろ考えたことを書いておきたい。

折原さんのこの本は、主としてマックス・ヴェーバー研究者に向けて、学問とはなにか、学問をするということはどういうことか、という本質的な問いを発するものである。しかもある悪質な、ためにするウェーバー批判（あるいはむしろ悪罵）の書に反論し、故なきウェーバー弾劾からウェーバーの学問を擁護し、ウェーバーのいわば「特別弁護人」として、あえていまの学界に問題提起をおこなおうとするものである。

ここで前述した悪罵の書とは羽入辰郎『マックス・ヴェーバーの犯罪――「倫理」論文における資料操作の詐術と「知的誠実性」の崩壊』（二〇〇二年、ミネルヴァ書房）という本のことである。このタイトルを見るだけでも相当にいかがわしい本だが、ひとの意表をつく悪意あるウェーバー非難がそれなりにウェーバー学界に与えた傷は大きかったようで、そのためにこれからウェーバーを研究しようとするような若い研究者にその気を萎えさせる効果はあったらしい。また実績ある研究者たちも、どうせこんな無内容な本はすぐに消えるのだからわざわざ相手にする必要なし、といった傍観の立場に立っているようだ。まともに相手をするのも馬鹿らしいといった態度が一般的だ。

こうしたウェーバー学者の保身的あるいは日和見主義的な態度に業を煮やして反論の筆をとったのが折原浩さんなのである。本書『ヴェーバー学のすすめ』は、すでに発表ずみの書評を大幅に改訂・増補した第二章「ヴェーバーの言葉・意味・思想・エートス論――羽入書論駁をとおして」と、本書のために書き下ろした「基本構想――ヴェーバーにおける実存的問題と歴史・社会科学」とから構成される。わたしがここでとくに触れたいと思うのは、この第一章のほうである。なぜなら、この章こそはわたしが以前に、折原さんに依頼してそのときは事情で断られたことのある折原さん的〈学問のすすめ〉のかたちを変えて実現したものだからである。学問研究への厳密な意識と誠実な態度で知られる折原さんにしか書けないような学問論をいちど読んでみたいと思ってきた。その思いの一端は今回で十分に満たされたことをご報告しておきたい。

ところで、その「以前に」というのは、いまから数年前の本誌（「未来」）でたたかわされたいわゆる「折原・山之内論争」と呼ばれた、やはりマックス・ウェーバー研究の方法論をめぐる、学界で話題になった山之内靖氏との論争があり（一九九七年九月号、十月号、十二月号）、そのさいにわたしが折原さんのもともとの意向とは別に、いま学問をするとはどういう行為か、といった視点で書き下ろしができないか、というお願いをしたことを指す。今回の折原さんの羽入書論駁は、前回のものとはいささか次元を異にするものとはいえ、やはり折原浩という稀代の学問研究者の学問への取組みかたの真骨頂を示す絶好の機会ではないかと考え、あらためてこの折原さん的〈学問のすすめ〉の追加をお願いし、今回は快諾を得て一気に書き下ろされたものが本書第一章なのである。ウェーバーの代表作である『プロテスタンティズムの倫理と資本主義の《精神》』をめぐる、羽入辰郎のおよそ学問的とは言えないウェーバー切り捨て的な論難は、折原さんの厳密な検証で逐一論破されていると思われるので、ウェーバーの人相が「詐欺師」のそれに似ているといった自分の妻のさもしい評言を得意げに枕にもってくるような羽入書の展開については、わざわざわたしが立ち入ることは控えたい。

こうした折原浩さんの学問的情熱がたんに学会内部的なものでなく、学問を取り囲む環境や生活世界にまで及ぶことはよく知られていることであろうが、思えば、折原さんにはわたしもすくなからぬ因縁がある。というのも折原さんが社会学科助手として勤務していた東京大学教養学部でいわば造反教師として尖鋭な活動を始めていた一九六八年にわたしはその大学に入学し、大学闘争のなかで折原さんの姿や噂を渦中で目撃し、聞いていたからである。その活動のためにその後、大学で不遇をかこつことになったとはいえ、折原さんは当時から学問のありかたをめぐるウェーバー的なエートスの体現者として、研究する行為自体がみずからの生活環境や意識と矛盾しかねない学問研究のありかたへの一貫した批判者だったのである。

その批判精神の最初に集約されたものが未來社から一九六九年に刊行された『危機における人間と学問——マージナル・マンの理論とウェーバー像の変貌』である。じつはこれの内校はわたしがしている。詳細はすっかり忘れてしまったが、〈マージナル・マン〉というキーワードは自分のなかにしっかりと記憶されている。学問をすることはつねに時代のマージナルな領域に自覚的に立ち尽くすことからしか始動しないという折原さんの学問論は、早いうちからわたしの生きかたのなかにインプットされたものであったのかもしれない。その意味でも、折原さんとの因縁が浅くないというのはわたしの側の勝手な思い入れだが、そうであればこそ、あらためて折原さんの毅然とした学問への姿勢がこめられている本書第一章は、たとえウェーバー研究のありかたという窓を通したものであるとはいえ、ひろく現代の日本の学者・研究者たちに虚心に読んでもらいたい一文である。

じつを言えば、本書第二章の単独刊行が折原浩さんから示唆されたとき、当初の羽入書論駁を内容とした第二章だけでは、折原さんほどの実力のある学者がわざわざ相手にするにはあまりにも対象が小さすぎるし、一過的な本に終わってしまうのではないかとの懸念があった。しかし書き下ろしの第一章を得ることによって、この論駁の理念的な背景や根拠が与えられることになり、もともと折原さんが意図したことが十分に読者に読み取れるようになったのではないかと思う。その意味でも、編集者として会心の仕事になったと思えるのは、わたしとしてはたいへん幸運なことである。

注　折原浩さんの筆力にはしばしば驚かされるが、『ヴェーバー学のすすめ』のときにも書き下ろしでお願いした「基本構想」は依頼してから半月ほどのあいだに一気に書かれた。後述するように、その後、さらに『ヴェーバー学の未来』と『学問の未来』という二冊の関連本を二年ほどのあいだにつづけて刊行させてもらったが、『学問の未来』などは当初二〇〇〇枚超の原稿が次々と送られてきたと記憶している。これを大幅に手を入れてもらって刊行にこぎつけるまで何度も書き替えヴァージョンが届いたのにはほんとうに頭が下がる思いをした。くわしくは後掲の「折原ヴェーバー論争本の完結」（本書三七一頁以下）をお読みいただきたい。

哲学者の死の未来

現地時間で十月九日の未明、現代を代表するフランスの哲学者が亡くなったという衝撃的なニュースはインターネットをはじめとしてまたたく間に世界じゅうをかけめぐった。わたしはと言えば、翌十日の新聞でこの事実を知ったのだが、その後の各論者のコメントや追悼文を読んでも、なにかもうひとつ歯切れの悪いものを感じてしまうのは、どうしてなのだろう。知り合いが何人も含まれるこの論者たちが、生前から膵臓癌を患っていたこの哲学者の死を日ごろから懸念しつつ来てはならない日のことを予測せざるをえなかったことをわたしはよく知っている。それだけその死の衝撃が深かったということなのだろう。

まさしくその日を境としてそのひとがわたしたちと同じ世界や事件を知り、感じ、さまざまな考えを抱くという機会をもちえなくなり、そのことによってわたしたちがそのひとの意見を聞く機会が永遠に失われること、つまりそのひとの存在しない世界にわたしたちは放置され、独力で考えを進めていかなければならない、というのが人間の死の意味するところだからだ。そして言うまでもなく、そのひとの思考がわたしたちにある決定的な参照点ないしは臨界点を指し示しつづけてくれたような哲学者の場合であれば、これからのわたしたちの思考が、なにか重大なことが生ずるたびにたえずこの哲学者の存在を喚起させられ、かれならどう考えるだろうと空想されもするだろう。それほどに現代思想の世界、いや現代において存在感のある哲学者がジャック・デリダだった。かつての論敵であり現代世界の哲学的地平を二分する存在であるユルゲン・ハーバーマスも真摯な追悼のことばを送っているぐらいなのである。

ミシェル・フーコー、ジル・ドゥルーズ、ジャン゠フランソワ・リオタールにつづくこのデリダの死によって、この二〇年間にフランスからは現代世界に影響力をもって発言できる哲学者がほとんど存在しなくなってしまった。ポス

（〔未来の窓92〕二〇〇四・一一）

ト・デリダ世代と言われているひとたちのなかにも生命が危ぶまれているのである。これをもって一時期華やかに喧伝されたフランス現代思想もひとつの終焉を迎えようとしているひとさえ出てきているのだろうか。

個人的に言えば、わたしもデリダの論文にお世話になったことがかつてある。いまだに邦訳のない主著のひとつ『ディセミナシオン（散種）』のなかの屈指のマラルメ論「二重の会（double séance）」がそれだ。デリダはある意味で哲学者でありながら文学的感性においてもひときわすぐれた理解力があり、その文体も、ことば遊び的な要素をもつとはいえ、ある意味ではきわめて文学的な伸縮性をもっている。息子が詩人となったのもなにかの縁か。ともあれ、そこがハーバーマスの重厚だが論理性一本槍の硬質さとは異なるデリダの文章の魅力でもあり、ブランショなどとも気質的に共有しうるものがあったのではないかと思われる。そう言えば、ある時期まではデリダは写真を撮らせない哲学者として著名で、そこでも人前に姿さえ見せないブランショと共通するところがあり、文章だけで勝負することを意気に感じるタイプの、哲学者としてはめずらしい文学者気質のひとだった。そんなデリダがいきなりシックな服装でわたしたちの前に出現したのは、一九八三年に来日したころだったろうか。『他者の言語――デリダの日本講演』（法政大学出版局）のカバー折返しにはパイプをくわえたデリダの写真が掲出されている。どういう心境の変化があったのか、それ以後のデリダはふつうに写真を撮らせる哲学者になったが、わたしなどにはデリダがいったいどんな風貌の哲学者なのか皆目見当がつかない長い時間があったのである。

そんなわたしが未來社に入社してからなかなかデリダの翻訳書を出してみることができなかったのは、ひとつには未來社の社風の問題もあったが、なによりフーコー、ドゥルーズ、デリダのいわゆる〈現代思想の御三家〉の版権はすでに原本が出るまえから予約で押さえられてしまっていて手も足も出なかったからである。それにあの難解なフランス語は初期の翻訳ではほとんど理解不可能という事態もあって、そうした挑戦はなかなか現実味のあるものとならなかったというのが正直なところだろう。

しかしそうした不都合も周辺から自然と瓦解していく。一九八〇年代後半当時の東大駒場の若手教官たちとの勉強会をつうじてつきあってきたひとたちとおのずからデリダに関連する仕事が増え、デリダの翻訳書そのものも手がけることになる。そうした時代の産物が小林康夫さんの『起源と根源』（一九九一年）であり、高橋哲哉さんの『逆光のロゴス――現代哲学のコンテクスト』（一九九二年）であり、それ以後の湯浅博雄さんの訳業になるデリダの『滞留』（二〇〇〇年、ブランショ論）と『パッション』（二〇〇一年、カント論）、高橋哲哉さんほか監訳の『デリダと肯定の思考』というデリダ論集（カトリーヌ・マラブー編、二〇〇一年）などがつづく。最近、待望の『コーラ――プラトンの場』（二〇〇四年、守中高明訳）を刊行して話題にもなったが、まだ何冊か小林さんや湯浅さんをふくむ翻訳が予定されている。そのかぎりでは未來社も遅まきながらデリダの仕事の一部を世に広めることに貢献できたと思ってもいいかもしれない。

そんな未來社がホームページを開設したのが二〇〇一年七月（正式にはまだ二十世紀だった二〇〇〇年十二月）だが、比較的はやい時期から「デリダの部屋」というコーナーを設けてきたせいもあって、あまりデータを更新できていないにもかかわらず、かなりのアクセス数がある。たまたまヤフーで「デリダ」で検索してみたら、一万五千件以上のヒットのうち上位二十件（一巡目）に「デリダの部屋」をふくめてなんと二つも登場していることがわかった。デリダの死の翌日十日から未來社ホームページのアクセス数が急増した原因がこのあたりにあるらしいということもつかめてきたのである。デリダの思想圏の大きさとその未来をこんなところからもあらためて認識した次第である。

注　「デリダの部屋」は現在、未來社ホームページで掲載はしていない。

（［未来の窓95］二〇〇五・二）

編集者の熱意こそが出版の原動力

これからのわたしの仕事を編集から営業と経営のほうに徐々にシフトさせていく予定であったが、ことしに入ってもあいかわらず編集の仕事に追われる日々がつづいているところをみると、なかなか思うように転換ができていないことになる。ここしばらくは二足のわらじ、三足のわらじを履きつづけなければならないかもしれない。

というのも、ここへきて古くからの知り合いである力のある著者との仕事がいろいろ実現できそうになってきたからである。ここ一、二年の人員の移動をふくむさまざまな変化をほぼ調整し終わった時点から、遅れていた企画の進行や手をつけずじまいだった著者との連絡がようやくできるようになりはじめたからである。やらざるをえない仕事の多くがかなり片づいてきたこともある。さらに昨年十二月にリブロ池袋店でおこなわれた人文会主催の《編集者の語る人文書の現在》なる催しについては本欄でも触れたが(「人文書トーク・セッションへの招待」[本書一三〇頁以下])、このときに集まってくれた編集者たちとの討論や打合せの場をつうじて刺戟を受け、わたしのなかで作りたい本を作ることへの気持ちがあらためてよみがえってきたからでもあろうか。そこでも話題になったが、編集者の熱意こそが出版の原動力であることを思い出すひとつのきっかけになった。こちらさえその態勢ができれば、喜んで刊行を引き受けてくれたりみずから企画を提案してくれたりする有力な著者はいまでも十分にいるのである。これまで積み上げてきた未來社の努力を評価して、ここからなら本を出してもいいと思ってくれる著者によって未來社は支えられている。

これまでは編集の仕事はすべて自分ひとりでやってしまう習慣が身についてしまっていたために、同時にいくつもの仕事に手を広げることがだんだんできなくなってきていた。さいわい若いスタッフが揃ってきたこともあって、今後は古くからの主要な著者たちとの仕事を一挙に回復できるのではないかと思う。わたし個人としてはそうした企画の実現をすすめるとともに、取次や書店との接触をつうじてそれらの企画の販売面の強化をはかっていくこともできるのではないかと期待している。

ここで自戒と公約の意味もこめて、わたし自身がこの一年で実現したいと思っている主要な企画の予定を(公表できるかぎりで)以下に列記しておきたい。このなかには著者とは最後のツメをしていないものも含まれるが、この一年のあいだにすくなくともなんらかのアクションを起こすつもりであるので、著者のご了解は得られるであろう。

さて、すでに刊行が予告されているもので最大の懸案になっているものは、森洋子さんの論集『ブリューゲルとわたし』(仮題)である。企画当初はブリューゲルについての小論を中心としたエッセイ集のつもりだったものだが、準備をかさねていくうちに森さんならではの重厚な論集に変わりつつある。書名もそれにおうじて変更することになるかもしれない。とにかくなんとしても早いうちに刊行にこぎつけたい一冊である。

つぎに粟津則雄さんによる近代詩を中心とした文学講演集と対談集を予定している。多くの著作をもつ粟津さんにしていずれも初めてという講演集と対談集は、膨大な資料の山からセレクトされたものだけに、文学史的にも残すべき史料的価値のあるものになるはずである。粟津さんとは一枚の絵をつうじて画家を語る『眼とかたち』と美術論集『幻視と造形』以来の仕事で、文学関係は初めてになる。

渡辺武信さんはわたしが駆け出し編集者のころからの長いおつきあいだが、そのころ手がけた『日活アクションの華麗な世界』が昨年の書物復権でこれまでの三冊本を分厚い合本にしてこのほど増刷になるぐらいに好評だったこともあって、〈プログラムピクチャー〉についての蘊蓄を傾けた新刊『プログラムピクチャーの栄光』を出そうということになった。洋画における〈プログラムピクチャー〉についても考えられるので邦画篇と別々に二冊の〈プログラムピクチャー〉論が完成しそうである。そんなわけで編成替えもあるので、予告したよりすこし遅れそうだ。

昨年亡くなったフランスの哲学者ジャック・デリダの翻訳版権はまだいくつか残っているが、そのうち『エコノミメーシス』と『信と知』が湯浅博雄さん(前者は小森謙一郎氏との共訳)によって、また既訳の『パッション』『コーラ』との三部作『名を救う/名を除いて』が小林康夫さんによって予定されており、早めに実現したい。

そう言えば、間もなく刊行予定の小林康夫編『美術史の7つの顔』もあるし、その小林さんの〈エクリチュール〉をテーマとする新論集を出せないかと思っている。四月から東大駒場で開講する「哲学フォーラム」は相当に気を入れてやるとのことだし、ことしはいろいろ小林さんとの仕事が増えそうだ。

一昨年の『ヴェーバー学のすすめ』で学問のありかたへの批判の切れ味を見せてくれた折原浩さんが、その続篇でもありよりポジティブなマックス・ヴェーバー論として、ことしで刊行一〇〇年を迎えるヴェーバーの主著『プロテスタンティズムの倫理と資本主義の「精神」』についての論考を書き下ろしてくれることになった。この書物の全論証構造を明らかにし、同時代の思想との連関を示そうとする野心作となろう。ほかにもヴェーバー関連の企画を検討中である。
　このほかに今年中に刊行の決まっているものが翻訳もふくめて十点以上あり、若手の編集者が企画して実現の迫っているものも原則的にゲラの段階ですべてわたしも目を通すことになっているので、ことしも休むひまはまずなさそうだ。ありがたいことである。

注　この稿でとりあげた企画でいまだ実現できていないものもあるが、これまでに実現したもの（タイトルが変わっているものもある）を以下に記しておこう。
森洋子著『ブリューゲル探訪——民衆文化のエネルギー』（二〇〇八年）
粟津則雄講演集『ことばと精神』（二〇〇九年）
ジャック・デリダ著／小林康夫・西山雄二訳『名を救う——否定神学をめぐる複数の声』（二〇〇五年）
ジャック・デリダ著／湯浅博雄・小森謙一郎訳『エコノミメーシス』（二〇〇六年）
小林康夫編『美術史の7つの顔』（二〇〇五年）
小林康夫編『21世紀における芸術の役割』『いま、哲学とはなにか』（いずれも二〇〇六年）
小林康夫著『歴史のディコンストラクション——共生の希望へ向かって』（二〇一〇年）
折原浩著『学問の未来——ヴェーバー学における末人跳梁批判』『ヴェーバー学の未来——「倫理」論文の読解から歴史・社会科学の方法会得へ』（いずれも二〇〇五年）

折原ヴェーバー論争本の完結

（［未来の窓102］二〇〇五・九）

予定より遅れていた折原浩さんの『学問の未来――ヴェーバー学における末人跳梁批判』がこのほどようやく刊行された。さらにこれに続けて姉妹篇『ヴェーバー学の未来――「倫理」論文の読解から歴史・社会科学の方法会得へ』もまもなく刊行の予定である。これで一昨年十一月刊行の『ヴェーバー学のすすめ』以来の一連のマックス・ヴェーバー「プロテスタンティズムの『倫理』と資本主義の《精神》」論文をめぐる論争がいちおう完結した。ここで「いちおう」というのは、この折原さんによる批判の一方の当事者がいっこうにこの論争に正面から取り組んでこないかぎりにおいて、という意味からである。

この論争にかんしてはわたしはすでに本誌（［未来］）二〇〇三年十二月号の「危機のなかの〈学問のすすめ〉――折原浩『ヴェーバー学のすすめ』の問いかけ」（本書三六一頁以下）という文章で、この論争から本の刊行までのいきさつ、折原浩さんの学問への姿勢にたいするわたしなりの長年の思い、などについてひと通り述べた。ここではその後の展開、および今回の二冊のヴェーバー論に結実する過程について簡単に報告しておきたい。

『ヴェーバー学のすすめ』刊行後、折原さんは北海道大学経済学部の橋本努氏が自身のホームページ（http://www.econ.hokudai.ac.jp/~hasimoto/）に開設した「マックス・ヴェーバー、羽入／折原論争コーナー」に、『ヴェーバー学のすすめ』第二章をさらに発展させた、羽入辰郎『マックス・ヴェーバーの犯罪』（ミネルヴァ書房）への批判文をつぎつぎと寄稿された。このコーナーはオープンな意見発表の場でもあって多くのヴェーバー研究者がさまざまな意見を寄せている。それにいちいち対応する応答文とともに、折原さんの羽入批判文は驚くべきスピードで執筆され、その分量はざっと二〇〇〇枚を超えている。

これらの文章はすべて先の橋本努ホームページでいまでも閲覧できる。当初はこれらの寄稿文とともに論争の全容を編集した本の刊行も考えなかったわけではない。しかし論争本というには、一方の当事者が逃げを打ってしまってまったく反論もしない（できない）のでは一方的なものになってしまうし、またホームページへの寄稿という性格上どうしても内容が精度を欠きがちである、などの理由もあって、この案は見送りになり、折原浩さんの文章のみをまとめるかたちで羽入書批判第二弾『学問の未来』として構想されたのである。ここにいたる経緯のなかで橋本努氏が果たされた役割は大変おおきなものであり、『学問の未来』刊行にたいしても橋本氏の了解が必要だったことは言うまでもない。

さて、そういう経緯があって、あらためて折原さんの寄稿文を通読し、その中身の濃さとともに、折原さんが日本の学問のありかたについて深く憂慮されている問題意識に共感せざるをえなかった。折原さんが「はじめに」で書いているように、「ごく狭い専門領域からではあるが、『学問とはなにか』『いかにあるべきか』をめぐり、日本の学問を将来担って立つべき若い人々を念頭に置きながら、具体的な題材に即して考えてきた応答をなしている」のが『学問の未来』である。

大学をめぐる環境や教育の問題全般についても、昨今の「歴史教科書をつくる会」の反動的な教科書を採用する教育委員会や学校の相次ぐ決定をみてもわかるとおり、教育環境は日増しに悪化している。学問にまともに取り組み、批判的にものごとを検証するという学問や教育の基本がことごとく掘り崩されようとしているのである。羽入書とはまさにそうした環境の産物であり、さらにそれを助長する「山本七平賞」という右派的な賞、およびそれらの選考委員らの無責任な「半学者・半評論家」の「末人」（ニーチェ）ぶりを暴き出す折原浩さんの筆鋒はなんとも鋭く痛烈である。この批判は大学院の論文審査のずさんさの責任追及（注）から学会、専門学術雑誌、出版社の査読責任問題にまで論及している。学問の真正さに立とうとするかぎり、ことはそれほど深刻かつ重大だとの認識なのである。

ともあれ、『学問の未来』の原稿を通読し、その分量もさることながら、折原さんがこの批判書をたんなる羽入書批判で終わらせないために、ヴェーバー読解のための基本的概念の整理や解説をところどころで仕掛けていることに気がついた。折原さんは『学問の未来』の「はじめに」でそのあたりのことをつぎのように書いている。

「筆者は今回、羽入書との批判的対決をとおして、『倫理』論文の読解案内から始めてヴェーバー歴史・社会科学の方法の会得にいたる入門書／再入門書の必要性を痛感した。」そこで、「ヴェーバー『プロテスタンティズムの倫理』論文の全論証構造」を「未来」に発表したのをはじめ、五つの補説を書き加えた。「ところが、それらは、事柄としていっそう重要であるため、羽入書批判としては均衡を失するほどに膨れ上がり、構成を乱すことにもなりかねなかった。筆者としては、羽入書批判を否定面だけに終わらせず、内在批判への徹底をとおして、かえってなにかポジティヴな内容を打ち出し、ヴェーバー研究にも寄与したいと力を入れたが、そうすればするほど膨大となって構成も難しくなるというディレンマを抱え込んだ。」

そこでわたしが提案したのが、これらの基本概念をめぐる解説や理解の方法を、羽入書批判から切り離して独立の一冊に編むことによって折原ヴェーバー学の基本的コンセプトを提示したらどうか、という案だった。『学問の未来』があまりに大部になってしまうことを避けるための窮余の一策でもあったが、考えてみると、せっかくの折原ヴェーバー学入門書がこの大部の一冊のなかに紛れてしまうのはもったいないという思いもあったからである。さいわいこの意見は折原さんの快諾を得て姉妹篇『ヴェーバー学の未来』が誕生することになったのである。折原さんが「あとがき」で「まことに、一書を世に出すとは、編集者と著者との協働作業である」とまで書いてくれているのは編集者冥利に尽きることである。

注　この問題にかんしては折原浩『大衆化する大学院——一個別事例にみる研究指導と学位認定』（二〇〇六年）でさらに徹底的に論じられている。

『俳優修業』から『俳優の仕事』へ

（「未来の窓136」二〇〇八・七）

〈スタニスラフスキー・システム〉と言えば、演劇にかかわる者ならまず知らないひとはいない演劇史上もっとも有名な俳優教育のための古典的メソッドである。スタニスラフスキーのこの〈システム〉の翻訳はすでに『俳優修業』第一部・第二部として未來社から山田肇訳で刊行されており、半世紀を超えるロングセラーとなっている。ただこの翻訳は、一九三六年に『俳優の自分に対する仕事』というタイトルでアメリカの出版社から刊行された英語版をもとにしており、また、この英語版刊行にあたって著作権上の複雑な事情からもともとの原稿が大幅に削除されたという経緯もあって、手頃ではあるがスタニスラフスキーの意図を完全に実現しているとは言い切れない側面があった。

一九三八年、スタニスラフスキーの没後に生徒や同僚が監修したロシア語版『俳優の自分に対する仕事』第一部（「体験の創造過程における自分に対する仕事」）が刊行され、英語版との大きな相違が問題になったそうだが、外国語版への翻訳はやはり著作権上の問題があってこのロシア語版からの翻訳はなされなかった。しかもその第二部は未完に終わったので、英語版がいつまでも生き残ってしまったのである。その第二部（「具象化の創造過程における自分に対する仕事」）も一九四八年になって、スタニスラフスキーが書きためたテクストをもとにロシアにおいて編集刊行されることになるが、それでも著作権の問題がつきまとい、なかなかロシア語版からの翻訳がなされずにきた。その後、スタニスラフスキー著作集全九巻がロシアで刊行されたのをきっかけに、その版を用いて新たな日本語訳を刊行したいという動きが現われ、その結果として今回の『俳優の仕事――俳優教育システム』全三冊（注）が刊行されることになった。第一部につづけて第二部の刊行も秋には予定している。

今回のロシア語版テクストからの翻訳が刊行されるまでには、じつはさまざまな紆余曲折があり、長い時間がかかってしまった。わたしの認識不足もあり、また既訳のロングセラー『俳優修業』が存在すること、それと新訳の位置づけが定まらないこと、などがその理由の一端だが、新訳はこれからのスタニスラフスキー研究において欠かすことのできないテクストであり、俳優をめざす若いひとにとっても一度はかならず挑戦してみなければならない基本書であることを再認識してあらためて世に問うことにしたのである。

かく言うわたしも今回はじめてこの〈システム〉をゲラで読むことになったのだが、この俳優教育システムがこれほど実践的かつ具体的なものだということは新鮮な驚きでもあった。また第一部の岩田貴さんによる「訳者あとがき」にあるように、本書は「演技というものの〈科学〉を究明しようとする演劇史上初めての試み」であり、「いまでも最も体系的で緻密な俳優教育法であり続けている」ことがおのずから納得できるようになっている。じつは本書の成立にかんするここでのわたしの既述部分の多くはこの「訳者あとがき」に負っているのだが、スタニスラフスキーが〈システム〉の研究にとりかかったのが一九〇七年からだとすれば、なんと一〇〇年も前の俳優教育システムがいまでも健在だということになる。スタニスラフスキーはすでに一九〇二年のある手紙のなかで「駆け出しの俳優のための参考書のようなもの」「演劇芸術の文法書」「予備的な実習のための問題集」を思い描いていると述べているとのことだが、また「はじめのうちは出版するためでなく、自分自身のために、われわれがめざしていた演劇とその心理操作術の探求に役立てよう」(「序文」)としたとも書いているが、こうした意味でも科学の世紀のはじまりにふさわしく俳優の演技術についてのオーソドックスな科学的方法論の書をスタニスラフスキーがめざしていたことがわかる。

スタニスラフスキーは「序文」でさらにこう書いている。「芸術のことは簡単にわかるように語ったり書いたりしなければならない。難解な言葉は生徒を怯えさせる。そういう言葉が刺激するのは脳であって心ではない。そのため、いざ演じようとするときに知性が俳優の情緒とその潜在意識を抑圧してしまうことになる。この情緒と潜在意識こそがわれわれがめざす芸術においては重要な役割を担っているものなのだ。」

スタニスラフスキーが依拠したのが心理学者テオデュール・リボー(古い記憶より新しい記憶のほうが先に失われる、という「リボーの法則」で知られる）であり、時代的背景としてはフロイトによる無意識の発見、ベルクソンの〈エラン・ヴィタール〉の哲学、ソシュールによる構造主義的言語学の新展開等があり、演技という芸術的行為の方法的確立のために当時の最先端の科学的知見が応用されたのである。当時のロシア演劇界の権力者からは演劇の生命を脅かす「スタニスラフスキー病」として批判されたのも、〈スタニスラフスキー・システム〉がこうした科学的先進性に立脚しようとするものだったからだろう。それが現代からみれば、やや科学主義的に見える素朴なところももちあわせているにせよ、演劇における演技という実践領域における〈スタニスラフスキー・システム〉の方法的確さはいまでも十分検証に耐えるものだろう。

「私が本書で書いているのはそれぞれの時代やその時代の人々に関わることではなく、俳優の気質をもったすべての人々、すべての民族、すべての時代の本質に関わることなのである」とスタニスラフスキーは「序文」で書いている。こうした普遍性への強い志向性が〈システム〉と呼ばれるだけの一貫性と強度を実現したのである。

本書が、さまざまな批判を受けながらも、これまでの山田肇訳版『俳優修業』というコンパクト版とともに、俳優をめざすひとたちにとってトレーニングのための手がかりとなる本格的な基本書として読まれつづけるだろうことをわたしは信じたい。

注 『俳優の仕事』は当初二冊分の翻訳の予定であったが、第一部の刊行後の売行きが順調だったこともあって、訳者代表の堀江新二さんからじつは本邦初訳の第三部も翻訳出版させてもらいたいという申し入れがあり、快諾した経緯がある。これが完結することでスタニスラフスキー・システムの全体像が明確になるということだったからである。訳者たちもおおいに張り切ってほぼ半年で四〇〇ページ超の翻訳を仕上げてくれたので、翌二〇〇九年七月には刊行することができた。その結果、日本翻訳家協会より『俳優の仕事』全三冊の刊行で未來社が出版社として第四五回日本翻訳出版文化賞を受賞する栄誉を得た。十月二十七日に学士会館にて受賞出版社として招待され、受賞の挨拶をわたしがさせてもらった。

コンピュータ史の決定版

（「未来の窓139」二〇〇八・一〇）

コンピュータが現在これほど普及し、多くのひとがメールやインターネット、あるいは仕事用にワープロ・ソフトや表計算ソフトをさほどの不自由を感じずに日常的に利用できるようになるとは、数十年前には世界じゅうのほとんどのひとが想像することもなかっただろう。いまや飛行機や自動車といった移動機械や銀行決済から商品売買、さまざまな予約行為にいたるまでコンピュータなしでは考えられない社会になっている。ましてや今後はますますこうした流れが生活のあらゆる領域にまで浸透し、否応なしに「コンピュータ革命」は世界の歴史を根本的に変えていこうとしている。一九六八年に公開され、当時の未来映画の決定版とされたスタンリー・キューブリック監督の映画「2001年宇宙の旅」が予見的に示唆していたように、コンピュータは人間の意識や精神のありかたにまで深く影響を及ぼしている。コンピュータなしの世界にはもはや人間は戻ることができなくなっている。そういう意味では人類史のうえでルネッサンス革命や産業革命に匹敵するおおきな変革の時代にわれわれの現在はあるのだ。

しかしそうした可能性をコンピュータ史の最初期から信じたひとたちが例外的に存在した。それがアラン・チューリングやジョン・フォン・ノイマンといった数学者や理論家であったが、現代のコンピュータはこうしたひとたちの基本思想や設計理念にいまなお依拠している。ここからさらにじつに多くの頭脳や技術の成果が結集され、そこにさまざまな企業や組織の必要や利益や思惑が介在して実現したのがいまのコンピュータなのである。コンピュータをめぐる歴史には多くの事件や問題や栄枯盛衰があり、それらの決着としていまのコンピュータ事情があり、また今後の展開もあるのだ。

わたしはもちろん、コンピュータにかかわっている者、関心のある者にとってもこうした歴史の全体像はほとんど知られていないだろう。未來社から近刊のポール・E・セルージ著『モダン・コンピューティングの歴史』（宇田理・高橋清美監訳）は、コンピュータがそもそもどういうものであり、なんのために作られ、利用されようとしたものであるかを論理的かつ現実的に展開したおそらく最初にして最大の歴史書ではなかろうか。詳細かつ網羅的にコンピュータ史の真相が告げられている。本誌（「未来」）の広告に「コンピュータの歴史を、あなたは知っていますか」と、いささか挑発的なキャッチコピーを付けたのは、本書の繙読によってすこしでも多くの関係者にコンピュータの歴史を認識し、その認識を共有しつつ新しい冒険に臨んでほしいからである。

いまのコンピュータがマイクロプロセッサの発見によって机上の手軽なマイコンピュータとして実現される以前、コンピュータとは巨大な計算機（compute とは「計算する」という意味だった）のことであり、莫大な出費のかさむ超高級マシンであった。それがメインフレームとかミニコンピュータと呼ばれるもので、言わずとしれたNASA（アメリカ国立航空宇宙局）の軍事的・宇宙的開発のための複雑で高度な計算の必要や、内国税歳入局の単純だが膨大な税務処理の緊急性など、巨大な資金源と目的の国家的重要性をもつ組織に端を発することはよく知られている。さらには飛行機会社や電気会社をはじめアメリカの多くの巨大企業がそれぞれ固有の必要性と目的からコンピュータの有用性（初期のそれはなんと言ってもその計算能力）に目をつけ、高額の費用を支払いながらも結果としてコンピュータ産業の育成に寄与することになった。そうした大きな資本の動きや組織のなかで、ビジネスチャンスの多い発展可能性のある業種として、若い才能や革新的なヴィジョンの持ち主たちが活躍する可能性を見出せる場所としてコンピュータ業界が実現し発展してきたのである。本書では最初期の電子式デジタル・コンピュータの発明者としてのプレスパー・エッカートとジョン・モークリーをはじめとしてさまざまな登場人物が入れ替わり主役と脇役を演じた物語が年代記的に語られていく。そこでは能力やアイデアのある者がかならずしも勝利するわけでなく、資本力や人材に恵まれた企業が勝ち残ったわけでもない。そこにはさまざまな偶然や思惑ちがいがあり、この産業あるいは業界が結果的に残してきたものが、かぎりなくドラマチックな物語であったことを示している。ここではとても要約もエッセンスさえも語り尽くすことはできない。

セルージは本書の終わりのほうでこう述べている。

《モダン・コンピューティングの歴史は、J・C・R・リックライダーのいう「人とコンピュータの共生」というヴィジョンがどのように実現したのかの物語である。こうした歴史は、リックライダーのみならず、ダグラス・エンゲルバート、テッド・ホフ、エド・ロバーツ、スティーブ・ジョブズ、スティーブ・ウォズニアック、ビル・ゲイツ、ゲイリー・キルドール、ティム・バーナーズ・リーといった人びとの努力の結晶である。そして、そのリストの一番上にはケン・オルセンの名前を記すべきだろう。このように資本主義における「創造的破壊」の営みは素晴らしい成果を上げてきたが、その過程は合理的でもなければ公平でもなかったのだ。》

セルージがここでしているのは、コンピュータ業界の成功者がいかに巨大な富を手に入れようとも、ほんとうの主役はこの陰に隠れてしまったかのように見える何人かの優れた貢献者たちであり、このひとたちの仕事と成果に現在の時点からあらためて光をあてることによってコンピュータの世界がどのような価値を生んできたのか、今後どのような発展が望めるのかを整理してみせたことである。本書の第一版が一九九五年に書かれ、第二版が二〇〇三年に書かれているが、日々刻々進展するコンピュータ世界を記述するのはむずかしいし、たえず書き直されるべきものかもしれない。しかしここでの通史的視点はおそらく今後も簡単にはゆるがないだろう。

（［未来の窓142］二〇〇九・一）

宮本常一著作集第Ⅱ期完結

刊行の遅れていた『宮本常一著作集50／渋沢敬三』がこの（二〇〇八年）十二月はじめにようやくできあがり、これで『宮本常一著作集』第Ⅱ期二十五冊、全五十巻が完結した。もっとも、さっそく五十一巻以後の原稿もすでに印刷所に入稿されており、今後も変わらず刊行が続く予定であるが、ひとまずの区切りということで、かねてから予定されていた図書館流通センター（ＴＲＣ）の全国図書館でのブックキャラバン（移動見本販売）による販売企画もいよいよ実施の運びとなった。この民俗学の巨人が、いまあらためてどのように読まれているのか、これから読みつがれていくのか、著作集をはじめ七十冊を超える宮本著作物を出している版元としてはおおいに興味深いところである。

読まれたひとも多いだろうが、「朝日新聞」十月十九日号に「宮本常一は終わらない」という大きな紹介記事が出た。「今や空前の『宮本ブーム』と言ってもいいだろう」とも指摘されているが、はたしてそこまで言えるのかはともかく、十万枚にのぼると言われる宮本常一の残した写真はいまや貴重な歴史的資料となっており、この写真データの存在が宮本ブームのきっかけになったのは確かだ。未來社の宮本常一の別シリーズ『私の日本地図』はそうした貴重な写真をふんだんに盛り込んでいる。「宮本常一の足跡を日本の白地図に赤インクで印せば、真っ赤になるだろう」とさえ言われた宮本が日本じゅうを歩き回って書きかつ撮った記録シリーズの再刊である。さいわい好評を博しており、とくに第二回配本の第10巻「武蔵野・青梅」は東京近郊ということもあってよく売れている。

この記事のなかで宮本常一が最近までは「一般に『忘れられた』存在だった」とあるのはややジャーナリスティックな皮相な見方であろう。「大半がエッセイふうで、研究書や論文としては使えない」という学芸員の意見も紹介されており、かならずしも学界内の評価は高くない、とも見られているようだ。わたしも必要があって、このところ著作集を読みつづけているところだが、たしかに文章はおおむね平易でエッセイふうと言えないこともない。代表作「忘れられた日本人」が岩波文庫で売行き総合三位に入っているという点からも、宮本常一の読みやすさと人気のほどは知られよう。ただそうした読みやすさがたんなるエッセイとして片づけられてしまうと、その文章に脈打っている宮本常一の人間や社会にたいする並みはずれた情熱、知的なものへのあくなき好奇心といった宝を見逃してしまうのではないかと危惧する。以前、「いま、なぜか宮本常一」（本書三五六頁以下）で引用した文章が以下である。

《私は学者ではない。調査によってあたらしい理論を生み出したり、学説をとなえようとしている者ではない。渋沢先生が私を東京へよび出して全国を歩くように言われたとき、「おまえは学者になるなよ。学者はたくさんいる。おまえは事実をほりおこしてくることだ。……おまえには学問以前の仕事をしてもらいたい」と、私のいくべき道を示された。私はいまもそれを忠実に守っているつもりである。と同時に、私はすぐれた人の言葉には、異を立てる前にできるだけ忠実に耳をかたむけるように努めてきた。自己が自己を主張することも大切なのだが、相手の立場や言い分を知ることも大切である。》(「私の民俗学〜民俗学への道」、『宮本常一著作集42　父母の記／自伝抄』二一一ページ)

宮本常一を批判するひとはまずこのことばを嚙みしめてもらいたい。それにそもそも民俗学とはそんなにアカデミックな研究分野なのだろうか。柳田国男や折口信夫にしたってそんなにアカデミックな文章は多くない。むしろ研究者はそうした非アカデミックな文章からも思考の根底にあるエッセンスを引き出し、みずからの論文に組み入れることができるようにするべきではないか。そうした力量を示してこそ、宮本常一という存在に対峙しうる研究者として立つことができるのではなかろうか。

最近読んだなかでつぎのような文章も光るものがあった。

《私のように人の見おとしたこと、言いふるしたことばかり見てあるいていると、それはいつまでも片隅からの発言になり、それが言論の中心になるようなこともない。しかし発言だけはしておかなければいけないと思うのは、十分に発言し得ない人が世の中にはあまりにも多いからである。どのように誠実に生きてみても、それがすぐ過去の中に埋没してしまう。しかし埋没してしまってあとをのこさぬかというとそうではない。ちゃんとそれが、今の世にも生きていることが少なくない。》(「日本を思う」、『宮本常一著作集15／日本を思う』二一ページ)

肝に銘じるべき謙虚な心構えだと思う。宮本常一というひとはつねにこういう低い姿勢からものごとを考えかつ実践してきたひとなのであろう。離島や山村、農村など中央から疎隔されたひとびとの生活向上のために、さまざまな具体的政策や方策を呼びかけ、実現させてきた実践家でもあった宮本は、こうした庶民と呼ばれるひとびととの熱い交流のなかから汲み取られた日本人の生活感覚、安易に〈ルーツ〉とか呼ばれてきたもののさらに奥底に光る感性の輝き、感受性の深さをみつめつづけてきたからこそ、その物言わぬひとたちの真情をとらえた発言をすることができたのである。今日のように総中流化してしまった生活日常からは見えなくなりつつある自然との交流や人間同士の共生感をどうすれば——ノスタルジックにではなく——取り戻すことができるのか。わたしたちがいま宮本常一を読むとはまさにそうしたみずからの存在の問い直しの契機として、現代の世智がらく殺気だった関係性のありよう、あるいは人間関係の希薄さを突き抜けて、もういちどかつて無垢であったかもしれない存在の自在な自己実現へ向かうこと、殺伐とした世界から訣別する意志をもとうとすることへのつよい促しなのではないだろうか。『宮本常一著作集』第II期の完結はその意味でも読み直しの絶好の機会であり、最後の巻が宮本常一に関係の深い渋沢敬三を対象にしたものであったことも意味深いものがある。

（「未来の窓143」二〇〇九・二）

生き返る橋本夢道の現代性——『無禮なる妻』を再刊したわけ

それは思いがけぬかたちで始まった。

昨年十二月のはじめに紀伊國屋書店映像部門の子会社である「ポルケ」の吉沢泰樹さんから電話が入り、未來社の橋本夢道第一句集『無禮なる妻』（一九五四年刊行）を再刊できないかという相談があった。というのは金子兜太氏が最近この句集を絶賛しておられるとのことで、「文藝春秋」二〇〇八年十二月号での「死ぬまでに絶対読みたい本」特集で取り上げられたのをはじめ、NHK／BS第2放送での「私の1冊 日本の100冊」という番組でもこの句集を取り上げてくれる予定になっている、もし可能ならばこの本を再刊できないか、という相談であった。そう言えば、以前にも詩人の清水哲男さんが編集にかかわられている文學の森で橋本夢道特集をするので、資料をお貸ししたことがある。そのときに清水さんに「夢道と言えば未來社でしょう」と言われたことが記憶に残っている。恥ずかしながら、清水さんにそう言われるまでわたしのなかにそういった認識はなかった。橋本夢道の全句集（実質的な全集）まで刊行していながら、俳句界での評価にたいしてまったくの無知だったのである。

それにしても一九五四年といえば、未來社の創立四年目という時期である。なぜ句集がそんな時期に刊行されたのか。これはあとで想像がついたのだが、当時、未來社ともかかわりの深かった野間宏氏が橋本夢道の俳句を高く評価されており、その縁で推薦があったのだろう。

ともかくさっそく資料室から原本を取り出して検討した結果、おもしろそうだし、金子兜太氏にも協力してもらえそうだから急遽やってみようということになった。奥付をみると印刷所の名前がなく、印刷者として個人名が掲載されている。製本者も名前だけである。これはいったいどういういきさつかと考えている余裕もなく、どうせこのままでは使えないからということで若い編集担当者が入力から始めることになった。その間に印刷所は精興社と決め、印刷工程の打合せ、製本所の手配、装幀者には高麗隆彦さんが最適と判断して無理を言ってお願いする手はずを整えた。正確には十二月四日に吉沢氏からの連絡を受けて、とにかくやってみようと即決したあと、編集部内部での入力〜校正を十二日には終了させ、ただちに印刷所入稿。その間に金子兜太氏に跋文とオビ文を電話とFAXだけでいただいてしまうという荒技を経て、なんと年末の二十六日には刷了。年明けて正月五日には刷り本を榎本製本に入れてもらい、最後は予定より繰り上げてくれて九日には見本ができた。企画決定から二十二日間で印刷まで、年末年始の九日間をはさんで正味四週間足らずで刊行までこぎつけたのは前代未聞のことではなかろうか。精興社でも史上最速の仕上がりを実現したはずにちがいない。ここまでにいたるには金子氏、高麗さん、印刷所、製本所の強力な協力体制に恵まれたことによる。感謝に耐えない。また橋本夢道の遺族である石田恭一・星子夫妻の刊行快諾とその後のさまざまな販売協力予定もおおいに期待できそうである。

というわけで肝腎の橋本夢道の紹介があとになったが、金子兜太氏のオビ文にあるように、「これを読まずには眠れない」ほどのインパクトのあるものである。これもオビ裏に引用させてもらったが、最愛の妻にたいして「無礼なる妻よ毎日馬鹿げたものを食わしむ」とか「世の中や金も欲しいが一度大声で笑いたい」「どの家も入口があり苦労も共に出はいりする」などと庶民性豊かな本音の歌声を豪快に響かせてくれる。本の見本届けに月島の夢道ゆかりの石田家に寄らせてもらって、まさに「苦労も共に出はいりする」その入口にも立つことができた。いまや「もんじゃ焼き」ですっかり有名になったと言われる月島とはわたしにはまったく未知の土地であったが、「東京のナポリ」と呼ばれもするその土地柄に一発で魅入られてしまった。石田家が位置するのはもんじゃ焼きの店がずらりと軒を並べる商店街から何本もある同じような細い路地のひとつを入ってすぐのところにあるのだが、なんと懐かしい雰囲気のある町並みだろう。戦災をまぬがれた路地が息づいている小さな別天地。その路地の手前で酒に酔った夢道が毎晩のように大音声で張り上げる「おーい、貧乏長屋の者どもよ、もう寝たか」のひと声が聞こえてきそうである。そんな大声を立ててもだれも迷惑がらなかったという橋本夢道の愛すべき人柄は、夢道が死ぬまで動こうとしなかったこの月島という土地とぴったり波長があっていたのだろう。

橋本夢道は戦争直前、プロレタリア俳句にかかわったということから検挙され、二年間も投獄された経験をもっている。その間は奥さんの差し入れで猛勉強したらしい。丁稚奉公で上京し、その天賦の才能で俳句界に登場し、荻原井泉水門下として注目され、早くから句集刊行を待望されながら、結局、五十一歳になるまで日の目を見なかったのが今回の『無禮なる妻』である。自由律俳句の自在な達人としての側面は、獄中でうたわれたとされる「うごけば、寒い」といった超短句にも、あるいは「父の手紙が今年も深い雪のせいだと貧乏を云うて来る真実なあきらめへ唾をのむ」といった破格の長さと独自の調子をたたえる句にもあらわれている。ともかくなんとも無茶苦茶に自由でおもしろいのである。「月島や夏犇犇と阿鼻叫喚の夕餉どき」なんて、もうそっくりそのまま当時の月島であろう。

もうひとつ夢道にかんするエピソードとしては、銀座の「月ヶ瀬」創立（いまも京都にある店との関係は不明）にちなんでコマーシャル用キャッチコピーとして作られた「蜜豆をギリシャの神は知らざりき」という名文句が店の発展に寄与したこと、また「みつ豆」の考案者でもあるということであろうか。

ともかく、俳人夢道の評価や解釈は専門家にまかせることとして、いまはその庶民的な風貌や振舞いのなかに、不景気な現代にも生き返るべき時代を鋭く批判する視点、反骨精神とユーモアをともに手放さなかった橋本夢道というひとの現代性を見直すべきであろう。

注　金子兜太氏のNHKBS放送はその後も再放送があり、紀伊國屋書店でのこの番組全体のDVD化の企画もあって話題を呼び、刊行後すぐに増刷となった。石田夫妻の宣伝によってもおおいに助けられた。石田恭一さんの行きつけであり、家の前の路地を出てすぐの懇意の勇林堂という書店に月島の拠点書店になってもらい、店の入口に目立つように置いてもらった結果、何度も追加注文をもらった。通算で一〇〇冊ぐらいは売ってくれたのではないかと思う。町の本屋さんとしてはこんな不景気な時代に定価一八九〇円の本がこれだけ売れると大変助かりますと店長さんに感謝されたが、それはこちらも同じことである。重版祝いに石田夫妻、紀伊國屋書店の吉沢氏や販売担当の安藤正さんらと月島のもんじゃ焼き屋さんでおおいに盛り上がったのは言うまでもない。

沖縄の熱い夜――仲里効『フォトネシア』出版祝賀会報告

（「未来の窓156」二〇一〇・三）

沖縄はやはり熱かった。

この一月二十三日、ひさしぶりに沖縄に飛んだ。仲里効さんが昨年、未來社から刊行された沖縄写真家論集『フォトネシア――眼の回帰線・沖縄』の出版祝賀会に参加するためである。翌日が名護市長選といういまの沖縄基地問題をめぐる重大な選択を前にした時期にあたり、多くの出席するはずのメンバーが市長選の応援で欠席しているにもかかわらず一〇〇人を優に超える沖縄文化人大結集の会となった。批評家・仲里効の生みの親ともいえる〈反復帰論〉の論客、川満信一さん、新川明さんはもちろん、今回は写真家論集ということもあって、那覇に拠点を移された東松照明さんをはじめ、『フォトネシア』で論の対象となった大城弘明さん、比嘉豊光さん、嘉納辰彦さん、石川真生さんら写真家も参加され、ほかに新聞人や出版人、美術館関係者、若い批評家などわたしが知らないだけで地元でそれぞれの場所で名を成している多くの方が一同に会し三時間にわたって熱弁をふるう盛大さは、東京でのこの種の会とはひと味もふた味もちがった熱気をはらんだものであった。司会をつとめた詩人の高良勉さんとは初対面だが、以前からそれぞれの文筆を通じて深く共鳴するところをもっていたので、いきなり熱い連帯感が生まれたのもわたしとしては祝賀会の流れに乗せてもらいやすかったと言っていい。

会は冒頭、『フォトネシア』で批評の対象となった七人の写真家のそれぞれ十八枚ずつの写真連続上映という粋なデモンストレーションのあと、三人の方が『フォトネシア』にたいして真摯な批評的コメントを発表するというきわめてまじめな前半部の催しの最後に、版元代表として挨拶をさせてもらった。そのなかで『フォトネシア』出版にいたる経緯とともにこの『フォトネシア』をふくむ（前作『オキナワ、イメージの縁（エッジ）』とともに）仲里効沖縄三部作（映画、写真、文学批評）として〈沖縄と文学批評〉というテーマの本を書いてもらうという構想があること（「未来」二〇一〇年三月号より連載中）、また『フォトネシア』をきっかけとして沖縄の写真家シリーズを構想中であることも発表した。わたしとしてはここに戦後から現在にいたる沖縄の現実、その思想と歴史、生活の実相が集中的に映し出されているのではないかと想定できるし、おそらくそうしたフィルムを通じて日本の来し方行く末があぶり出されてくるという予感が働くのである。

祝賀会はこのあと、仲里さんの長男淳さんが率いるビッグバンドのジャズ演奏を堪能したあと、つぎつぎとスピーチがあり、それぞれの仲里さんあるいは『フォトネシア』への思いを述べられたが、それらは仲里効という批評家がどれほどいまの沖縄において重要な書き手として認識されているか、そして仲里さんを中心にオキナワ的言説が再組織されようとしているかを如実に示してくれたように思う。東松照明さんが二度にわたって登壇し、仲里さんの批評について話をされたのが印象的であった。会の終りごろに喜納昌吉さんが飛び入りで参会されスピーチされたが、仲里さんの幅広い交友というか、その批評的言説が幅広く支持されていることの確認にもなった。また、昨年春に那覇市内に新しく出店したジュンク堂書店の宇田智子さん（副店長）もわざわざこの会に来てくれて、仲里効夫妻をはじめ沖縄文化人の何人かに紹介することができた。池袋店からの自主的な異動でまだ慣れていないところもあるようだが、今回の出会いがひとつの布石にでもなってくれれば今後のためにもよかったと思う。

祝賀会終了後、仲里さんのいきつけの場所で二次会になったが、そこでも〈熱い沖縄〉の議論は延々とつづいた。比嘉豊光さんをはじめ論客が『フォトネシア』をめぐって、あるいは沖縄の写真をめぐって、批評のありかたをめぐって、侃々諤々の意見が出て、若いころの自分を思い出させてくれた。この熱さは青春期独特のものと似ているようで、やはり沖縄にこそ持続的に存在している独自のものだ。

夜遅くになってまたしても喜納昌吉さんが現われ、かれの持論である「沖縄人みずからによる沖縄自立決定論」を力説されたが、わたしはそれにおおいに共感し、ぜひともその論をまとめてもらいたいと申し出て、力強い握手とともに実現をめざすことになった。（注1）沖縄の優れた歌手として著名な喜納さんの歌をだいぶ以前に聞く機会がありその独自の声の響きに打たれた記憶があるが、いまや民主党選出の参議院議員として沖縄県連の会長でもあるという立場から沖縄を代表して民主党政権の一角を担われている。沖縄の将来を沖縄人自身の意思表明をとおして考えていかなければならないという強い思想の持ち主だけに、このひとががんばっているかぎり、鳩山政権も迂闊な対応を許されないだろう。米軍の存在に生活が否応なしに直結させられている現状とともに、本土政府の基地問題へのかかわりかたに見られるあいまいさを見ていると、沖縄のひとびとが自分たちの〈自立〉を政治的にも経済的にも、さらには文化的にも真に実現するために必死に考え行動しなければならないかがよくわかるのである。その意味でも、いまの沖縄の政治状況がいかに厳しいものであるかをあらためて認識する機会を得られたと思う。未來社としても沖縄のかかえる諸問題に広角的に取り組むこと、注意を怠らないことを強く心に誓った次第である。

そして翌日の名護市長選は、米軍普天間飛行場の名護市辺野古への移設反対を唱え、民主党や共産党が公認した稲嶺進氏が勝利した。反対派市長やそれを支える広範な市民の意向とアメリカ政府とのあいだで鳩山首相はどのような打開策を見出せるのか。日本の将来も決定しかねない案件だけに目が離せない。（注2）

　今回会うことができたひとたちとはこれからさまざまなかたちでかかわりをもっていきたいが、その一環として本誌（「未来」）での「沖縄レポート」（注3）というようなかたちで、ほかのメディアではなかなか聞こえない現場のさまざまな声を発信してもらうことにしたい。とりあえず知念ウシさんからの一報がもらえるはずである。

注（1）この喜納昌吉さんとの出会いが『沖縄の自己決定権』語り下ろし本の刊行につながる。くわしくは「喜納昌吉さんの平和の哲学――語り下ろし本『沖縄の自己決定権』刊行のいきさつ」（本書四四五頁以下）を参照していただきたい。

（2）周知のとおり、鳩山首相は普天間・辺野古問題を県外移設の方向にもっていくことができず、首相を辞職した。その後の菅直人、野田佳彦という民主党政権継承者も辺野古移設の見直しができないため、事態はいっこうに打開できていない。

（3）「未来」での「沖縄からの報告」は二〇一〇年三月号から知念ウシさん、與儀武秀さん、後田多敦《しいただ》さん（のち、桃原《とうばる》一彦さん）によるリレー連載として現在も継続中。

専門研究の苦難――ある女性研究者の死

（「未来の窓144」二〇〇九・三）

　このトシになると、古くからの知り合いや仲間のなかにこの世を旅立つ者が少しずつ出てくる。これまでにもそういうことがなかったわけではなく、そういった場合には驚きとともになんとも言えないやりきれなさが後味悪く残ってしまったものだった。もちろんいまでもそれは同じだが、自分がそういう定めに近づきつつあるせいか、その事態に多少とも馴れて受け容れることができるようになっている。それでも自分より年下のひとの死にはまだまだ馴れることはできそうもない。ひとが死ぬということは、自分とそれぞれ独自のかかわりをもっていたそのひとの記憶が失なわれるということでもあって、ほかの誰とも共有できない記憶という意味では、自分の一部が永遠に持ち去られるということでもある。こうして生者もまた少しずつ死んでいくのである。

昨年末には出版界において長年のつきあいのあった法政大学出版局の市川昭夫さんが急逝された。すこし前には書物復権8社の会の例会などで元気に討論などもした市川さんは、会えばいつも冗談を言い合うなかにも心の底からわたしのやろうとすることを評価し励ましてくれる数少ない仲間だった。年末も押し詰まった十二月三十日におこなわれた通夜には、そういった時期にもかかわらず出版社の大勢の仲間が駆けつけてきていたのは故人の人徳だろう。謹んでご冥福を祈りたい。

そんな年も明けて一月六日は未來社の仕事始めの日だったが、その午前中に一本の電話がかかってきた。その後まもなく刊行された田中浩編『思想学の現在と未来』の執筆者のひとり、柴田寿子《としこ》さんからだった。仕事はじめにかかってくるとはちょっと驚いたが、その内容ももっと驚くべきことだった。現在、ちょっとややこしい病気で入院中とのことで、できれば仕事を整理しておきたいので、以前に翻訳にかかわっていたデ・フリースのスピノザ評伝を完成したいのだが、どうかというお話であった。スピノザの専門家として未來社から『スピノザの政治思想』（二〇〇〇年刊）という大著を刊行されている柴田さんの提案なので異存があろうはずもなかった。以前に刊行ができなくなった事情を聞き、いま病床で協力者が訳稿をデータ入力中だからまもなく完成するはずであるとのこと。それにしても、仕事を整理しておきたいというのはやや尋常でないのでくわしくお話を聞いたところ、病気の内容を聞かせてもらって愕然とした。厚生労働省指定の難病らしく現代医学では対症療法が発見されていないらしい、余命もまだよくわからないとのことだった。とにかく仕事を進めることは当人にとっても気力の持続につながると信じ、まだ元気そうだった柴田さんとの電話はそれで終わった。それが声を聞く最後になるとは夢にも思わなかった。

さっそく師でもある田中浩さんに電話でさらにくわしい事情を聞いた。田中さんの一番の愛弟子でもある柴田さんのことだけにそれは沈痛なる内容だったが、まだ希望がもてないわけではなさそうだった。そんなこともあっただけに、二月四日に田中さんから訃報の連絡が入ったときには、それこそ力が抜けてしまった。まさかこんなに早く亡くなられてしまうとは予期できなかった。翌日のお通夜には予定を変更して参列したのはもちろんだが、急な知らせだったはずにもかかわらず多くの研究者らしいひとたちが見送りに来られていたことになぜかホッとした。享年五十三歳。遺影の柴田さんはとても若かった。

柴田寿子さんは一橋大学時代の田中浩さんの教え子であり、その後、東京大学に招かれ、東京大学大学院総合文化研究科（国際社会科学専攻）の現職教授であり、これからを嘱望された女性研究者であった。生前に刊行された単行書は『スピノザの政治思想』一冊に終わったが、その編集に年末年始までつきあったあげく印刷所への出張校正のために土曜にも駆けつけた記憶もいまとなってはなつかしい。ドイツ語、オランダ語にまたがるスピノザ関連の研究書を網羅的に調べあげて丹念に注記をくわえていくその綿密な作業には頭が下がる思いがした。編集者としてはちょっと辟易とする作業でもあったが、柴田さんの人柄がそんな面倒を乗り越えさせてくれたのである。そんなこともあって、柴田さんとその後も話す機会があり、すぐに売り切れてしまって重版できないままだった『スピノザの政治思想』を四年前の書物復権で復刊できたときはとても喜んでくれた。もっといろいろ仕事をしてもらうつもりでいたが、ことし刊行された先述の『思想学の現在と未来』が生前最後の本になってしまった。

この本に収められた論文「古典をめぐる思想史学の冒険」のなかで、柴田さんは自分の研究者としての来歴と覚悟をきちんと書かれている。実際の執筆は「未来」二〇〇八年四月号のときであり、そのときにはご自分の病気のことは知るよしもないはずであったから、これはなにか虫の知らせだったのかもしれない。とにかくそこには「思想のアクチュアリティ」をもとめ、「人生と社会の方向性を指示してくれる思想を見出したい一心」から思想史関係の本を乱読するなかでスピノザ発見にいたるプロセスが率直かつ明快に書かれており、友人から言われた「将来性のない思想史を学ぶ女性の子持ち」という意味での「三重苦」という女性の専門研究者ならではのいっそうの苦難の道のりがいくらかのユーモアをこめて語られている。みずからの思想の方法を実践的具体的に語ってもらうというこのシリーズの意図に沿って書きとめられた柴田さんの文章は、本書のなかでも白眉のもののひとつであるし、柴田さんとしてもあまり書く機会のなかった種類の文章だったかもしれない。その意味でも研究者としての柴田さんのありかたがよく見える仕事になったのではないかと思う。病床の柴田さんにできあがった本書の見本がご主人によって示されたときにはかすかに頷かれたと聞く。編集にかかわった者としてはせめてもの幸いと言うべきだろうか。とにかくご冥福を祈るのみである。

注　柴田さんが亡くなったあと、その年のあいだに、田中浩さんとの共同監訳書、ルネ・クーペルス／ヨハネス・カンデル編『ＥＵ時代の到来――ヨーロッパ・福祉社会・社会民主主義』が未來社から、遺著『リベラル・デモクラシーと親権政治――スピノザからレオ・シュトラウスまで』が東京大学出版会から刊行された。

失なわれゆく民芸の原点――松本直子『崖っぷちの木地屋』の伝えるもの

（「未来の窓146」二〇〇九・五）

「未来」での連載が好評だった松本直子さんの『崖っぷちの木地屋――村地忠太郎のしごと』がこのほど未來社から刊行された。木曾福島の小さな谷間、木曾川の川べりの仕事場で八〇年ちかくにわたって現役の「木曾漆器」職人として働き続けている孤高の木地屋（「木地師」ではなく、ご当人がそう呼んでいるらしい）、村地忠太郎さんに身近に寄り添いながら「師」の仕事ぶりをつぶさに観察し記録したのがこの本である。

村地忠太郎さんは、国土緑化推進機構の認定する二〇〇八年度「森の名手・名人」百人のうちに選ばれたほどの卓越した技量の持ち主だが、残念ながらこれまで弟子というものをもたずにすべて独力でやってきた。村地さんの木地づくりの技はこのままでは後継者をもたないままにとぎれてしまう。そこへ東京から地元の上松《あげまつ》技術専門校の木材工芸科の学生として来ていた松本直子さんがひょんなきっかけから村地さんのところへ「押しかけ弟子」として入り込むことになった。そう若いわけではない松本さんが木曾福島の木工技術の学校に一から勉強しに来るという気持ちもすごいが、気候的にも厳しい山の冬を乗り越え、村地氏からすべてを学び取ろうとするその意気込みたるや、どうやら地元でもいささか脅威の的だったにちがいない。

木曾福島と言えば、島崎藤村の『夜明け前』でも知られる、木曾街道の有数の宿場町としてかつてはおおいに栄えた場所である。しかしいまや交通網の発達によって以前の賑わいは失なわれつつある。現在の人口一三九〇〇人、若年層を中心に徐々に人口数が減ってきていて、「木曾漆器」その他の観光資源と木曾ひのきをはじめとする伝統的な林業を基礎に、由緒ある町としての存在感をかろうじて保っているようだ。わたしはまだこの地に足を踏み入れる機会をもったことがないので、あくまでも情報と知識のみで判断するしかないのであるが、こうした過疎化しつつある地方の町村ほど排他的な場所になりがちであることも理由のないことではない。

松本さんが村地さんに弟子入りするきっかけとなったのは、木曾町役場が古民家を改装した「木地の館」で木地製作をおこない、「八澤春慶《やざわしゅんけい》復興計画」への参加を上松技術専門校の学生に呼びかけたことであった。ちょうど学校を卒業しようとしていた松本さんにとってこんないい機会はなかった。しかも指導してくれる木地屋がなんと村地忠太郎さんだったわけである。最初は女性ということもあり、断られそうになったが、持ち前の積極性とひたむきさが評価されて「押しかけ弟子」として認知されたのである。とはいえ、冬は零下十六度にもなるという木曾の山中での生活はなみたいていのものではなかったようである。すきま風が入り込んでくる古民家の板の間に古畳を一枚置いただけの「木地の館」での生活は想像を超える厳しさにちがいなく、まして都会育ちでからだも決して壮健とはいえない松本さんにとっては骨身にこたえるものであったろう。

先日、『崖っぷちの木地屋』の見本ができたときに初めて松本さんにお会いすることができた。編集担当者から話は聞いていたのでそれほど驚きはしなかったが、たしかにパワフルな女性であり、言いたいことははっきりと言うきわめて率直な女性であるから（父親がアメリカ育ちという出自にも関係があるかもしれない）、おそらくのんびりした木曾福島の町に突然現われた姿はまさに「風の又三郎」的な存在だったにちがいない。わたしも多少の心当たりがあるが、地方でのんびりした生活を送ってきた人びとにとってはこうした風雲児には対処するのがむずかしい。どうしても保守的な対応になりがちで、その結果、当人からすれば、腹ふくるる思いばかりが残ってしまう。とはいえ、松本さんの率直な性格に心を開いてくれるひとも実際はかなり多いこともあって、さまざまな生活上の応援や声援をしてもらえたそうである。それがなければ、いかに村地忠太郎さんへの敬慕や尊敬があっても、環境的にも精神的にもここまでの頑張りはきかなかったのではなかろうか。そんな松本さんを支えたのは地元で「いきあう」ひとたちの親切さというなにものにもかえがたい暖かさがあったからである。松本さんはこんなふうに書いている。

《小さな町ではどんな些細な揉めごとも起こさぬよう、皆が細心の注意を払って暮らしているから、偶然「いきあう」機会を生かすことは、人と上手く暮らしていくうえで、とても大切なことなのだ。いってみれば、小さな町では、「偶然、出会うこと」は、「たまたま出会う」のではなく「会うべくして会う」、まさに「偶然」を装った「必然」として、会いたい人に町角で出会うことになる。》

そしてここから松本さんは対処法を見つける。《わざわざ物をいうことは角が立ち、それはことを上手く運ぶことを最初から諦めるに等しいとわたしが知るようになるのは、木曾に暮らして一年以上が経ってのちのことである。》

こうした松本さんの悪戦苦闘ぶりがリズム感のある文体でいきいきと記述されたのが本書である。そこには村地忠太郎さんの厳しく自己抑制された人柄、木にたいするときの心の働き、さらには村地さんを囲むさまざまな人間像が、自然の美しさや厳しさとともに描き出され、この小さな地方の町がしだいに活気づいていこうとしていることがよくわかる。周辺の木地屋仲間をはじめ民芸を守ろうとする志の高いひとたちが村地さんの仕事にあらためて注目しはじめている。五月の連休には松本市のギャラリー「蔵シック館」が初めての村地忠太郎個展のためにスペースを提供してくれる予定も決まっており、テレビや新聞が木曾の風土と強く結びついた木曾漆器の高い文化性、芸術性に関心をもちはじめてくれている。失なわれようとしている民芸を守ろうとする松本さんの熱意が木曾の人びとの心を動かし未来へむかって生きる勇気をもたらすことになるにちがいない。本書を通じて松本さんへの地元の人びとの理解がもっと得られることを期待したい。

注　松本直子さんは『崖っぷちの木地屋』刊行後、この本が縁で知り合った南木曾の木地屋、小椋榮一さんについてもう一冊の本、『南木曾の木地屋の物語――ろくろとイタドリ』を二〇一一年四月に未來社から刊行することになるが、その出版記念会をかねた伊那での小椋榮一さんを偲ぶ会に担当編集者の代わりに出席した。そのついでに松本さんの案内で木曾福島から南木曾まで足をのばし、木曾にようやく足を踏み入れることができた。それにちなんで読んだ島崎藤村の大長篇小説『夜明け前』の「木曾路はすべて山の中である」という冒頭の一文そのままの世界に接することになった。そこで村地さんとも簡単ではあったがご挨拶することができた。

出版で元気を取り戻そう――小林康夫さんの新著編集から受け取ったもの

（［未来の窓157］二〇一〇・四）

小林康夫さんの『歴史のディコンストラクション――共生の希望へ向かって』がＵＴＣＰ叢書第４冊として刊行の運びになった。この本は小林さんがこの二月に還暦を迎えたあとの最初の本ということもあって、第二の人生のためのスプリングボードとなるべく、これからの新たな飛躍を期すものとしたいという強い意志に支えられている。最後に収めた「〈新しい人〉に向かって」という台北でのあるシンポジウムのための基調講演では、現代のエコロジカルな環境世界において、「われわれはすでに、否応なく、『共生』的なひとつの生態系のなかに存在している」という単純な事実を踏まえ、そこにわれわれが「『人類』として『共生』し、かつ『人類』として他の生物種たちと『共生』している」ばかりでなく、「未来においてやって来るすべての『人類』と他の種とすら、すでにして『共生』している」という未来から／未来への視線を獲得するなかで、〈新しい人〉の誕生を希望するという哲学が語られている。わたしがオビの背に「〈新しい人〉へ」というコピーを付けさせてもらったのもそういった論点を踏まえているのである。

「未来」連載時にはなく編集のさいに新たに付けられた中見出しを見ていて気づいたのは、意外にも〈希望〉ということばが何回も出てくることで、そこに〈希望の哲学〉とも称すべき小林さんの新しい哲学的方向性が現われているように感じたので、そのことを伝えると当人はかなり驚いたようでそれなりに新鮮な自己発見だったらしい。もちろんその〈希望〉は単純な楽天的なそれではなく、「人間の終わりという希望」（第VI章のタイトル）というように多分に反語的色彩ももつものであったのだが、それでも本書全体を照らす希望の光は、小林さんがリーダーをつとめているＵＴＣＰ（University of Tokyo Center for Philosophy＝共生のための国際哲学教育研究センター）が掲げる〈共生〉というもうひとつのテーマと結びついて、サブタイトル「共生の希望へ向かって」となってありうべき最終的なかたちを現わしたのである。

　本書のタイトルとなった〈歴史のディコンストラクション〉はそれこそ大胆なタイトルだが、それもタイトルをめぐるふとした電話での会話のなかで、わたしがもらしたひとこと――小林さんの書名には意外にカタカナが少ないよね――がヒントになって突然うかんできたものというふうに「あとがき」には書かれている。事実その通りなのだが、むしろわたしが言おうとしたのは小林さんの書名は「〜の〜」が多いよね、ということだったはずで、その意味では今回もそのパターンにぴったりはまっているではないか。それに前作『知のオデュッセイア』（東京大学出版会）にしても『光のオペラ』（筑摩書房）にしてもカタカナ表記をふくむ書名がないわけでもない。小林さんがそう思ったことでこの書名が電光石火のごとく閃いてしまったという事実こそが重要なので、しばしば誤解は傑作を生む例であろうか。

　ともあれ、こうして書名、サブタイトルにまでなんだか直接間接関与することになった編集にひさびさにかかわることができたのはわたしとしてもとてもうれしいことである。わたしの持論は著者と編集者のコラボレーションが好著名著を生みだすというものだからだ。考えてみれば、そもそも本書のもとになった「未来」連載の「思考のパルティータ」二十七回は、あるきっかけをもとに小林さんに「未来」へのエンドレス連載を依頼し、了解されたところに起点をもつのである。ずっと以前から長期連載を依頼していてなかなか実現できないままになっていたのがこのときから実現し、いまは「転換のディヴェルティメント」としてつぎの連載に移っているが、こうした日常的に連載を考えつづけなければならない立場に追い込ませてもらうことによっておのずからなる果実がもたらされるようになる。小林さんからもおかげで執筆のテンションを下げずにいられるのでありがたい、という言質をもらっている。続けて小林さんの専門であるフランス現代思想家をめぐる論集（書名はやはり未定）を近く刊行する予定にもなっている。還暦を過ぎたからには、これまでの自分とは違うものをどんどん出していきたいという小林さんの勢いはとどまることを知らないだろう。

わたしも小林さんより五か月ほどまえにひっそりと還暦を迎えたところで、なんとなくしょぼくれていたところが、小林さんに煽られて人生はむしろこれからなんだ、と思わせられ始めている。そんなわけでもあるまいが、なんだか最近は旧知のいろいろなところからお呼びがかかってきてやたらと忙しいうえに、思わぬ拾い物が多いのである。前回も予告したように、歌手兼参議院議員の喜納昌吉さんとの沖縄の自己決定論にかんするインタビュー本（語り下ろし）もいま設定中である。小林さんに言わせると、こういうのは西谷のもっとも得意とするところだそうで、なんだかそんな気にさせられてしまうが、いずれにせよ、この世の中、間違っていることも矛盾も許せないことも多いし、それらを徹底的に解明し、世に問うていく仕事はまだまだ尽きそうにない。

先日も「新文化」の新編集長から依頼されて「〈責任出版制〉のすすめ」という出版業界向け批判の文章を書かせてもらった。（本書六六頁以下）これは前々号の「出版界の〈仁義なき戦い〉」（本書六三頁以下）の延長にある問題を書いたものである。出版業界というところは正面批判にはからきし弱いのに、知らぬふりをするか陰にまわっていろいろ言うのが好きな人種が多いところだから、さぞやいい話題提供にはなるかもしれないが、いまのわたしはあまりそういうことは問題にしないだろう。そこで書いたように、出版とは「この時代に固有の、生き残るべき価値」を生みだすような本を作ることに邁進すべきで、インターネットや「ケータイ」に負けるべくして負けるような情報本には最初から目をくれてはならない。いまは売れるだけの本を作ろうとしても意味がないのである。

沖縄写真家シリーズ〈琉球烈像〉の意図するもの

（「未来の窓161」二〇一〇・八）

いよいよこの夏から大型企画、沖縄写真家シリーズ〈琉球烈像〉全九巻（監修は仲里効さんと倉石信乃さん）の刊行が開始される。（注1）沖縄在住の写真家のほかに、沖縄を作品活動の重要なテーマとして展開してきた東松照明さん、中平卓馬さん、森口豁さんもふくめた九人の代表的写真家によるそれぞれ一冊ずつ、平均して一二〇枚の写真を収録し、解説を付したA4変型判の大型写真集シリーズである。ここまで沖縄に特化した写真集シリーズは初めての試みであるばかりか、なんらかの一貫したテーマで刊行される写真集シリーズもここしばらくは日本でも出ていないはずである。

本写真集シリーズは、戦後沖縄の歴史、社会、米軍基地および基地周辺の生活風景や人物など多岐にわたる映像を、写真家ひとりひとりの独自の手法にもとづいて一冊ずつに凝縮したものであり、沖縄の戦後現実を視覚的に喚び起こす一大ドキュメンタリーであり、ひとつの沖縄通史にもなりうる。戦後初期から現在にいたるまでの沖縄のリアルな映像を通じて、沖縄の特異な生活感覚、文化や民俗性を提示すると同時に、沖縄のなかの基地問題を、基地のなかの沖縄をあらためて認識しなおすきっかけにもなることができるのではないかと思う。

初回配本は大城弘明さんの『地図にない村』。みずからの生い立ちを、家族が負わされた沖縄戦での傷に重ねていくその追尋のありかたがスリリングだ。

第二次世界大戦末期、日本のなかで唯一の地上戦を経験した沖縄は、当時の島住民の三人にひとりが戦死したとも言われ、豊かな風土や景観は激しい爆撃や艦砲射撃によって見る影もなく変形させられた。こうした沖縄戦の爪痕はいまも生ま生ましくいたるところに残されている。「未来」本号の後多田敦さんが報告しているように（注2）、那覇市の土地整理事業地区で、最近になって沖縄戦で死んだ日本兵の頭蓋骨が脳みそを残したまま出てきたといった話など、戦後六五年を経たいまでも〈戦争〉は不気味にくすぶっている。いや、それどころか、戦後の歴史を顧みるまでもなく、朝鮮戦争から最近のイラク戦争まで、沖縄は一貫して米軍の世界戦略の前進基地として戦争の片棒をかつがされつづけてきたのである。沖縄では〈戦争〉はいまも日常化していると言ってもいい。

沖縄に一度でも足を運んだ者なら気がつかぬはずはないが、狭い沖縄本島には日本全国の米軍基地の七五パーセントが集結し広大な土地を占拠しているばかりか、米軍による騒音問題、暴行事件、交通事故は依然として跡をたたない。これにたいして沖縄側が手を出すことができないのは「日米地位協定」という差別的な制度によって米軍の治外法権的な権利が温存されているからである。その意味では沖縄の戦後はいまだに完結していない。そしてこの問題を避けて通るかぎり日本という国もまた正常な独立国としての権限をもっているとは言いがたい。昨今の普天間基地移設問題をめぐって起きた鳩山首相の辞任問題などは、今日の沖縄の基地問題が、たんに沖縄だけの問題ではなく、また日米政府間の力関係のバロメーターであるだけでもなく、日本国のありかた自体、日本人の真の意味でのアイデンティティの確立の問題でさえあることをようやくにして日本人それぞれに突きつけたものであると言ってよい。にもかかわらず沖縄問題をみずからに突きつけられた問題としてとらえることのできない、あるいはとらえようとしない日本人があまりにも多いことにはあきれるほどである。

さて本写真集シリーズでは、沖縄の戦後の歴史は強烈な映像に焼き付けられているばかりでなく、こうした沖縄の現状を考えるためのさまざまな問題が提起されている。言うまでもなく、カメラが提示する現実の諸断面は、それ自体がさまざまな意味をもちうるし、特定の解釈に一元化されるわけではない。それぞれのショットは、その対象となった事物が現実にあるときに存在したという意味で〈存在の詩学〉とも呼ばれるべき独自の次元をもつのであって、ひとつのメッセージや意味に還元されるわけではないのはもちろんである。優れた映像には汲めども尽きぬ多様な意味作用や象徴性の深みがある。沖縄のさまざまな事象を切り取ってきた本写真集シリーズのひとつひとつのショットにはそうした隠れた次元、解読されるべき意味や価値が眠っているのである。〈沖縄〉をどう読み取るか。それは沖縄にいまも残存している豊かな風土や文化をきちんと位置づけ、評価していくことにつながるし、そうした営為を通じて日本（ヤマト）と沖縄の関係をその歴史的文化的関係性のなかにあらためて問題化し、これからの関係を創造的に再構築していくための基本資料を提供するものとなるだろう。

すでに「沖縄の熱い夜――仲里効『フォトネシア』出版祝賀会報告」（本書三八五頁以下）でも記したように、本写真集シリーズの構想は、昨年九月に刊行された沖縄の尖端的な批評家仲里効さんの『フォトネシア――眼の回帰線・沖縄』で批評的に取り上げられた写真家たち――比嘉康雄、比嘉豊光、平敷兼七、平良孝七、東松照明、中平卓馬ほか――の写真それ自体がいかなる力をもつものであるかを広く提供してみたいというわたしの関心と願いに端を発したものであった。その意味で仲里効さんの批評的眼力によって見出された写真家たちのシリーズであると言うべきであろう。このなかにはすでに亡くなった比嘉康雄、伊志嶺隆といった写真家たちの一部覆刻をふくむ集成という意味もある。この秋に没後一〇周年の大きな回顧展が予定されている比嘉康雄の「情民」シリーズの待望の単行本化もある。また、東松照明さんの米軍基地にかんするこれまで蓄積された膨大なアーカイヴのなかから特権的に選り出された『camp OKINAWA』に見られる眩惑的な基地表象の多様性など、沖縄をめぐる写真の集大成と呼ぶにふさわしい陣容となるだろう。

注（1）沖縄写真家シリーズ〈琉球烈像〉は当初の予定からいろいろな視点からの判断が入り込んで、編成が変わって全九巻になった。

（2）「未来」二〇一〇年八月号の後田多敦「骨が伝える六十五年目の沖縄戦」を指す。

沖縄問題を展望する力になるために

——沖縄写真家シリーズ〈琉球烈像〉刊行はじまる

（『未来の窓163』二〇一〇・一〇）

前々回の「沖縄写真家シリーズ〈琉球烈像〉の意図するもの」で予告したように、シリーズ〈琉球烈像〉の第一回配本である大城弘明写真集『地図にない村』がこの八月二十七日、ようやく刊行された。予定よりだいぶ遅れてしまったが、これはデザイナーの戸田ツトムさんがシリーズ全体の用紙選び、印刷の方法、インクの選定などに念には念を入れたテストをおこなった結果でもある。試し刷りに使用された用紙は十数種類、その方法は延べ二十数パターンに及ぶもので、用紙としてはいわゆる高価なスーパーアート紙系のものが多く、用紙代、試し刷りのコストなど考えると相当な額にのぼっている。これも最高品質の写真集シリーズを実現しようとする必要な措置なのだろうが、版元としてはハラハラドキドキものである。

そうした経緯を経て、大城弘明写真集につづけて東松照明写真集『camp OKINAWA』が九月下旬には陽の目をみる運びである。また十月から十一月に予定している石川真生写真集『FENCES, OKINAWA』、さらには比嘉康雄写真集『情民』の写真原稿も入稿した。それにつづく森口豁さん、伊志嶺隆の原稿も着々と準備中である。おそらくしんがりをつとめてもらうことになるであろう中平卓馬さんのものも写真選びの段階に入ろうとしている。順調にいけば、毎月一冊刊行というハイペースで来春にはシリーズ完結ということになるかもしれない。未來社としても近年にない大型企画であり、一年前には想像もつかないかたちで仕事が進んでいる。

これも監修者の仲里効さん、倉石信乃さんの全面的協力とともに、写真家の方たちの熱意の現われであると言わせてもらうしかない。とりわけ東松照明さんには、ご当人のシリーズ参加だけでもこちらには望外の喜びであったのに、すばやい原稿の準備、さらには他のシリーズ参加者への強い慫慂など、さまざまなかたちでこの企画の重要性を宣伝してくださっているとの話を直接間接にうかがっており、感謝に堪えない。

その一方で、当初予定していた企画が二本ほど取りやめになったことは残念である。このシリーズのアイデアが当初の数巻から戦後沖縄写真史を通覧できるような十巻を超える大型企画に拡大していく過程で、人選にたいして不満が生じたこと、ヤマトの出版社からこのようなシリーズが刊行されることにたいする警戒というか疑念のようなものが生じてきたという、もうひとつ理解しがたい理由によって思いがけぬ事態になった。それでも予定のほとんどは実現へむけて動き出しているので、心配はない。ここではこれ以上述べる理由もないので、そうした企画には捲土重来を期しているとだけ言っておきたい。

本シリーズの刊行意図については前述の一文で述べているので繰り返さないが、メディアをつうじてすこしずつその意義が明らかにされていくだろうと信じている。すでに業界紙の「新文化」九月二日号には〈ウチのイチ押し〉というコラムで〈沖縄の写真家が発する強いメッセージ〉としてさっそく紹介された。この記事は、〈沖縄の問題は日本の問題、その解決なくして日本に真の独立と平和はない〉というわたしの信条を紹介しつつ、この大型企画が生まれたいきさつを伝えている。

じつはこの取材は第一回配本のまえにおこなわれたものだが、それにはこのシリーズ企画がことしの東京国際ブックフェアでの書物復権8社の会主催の恒例の「新企画説明会」で書店、取次、マスメディアの各担当者約五〇人にむけてわたしがこのシリーズの企画説明をさせてもらったことに端を発している。未來社としては企画することもなかなかむずかしくなってきた大型企画でもあったので、みずから登板していささか力の入った説明をしてしまったのだが、すくなくともそういうきっかけがあってこの取材を申し込まれていたのである。書店や取次の流通関係者が読む新聞だけに実質的な反応が期待される。

それだけではない。書評紙の「週刊読書人」でも監修者の倉石信乃さんと今福龍太氏の巻頭対談が決まっており、こちらは知識人、編集者をふくむ一般の読書人にたいして強くアピールできることが望まれる。また地元の「沖縄タイムス」がシリーズ刊行開始という話題性で紹介記事を掲載してくれることになっている。こちらはなんと言っても、地元だけに反響も大きいことを期待したい。

この九月十八日には那覇で大城弘明写真集刊行にちなんで出版祝賀会が開催される。そこには沖縄の写真界はもとより文学者やアーティスト、メディア等の文化人の多くが集まって、大城さんの写真集刊行を言祝いでくれるであろう。琉球舞踊等のアトラクションも用意されているとのことで、楽しみでもある。わたしも予定を変更して参加させてもらい、たぶんこの沖縄写真家シリーズ〈琉球烈像〉について挨拶やらメッセージを述べさせてもらうことになるだろう。そう言えば、ことしは那覇での出版祝賀会はこれで三回目になる。最初は仲里効さんの『フォトネシア』、二回目は喜納昌吉さんの『沖縄の自己決定権』で、いずれも自分で企画・編集したものだが、今度はシリーズ全体の最初の刊行物になるのでなおさらの感が深いのである。

ことし一月の『フォトネシア』出版祝賀会では、すでにこのシリーズの刊行予告を大々的にやらせてもらったばかりか、喜納さんとの出会いの場ともなった結果が『沖縄の自己決定権』刊行となって実現したことはすでに本欄で触れた通りである。また本誌(「未来」)で「沖縄からの報告」というリレー連載を始めてもらうきっかけになった夜でもあった。そうした意味からも、沖縄でのさまざまな出会いがなにか運命的に新しい企画アイデアをわたしにもたらしてくれるのである。

民主党代表選を控えた現在、政権がどういう結果になろうとも、沖縄の問題はますます日本の固有の問題として喉元に突きつけられてくる。その展望のためにもこの写真集が力をもつことを信じたい。

世の中は意外と楽しくできている

（「未来の窓164」二〇一〇・一一）

このところひととひとのつながりの意外さにいろいろ驚くことが多い。最近は沖縄に行くことが多くなり、さまざまなひとと接することが急に増えてきてからはとりわけそうである。

先日も大城弘明さんの写真集『地図にない村』の出版祝賀会で那覇に行き、多くのひとと挨拶をかわしたが、仲里効さんの紹介で沖縄文化の杜共同企業体代表の平良知二氏とも初対面の挨拶をさせてもらった。この文化の杜共同企業体というのは沖縄県立博物館・美術館の指定管理者で、博物館・美術館の付属施設であるミュージアム・ショップもその一部になっている。沖縄写真家シリーズ〈琉球烈像〉をそのショップで取り扱ってもらいたいというお願いをし、快く了解してもらった。その後、平良氏に連絡を入れ、ミュージアム・ショップの池宮城啓子店長を紹介してもらい、いろいろお話を聞いたところ、なんとこの女性店長は大城弘明さんの同級生で、先日の出版祝賀会にも出席されていたとのことで、このシリーズの刊行のいきさつや出版の意義などは先刻ご承知、わたしのスピーチも聞いてくれていたことがわかり、大いに売りましょう、ということになって意気投合。沖縄は狭いですから、とのことば通り、いろんなひとがどこかしらでかかわりあっている。そう言えば、出版祝賀会で中学や高校の同級生が集まって校歌斉唱するなどというのは、東京しか知らないわたしのような人間にとっては考えられない、なんともうらやましいホットな環境だ。

さらに『地図にない村』が「信濃毎日新聞」で書評が掲載されることになり写真掲載の承諾の必要があって大城さんに電話をしたときに聞いたことだが、たぶん長野県在住のもろさわようこさんの推薦ではないか、と推測されたことも意外なことのひとつである。この推測がほんとうかどうかはわからないが、――というのは「信濃毎日新聞」は共同通信配信の書評だけでなく独自の書評にも力を入れている新聞だからだが――、もろさわさんに『地図にない村』を恵贈したところ細かい文字でいっぱいのお礼ハガキが届いたとのことで、もろさわさんがある時期から半年は沖縄に「歴史をひらく家」（注1）を開設して住みつくことになったときからいろいろ協力されたことがあって、関係はつづいているとのこと。もろさわさんは未來社の古くからの著者で、『おんな・部落・沖縄』など沖縄関連の著書も刊行してもらっている。かならずしも偶然ではないとはいえ、大城さんの広い交友関係がここにも反映されていると思う。

さて、そんな話を聞いたばかりのところに喜納昌吉さんの参議院議員時代の政策秘書をつとめられていた伊高浩昭さんからメールが届き、なんとピースボートの船旅から帰国されたとのことだが、同じ船にニカラグアから旧知の森口豁さんが乗ってこられていっしょに沖縄セッションをし、沖縄写真家シリーズ〈琉球烈像〉についてもいろいろ話をされたそうで、これにもビックリである。というのは森口さんからはピースボートに乗られる話は事前に聞いていたから知っていたものの、伊高さんが同じ船に乗られるとはやはりかなりの偶然だろうと思われるからだ。伊高さんは元共同通信記者、ラテンアメリカの専門家で、特派員としても長く沖縄にかかわり喜納昌吉さんを支持してその後押しをされ、その結果、前述したように、定年退職後に請われて喜納議員の政策秘書を最近まで務められたという経歴ももつ。喜納昌吉さんの『沖縄の自己決定権』刊行のさいに非常にお世話になった。また立教大学講師をつとめられ、ラテンアメリカ研究所にもかかわっておられる。立教大学ラテンアメリカ科と言えば、未來社から『接触と領有――ラテンアメリカにおける言説の政治』を刊行されている林みどり文学部教授がいるところだ。そんなわけだから伊高さんがラテンアメリカ行きのピースボートに乗られても不思議はないのだが、そんなに乗客が多いとは思えないピースボートで最近のわたしの仕事にかかわりの深いおふたりが遭遇するというのもなにかの縁ではないかと思わざるをえないのである。

意外性はまだつづく。この伊高さんが「週刊読書人」でわたしの編集したジャック・ラング著／塩谷敬訳『ネルソン・マンデラ』の書評をしてくれたのだが、訳者の塩谷さんから伊高さんの経歴についての問合せがちょうど来たばかりなので、さっそく伊高さんに問合せをすることになった。塩谷さんはフランスに長く在住し、著者のジャック・ラングさんがミッテラン大統領時代の文化大臣のころからの親しいおつきあいがあって、前回の『マルローからの手紙』同様、今回の翻訳を進めてくれたのだが、伊高さんの書評が非常に気に入って知り合いのフランス人にフランス語に訳してもらい、ラングさんに読んでもらいたいということから、ラングさんからの予想される問合せにそなえて伊高さんのことを知っておきたいということだったのである。さっそく伊高さんの返信を塩谷さんに連絡したことは言うまでもない。

そんなときに、朝日新聞西部本社報道センター文化グループの西正之記者からメールがあり、東松照明さんから写真集『camp OKINAWA』のサイン本を寄贈されたとのことで、シリーズ全体の資料をほしいとの申し入れがあった。西記者とは六月の喜納昌吉さんの『沖縄の自己決定権』出版祝賀会の前日に東松さん宅へ仲里効さんと挨拶に訪れたときに、ちょうど居合わせてお会いしたことがあり、そのときの話題になっていた写真集がこうして早くも完成されたことに感慨をもたれてのことであった。これを機に紹介記事などに結びつけてもらえればありがたいことである。（注2）ちょうど相前後して東松照明さんを囲む小さなお祝いの会がもたれることも決まりそうで、これに関連して東松さんを中心として沖縄写真家シリーズ〈琉球烈像〉をめぐるドキュメンタリー番組製作の話ももちあがりつつある。知念ウシさんの出版祝賀会も重なり、十日後にはまた那覇に行くことになりそうである。こんなに忙しくも楽しい充実した日々はいつまでつづくのだろうか。

注（1）もろさわさんの「歴史をひらく家」の土地は詩人の高良勉さんから提供されたものだというのも理由のあることである。

（2）「朝日新聞」二〇一〇年十二月七日号（西部版）に「沖縄とは？　写真に見る歴史」という西正之さんの署名記事が掲載された。

知念ウシさんの仕事——無知という暴力への批判

（「未来の窓165」二〇一〇・一二）

この十月に今年五回目の沖縄行きとなった。その主たる目的は十月二十一日（木）夜の東松照明さんの写真集『camp OKINAWA』（未來社）の出版祝賀会への出席、もうひとつは翌二十二日（金）夜の知念ウシさんの新著『ウシがゆく——植民地主義を探検し、私をさがす旅』（沖縄タイムス社）の出版祝賀会への出席であった。そのほかにも東松照明さんへの写真集原稿のオリジナルプリントの返却、および現在製作中の沖縄写真家シリーズ〈琉球烈像〉WEB特集ページへの写真の掲載依頼のためのiPadによるデモンストレーション、さらにはジュンク堂書店那覇店への訪問、沖縄県立博物館・美術館のミュージアム・ショップへの〈琉球烈像〉シリーズ取扱いにたいするお礼の挨拶などもあった。

こうしたなかなかに盛りだくさんな用事を二日でクリアするというのは一見かなり大変そうに思われそうだが、いずれも那覇という小さな街だからこそ実現可能なのであって、じつはこれ以外にもそれぞれの出版祝賀会の二次会、三次会もあり、とりわけ二日目の夜などは十二時までの二次会のあと、さらに詩人の川満信一さんと元「噂の真相」編集人の岡留安則さんの店で呑んだあと、川満さん宅で朝方まで島尾敏雄さんからいただいたという大事なウォッカのご馳走になったりしたのだった。その間にも企画中の高良勉さんの評論集の原稿の一部を受け取ったり、仲里効さんと川満さんをまじえての呑みながらの企画相談などもおこなった。また、琉球放送の女性キャスター島袋彩子さんとも沖縄写真家シリーズ〈琉球烈像〉をめぐって簡単な取材も受けていて、東京に戻ってから必要な資料をお送りすることになった。なにしろ沖縄にいるあいだは、異常なほどの熱意と十月とはいえ夏の暑さの残る気候のなかで、毎回ほんとうに充実した時間を送ることができるのである。

今回はこのなかで、知念ウシさんの出版祝賀会と新著についての感想、さらにはいま企画中の新しいエッセイ集について触れてみたい。

今回の『ウシがゆく』出版祝賀会は、九月に大城弘明写真集『地図にない村』の出版祝賀会のさいに知念さんからあらかじめ知らされていたものであった。自社出版物ではないので、単独では出席することはむずかしかったのだが、前述したように、東松照明さんの内輪の出版祝賀会が急に前日に設定されたこともあって、急遽出席させてもらうことになった。もちろん知念さんには小誌（「未来」）でのリレー連載「沖縄からの報告」の執筆者のひとりとして原稿をお願いしている関係もあり、そのなかで企画の話も浮かんできていることから、できるかぎり力になりたいという気持ちがあるので、今回参加することができたことはとても良かったと思っている。

『ウシがゆく』出版祝賀会は琉装の知念さんを囲んで華やかなものだった。元県知事の大田昌秀氏や照屋寛徳衆議院議員なども参加する一方、多数の知識人、文化人、運動家なども集まり、にぎやかな会であった。着実に増えつつあるわたしの知り合いもあちこちに顔が見え、知念さんのご主人でもある平和運動家のダグラス・ラミスさんともお話ができたこともうれしいことのひとつであった。「レキオス」というすでに馴染みになった琉球料理店での二次会も三十人を超えるもので、知念さんが沖縄の文化運動、政治活動のなかでどういう位置についているかを知るよい機会にもなった。

知念ウシさんの『ウシがゆく』は「沖縄タイムス」での同名の長期連載を中心に一冊にまとめたものだが、米軍基地の県外移設、日本（ヤマト）の基地受け入れを主張するものであり、日米安保の廃棄が現実的にできないいまの段階では、基地被害を一方的に沖縄に押しつけるのではなく、痛みを日本全国が共有すべきであり、その痛みへの認識のなかから米軍基地の廃絶、日米安保の解体という全国民的な道筋をつけるべきである、という強い意思をもつものである。この論点は、いまの日本の現実政治のなかでは過激に映るかもしれないが、沖縄における基地の県外移設論、海外移設論の根底にある心情と論理を突き詰めたところに強固な基盤をもっているとわたしは思う。

《「県外移設」とは、沖縄で「基地撤去」をいかに懸命に長年訴えても、日本「本土」の国民的課題にならない仕組みを見抜き、沖縄人がようやく手にした言葉なのである。》（『ウシがゆく』二八三ページ）

こうした強い主張をもつ『ウシがゆく』を支持するひとたちを中心とした二次会で、数少ないヤマトンチューのひとりとして発言するのはかなり厳しいものがあり、これまでのどちらかと言えば歓迎される立場とはいささか異なった雰囲気で、ヤマトの出版人の立場から沖縄にかかわることの微妙さを感じさせられることになった。そもそも沖縄人の心をヤマトから遠ざけてしまうような政治力学の連鎖は、われわれヤマトンチューが解決しなければならない責任を負わざるをえないのである。

知念ウシさんは東京での大学生活の時間も長く、また海外での経験も豊富であることから、その思考のありかたは普遍的な志向性をもっており、その主張も沖縄人としての視点をけっして手放さずに、また女性としての生活感覚に依拠した論理的一貫性がある。手元に預からせてもらっている企画用原稿は、学生時代からの若書きもふくまれているが、そこには沖縄のひとと風土を愛しつつ、基地のない沖縄をどうしたら実現できるのかを粘り強く探求し、これまでの沖縄人が達することができなかったラディカルな論点と大胆かつ戦闘的な主張に充ちている。ヤマトの人間のほんとうの沖縄にたいする無知、すなわち沖縄に全国の七五パーセントの米軍基地を集めさせていることによって享受している平和ボケからくる沖縄への無関心こそが、沖縄人にたいする暴力であり攻撃でさえある、ということを暴き出していく。この論点と立場をわたしは断固支持していくつもりである。

（「未来の窓166」二〇一一・一）

沖縄写真家シリーズ〈琉球烈像〉中間報告

年もおしせまってこのほどようやく沖縄写真家シリーズ〈琉球烈像〉第三回配本の比嘉康雄写真集『情民』が刊行された。連続して第四回配本の石川真生写真集『FENCES, OKINAWA』もできる予定である。次回予定の森口豁写真集『さよならアメリカ』の原稿も入稿したばかりで、これは残念ながらすこし遅れて二月ごろになりそうである。

八月下旬に大城弘明写真集『地図にない村』、九月末に東松照明写真集『camp OKINAWA』がつづけて刊行されたものの、さすがに毎月刊行とはいかないことがわかってきた。これまでほとんど文字ものの編集ばかり手がけてきたわたしとしては、解説と作品リストぐらいしか文字のない写真集の編集作業とはどんなものかいまひとつわかっていなかったところがあり、写真原稿や解説原稿さえもらえれば順調に進捗するものと思っていたのである。

ところがそこに思わぬ落とし穴があった。レイアウトから装幀まで引き受けてくれた戸田ツトムさんが、写真の配列と細かいレイアウトを実現するには、できれば解説原稿を読んでからにしたいという希望があり、それから三か月はみてほしいという要望が出てきたからであり、その一方では解説原稿がひとによってはレイアウト校正ができてこないと書きにくいというケースも出てきたからである。これではどちらが先かというジレンマに陥ってしまう。さいわいこれまでは監修者の仲里効さんか倉石信乃さんが担当してくれたものが三冊、残りの一冊もレイアウト校正を先に出してくれることになったので事なきを得たが、今後ははたしてレイアウト校正なしで解説者が原稿を書けるものかどうか心配がないわけではない。実際のところ、かりに解説原稿が先にあがったとしても、そこから三か月かかったのでは、こちらの刊行計画が大幅に遅れてしまうことになってしまう。先に写真の配列案ができていれば、なんとか解説を書いてもらうことも可能だが、戸田ツトムさんに配列まで頼みたいということになると、完全にデッドロックにはまってしまうことになりかねない。ここが頭の痛いところなのである。

そこへもってきて、当初こちらが思っていたのとは異なって、同じシリーズでも写真家の作品の性格や質によって用紙、インクの種類や色、さらにはインクの盛り方にまで細かい変更がくわわり、まさに一点ごとに手触りの異なる写真集が製作されることになった。さいわい印刷所現場も戸田さんの要求する水準がどのあたりにあるのか、その目標はなにかということを徐々に理解して対応してくれるようになったので、色校の再校どりなどは最小限で抑えられるようになってきたが、はじめのころは本刷りの刷り出し段階での戸田事務所担当者の立ち会いと細かい修正の繰り返しもあり、これではいったいどれぐらい経費がかかることになるのか非常に心配したほどなのであった。

すでに「沖縄問題を展望する力になるために――沖縄写真家シリーズ〈琉球烈像〉刊行はじまる」（本書四〇〇頁以下）でもその時点での詳細な状況を伝えたつもりだが、その後、このシリーズについての記事や書評が多くはカラー写真入りで各紙に続々と掲載され、沖縄の地元紙「沖縄タイムス」「琉球新報」はもちろん、「毎日新聞」十月三十一日号、「読売新聞」十一月七日号（今福龍太氏評）、「朝日新聞」十一月十四日号（北澤憲昭氏評）といわゆる三大紙に三週連続で書評が掲載されるなど高い評価をしてもらった。なかでも「読売新聞」での今福氏の評には励まされるものがあった。《重要なのは（……）それぞれの映像が沖縄に対峙するときの迫真性と強度だ。沖縄という土地、それが経験した過去、その危急の現在に対しカメラをもっていかに過激に介入し、深い批評の眼差しを向けつづけてきたかである。風景の奥にある民の集合的記憶を掘り起こそうという情熱である。（……）沖縄から戦後という時空間の意味を問い直し、その時空間のいまだ終わらぬ苛烈な現前を深く私たちの視線に刻み込むために、この写真集シリーズは計り知れない力をもつだろう》と。

さらにこれを書いているまさにこの瞬間に朝日新聞福岡本部の西記者から「朝日新聞」十二月七日号が届いた。それによると西部版だと思われるが、「沖縄とは？　写真に見る歴史」と題された西正之記者による記事が掲載されており、そこにも沖縄写真家シリーズ〈琉球烈像〉が大きく紹介されている。「戦後の沖縄を切り取ってきた写真家の仕事が見直されている」と始まるこの記事は、シリーズ〈琉球烈像〉の内容紹介のあと、監修者仲里効さんのコメントをはさんで以下のように結んでいる。――《普天間飛行場の移設問題、薩摩の琉球侵攻400年、琉球処分から130年――。昨年来、「沖縄とは何か」が内と外から問われている。戦後沖縄の現実、あるいは「根っこ」をとらえてきた写真家の仕事にヒントが見いだせるかもしれない》と。もちろんヒントは見いだせる。そしてこのシリーズを通じて沖縄の現実を見てもらいたいのである。

このシリーズにかかわっている写真家の活動はそれぞれの写真展が精力的になされていることもあって、そういう会場での宣伝、販売もおおいに期待できる。いま現在、沖縄県立博物館・美術館で開催中の比嘉康雄展「母たちの神」では付属のミュージアム・ショップでこのシリーズの全点販売をお願いしており、すでに成果は上がりはじめている。また石川真生さんの個展も来年一月には開かれる予定であり、大城弘明写真展も横浜の「新聞博物館」での来年の開催が決まっているはずである。さらに東松照明さんの大規模な回顧展が来年、生地の名古屋市立美術館で開かれることになっている。

こうした活発な写真展の展開はもちろんこのシリーズとは別に決まっていたものが多いのだが、こうしたなかでそれぞれの写真家の仕事がこのシリーズでの写真集の内容といかに交差し評価されていくのか、わたしとしても関心をもたざるをえないし、期待しないわけにはいかないのである。

世界への情報発信としての〈琉球烈像〉

（[未来の窓169]二〇一一・四）

沖縄写真家シリーズ〈琉球烈像〉の第5回配本、森口豁《かつ》写真集『さよならアメリカ』がいよいよ刊行される。昨年末の第4回配本、石川真生写真集『FENCES, OKINAWA』以来すこし間があいてしまったが、とりあえずことし最初の〈琉球烈像〉をお届けできるのはうれしいことである。

すでにこれまで何度か本欄で述べてきたように、写真集作り、それも今回のような本格的な大判サイズでの精度の高い写真集の製作というものは、わたしの編集経験のなかでもあまり前例がなかったこともあって、なによりも時間とコストがかかることが頭痛のタネであるが、それでもマスコミをはじめ関係者にも評判がいいこともあって、着実に評価が高まっていることは確かである。単発の写真集ならともかく、ここまで大がかりな写真集シリーズともなると、いったいどのくらい売れれば良しとするべきなのかがわからないので、初版部数も価格もやむをえざる部分もあるとはいえ、いまだに手探り状態である。一般の大型書店でさえも写真集コーナーを常設しているところは少ないし、またこのシリーズをちゃんと揃えてくれて棚出ししてくれる店はさらに少なくなる。沖縄関連本のなかに入れるにしてもサイズも大きすぎるし値段も高いとなると、書店で取り扱ってくれるのは相当な覚悟がいるのではないかと懸念する。そういう意味では取り扱ってくれる書店の気持ちにはほんとうに頭が下がる思いである。

とはいえ、書店での店頭販売に一定の限界があるとすれば、どうすればいいのか。

沖縄写真家シリーズ〈琉球烈像〉は、写真集として〈琉球〉という一地域を集中的にとりあげたテーマの一貫性をもっているばかりでなく、とりわけ政治問題、社会問題、軍事問題としても現代日本ばかりでなく現代世界のさまざまな矛盾と軋轢の集約点となっている〈沖縄〉を、たんにそうしたモチーフで撮られた写真としてではなく、そこに生活する人びとの歴史的、宗教的、日常的世界をさまざまなアングルからも捉えている。戦争の傷跡をなまなましく残す数多くの衝撃的な写真からも、その背景に広がる豊かな風土性や民俗性が同時に浮かび上がってくる。そうした写真というメディアが必然的にもつ多様にして多重な情報性は、そのメッセージ性や思想性と同じようにさまざまな立場や視点から解釈され、批評されるべき対象となっている。そして言うまでもなく、そうした解釈や批評そのものがこんどは対象化された写真そのものから逆に批評を返されてくるという側面ももっているはずだ。監修者のひとり仲里効さんが言うように、〈眼差され撮られる対象から、眼差し撮る主体へ〉の転換が堂々と企てられている。〈沖縄〉はそうした視点から日本の〈本土〉へ、そして世界へみずからの存在を突きつけ、そこに蓄積された実存の力を発信しているのである。いまはとりあえずそうした豊かな価値の可能性を信じていきたい。

さいわいなことに、〈琉球烈像〉の写真家たちの写真展が続々と開催されてきている。これまでもすでに沖縄県立博物館・美術館での比嘉康雄写真展「母たちの神」が没後十年を回顧して昨年十一月からことしのはじめにかけて開催されたが、ひきつづいて IZU PHOTO MUSEUM（静岡県長泉町東野クレマチスの丘）で移動展として五月まで開催中である。さらに〈琉球烈像〉第1回配本の大城弘明さんが中心となってこの三月十二日から五月八日まで横浜の日本新聞博物館（神奈川県横浜市中区日本大通11　横浜情報文化センター内）にて写真展「沖縄・終わらない戦後」が開催される。このほど沖縄タイムス芸術選賞写真部門奨励賞を受賞した写真集『地図にない村』の全一二三枚をふくむ大城さんの新聞報道写真家としても長年活躍された力量を存分に発揮された作品が展示される。ちなみに未來社も協賛させてもらった本写真展はぜひ成功してもらいたいものである。(注)こうしたイヴェントにそれぞれ対応して〈琉球烈像〉の写真集もそれぞれ付属のミュージアムショップで販売してもらっていて、これがなかなか好成績であり、継続的な販売もしてもらえそうである。

これ以外にも写真家たちの小さな個展は沖縄を中心にいくつも次々に開催されていて、それぞれ大きな成果を上げている。こうした写真展を舞台とした写真集販売の現実性は想定以上のものがあり、これに連動してアマゾンをはじめとするオンライン書店や図書館での販売成果も上がってきている。

未來社ではホームページ制作会社のディキューブの提案で、〈琉球烈像〉のための専用サイトを準備している(http://ryukyu-retsuzou.com/)。ここには写真家たちの理解と協力を得てそれぞれ一〇枚ずつの写真を特別掲載している。それぞれの写真は写真集の版面をそのまま掲出するかたちで、必要なセキュリティガードは施しているが、基本的にはそれぞれの写真家のインパクトのある写真をフリーに見てもらうためのサイトであって、そのために未來社のホームページから独立した独自のドメインをとってアクセスをしやすくしてある。また、同じ写真をiPadを通じても見ることができるように専用アプリでアップストアからダウンロードできるようになった。こうしたセールスプロモーションの試みがどれだけ効果があるかは、これからの結果を見てみないとわからないが、できるだけ多くのひとにこのシリーズの存在と、さらにはその内容の充実度を知ってもらいたいための試みなのである。興味のある方はぜひアクセスしてもらいたい。

〈琉球烈像〉シリーズもこのあと、嘉納辰彦さん、伊志嶺隆(故人)、中平卓馬さん、山田實さんを次々と刊行予定である。ことしの前半に完結の予定であったが、若干の遅れは避けられなくなってきた。それでも東京国際ブックフェアがある七月上旬までにはすこしでも多く刊行しておきたい。思えば昨年のこのブックフェアでの新企画説明会でわたしみずから主要書店や取次関係者、マスコミ関係者の前で企画趣旨の説明をさせてもらったので、その成果を問うてみたいのである。

注　この写真展「沖縄・終わらない戦後」は日本新聞博物館での開催前日に起こった東日本大震災のため会場のパネルが壊れるなどしたため二日遅れの開催になった。震災後の交通機関や節電の問題その他のために当初の人出をかなり下回ることになってしまった。このあと、同展示は法政大学沖縄文化研究所のバックアップで東京市ヶ谷の法政大学外濠校舎1階ロビーで移動展として継続開催されることになった。

陽の目を見る写真集『日の丸を視る目』

（［未来の窓175］二〇一一・一〇）

昨年から刊行の始まった沖縄写真家シリーズ〈琉球烈像〉の第5巻、石川真生写真集『FENCES, OKINAWA』（二〇一〇年十二月刊）の「さがみはら写真賞2011」プロの部受賞がこのほど決定した。ことしで十一回目の比較的新しい賞だが、第一回の広河隆一氏をはじめ、長倉洋海さんや、昨年の石川直樹氏など、知名度のあるドキュメント系写真家が何人も受賞している。そのなかで女性写真家としては初めての受賞というのも話題のひとつだが、ちょうど先日沖縄に出かけたときに「琉球新報」「沖縄タイムス」に前後して真生さんの写真入りで大きく紹介されていた。〈琉球烈像〉シリーズとしては初回配本で第1巻の大城弘明写真集『地図にない村』が沖縄タイムス芸術選賞写真部門奨励賞を受賞したのにつづき、はやくも二つ目の受賞作品を生み出したことになる。このシリーズはまもなく刊行される予定の中平卓馬写真集『沖縄・奄美・吐噶喇 1974-1978』のほか、伊志嶺隆、山田實の写真集二冊を余すのみとなっており、なんとか年内完結をめざしているところである。

そうした過程のなかで真生さんの写真集『日の丸を視る目』刊行の話は昨年暮れあたりから出かかっていた。東京の小さな個展で、一部ではあるが、この〈日の丸〉シリーズの展示は大きなインパクトをわたしに与えてくれたので、これなら刊行したら話題性もあるいい写真集になるのではないかと即断した。とはいえ、すでに他社から刊行する話もあるようだし、こちらは〈琉球烈像〉で手一杯だったこともあって、話はまだ先のものと思っていた。ところが、三月になって、真生さんの気持ちが急速にこの〈日の丸〉シリーズをまとめたいという方向に傾いてきて、ちょうど東日本大震災をはさんで韓国、台湾に『日の丸を視る目』のための最後の撮影旅行に出かけることになり、刊行予定の確認の連絡が真生さんからきたのである。

結果からみれば、『日の丸を視る目』はテーマがテーマだけに、そうおいそれと出版社が手を上げる種類のものではなかったと思う。真生さんの立場はもともと政治的なものではなく、ひたすら〈日の丸〉という事象にたいしてそれぞれの人間がどう反応するのか、個人的な興味というべき視点から撮影されている。とはいえ、その発想の原点が、沖縄という場所に生を享けてそこで育ち、米軍基地の問題や米兵の起こす諸問題に日常的に遭遇してきた懐疑的な精神をもたざるをえない人間の目でとらえたものである以上、政治的なバイアスがかからないほうがおかしいのである。たまたま一九八七年の沖縄海邦国体で会場の日の丸を引きずりおろして焼くという「事件」を起こした知花昌一さんと出会うなかから、「日の丸の旗を持たせて、その人自身を、日本人を、日本の国を表現させたらおもしろいんじゃないか」という真生さんのテーマが発見され、一九九三年から一九九九年にかけて一〇〇枚の写真が撮られる。そこではアイヌの人や被差別部落民、在日朝鮮人といった対象が多く選ばれている。その後、二〇〇七年から写真集にまとめる意図をもって、日本国内だけでなく、「沖縄に最も近くて日本の植民地だった韓国、中国、台湾の人にもぜひ日本人を、日本の国をどう思うか表現してもらおう」という広がりをもつことになり、この間に八四枚の写真を撮影する。中国はさまざまな政治的配慮から実現できなかったが、こうして撮られたなかから一〇〇枚の写真をセレクトして出版するのが今回の『日の丸を視る目』なのである。

今回この写真を通して見ていて、〈日の丸〉という事象がひとにより、世代により、国により、さまざまなヴァラエティをもって取り上げられていることにあらためて感心する。自分だったらどう対応したかな、などと考えさせられることもあるが、わたしなどそもそも日の丸を手にした記憶がない。それぞれの反応がほんとうによく考えられたうえでの自己表現になっていることがわかる。日の丸を衣装の一部にしてみたり、頭にかぶってみたりするのはもちろん、それを雑巾にして汚してみたり蹴飛ばしてみたり敷物にしてみたり、さまざまに過激なパフォーマンスが演じられている。これを「冒瀆的」と見るひともいるだろう。一方では、日の丸を聖化する行動系右翼のひとたちもいれば、日の丸になんの抵抗もない普通のサラリーマン家族も撮られている。韓国や台湾のひとでも、若いひとたちは意外に日の丸や日本に同調しているひともいるが、もちろん大半は戦争の記憶をかかえていたりする世代もふくめてむき出しの敵意をもって対応しているのが印象的で、それぞれの表現がおもしろい。ときには血なまぐさいイメージを露出させるひともいて相当に強烈だ。日の丸の赤を血の赤と同化してとらえているひとが何人もいるのもひとつの特徴であろうか。

今回の写真集では、写真だけではなく、巻末に比較的長めの写真説明とその英訳を付けているのももうひとつの特徴である。写真説明はすべて撮影した相手のことばをダイレクトに伝えるものであり、当人たちの表現意図をはっきりと伝えている。写真それ自体がもつイメージ喚起力をある面では減殺してでも、撮影の意図や背景、構図の説明やメッセージを強く伝えようとする意味では、これはかなり特異な写真集だと言えるかもしれない。たしかに写真によっては、それ自体が多様な解釈を可能にするものもあり、意味の不明なものもある。種明かしに見られてしまう危険も承知のうえで真生さんはこのメッセージ性とともにある写真のインパクトに賭けているのではなかろうか。

こんな前代未聞の写真集はおそらく今後も出ないだろう。政治的にみればかぎりなくアナーキーだし、存在論的にも挑発的であることこのうえない。真生さんが言うように「私は日本人ではなく、沖縄人としてのプライドを持って、これからも生きていく」覚悟があって初めて可能な命がけのパフォーマンス写真集なのである。ならばわたしも命がけの連帯をおこなうことで、この停滞する世界にいくらかでも風穴を開けてみようかと思うのである。

出版の社会性・政治性

「復帰」三十年後の〈沖縄〉

（『未来の窓70』二〇〇三・一）

去る十二月八日（日）、東京外国語大学府中キャンパスでのシンポジウム《沖縄［復帰］後30年――記憶と映像III》に参加してきた。これは未來社からこの五月に沖縄返還三十周年を記念して出版された『沖縄の記憶／日本の歴史』の編者である上村忠男さんを中心とする東京外国語大学大学院共同研究室主催のシンポジウムで、沖縄の写真家たち八名による「琉球烈像 in 東京外大」写真展、高嶺剛監督の映画『夢幻琉球・つるヘンリー』とヴィデオ上映、上村さん司会のパネル・ディスカッション《沖縄［復帰］後30年を振り返る》という催しであった。パネル・ディスカッションには沖縄から参加された川満信一さん（詩人・批評家、元沖縄タイムス記者）、仲里効さん（批評家・写真家、「ＥＤＧＥ」編集人）、宮城公子さん（日本近代文学、名桜大学国際学部助教授）のほか、東京外国語大学から西谷修さん（思想文化論）と米谷匡史さん（日本思想史）が加わり、ヴィデオ上映をはさみ質疑応答もふくめて四時間ちかいディスカッションがおこなわれた。

あいにくその日の夜からことしの初雪に見舞われることになるこの冬一番の寒さと府中キャンパスのアクセスの不便さや事前宣伝の不足などいくつかの悪条件のために、参加者の数はいまひとつであったが、一日だけの展覧には惜しいほどの二五〇枚の写真展をふくめ、「復帰」後三〇年の沖縄のありかたをめぐる議論は、昨今の国内外のきびしい政治情勢を背景にそれぞれの思想的立場や出自を浮き彫りにさせた濃密な議論だったと思う。

もともとこの一連の〈沖縄の記憶〉プロジェクトは、東京外国語大学と沖縄での研究発表やシンポジウムをかさねるなかで、沖縄の戦争体験と戦後の日本への復帰にいたる過程、現在までひきつづく米軍や基地にかかわるさまざまな暴力犯罪被害や闘争の歴史をあらためて問い直そうとする試みであった。これらのシンポジウムの記録を中心にさきにふれた『沖縄の記憶／日本の歴史』という成果をもたらしつつ、そのプロジェクトの最後を締めくくるイベントとして今回のシンポジウムがあったわけなのである。

この〈沖縄の記憶〉プロジェクトにかかわるなかで、わたしのなかにもさまざまな〈沖縄〉があらためて浮上してきたことはたしかである。個人的に言えば、わたしの学生時代の争点は七〇年安保と沖縄復帰問題であったから、このシンポジウムは自分のなかの〈沖縄〉を再点検し、現時点での再考を鋭くうながすものでもあった。

沖縄の米軍基地は、戦後すぐにアメリカのアジア戦略の要衝としての役割を背負わされ、朝鮮戦争やヴェトナム戦争において米軍の出撃基地として最大級の機能を果たしたばかりでなく、日米軍事協定にもとづいて戦後の日米関係の矛盾と相剋を一手に引き受けさせられるかたちで沖縄が存在させられてきた、その端的な表現である。いわば沖縄は日本政府にとって喉に刺さったトゲであり、あるいは多くの日本人にとってはみずからの「平和」とひきかえに提供した代償である。いや、その代償たることを知らぬふりしてやりすごすことを許さない内なる傷としての〈沖縄〉の存在によって、それは政治的争点であるばかりでなく、たえず思想的争点でもあるような普遍的な課題でありつづけている。

今回のシンポジウムは、沖縄からのそれぞれ世代も出自も異なるパネラーの参加によって、こうした課題がかかえている持続性とともに、世代ギャップもふくめた問題のあらたな局面の一端が露出していたようにも見えた。

当然のことながら、〈沖縄〉という問題は時代情勢とともに時々刻々変容しているのだが、〈冷戦〉以後のアメリカによるグローバリゼーション＝一国世界支配というコンテクストのなかで、アジア戦略の位置づけもおおきく変わってきているのであり、そのなかでの沖縄のもつ意味もおおきく変化している。二〇〇〇年の沖縄サミットが演じようとした意味は、こうしたアメリカのグローバリズム支配戦略とそれに呼応しようとした「先進諸国」の追随ぶりの一大パフォーマンスだったことが明白だが、沖縄のなかからもこうした世界戦略を「知的に」肯定し、沖縄の歴史や記憶の意味をこの世界戦略のなかに溶解させてしまおうとする「学者」グループが台頭してきている。沖縄サミットにあわせるようにして琉球大学三教授の連名による〈沖縄イニシアティブ〉という提言が、あたかも沖縄の内在的な要求をふまえた正統的で建設的な主張のようにあらわれたのは記憶にあたらしい。

今回のシンポジウムのさいに入手した資料集のなかにこのグループによる〈沖縄イニシアティブ〉提言の全文と、それにいちはやく対応した沖縄のジャーナリストや批評家による地元での反応や批判文を読むことができたが、こうしたあたらしい情勢がつぎつぎに展開するなかで沖縄の内部がきびしい思想闘争にさらされているのだということを確認できた。この構造的対立の亀裂の深さは、米軍による東アジア軍事戦略の決定的転換とそれに付随する基地経済の、沖縄経済やひとびとの生活における絶大な威力が減殺されないかぎり、容易には解消しえない難問なのである。

高良倉吉氏をはじめとする〈沖縄イニシアティブ〉提言グループのよって立つ基盤も、保守勢力のこの現実至上主義＝基地不可欠論を共有しているのである。かれらの前提は「アジア太平洋地域において、ひいては国際社会に対して日米同盟が果たす安全保障上の役割を評価する立場に立つものであり、この同盟が必要とするかぎり沖縄のアメリカ軍基地の存在意義を認め」るところに帰着する。かれらの主張のでたらめさは、たとえば大多数の日本人が「専守防衛」を基本とする自衛隊の保持と日米安全保障条約を支持しているといったデマゴギーに集約的に表現されているように、まったくの現実追随論にすぎず、また、アメリカを「安全保障人」と見る認識の甘さと同根だが、こうした幼稚な主張が当時の小渕首相らのソフトな憲法改悪路線に「学問的な」装いをあたえていたことは見逃せない。権力はいつだってこうした御用学者を必要とするのである。

注　この〈沖縄イニシアティブ〉提言はそれ自体としては現在は沖縄ではほとんど問題にされていないようであるが、同根の立場に立つ「学者」は根強く存在する。

丸山眞男の読み直し——筑紫哲也の朗読にうながされて

（〔未来の窓83〕二〇〇四・二）

「筑紫哲也 NEWS23／年末スペシャル　なんでや!?　イラク派兵〜明日はどっちだ?〜」のヴィデオを見ることができた。これは昨年十二月二十二日にＴＢＳテレビで放映された年末特別番組のヴィデオであり、年末のあわただしさのなかでうかつにもこの番組を見損なっていたのを遅れて入手したものである。じつはこの番組の最後の十五分ほどのあいだに、故丸山眞男についての特集があり、未來社から刊行されている丸山氏の『現代政治の思想と行動』が数回にわたって筑紫氏によって朗読されていて、この番組放映の直後から書店や取次の注文がつづいていた。それは年明けになってもつづいており、テレビの影響力、とりわけ筑紫哲也の影響力に驚いていたのだが、わたしとしては、いささか異常な気がしないでもなかった。そんなこともあって番組のヴィデオを見たいと思っていたのがようやく実現したのである。

話に聞いていた通り、冒頭、筑紫氏が吉祥寺の丸山家を訪れ、「生きていらっしゃるころはとても畏れ多くてここまでは入ることができなかった」という丸山氏の書斎に筑紫氏が入りこみ、その本棚から抜き出した本がなんと『現代政治の思想と行動』であり、そこで「学生時代から一番よく読んだ思い出深い本」としてのこの本からの朗読がくりかえされる。まず最初に、チャップリン映画「独裁者」をマクラにした「現代における人間と政治」（初稿一九六一年）を引用しながら、「独裁者」のなかで逆さになって飛んでいき地面に激突する飛行機の映像がさしはさまれ、「人間と社会の関係そのものが根本的に倒錯している時代、その意味で倒錯が社会関係のなかにいわば構造化されているような時代」（前掲書四六三ページ、傍点—原文）があざやかに視覚化される。異常が異常でなくむしろ正常とさえ見なされる〈逆さの世界〉。現在の日本の政治や社会の異常なありかたにたいして筑紫哲也が丸山眞男のことばから喚起しようとするのはこの本末転倒したいまの日本の人間たちの感じ方、考え方の危険なのである。一九八八年の未公開ヴィデオにおける丸山眞男の発言、「わたしたちの言うことを古いと言うひとがいるが、いまもちっとも変わってないじゃないか」とともに、小泉首相のイラク派兵にかんして「日米同盟が最も大事な同盟だ」「それは本当だ」と連呼するなんとも愚かしい国会発言シーンが挿入される。意匠だけは変わっても戦前戦中からすこしも進歩しない日本人の心性が小泉の没論理的なゴリ押し発言に象徴されていることが容易に見てとれる。

日本社会特有の無責任の体系についても筑紫氏は丸山氏の「現代における態度決定」（一九六〇年講演、一九六一年初稿）のなかのつぎの印象的な描写の部分を朗読している。これはイタリア映画「ロベレ将軍」のなかの一シーンで、場面は第二次大戦中のドイツ軍占領下のイタリアの刑務所での話。丸山氏が「とくに印象づけられた場面」の原文をそのまま引かせてもらいたい。

《そこでは戦争中闇商売をやっていた男が、抵抗運動者やユダヤ人といっしょにつかまって、今やまさに処刑されようとしている。（中略）その闇商売をやっていた男は恨めしそうに、同室の囚人たちに対して、さかんにこういうわけです。自分は何もしなかったのにこういう目にあった、ユダヤ人でもない、抵抗運動もしたことはない、それなのにこんなにひどい目にあういわれはない、私は何もしなかった、何もしなかった、とヒステリックに叫びます。それに対して（中略）レジスタンスの指導者が静かにこういいます。「私はあなたのいうことを信ずる。しかしまさに何もしなかったということがあなたの罪なのだ。」これに対してその男が「それじゃあなたは何をしたのですか」と聞くと、そのファブリチオという抵抗者は「私はとるに足らない仕事をしました。ただ義務を果そうと思っただけです。もしみんながそれぞれ義務を果していたならば、たぶんわれわれはこんな目にあうことはなかったでしょう」ということを語ります。》（前掲書四五六―五七ページ）

こう丸山眞男は場面説明をくわえたあとで、つぎのように「問題の核心」を引き出す。

《つまりそれは不作為の責任という問題です。しないことがやはり現実を一定の方向に動かす意味をもつ。不作為によ

ってその男はある方向を排して他の方向を選びとったのです。》（前掲書四五七ページ）

ここで丸山氏は不作為の作為、まさに日本的な無責任であることの罪を鋭く指摘されている。これはかつてカール・ヤスパースがナチにたいする戦争中のドイツ人の「罪」として分類した「なにもしないこと」「見て見ぬふりをすること」さえも戦争犯罪であることを厳しく指弾して戦後ドイツの〈原罪〉からの再出発を促した思想の営為とつながるものを感じさせる。日本では丸山眞男のラディカルな（根源的なという意味での）思想の導きがあったにもかかわらず、ここで言われている〈不作為の責任〉はおろか、実際に生じた事実の認定さえも拒みとおそうとする心性がしぶとく残存しつづけているばかりか、歴史的事実を隠蔽し、なおかついわゆる歴史修正主義的なねじ曲げまでしてみせようとする勢力が大手を振ってのし歩いているありさまである。

筑紫哲也が番組冒頭で言うように「丸山眞男から戦後は始まった」かもしれないし、戦後民主主義の良質の部分はたしかに醸成されたけれども、いまはむしろその「戦後民主主義」さえも葬り去ろうとする勢力が政治の実権も言論空間も、さらには学問・教育の現場も支配しつつある。そんな悪条件のなかでこの番組は不作為と無気力に流されようとしている現代日本社会への、メディアとして説得力のある警鐘を高らかに鳴り響かせることのできた稀有な取組みであったと言うべきである。

この放映を見たひとたちが丸山眞男の再読の必要を感じてくれていることがさきの本の売れ方に現われており、すでに二十数万部を超えたこのロングセラーがふたたび新たな脚光を浴びていくことはわたしたちにとっても希望の光なのにちがいない。ひさしぶりに丸山眞男の本を再読して思わずこの一文を書いてしまうことになったが、すぐれた思想を読むことの興奮を思い起こさせてくれた筑紫氏にも感謝したい。

「週刊文春」出版差止め判決に見られる権力のテロ行為をめぐって

（「未来の窓86」二〇〇四・五）

三月十六日（火）、販売前日をまえに東京地裁が文藝春秋にたいして「週刊文春」出版禁止の仮処分命令決定をおこなうという暴挙がなされた。この出版差止め判決にかんしてはすでに新聞その他で報道されていることであるが、ここには出版人として看過することのできない問題がいくつも孕まれているので、わたしなりの考えを整理しておきたい。

まず今回の問題の発端とされているのは、すでに政界を議員辞職というかたちで引退したことになっている田中真紀子の長女の離婚をめぐる「週刊文春」の記事が個人のプライバシー侵害にあたるという判断である。残念ながらわたしはこの記事を読んでいないが、じつにつまらない、よくあるゴシップ記事とのことである。文春側もこの記事掲載にあたっては十分なほどの配慮をしたとのことだから（「徹底検証／田中真紀子長女記事　小誌はなぜ報じたか」、「週刊文春」4月1日号）、また、田中真紀子長女側の仮処分決定の申立てがあったとしても、それはせいぜい名誉棄損の損害賠償の問題にすぎない。また、田中真紀子の長女ははたして私人か公人かという議論もあるようだが、日本の政治家の選挙地盤の世襲という現状からみて、有力政治家一族は実質的に公人とみなされなければならない。情けないことだが、田中真紀子のような「主婦感覚」を売り物にするだけの思い上がった人間を議員にしてしまうような選挙民が多数いるかぎり、この私人―公人問題は存続するが、ほんらいまともに論じるほうが馬鹿らしいほどの低次元の問題にすぎない。そうした次元のゴシップが週刊誌ネタになっている現状自体が問題なのであって、表現の自由・出版の自由の本質はそんな次元にあるのではないことは言うまでもない。

しかし、こんな問題とするに値しないはずの事件が司法権力の無見識を呼び出したのが今回の出版禁止の仮処分命令決定である以上、事態は「週刊文春」の個別記事の問題を超えて一挙に重大な局面にいたる。この程度の（それ自体ではけっして誉められるべき内容ではない）記事を、個人のプライバシー侵害というような理由づけで、憲法二十一条で保障されているより公共的価値の高い表現の自由（言論・出版の自由）を抑圧しようとするのが今回の仮処分命令決定だからである。その裏には有力政治家の意向が強く働いていると言わざるをえない。すでに法制化されてしまった個人情報保護法などに見られる政治家のプライバシー保護の名目を借りた言論封殺の策動がじわじわと司法権力にも及んでいるのであろう。今回のように憲法で保障された表現の自由を司法権力がいとも簡単に犯してしまうことができたのは、この国で司法権力がすでに政治からの自立を決定的に失ないはじめたことの紛れもない証左であろう。

もっとも小泉首相の靖国神社公式参拝を憲法違反であるという最近の福岡地裁の勇気ある判決も出ている以上、司法権力といってもすべて一律に判断するべきではない。政治や行政の意向にもめげず毅然とみずからの良識や良心にもとづいて憲法を遵守し判決をおこなう裁判官もすくなからず存在する。むしろこのたびの東京地裁の判決が、たったひとりの裁判官の表現の自由にたいする不見識ゆえの判断ミスという側面もありうる。しかし一説によれば、この裁判官は東京地裁のなかでも責任ある立場にあり、内部的にはこのひとが判決を出すなら誰にも批判はできないといったエリートと見られているらしい。だから通常は三人の裁判官による合議制で判決がでるところをたったひとりの裁判官の独断でこんな重要な判決が出ることになってしまったのだ。もしそうであるなら、いまの司法権力中枢が陥っている現実認識の欠如、憲法認識の反動化にはおそるべきものがあると言わざるをえない。立花隆が言うようにこれは「憲法が保障する言論・出版の自由に対して国家の側が加えてきたテロ行為である」（前出「週刊文春」）とみなすべきである。個人のプライバシー侵害という名目を借りた、週刊誌への言論弾圧は、かつてナチスや戦前戦中の日本軍国主義がおこなったように、憲法違反を平気でおこないつつ、つぎつぎと国家的テロ行為の強度を増していくことになりかねない。われわれ出版人がこの事件を蟻の一穴として認識しなければならないのは、すでに歴史が証明していることだからである。

もうひとつ見逃してならない問題は、今回、文春側の弁護士が裁判官に（おそらく田中真紀子側にも）「週刊文春」の該当記事のコピーを事前に提出していたらしいと言われていることである。どういう経緯でそうした提出がなされたのかは不明だが、これは戦前の事前レフェリーと同じである。あらかじめ裁判所が事前レフェリーを求めたのであるなら、司法自体が表現の自由を侵害する憲法違反を犯していることになり、そうでなくて文春側の自主的行為だとすれば、表現の自由・出版の自由をあらかじめ放棄した、権力にたいするたいへん卑屈な行為ということになる。そのいずれかでなければ、まだ出版されていない週刊誌の記事がもとで刊行以前に差止めの仮処分がおこなわれることなど論理的にありえないからである。かりに出版差止めになることなどありえないという予断のもとに、まさかのために事前レフェリーを願い出たのだとすれば、とんでもない権力への迎合であろう。実際はどちらに責任があるにせよ、これは戦争中の国家権力による事前レフェリーを復活したことになり、われわれ出版人としては絶対に許すべからざる事態なのである。

今回は東京高裁への上告によって出版差止めの仮処分命令決定は覆され、表現の自由・出版の自由はとりあえずは守られることになった。しかし、われわれ出版人は今後こうした権力側からのテロ行為の危険にたえずさらされることになった。そればかりか、同じ出版人・言論人のなかにも、本来の言論による相互批判や理論闘争の手段を放棄して短絡的に司法権力に訴えることで、学問的であれ私怨であれ、問題を権力的に「解決」しようとするひとが出てきている。危険な兆候は内部からも蝕まれはじめているのである。

注　この文章にたいして読者から文藝春秋はとんでもない右派ジャーナリズムなのに、なんで擁護するようなことを書くのかといった批判が送られてきた。しかし読んでいただければわかるように、ここで述べているのは、文藝春秋を全面的に擁護しているのではなく、批判すべきところは批判したうえで、権力的な横暴が平然とまかりとおるような傾向に警告を発していることを見落とさないように願いたい。

問われるメディアの権力構造

（「未来の窓97」二〇〇五・四）

いま堀江某率いるライブドアなる新興ネット企業がニッポン放送株の買収問題でフジテレビとその占有率をめぐって争っている。このほど東京地裁でフジ側のとった新株予約権発行という姑息な手段の違法性が裁決され、とりあえずライブドアに有利な展開になっている。国民の関心も高いようだが、このネット成金の若者のとった行動が右派メディアの代表的存在であるフジ＝サンケイ・グループの牙城をどういう意図をもって攻略しようとしているのか、そこがよく見えてこないだけに不気味だ。昨年の近鉄球団買収への関与、新球団への異常なほどの執着も解せないものがあったが、こういういったん思いついたら命がけというファナティックな欲望が、とかく話題性のありそうな企業や媒体に触手を伸ばしていこうとする姿には、危険な匂いがする。その危険な匂いに若い世代が妙に共感を覚え、自分たち世代の旗手として支持していく流れは、大げさに聞こえようがいささかファシズムの予兆を感じさせられる。

言ってみればなにやらいかがわしい意図をもった若者がインターネットでの成功とそこで得た莫大なバブル資金をバックに、旧体制へ果し状を突きつけているという構図である。裁判所がそれにたいして一見公正な判断をくだしているのは、フジ側のあまりにも見えすいた対応策のゆえでもあるが、もしかすると国家〈権力〉の発動のしかたとしてはいささかスキのある判定であるかもしれない。なぜなら、この争いは右派メディアの慢心に乗じ、しょせんちょっと反抗的な若者が資本主義的合法性すれすれの手段を使って既成のメディア権力を乗っ取り世代交代のチャンピオンとして権力ゲームに参加したいというだけの振舞いに見えるからだろう。どちらに転んだところでメディアとしての健全な主体性など期待できないのである。

さて、すでに旧聞に属することになるが、昨年からことしのはじめにかけてＮＨＫにかんするスキャンダルがつぎつぎと暴かれ、長年にわたってＮＨＫに君臨してきた海老沢勝二会長が辞任に追い込まれた。これまでにもさんざん指摘されてきたＮＨＫの半国営放送的な権力への迎合的姿勢、組織体としての陰湿さ（相互監視体制）、そこへもってきて経理のずさんさがこのたび明るみに出されたわけである。なんの法的罰則規定もないのにほとんど強制的に徴収されてきた受信料をいっせいに拒否する動きがひろがったのも当然である。未來社の本多勝一『ＮＨＫ受信料拒否の論理』が広く読まれたのはすでに三十年も前のことである。ＮＨＫは何も変わっていないばかりか、ますます批判力を失なったメディアに成り下がっている。

戦時中の「慰安婦」問題をめぐる企画の放映のさいに、ＮＨＫが自民党の一部極右勢力からの圧力を受けて番組を改竄した問題を「朝日新聞」が指摘したことがきっかけとなって、ＮＨＫと朝日新聞社が対決している状況がいまもつづいている。さきほどのライブドアとフジテレビの低次元な利権争いとは違った意味で、もっとも影響力の大きいメディア同士の対立であり、発端となった問題の性格上からも、このメディアの基本姿勢を旗幟鮮明にする対決はもっと注目されなければならない。

このＮＨＫによる番組改竄の真相は、昨年三月に未來社から刊行された高橋哲哉さんの『証言のポリティクス』に収録された「何が直前に消されたか——ＮＨＫ『問われる戦時性暴力』改変を考える」にくわしく検証されている。

高橋さんはＮＨＫ教育番組で二〇〇一年一月二十九日から二月一日にかけて四夜連続で放映されたシリーズ「戦争をどう裁くか」全四回のコメンテーターとして出演したなかで、そのなかの第二回「問われる戦時性暴力」の部分が最初の企画の段階からいくらかの妥協をふくむ「修正台本」を経て、最終的に放映されたときの著しい改竄ぶりを高橋さんが所有する番組台本にもとづいて徹底的に検証している。右翼団体の放送中止の脅迫があり、自民党極右勢力からの政治的圧力があり、さらにはＮＨＫ「上層部」からの自己規制などの圧力がかかった結果、〈女性国際戦犯法廷〉の実体は隠蔽され、そこで提起された「慰安婦」の抗議の意味を掘り下げる議論や昭和天皇の戦争責任という二つのタブーに触れた部分はすべて回避された内容に改竄されたというのである。

高橋さんはこの問題はNHKだけの問題ではなく、こうした社会のタブーに触れようとするメディアのほとんどにかかわる重大な試金石であることを提起する。現にこの一連の問題にかんして新聞・テレビのほとんどのマスメディアが論評はおろか無視する姿勢をとりつづけているのである。国際的にも歴史的にももはや動かすことのできない歴史認識とその解決への努力――「慰安婦」問題の国家としての責任の認定と謝罪・補償の実現、昭和天皇の戦争犯罪の確認――を隠蔽してメディアの真の自立はありうるのか、と。

《この国のすべてのジャーナリスト、メディア関係者に私は問いたい。みずからに問うてほしい。本当にこのままでよいのだろうか。「慰安婦」問題について、「戦争責任」問題や「歴史認識」問題について、本当にこのまま、事実を直視せず責任も回避して、国際的に通用しない独り善がりの主張を振りかざすだけの勢力が力を強めるにまかせておいてよいのだろうか。本当にこのまま、この国とその国民がアジアの人々の信頼を回復できず、将来にわたって孤立し続けることになるとしても、それでよいのだろうか。》（『証言のポリティクス』一二五ページ、傍点は原文通り）

わたしはこの高橋さんの真摯な呼びかけに強く共感し、深く受け止めたい。この問いかけに答えようとしないすべてのメディアや過去の亡霊勢力にたいして継続的に戦わなければならないと肝に銘ずるのである。われわれもふくめてメディアという権力の内実がきびしく問われている。

（『未来の窓109』二〇〇六・四）

〈白バラ〉の問い――映画『白バラの祈り』の意味

いま、〈白バラ〉をめぐる問いがあらたに発せられている。言うまでもなく〈白バラ〉とは、第二次世界大戦下のナチス・ドイツで大学生たちによって組織された反ナチ抵抗運動だが、この小グループの運動が一九四三年にゲシュタポによって壊滅させられるその経緯を、とりわけその中心人物ハンス・ショルの妹ゾフィー・ショルに焦点をあてて映画化した『白バラの祈り――ゾフィー・ショル、最期の日々』(マルク・ローテムント監督)が静かな感動を世界じゅうに呼び起こしている。

すでにこの映画は、昨年のベルリン国際映画祭での最優秀監督賞、最優秀主演女優賞をはじめ数多くの映画祭でも受賞作になっている。日本でも、日比谷シャンテ・シネでの上映が連日盛況で、今後も日本各地での上映が続々と予定されている。朝日新聞社が協賛していることもあって、強力なキャンペーンのもとにマスコミ各社もこぞって好意的な映画評を掲載するなど、話題にも事欠かない。この動きに呼応して、各地で〈白バラ〉関連の映画上映会、シンポジウム、写真展などが開催され、主要書店での〈白バラ〉関連本フェアも好調である。

こうしたなかで、未來社からも年頭にこの映画のオリジナル・シナリオが同題の本として急ぎ刊行され、映画とあわせて書評に取り上げられるなど、動きも活発である。また、既刊本のロングセラー『白バラは散らず――ドイツの良心ショル兄妹』(インゲ・ショル著/内垣啓一訳)とひさびさに復刊した『白バラ抵抗運動の記録――処刑される学生たち』(C・ペトリ著/関楠生訳)も驚くほど売れ、日比谷シャンテ・シネでは上映期間中に〈白バラ〉関連本ですでに六〇〇冊を超える売行きになっているほどである。『白バラは散らず』は重版して一か月たたないうちに追加重版することになった。こんなことは最近の未來社ではめったにないことである。脚本家フレート・ブライナースドルファーによるオリジナル・シナリオ版はもともと大部な『白バラの祈り』という原書の一部を抜き出して刊行したものであり、新資料にもとづく〈白バラ〉の歴史的研究をふくむ残りの資料篇(注)も今年じゅうには刊行できる予定である。ナチ研究の重要な一面が全面的に開示されるものとおおいに期待している。

いまさらわたしなどが喋々するまでもないが、〈白バラ〉の抵抗運動とはミュンヒェン大学医学部の学生たちというインテリによる非暴力的な言説(ビラ撒きや落書き等)での反ヒトラー政府運動であり、一斉逮捕のあと、わずか六日間で国家反逆罪として一方的に断罪され、斬首刑に処せられるという無惨な結末を迎えている。しかし、こうした一見するとひよわそうなインテリたちの抵抗運動が、じつは強靱な精神によって支えられたものであったことが今回の映画をつうじて明らかにされる。とくに主人公であるゾフィー・ショルが抵抗運動をつうじ、さらには非道な裁判での言論闘争をつうじて、人間的にも一気に成長し精神的にも強くなっていく姿が強烈な印象をあたえる。おそらくこの姿が世界じゅうのひとびとに圧倒的な感銘をあたえ、なにものにも屈せずに生きることの美しさを教えているのだろう。なにしろゾフィーはたった二十一歳だったのであり、兄ハンスに影響されたにしろ、逮捕前はごくふつうの少女にすぎなかったのだから。

こうしたゾフィーの心の動きは、たとえばゲシュタポの尋問官ローベルト・モーアの尋問への応答のなかで、最初のはぐらかしの姿勢からすこしずつ断固たる主張に変わっていくことからも見てとれる。「心から忠告しておくが、無条件にためらうことなく真実を答えたほうがいい」と言うモーアにたいして、ゾフィーはこう答える。――「ビラに関わっているなどということは、ぜったいにありません。兄はくだらないジョークをいったかもしれませんが、真犯人が見つかってないために、私たちに疑いがかけられていることは理解できます。しかし、ほんとうに無関係なのです。」(『白バラの祈り――ゾフィー・ショル、最期の日々　オリジナル・シナリオ』五七ページ)

しかしこのゾフィーの発言は兄ハンスをかばうためのものであり、のちに動かぬ証拠を突きつけられたときに、兄といっしょにビラをまいたことを認めざるをえなくなり、こう言う。――「その通りです――私はそれを誇りに思っています！」と。(同前、八七ページ)

ここから尋問官モーアとゾフィーとのことばのバトルがつづくのだが、この映画の見どころのひとつがこのことばによるバトルにあることは明らかであり、〈白バラ〉の抵抗運動が非暴力を貫いた言語の運動であったことがわかるのである。モーアはナチの小役人がつねにそうであるように(『イェルサレムのアイヒマン』におけるアドルフ・アイヒマンを想い起こそう)、いわばうだつの上がらない下層階級の人間がナチスによって成り上がった人間なのだ。だからモーアはゾフィーにこんな恨みがましいことを平気で言うのだ。

「君は特権階級なのだ。君と君の一味は、恥知らずに特権を濫用している。君たちは、われわれの金によって戦争のまったなかで大学で勉強することを許されている。私は、糞みたいな民主主義の時代には、仕立屋の修業しかできなかった……（中略）ナチズムの運動がなかったら、私はいまもピルマゼンスで田舎警官をしていただろう。」（同前、一二〇ページ）

だからこそ映画の最後で「人民法廷」裁判長ローランド・フライスラーというヒステリックで狂信的な男にたいして自分は「言葉で闘っている」（同前、一八〇ページ）ことを明言さえするのだ。そして最終判決を下そうとするフライスラーにたいして「私がいま立っている場所に、もうすぐあなたが立つことになるでしょう」（同前、一九五ページ）という決定的なことばを吐く。ことばを信ずることは、自分の来歴、現在を信ずることであり、未来を見通す視点を貫くことにつながる。ここにこの映画の感動の極みがある。

注　この資料篇は『「白バラ」尋問調書』として翌二〇〇七年に刊行された。

小泉首相の靖国神社公式参拝にみる時代の危機

（［未来の窓114］二〇〇六・九）

この八月十五日（六一回目の敗戦記念日）、小泉純一郎首相は、首相就任時の「公約」としていた靖国神社への公式参拝を、近隣諸外国や周囲の反対や疑問にもかかわらず、ついに強行した。首相任期をあとひと月ほど残してこれが最後のチャンスとばかりに、これまでは非公式参拝としてさえ批判を浴びていた靖国参拝をなりふりかまわず断行したのである。あのタカ派として知られた中曾根康弘元首相以来、二十一年ぶりの首相としての靖国神社への公式参拝であり、小泉純一郎は歴代首相のなかでも屈指の軍国主義者としてみずからを位置づけたことになる。

当然のことながら中国や韓国をはじめこの公式参拝には厳しい批判の声が挙がっているが、そんな批判などどこ吹く風というポーズをとるのが好きなのがこの男なのだ。再三にわたっての非公式参拝で中国、韓国との首脳外交は途絶したまま、この男は首相の座を去る。あとは野となれ山となれ、というのがこの無責任男の本性なのである。これまでは憲法で保障された個人としての思想信条の自由の行使としての参拝という建前をとってきたのだが(それ自体が首相という公的な身分であることを忘れた形式論理のみの理屈でしかないが)、いよいよ化けの皮がはがれたことになる。

言うまでもなく、靖国神社とは第二次世界大戦の戦争犯罪人として重大な責任をもつA級戦犯を合祀している国家神道の権化としての追悼施設である。戦争で命を落とした無数の無名戦士は近くの千鳥ヶ淵に葬られているのにたいして、靖国神社は戦争犯罪人を特権的に祀っている神社なのである。

A級戦犯容疑者でありながら占領軍の特別の計らいによって訴追を免れ、のちに首相にまでのしあがった岸信介を祖父にもつ安倍晋三がお忍びで靖国神社を参拝するのはこの意味で理由のないわけではないが、ポスト小泉のトップランナーと見られているこの男が日本の首相におさまるようなことになれば、今後の外交問題はますますひどいことになっていくのは目にみえている。自分の祖父をA級戦犯扱いすることを認めず、戦前の日本帝国主義のおこなったさまざまな野蛮行為をいっさい認めようとしないこんな世間知らずのお坊ちゃまが、どうして小泉が踏み抜いた近隣諸国との歴史認識をめぐる落差を埋めることができるだろうか。中国政府や韓国政府が、すでに命脈の尽きかけている小泉の公式参拝にこれでも意外なほど目くじらを立てずにいるのは、この男には何を言ってもムダだとわかってしまっているからであると同時に、ポスト小泉候補の言動により危機感をいだいているためでもあろう。

その意味では、もうひとりの首相候補に躍り出てきた麻生太郎も然りである。この三井三池炭坑を食い物にしてのし上がった財閥のお坊ちゃまも安倍晋三と同じく強硬なタカ派であり、第二次大戦中のアジアへの侵略行為も侵略ではないと強弁するウルトラ右翼である。小泉純一郎は無責任でおめでたい自我拡張論者だが、安倍晋三と麻生太郎は、みずからの出自に必然的につながっている確信犯的な歴史修正主義者である。かれらは教育基本法さえも改悪して、自分たちへの批判勢力を押さえ込み、若いひとたちにまともな批判意識が育たないような教育方針を推し進めている張本人たちでもある。

かれらが政権を担うようになると、日本の右傾化にますます拍車がかかるようになるのは間違いない。中学校や高校で現におこなわれている国旗（「日の丸」）と国歌（「君が代」）への起立拒否教師などへの教育委員会による監視と処罰の暴力的支配が、いずれ言論・出版の自由への規制や圧力となってあらわれてくるだろうことは予想できる。小泉首相によるイラク派兵が事実上の自衛隊の海外派兵の実現であったように、憲法で保障されているさまざまな自由が現実的な場面ではすでに歪曲や制約を受けており、平和憲法はみずからの手で守らなければなしくずしに崩壊させられるところまで近づいていることを、われわれ出版人も認識しなければならない時期にきたのである。

小泉首相の靖国神社公式参拝を批判していた自民党の加藤紘一元幹事長の実家が、小泉参拝と同日の夕方に右翼団体幹部とみなされる男によって放火され、男も割腹自殺を図ったことが報道された。こうした一事をみても明らかなように、自民党幹部でさえも政権をになう主流派でなくなればこうしたテロに遭うこともありうる危機的状況になってきたのである。ヒットラーが政権を握ったあと、それまで手足として使ってきた突撃隊がじゃまになってくると一網打尽に殺戮したナチの恐怖の時代と、強者の論理がほとんど無抵抗にまかり通る日本の現在とをオーヴァーラップさせてみるのは、はたして行き過ぎだろうか。

そう言えば、さきごろ昭和天皇の靖国神社批判がまことしやかに報道されたことがあった。A級戦犯の合祀された靖国には参拝できない、と昭和天皇が側近に語ったというメモが見つかったというのである。ことの真偽は定かではないが、もしそれが本当だとしたら、なぜこの時期にそういうものが公表されたかの裏を考えなければならない。

ひとつは女性天皇をめぐる論議にもあらわれている天皇家存続の危機でもあるこの時期に、小泉首相の軽はずみな靖国神社公式参拝の累が天皇家に及ばないように予防線を張ったとみることが可能である。あらかじめ天皇家を免罪しておこうという打算が働いたという可能性は否定できない。

もうひとつの可能性としては、ポスト小泉をねらう勢力が、小泉首相以上に靖国護持論者である安倍晋三と麻生太郎を窮地に追い込もうとするいささかミステリー的な陰謀説である。そんな力学が働くような場所のことにはうといので、あくまでも推測の域を出ないが、そんなことをおのずから考えさせるタイミングの良さにはなにか政治の裏側のおそろしい詐術が働いているのではないだろうか。しばらくはこの状況から目を離せないだろう。

注　小泉首相の退陣後、安倍晋三と麻生太郎が首相に収まったが、結局いずれも世間知らず丸出しの政治オンチぶりで世界の失笑をかって早々に退陣したのは周知のとおりである。

（［未来の窓127］二〇〇七・一〇）

〈戦後レジーム〉の再検証

九月十二日昼、安倍晋三首相が突然の辞意を表明し、政局は大混乱に陥っている。七月の参院選での自民党の大敗にもかかわらず強引に政権にしがみつき、臨時国会を召集してまでおこなった直前の所信表明演説ではテロ特措法（テロ対策特別措置法）の延長のためには「職を賭して」とまで見得を切った舌の根も乾かぬうちにおきたこの退陣表明は、いったいどういうふうに理解したらいいのだろう。それも午後一時からの代表質問を直後に控えての昼前、周囲の自民党幹部数人に意向を伝えただけで、ことは一方的におこなわれたようである。

わたしは以前、「小泉首相の靖国神社公式参拝にみる時代の危機」（本書四三一頁以下）で安倍晋三が首相になっても時代の危機は乗り越えられないだろうという趣旨の意見を述べたことがある。政権はおそらく一年ももたないだろうと予想していたが、ほんとうにその通りになった。「自分の祖父（故岸信介）をA級戦犯扱いすることを認めず、戦前の日本帝国主義のおこなったさまざまな野蛮行為をいっさい認めようとしない世間知らずのお坊ちゃま」とそのとき書いたのだが、そのときは安倍への期待感が強かったためか、むしろ反発を買うこともあったようである。あろうことか「未来」

の読者カードを使って地方の読者から（無記名で）こんな文章を書くヤツは国外へ出て行け！　と罵倒されたこともあった。その意味では、安倍晋三は自民党の内部だけでなく世論のかなりの支持を受けるかたちで首相の座についたのである。

しかし結局は「世間知らずのお坊ちゃま」という本質は最後まで変わらず、自分の思い通りにいかないと面倒なことは投げ出す幼児体質そのままに、政権をほっぽり出してしまったというのが事の真相だろう。稀代のポピュリスト小泉純一郎の衣鉢を継いで〈改革〉を謳ったものの、〈美しい国〉ということば同様、なんの裏づけもない空理空論にすぎなかったから具体的なことはなにもできなかったのは、前任者と同じである。しかも前任者のような閣僚を威嚇的に扱いうる求心力もなにもない「おともだち内閣」しかつくれなかったために閣僚の失言やら失態やらが相次ぎ、しまいには自分もぼろぼろになってしまったようである。民主党党首の小沢一郎との党首会談をもちかけて相手にしてもらえなかったことも辞任表明の理由のひとつとされているのもこの幼児体質の一端であろう。あれやこれやが重なって心身耗弱の状態に陥ったという説もあるが、ひとことで言って首相になる器でなかったことになると言えば、それまでの話であるが。

そうすると日本のこれからはどうなるのだろう。おそらく現状では日本の首相は、自民党の誰がなっても、その力量や思想性において、期待をもつことはできそうもない。また民主党にしたって、もともとは自民党の分裂からできただけの党であって大同小異、公明党にいたってはその宗教性が権力をもつことになれば得体の知れないことになろう。なにはともあれ、当分のあいだ日本の政局は予想される内紛ともども世界じゅうの注目を浴びることになるだろう。本稿が活字になるころは後継者（注1）も決まっているだろうが、せめて失笑を買わない程度の人材の登用を望みたい。

今回は思いもかけぬ事態が起きたためについ政治の話に首を突っ込んでしまった。安倍首相の言う〈戦後レジームからの脱却〉とは逆に、出版の世界においてはこの〈戦後レジーム〉のさまざまな局面の再検証があらためて必要ではないか、と思っている。戦後日本を背負ってきた「団塊の世代」の退職〜再就職といった問題が現実味を帯びてくるにつけ、この世代（わたしもそのひとりだが）が生まれ、育ち、活動してきたこの戦後の時空間をあらためて計測し直すような試みが今後の課題のひとつになるだろう。

この十月三十日に没後一周年を迎えられる故木下順二さんの仕事は、主としてこの戦後的時空において演劇という形式をつうじて熱いメッセージを残してきたものであることがよくわかる。以前に予告したように（「木下順二さんとともに五〇数年」［本書四八四頁以下］）、『木下順二作品集』（全八巻）の各巻末に収録されたさまざまなジャンルの識者と木下さんによる「解説対談」を『木下順二対話集　ドラマの根源』として一冊にまとめることになって、あらためて通読してみると、いまや冷却してしまった精神的・思想的な同時代感覚と人びとのあいだにおける連帯感の広がりと熱さを感じざるをえない。ここには丸山眞男や内田義彦のような社会科学者、野間宏や堀田善衛といった文学者、竹内実や猪野謙二、江藤文夫のような研究者、評論家、尾崎宏次や下村正夫といった演劇プロパーとの、自作にかんする対話を通じて木下さんがその時代と格闘しながらなしとげてきた仕事が存分に語られているのである。他ジャンルのひとたちとのジャンルを超えた交流がさまざまなかたちで存在していたことの結果として、こうした対話が実現したのである。その意味で、この一冊は木下順二の演劇論であると同時に〈戦後レジーム〉の実質を積極的に開示する貴重な記録としてあらためて読み直される価値があるように思われる。

こうした過去の仕事の見直しと同時に、新しい時代状況を踏まえたさまざまな総括的な企画もすこしずつ始めたい。そのひとつが本誌今月号（「未来」二〇〇七年十月号）からのリレー連載、特集「思想学の現在と未来」（注2）である。これは政治学者の田中浩さんを中心とした社会科学方法論の今日的見直しといった性質をもつ。すこし手薄になりがちな社会科学関連の論文をこれを手始めに「未来」で展開していこうと考えている。また、小林康夫さんの連載「思考のパルティータ」はかれの哲学的・文学的思考／志向の連結と新たな方向性の探究をめざす意欲的な試みになるだろう。

単行本企画につながるこうした意欲的な連載や特集を織り込みながら、しばらく「未来」の編集にも取り組んでみたいと思っているところである。

注（1）この後継者とは麻生太郎。前掲「小泉首相の靖国神社公式参拝にみる時代の危機」で予想したとおり、安倍晋三のあとを受けて首相になったが、民主党に政権を奪われて自民党のおそらく最後の首相を一年で退くことになった。
（2）このリレー連載は田中浩編『思想学の現在と未来――現代世界―その思想と歴史①』として二〇〇九年に刊行された。その後、この「現代世界」シリーズは続巻として『ナショナリズムとデモクラシー』『EUを考える』が刊行された。

〈知〉は誰のためのものか――二つのシンポジウムに参加して

（「未来の窓129」二〇〇七・一二）

この十一月十日（土）、十一日（日）と、種類も趣旨もおおきく異なる二つのシンポジウムにつづけて参加した。いずれもわたしにもかかわりの深いシンポジウムであったが、そこにはかなりの落差と考えさせられるものがいろいろあったので、とりあえずの私見を述べておきたい。

前者は、紀伊國屋ホールを舞台にしての書物復権8社の会共同主催による書物復権セミナー「書物復権2007〜今、教養の場はどこにある?」の第二回「大学の〈知〉、街の〈知〉」で、パネラーは佐藤良明、管啓次郎、坪内祐三の三人。

後者は東京外国語大学での特別シンポジウム《沖縄・暴力論2007》の第二部のなかのシンポジウム「暴力とその表出」（パネラーは西谷修、仲里効、目取真俊、真島一郎）。わたしは二日にわたるイベントの二日目の午後の部の映画（中島貞夫監督「沖縄やくざ戦争」）上映の途中から参加しただけであって、ここでの感想も全体に及ぶものではなく、あくまでもシンポジウムに関する部分にとどめる。

さて、最初に「種類も趣旨もおおきく異なる」と述べたように、前者は都心の第一級の場所を舞台に、われわれ専門書出版社の肝いりで開催され、パネラーもテーマもこちらで選ばせてもらったものである。紀伊國屋ホールという不特定のひとが多く集まりやすく器も大きい場所柄か、また有料という事情もあって、どうしてもあまり専門的なパネラーやテーマを選びにくく、時間も限られてしまうという条件がつねに先行し、一方ではそういう人集めの可能なスター級の著者と日常的なかかわりの少ない専門書系出版社としてはいつも人選とテーマ設定に苦労する。かりにそういう人選ができたとしても、日程調整、共通のテーマ設定がむずかしいという問題もある。今回の「大学の〈知〉、街の〈知〉」というテーマもどこか二元論的で、残念ながら話がうまくかみ合ったとは言いかねるのである。

大学での教育のありかた、制度の歪みが大きな隘路をかかえているいま、〈知〉の問題、学問の問題が大学内外でも、マスコミや出版の世界でも大きな関心を呼び起こさずにはいない。しかしその一方でこうした問題は一般のひとたちの関心へと広く解き放たれているわけではない。むしろ大学を文部官僚の目の届く範囲で管理していこうとする暗黙の力学が教育現場に強く作用を及ぼしており、教育の荒廃は大学教師みずからが闘うべき自身の課題ともなっている。

こうした大学および大学教師みずからがかかえる困難をどう乗り越えるのか、すくなくともどう対処するのかという問いに応えるべく開かれたひとつの試みが、東京外国語大学での特別シンポジウム《沖縄・暴力論2007》であったのではないか。(注)すくなくともそこには抽象的な大学の〈知〉という議論ではなく、現在のパワー・ポリティクスの焦点とも言える〈オキナワ〉をテーマにそこにうずく政治的・歴史的諸問題の根深さをえぐりだそうとする〈知〉の切っ先が感じられた。西谷修さんを中心とする東京外国語大学教員と沖縄から招かれた映像作家／批評家の仲里効さん、作家の目取真俊氏を交えた議論は、必然的に大学内部だけで自足する水準からははるか遠く、現実の世界の発火点と切り結ぶ危機意識の現われがあったと思う。

戦争中の沖縄での「集団死」が日本軍の強制であったことを教科書から削除しようとする文科省の検定結果にたいする、沖縄での十一万人を超える大集会（九月二十九日、宜野湾市海浜公園）が提起するものはなにか。明治の第一次琉球処分にはじまり、第二次大戦末期の沖縄戦を経て戦後の米軍占拠という、日本政府の度重なる沖縄抑圧〜切り捨てという歴史の隠蔽を図るヤマトに対する断固たる抗議がそこにある。今回のシンポジウムはこうした政治的・歴史的背景をもつ現在の沖縄がかかえるさまざまな矛盾を〈暴力〉をキーワードに読み解こうとする試みである。

そしてこのシンポジウムの仕掛け人である西谷さんが語ったように、そのきっかけとなったのが今春刊行された仲里効さんの『オキナワ、イメージの縁（エッジ）』（未來社）であったことはいささかの偶然でもない。仲里さんの著書は沖縄返還の年、一九七二年前後の沖縄をめぐるさまざまな映像を解読することをつうじてそこに貫通されている多様な政治的力学を内在的に明らかにしようとする稀有な試みであり、多くの発見をともなうそのイメージ解析はオキナワが複雑に重層させている矛盾の深層をその発火点ぎりぎりのところでとらえた同時代イメージ論である。歴史的な諸矛盾をそこに生きる沖縄の人びとの生活現実や意識とのあいだの亀裂としてとらえ、そこに走る縫合線を見出そうとする西谷さんにとって、仲里さんの本が与えたインパクトは相当なものだったにちがいない。

仲里さんの本でも論じられた映画「沖縄やくざ戦争」において千葉真一扮する国頭正剛の強烈な「沖縄ナショナリズム」が体現した反ヤマトの暴力性はまことにすさまじいものだが、今回のシンポジウムで目取真俊氏がこの映画について述べたこともあざやかな視角を提示するものだった。目取真氏はこの映画を観て悲しくなるのはいつでも沖縄人同士が殺し合うばかりだということであり、ヤマトの代わりに自分たちがいがみ合い、殺し合う構図のやりきれなさを指摘された。今度はウチナンチューがヤマトンチューを殺す場面を見たいものだとも半分冗談めかして目取真氏は話されたが、わたしはここにオキナワの人たちの奥深いヤマトへの憎しみ、不信がこめられているのを感じないわけにはいかなかった。現実のオキナワにはそうした情念がいまでも渦巻いているのであり、そこに近づく者を畏怖の念で覆わないわけにはいかないはずである。シンポジウムの最後で西谷さんや会場から発言された鵜飼哲さんがそういう厳しい現実を前にしての学問の限界に触れられたことも印象に残るものだった。

注　東京外国語大学でのこのシンポジウムをふくむ論考をあわせて翌二〇〇八年に刊行されたのが西谷修・仲里効編『沖縄／暴力論』（未來社）であった。

オキナワという内部／日本という外部

（〔未来の窓130〕二〇〇八・一）

この十二月三日、左目の不具合が急にひどくなり、行きつけの病院に診てもらいにいったところ、網膜剝離が判明し、緊急入院させられ、翌日は手術するということになった。しかも術後は原則として二週間は目を使えないとのことである。年末のいろいろたてこんでいるこの時期にまったく困惑させられるトラブルである。いまこれを書いている最中も入院中で、しかもあす再手術することまで決まっている。できるだけ目を使わないほうがいい状況であり、インターネット接続もままならぬ環境にあるが、背に腹は代えられない。そんな危機状態のなかでこんな文章を書こうというのもいかがなものかと自分でも思わないわけではないが、これには前例があって、わが畏友の小林康夫さんもこの夏にやはり同じ網膜剝離になりながらいったんは中断するつもりだった「UP」の連載を自分の病気をテーマに継続するという離れ業を演じている。この顰みにならうわけでもないが、いろいろ事情もあり、わたしもこの連載を中断せずに書くことにした。お互い「転んでもただでは起きないね」と小林さんとも話したばかりである。

こうして内部が崩落するというドラマティックともいえる状況に陥っているあいだにも、世の中はどんどん動いている。入院などしていると世の中から隔絶させられた気分になるが、どっこいそうはいかないこともある。というのは、沖縄タイムス社が毎年末に発表している「沖縄タイムス出版文化賞」第二八回に、未來社からことしの四月と八月に刊行された仲里効著『オキナワ、イメージの縁《エッジ》』と岡本恵徳遺稿集『「沖縄」に生きる思想』が二冊とも受賞という栄誉を受けることになり、二十日のその授賞式を前に十七日には1ページ特集を組むことになったので協力を依頼されたのである。残念ながら担当者が直前に退社したので、代りにわたしが代表者として担当記者から病院で電話インタビューを受けることになった。そのさい沖縄にかんする書籍と出版の関係を話したところ、それを整理して寄稿してほしいということになった。その文章はこのあとに転載するが、そこでも書いたように、沖縄がかかえる歴史的文化的な諸問題はおおげさに言えば世界の国際政治と、そして日本の政治と深く連動しており、そこに生起する先鋭な諸問題にどう対応できるかが日本の出版社やマスコミに問われていると言っても過言ではない。

未來社はこれまで沖縄関連の書籍を多少なりとも刊行してきた。そのなかには新里金福『沖縄の思想』や伊波南哲編『沖縄の民話』をはじめ、沖縄の日本復帰以前のものがかなりふくまれており、最近では上村忠男編『沖縄の記憶／日本の歴史』がある。いま手元に資料がないのでくわしくは述べられないが、沖縄の問題を中央／地方のよくある構図でみるのではなく、日本の歴史と文化が凝縮された原点として沖縄の問題を掘り下げる視点から情報発信と問題提起をおこなうこと――これが吉本隆明の南島論や谷川健一の仕事を踏まえたヤマト側からする沖縄へのアプローチの基本線である。それを反転させるように、沖縄に渦巻くさまざまな軋轢や思惑のなかを貫く一本の思想の軸、ウチナンチューとしての沖縄人固有の思想軸の構築が一方では力強くなされてきたが、これが今回の仲里効さんと故岡本恵徳の仕事にも、みごとに実現されている。崩落しつつある外部としてのヤマトをオキナワという内部が激しく揺さぶり、その実態をあらわなまでに露出させようとする現場性。そこに思想のリアリティを確認しなければならない。

今回の授賞式は思わぬ再手術の必要が生じてしまい、参加することができなくなりそうで、沖縄のひとたちとの熱い交流ができないのが、なんとも残念に思う次第である。

以下は「沖縄タイムス出版文化賞受賞作品を祝う」と題して「沖縄タイムス」（二〇〇七年）十二月十七日号に掲載予定の文章である。

《未來社からことし刊行された仲里効著『オキナワ、イメージの縁（エッジ）』と岡本恵徳遺稿集『「沖縄」に生きる思想』がいずれも今年度の沖縄タイムス出版文化賞を受けることになった。他に受賞作品がないなかで同時に二冊受賞というのは小社としても快挙であり、またありがたいことでもある。

もちろん今回の受賞理由としては、これまで沖縄の地にあって沖縄独自の政治的／文化的諸問題に先鋭に対峙されつづけてこられたおふたりの著者の実績があり、今回の受賞作品それぞれにみられる「沖縄」を主題とする問題意識には、われわれヤマトンチューからは容易にうかがい知れぬ情況的な闇の累積とそれらによって構造化された底深い政治性が折りたたまれているのである。それは簡単にヤマト＝中央に巻き込まれず、沖縄独自のありかた＝生き方を模索しつづけるというねばり強い思考の構築と継続を決意することであると思う。

こうしたヤマトの側からは見えにくい政治性を重くたたえた両著がこのたび沖縄タイムス出版文化賞を受賞するということは、ある意味で両著に盛られたオキナワ的思考が広く沖縄人に支持されたことを意味するのではないか、とわたしは理解する。その意味では、こうしたオキナワ的思考が沖縄内部に狭く閉じこめられるよりも、より広く日本全国のヤマトンチューの心にも響くようになることはぜひとも必要なことであり、小社が出版をつうじてその一助になれたことを名誉に思うものである。

出版の世界にもいうまでもなく文化資本としての権力構造が確立している。複雑な政治経済事情と歴史的文化的背景をもつ沖縄の風土は量販を基本とする出版資本は敬遠するだろうが、もともと体制批判的な志向性をもつ小出版社も数多く存在し、そこにはオキナワ的思考と共鳴・連帯しうるものがあり、出版行為をつうじて文化の収奪に抗しようとする。小社もそのひとつでありつづけたいと切に思う。》

（「未来の窓147」二〇〇九・六）

出版社・編集者の役割——東京外国語大学出版会の発足にさいして

また新しい大学出版会が発足した。東京外国語大学を母体とした東京外国語大学出版会である。去る四月二十二日、府中キャンパスにてその発足を記念したシンポジウム〈人文学の危機と出版の未来〉がおこなわれ、出版関係者、大学関係者等一〇〇名を超えると思われる出席者を得て華々しくその出発を飾ることになった。

わたしも案内を受けて三時からのシンポジウムとその後の出版記念パーティに参加した。出版社の編集者も多く、著者でもある東京外国語大学教員にも顔見知りの多い会で、なんとなく現在の人文書の関係者が一同に会したかのような集まりであった。パネラーとして呼ばれた元岩波書店社長・大塚信一さん、月曜社営業の小林浩さん、ジュンク堂書店池袋店の田口久美子さんはそれぞれこれまで関わりの深いひとたちでもあったから、出版会の編集長に就任された司会進行の岩崎稔さんもふくめて、いったいどんな話になることやらと興味をもって出かけたのである。

冒頭、学長で出版会発足の最大の推進者でもある亀山郁夫さんが挨拶されたが、正式の発足は昨年十月。じつはさかのぼること数年前から東京外国語大学出版会の旗揚げは準備されては延期され、という過程を経てようやく亀山さんの学長就任にともなって実現したようである。そこには東京外国語大学関係者の積年の執念というか願望が投影されていて、微笑ましく思えるところもあった。さしあたり亀山学長の『ドストエフスキー　共苦する力』をはじめ、今福龍太『身体としての書物』、柴田勝二『中上健次と村上春樹――〈脱六〇年代〉的世界のゆくえ』という三点の刊行をもって出版会はスタートを切った。同業出版社としてはこんな時期に出版社を立ち上げることの困難を思わないわけにはいかないが、ただこの出版会が恵まれているのは、大学関係者のこれほどの熱い思いと並々ならぬバックアップ体制に支えられていることである。ここではくわしくは述べないが、当面はひとつの企業としての独立性や自立をめざすというよりも、学内の一セクションとして出版社の体裁を整えていくことになろう。

近ごろは大学出版部創立のラッシュであると聞く。こうした全国の大学出版部を統括する大学出版部協会に所属している出版部がすでに三〇を超えている。これにまだ属していないか、その準備中のところもくわえると四〇ぐらいになるのではなかろうか。その反面、一部の大学出版部のように、他の出版社との連携を図りながら組織を合理化したり、当該大学教員の囲い込みを考えているところも出てきている。それぞれの大学がそこの教員の仕事を〈外部流出〉させずになんらかの自給自足体制を築こうとする気持ちもわからないわけではない。また教員たちの出版活動を援助していこうと考えることは場合によっては必要なこともあるだろう。どこから著書を出すかは最終的には著者本人が決めることだからなんとも言えないが、今後の専門書出版活動がかならずしも営利事業でなくなる可能性も否定できない時代になってきただけに、大学に足場をもたない独立系専門書出版社にとっては脅威でなくもない。

わたしは、出版社あるいは編集者のもっとも重要な機能は社会的なレベルでの査読機能、シビアに言えばレフェリー機能だという持論をもっている。専門書出版といえども、いまのところその出版事業そのものを成り立たせるためには営利事業たらざるをえないのだが、現在のような出版不況になってくるとそのこと自体がかぎりなくむずかしい。質の良い本でなおかつ出版事業を支えてくれるほどの売上げを期待できる本は専門書出版の世界ではおよそ考えにくい時代になってきているのである。それにもかかわらず、出版社としては、企画を選択する権利、場合によっては企画を断る権利を保持しつづけなければならない。自社の不得手なジャンル、内容のともなわない原稿にたいしては出版社はみずからの責任において出版しない——これがわたしの言う出版社、編集者のレフェリー機能である。これこそ専門書出版社の基本であり、命綱でもあるのだ。

その代り、いちど刊行することを決断したときには、その著者の最高の能力を発揮してもらうべく徹底的に著者と細部にわたって検討し改善する必要があればドラスティックに要求する。なおかつレイアウトや装幀、キャッチコピー等もふくめて本の〈商品性〉を高める努力をとことんする。広告などの宣伝力に限りがある専門書出版社としてはこうした努力こそが、著者の想定を超える〈商品性〉を発見し、あるいは高めることにつながるのである。いわば付加価値を探し出すこと、これこそ出版社（編集者）がレフェリーでありながら著者にもたらす価値あるサービスであって、編集者はその著者にとってのプロでなければならないのである。

その意味ではこうしたレフェリー機能および付加サービス機能の働かない出版物は、著者の願望通りのものではあっても、世に問うべき商品性も流通性ももちにくい。そこにはその商品性の発見と結びつく営利事業としての必死さが欠けているからである。本もいちど刊行されれば〈商品〉として流通し、膨大な本の海に投げ出される。そこには冷徹なほどの競争の論理が働いている。出版社はそのことをよく知っているので、刊行しようとする本にたいしてその本にふさわしい範囲での力を付加しようとする。そうしたことをふくんでわたしは出版社、編集者のレフェリー機能と呼んだのである。
東京外国語大学出版会の発足の話題から思えばずいぶん勝手なことを書いてきたように思われるかもしれないが、何にも依拠することなく専門書出版をつづけている出版人、編集者は多かれ少なかれこのような意識をもっているのではないかと思う。ちょうどこれから新しく出版社を起こそうとしている別の知り合いもいるので、言わずもがなのエールを送る代りに、出版の基本を書いたつもりである。

注　この一文が活字になるとまもなく思いがけないひとからお手紙をもらった。フランス文学者の故阿部良雄夫人であり詩人でもある與謝野文子さんである。わたしの主張にまったく同感で、編集者の役割を声を大にして主張してほしいとのエールであって、とても心強く感じたものである。なお、最後に「これから新しく出版社を起こそうとしている」知り合いとは元東京大学出版会の羽鳥和芳さん（現・羽鳥書店社長）のことである。

喜納昌吉さんの平和の哲学――語り下ろし本『沖縄の自己決定権』刊行のいきさつ（［未来の窓158］二〇一〇・五）

「沖縄の熱い夜――仲里効『フォトネシア』出版祝賀会報告」（本書三八五頁以下）において予告したように、現在、喜納昌吉さんの語り下ろし本の編集に全力投球中である。

既述のように、一月二十三日の深夜に沖縄で喜納さんと意気投合することができて、年来の主張である〈沖縄（民族）の自己決定権〉にかんする本を出しましょう、という話になったのはいいが、さて具体的にどうしたら実現できるのか、といろいろ考慮中で仲里効さんにも相談などしていたところ、喜納さんの沖縄事務所の秘書である岩井さんから連絡が入ったのが、二月十九日。実際に連絡がとれたのが翌週の二十二日。そこで参議院選挙が七月にあるので、その前に本を作りたいとの申し出があり、それから慌ただしく準備をして、喜納さんのダグラス・ラミスさんとの共著『反戦平和の手帖――あなたしかできない新しいこと』（集英社新書）などを参考に、喜納さんへの質問事項を組み立ててみることになった。喜納さんがご自分の主張を存分に展開してもらうためのプロット作りである。

大きく分けて、第一部に喜納昌吉さんの生い立ちから音楽家として成長していくプロセス、さらには市民運動や住民運動に参加して平和運動家としても世界的に活躍されることになっていく足跡、そして民主党参議院議員として政界に出馬することになるまでのいきさつなどを話してもらう。第二部には、日本による沖縄侵略四〇〇年の歴史をふまえ、米軍基地問題を中心とする現在の沖縄がかかえているさまざまな社会的問題にまで論及してもらう。そして第三部として、持論である沖縄の民族自己決定権の問題を現実政治とのからみで徹底的に論じてもらう。以上がわたしが最初に設定したプロットである。これを岩井さんに送って基本的な了解を得たのが三月十一日のことである。

そこで実際のインタビューをおこなうには、喜納さんが参議院の会期中で東京に来られるときが都合がいいだろうということで、東京事務所の岡田さんにバトンタッチしてくれることになり、岡田さんから連絡の入ったのが三月十七日。可能ならば翌十八日の午後から最初のインタビューをおこなえないかとのことで、さっそく若い編集者の高橋浩貴君を連れて参議院議員会館へ赴いた。こんなところにはこれまで一度も足を踏み入れたことがなかったが、意外と警備は軽め。午後の早い時間だったこともあって、陳情に訪れているらしいひとたちがかなりいるなかを喜納昌吉事務所へ。挨拶もそこそこにさっそくインタビュー開始。結局、予定の二時間を超えて四時間ほどを収録する。速射砲のように早いテンポで話す喜納さんの話に驚嘆しながらも、予想を超える話のおもしろさに思わずこちらも質問を突っ込んでノリノリのうちにあっという間の四時間であった。終了後、喜納さんもかなりの満足のようで、刊行後には東京と沖縄で出版記念会をやろうという話までいきなり出るぐらいであった。

二回目のインタビューは翌週の三月二十三日。この日は午後の参議院予算委員会で喜納さんの代表質問があり、インターネット中継で政府の沖縄基地問題への対応を鋭く追及し、鳩山首相や岡田外相にも弁明を求めるのを聞く。その日は五時ぐらいまで委員会があるためにインタビューは夜六時すぎから一気に三時間ほど。昼間の質問もあって、民主党内部にもいろいろ反応があるらしく何度も携帯電話に連絡が入るなど中断をしながらも、すぐ話のつづきに戻ってまた速射砲。この転換の早さと頭脳の回転の早さには端倪すべからざるものがあり、若いときにドラッグで刑務所に入れられたときに目覚めたと言われる集中的読書で獲得された知識がじつに幅広いことにも驚かされるばかりでなく、その記憶力、社会事象への関心の深い持続などがうかがわれて、ついていくのもやっとであった。

三回目のインタビューはさらに翌週の三十一日。じつはこの間に、喜納さんが会長をつとめる沖縄の与党系議員七名で結成された沖縄問題懇談会「うるの会」が、喜納さんの代表質問のあと分裂状態になり、翌々日の二十五日に解散になったという新聞記事を読んだばかりだったので、まずこの「うるの会」解散の実情のところから話を聞きはじめた。国民新党の下地幹郎議員が普天間基地の辺野古移設への反対という「うるの会」の基本的約束を破る行為をしたことがきっかけになっているこの解散劇についても詳しい事実関係を話してもらった。沖縄への予算措置が「アメとムチ」の両面作戦によって沖縄県民の意思に反する運営がなされていること、基本的には「賄賂予算」になっていると喝破する喜納さんによれば、沖縄への予算の分捕りを目論む各種勢力「軍産複合体のモンスター」の暗躍が沖縄問題をさらに複雑にしているということである。与党系議員のなかにも目先の利権に飛びつき、それを沖縄県民のためになると錯覚しているか、自己の利益のために結果として県民を裏切っている者がいるということだ。代表質問で喜納さんが質問したように、官房機密費という財源が名護市長選で県内移転容認派に使われた可能性があるというミステリーを一般の日本人はどう理解すべきなのか。

「うるの会」を解散して「ニライカナイの会」の立ち上げを準備している喜納さんの行動を参院選のための「パフォーマンス」と見る向きもある、という新聞記事に見られるように、喜納さんの本来の思想である平和の政治哲学――地球との共生、国境の撤廃、国連機能の回復と沖縄への誘致――がまだまだ理解されていないことが、この間の報道などでも痛感させられる。喜納さんの話を聞けば聞くほど、この理想へむかって人類が進むべき道を、沖縄の現実を起点として描き出そうとする喜納さんの壮大な思想を断固支持しなければならないと考える。
日頃、あまり現実の生政治に接点のなかった専門書志向の出版人として、この半月のあいだに三回の熱い議論で新たな夢を見せてもらったことは、現実政治の実況放送の現場に立ち会った稀有な経験であり、新鮮な驚きとともに生きることへの力強い希望と勇気をもつことができたのである。

注　この本ほど間の悪いものはなかった。本文にあるように、インタビュー開始が三月半ばすぎで、その月の末までに三回のインタビューをおこない、猛烈な勢いでテープ起こしから校正をすませて翌月末には初校出校、五月の連休中を利用して著者校正をしてもらい、さまざまな突貫工事をつづけて五月二十五日には見本ができた。その間に六月七日に那覇での出版記念会まで決めてしまうという離れワザ。そんな流れのなかで鳩山首相が普天間問題をめぐる失政で六月二日に突然の辞職。『沖縄の自己決定権』が刊行されてからわずか一週間の出来事であった。この悪い流れのなかでの参院選で喜納さんは悪評の民主党のあおりを食って沖縄での得票が伸びず落選。そんなこともあって、このすばらしい平和への希求にみちた本がそのどさくさにまぎれて大きな話題にもならずになってしまった。しかしこの本の価値はそんな現実政治の底流に沖縄人の自己決定への意志を刻みつけた豊かな思想性と夢をはらんでいるところにあって、いささかも存在理由を失なわないとわたしは自信をもって言えるのである。

マスメディアこそが問題である――沖縄米軍基地問題にかんして

（［未来の窓159］二〇一〇・六）

沖縄の普天間基地返還問題をめぐってのマスメディアの報道ぶりがかまびすしい。鳩山民主党政権が発足以来かかげてきた最重要課題としての沖縄基地問題をめぐって、鳩山首相みずからが設定したこの五月末決着の時間が刻々と迫ってきているにもかかわらず、その解決策が暗礁に乗り上げつつあることが原因であり、そのための動きがいかにもぎこちないせいでもある。メディアが伝えるとおり、徳之島への米軍基地移設案をめぐる平野官房長官の独断専行とも言える事前の根回しの拙速ぶり、それとは裏腹に鳩山首相のいかにも遅すぎた沖縄訪問での仲井眞知事との会談や県民との「対話集会」での対応などが批判のヤリ玉にあげられている。

たしかに民主党の政権獲得以後、閣僚たちの自分勝手な発言や行動が目立ち、首相の内閣統率力への疑念がささやかれ、一方では、小沢一郎幹事長や首相自身の脱税疑惑などが要所要所で騒ぎ立てられていて、おそらく政府や民主党内も日常的にドタバタした状況にあるのだろう。これも政権交代後の時間の不足を言い訳にすることはできないし、政権遂行能力の欠如を疑われてもしかたのない事態ではあろう。マスメディアがそのことを厳しく追及するのはわからないわけではない。鳩山首相の言動にも矛盾や拙劣さがあることはたしかで、そうした首相へのほとんど一方的な批判が毎日の新聞、テレビをにぎわしている。

しかしこの報道の偏向ぶりにはどこかとても胡散臭いものがあるのではなかろうか。この偏向にかなりのひとたちが気づきはじめている。今回はこのことをメディアの内部にいる者として書いておきたい。以前、本欄で当時期待されて就任したばかりの安倍晋三首相が長くは保たないだろうと批判的に書いたところ、匿名の読者からこんなことを書く奴は国外へ出て行け!となじられたことがあるが、今回もそんなことを言ってくるひとがいるかもしれない。そういうひとには、わたしに言うよりも、米軍に向かって国外へ出て行け!と言ったほうがいいことをあらかじめお奨めしておく。

さて、まずなによりも今回の普天間基地返還にかんして鳩山首相が辺野古の海を埋め立てるのは自然への冒瀆であると明言したことに見られるとおり、言動の稚拙さは別としても、これまでの自民党時代の首相の誰ひとりとして言わなかった米軍基地のありかたへの根底的な批判がなされていることである。「朝日新聞」五月七日の「社説」では冒頭、こんなふうに書かれている。「政治家にとって言葉は命、という。ましてや、一国の最高指導者となればなおさらだ。鳩山由紀夫首相はその重みをわかっていない」と。はたしてそう言い切れるだろうか。そういう面があることは否定できないが、それでは首相が国連で「二酸化炭素排出を現在の二五%削減する」方向性を世界の誰よりも早く宣言したり、「東アジア共同体」構想を打ち出したり、それに今回の沖縄問題にしても米軍基地のありかたにたいして沖縄県民の痛みをはっきり言っていることは、この「社説」子にはどう映っているのだろうか。まだ実現できていないことを「軽く」言うのは簡単だ、とでもこの「社説」子なら言うのだろうか。メディアにいる人間にも同等かそれ以上に「言葉は命」であるはずではないか。政治家がことばに出すことは、それ自体がすでに政治的行為である。このことをマスメディアにいる人間はもっと謙虚に理解すべきである。

問題はどうも別にありそうだ。鳩山首相を退陣に追い込もうとすることで誰が得するのか、という問題である。いまの日本を見まわしても、自民党はもちろんのこと、そこから脱退していった人間たちが政権を担う能力があると思えるひとはいない。与謝野馨が最後の青春をかけて鳩山と戦う、と息巻いているが、そんな青春ならおやめになったほうがいいでしょう。自民党のなかにいてこそまだ首相候補などと言われただけで、外に出てみればただの「裸の王様」でしかないことがこういうひとたちにはわかっていないのだ。舛添要一にいたっては厄介者が出ていってもらってよかったと自民党幹部から言われているだけで、誰もついていかない始末である。

わたしはそういう消去法的な現実的判断だけで鳩山首相を擁護しようというのではない。今回、喜納昌吉さんの『沖縄の自己決定権』という語り下ろし本を作らせてもらってずいぶん勉強させてもらったが、沖縄の基地問題には莫大な金額のさまざまな利権がからんでおり、現地の基地容認派にはそういう利権がらみのひとが多い。それに日米安保や日米地位協定（正確には「在日米軍地位協定」）がらみで巨大な「軍産複合体のモンスター」（喜納昌吉さんのことば）が暗躍しており、そこにつながる政治家が民主党内もふくめて多いということである。そういうひとたちが内外から鳩山首相の足を引っ張っていることがわかってきた。日米の利権業者と結託した日本の政治家をこれから厳しくチェックしていく必要がある。かれらの言動が、ひたすら自分たちの利権を守り、沖縄の不幸な状況を食い物にするばかりか、沖縄問題を通じてはっきりしてきた日本国自体のアメリカへの従属体制、ひいては日本の真の独立さえ実現できていないことに目隠しをする役割を果たしていることが徐々にわかってきたからだ。

これも喜納昌吉さんの話をうかがっていて理解できたことだが、沖縄の米軍基地問題がじつは日本自体の問題であることにわれわれはようやく気がつきはじめたのではないだろうか。日本全体の〇・六パーセントの土地と一パーセントの人口しかない沖縄に在日米軍専用基地の七五パーセントが集結しているという事実。日常的に起こっている米軍によるひき逃げ事件や女性への暴行事件。それらが日本の警察によっては取り調べる権限もないという治外法権状態。そういう無権力状態を規定する日米地位協定のまやかしとそれを法的に保証する日本国憲法第九八条の抜け穴……。日本の電波の三分の二がアメリカに握られているという実態、さらには東京の西側の制空権が米軍によって領有されているという、とても真の独立国とは言えないような事実。道理で羽田から成田に国際空港を移し、西に行くのにわざわざ東京湾から千葉方面を迂回して飛ぶというムダが生じていたわけである。そんなことも知らなかったのか、と言われれば、はい、そうですと言うしかないが、こうしたことをメディアはほとんど言及しないできたではないか。

マスメディアがこういう本質的な問題を正面から取り上げてこなかったことこそが問題なのである。そもそも「記者クラブ」問題に見られるように、日本のマスメディアが情報ソースからさまざまな優遇措置や経済的な利益を得ているばかりか、外部にたいして独占的に自分たちの権益を守ることができるシステムを作ってしまっていることが問題で、これは自民党政権時代から営々と築かれてきた悪しき仕組みなのである。これでは戦時中の「大本営発表」と同じではないか。こうしたニュースソースから与えられた記事しか伝達できないような仕組みを壊してしまわないかぎり、ほんとうの意味での体制批判は及びもつかないではないか。その意味でマスメディアが古い体質をかかえた日本の官僚システムとともに長い自民党政権時代の悪弊に染まったままでいることが今回の鳩山批判につながっていることが明らかになってくる。

鳩山政権は一貫して官僚システムの解体を主張してきた。官僚の天下り批判や、事業仕分けによる裏の利権体制の解体がそれだし、アメリカの言いなりにならない民族自立的で国連志向の従来にはない外交手法（その中心人物が小沢一郎だ）が、これまで利権をむさぼってきた日米の「軍産複合体のモンスター」たち、およびその手先になっている一部の官僚やマスメディアの気に入るはずがないのである。

沖縄の普天間基地返還問題を誰の目にもわかるように大きくしたのは「民主党沖縄ビジョン」の作成を通じて民主党内に問題の切実さを提示した喜納昌吉さんだが、それが明らかにしたのは、既述したように、沖縄問題こそは日本の問題であり、日本の真の独立がそこで問われているということである。この問題意識を正面から受けた鳩山首相を引きずりおろそうとするひとたちの言説こそが、リトマス紙のように、自分たちの利権を守ることにのみ汲々としている姿を映し出すのである。喜納さんによって国会で明らかにされた内閣官房機密費が平野官房長官によって名護市長選で不当にも敵対する県内移設派陣営に使われたというような事態を考えてみれば、民主党の内部にも国を売り物にする人間がいるということである。自民党の野中広務元官房長官がいまごろになって、この官房機密費をメディアやそこで言いなりに発言してくれるひとたちにばらまいていたという爆弾発言をしたことによって、こうした暗部が一挙に噴出してきたのは、今回の普天間基地移設問題の副産物でもあるが、こうしたからくりで政治が動いていることをわれわれはもっと厳しく監視すべきであると思う。そういう目で見ると、誰が何を言うかでそのひとのお里が知れるということになる。われわれにも知識と勉強が必要なのだ。

沖縄問題をめぐる知的恫喝を警戒しよう

（「未来の窓160」二〇一〇・七）

先日、「未来」のある定期購読者から以下のようなメールが「未来」営業担当に届いた。非常に興味深い文面であるとともに、現在の沖縄をめぐる各種言説、メディアのありかた、日米同盟にもとづく日米関係の病理の根深さをさまざまに考えさせてくれる貴重な問題提起であると受けとめたので、問題箇所に限定してあえて公表させていただく。

《昨今の「未来」における沖縄論者の選択と、その論者たちの書く内容に強い違和と危惧を覚えます。沖縄内部でも沖縄を本質主義や本土／沖縄の二項対立ではない形で従属状況を解きほぐそうという学者や運動家やアーティストや学生たちの動きがあるのですが、冊子「未来」に見られる論調が性急かつ無批判に「本質」を所与としていることを非常に残念に思います。そうした論者の方が論考を発表されるのは一向に構いませんが、沖縄の論壇の多様性というものは、すくなくとも「未来」上では捨象されています。》

《また社主が個人的主張を出版社（publisher）という公共性の高い媒体を通じて表明してしまうことにも危惧を覚えます。アカデミック・プレスとして未来社を捉えていたのですが、アカデミック・プレスが維持すべき学的水準と、見解の多様性が冊子の沖縄関連論考からは抜け落ちておりませんでしょうか。》

《以上の理由から冊子の講読（購読？）を中止することはできますでしょうか。》

短い文面のなかで問題はいくつかに及んでいるが、整理してみると、まず第一に、この読者（以後は「論者」とする）によれば、沖縄の内部には「本質主義」でなく、「本土／沖縄の二項対立」でないかたちで「従属状況を解きほぐそうという学者や運動家やアーティストや学生たちの動き」があるとのことである。

第二は、それにもかかわらず「未来」の沖縄論者の論調には「性急かつ無批判に『本質』を所与としていること」が見て取ることができ、「沖縄の論壇の多様性」が「捨象」されているそうである。

第三には、社主が「個人的主張」を「公共性の高い媒体」を通じて表明することに反対である。

さらに第四には、未來社を「アカデミック・プレス」としてとらえていたが、そうした性格のメディアが「維持すべき学問的水準」に達していないのではないか、という批判。

そして最後に、「未来」への不満として講読（購読？）中止をしたいという読むことへの拒否。

こうした反応を知ってわたしが即座に感得したのは、現在の沖縄問題が提起している諸問題が、日本における人間それぞれの存在の問題、立場の選択、思想の感度を（当人の意識とあるときはかかわりなく）如実に示してしまうという状況である。この論者が沖縄在住の大学講師で、アメリカ帰りの文学研究者らしいことはこのさい個人的な事情にとどまるにすぎない。

未來社が以前から沖縄のさまざまな問題に持続的な関心を寄せてきたことは、これまでの刊行図書をみてもらえば理解してもらえることである。また最近は、仲里効という強力な批評家の存在を介して沖縄の多くの優れた表現者、思想家と出会うことができ、その結果として未來社の出版物、企画、そして「未来」誌上において沖縄関連の記事や文章が他のメディアに比して大きなウェイトを占めてきていることは確かである。結果としてそうなった面もあるが、むしろ選択的に（実存的に）沖縄のかかえている問題を共有し、その問題を顕在化させることによって現在の日本の問題にも出版を通じてかかわっていこうとしていると言ってもよい。とくに社主であるわたしの現在の関心が〈沖縄〉にあることは否定するつもりはない。

この論者によれば、未來社あるいは「未来」は「アカデミック・プレス」として評価していただいていたとのことであるが、「未来」掲載の沖縄関連の文章がそうした期待すべきレベルに達していないというのはひとつの見解にすぎない。もししかるべき読者の理解がそうであるならば、その批判は甘んじて受けるしかないが、論者の言いたい「沖縄の論壇の多様性」を実現するのが「未来」の役割であるとは思わない。またその多様性がどのようにあるのかについての言及がないので判然としないが、それが利権ゆえの普天間基地の県内移設派、容認派などを意味するものであるならば、そのような多様性の主張は無効である。そんな無原則な多様性など沖縄の主張を相対化してとらえようとするマスメディアと同じである。論者の意見は「多様性」の名のもとに「未来」の執筆者たちが発する沖縄の独自の声を封殺しようとするものである。

そしてそうした主張を述べる社主の「個人的主張」が「公共性の高い媒体」であるらしい「未来」でなされることに危惧をもつとこの論者は言うが、これも同じ理由でその批判こそおおいに疑問である。この論者は定期購読をして一年もたっていないからご存じないだろうが、わたしは小出版社の「社主」としてよりはひとりの出版人として出版業界のみならず、気になるさまざまな社会的問題などにもそのつど論を立ててきた（つもりである）。良識ある？「公共性の高い媒体」を利用して意味のない「個人的主張」をしてきたつもりは一度たりともない。そのようにしか読めない文章があったとすれば、そのことに反論の余地はないが、すくなくとも一出版人の姿勢として発言することをあたかも公共性を認識していないかのように口をふさごうとするのであれば、これも「公共性」に名を借りた非常に狡猾な知的恫喝であると反論するしかない。前号で昨今のマスメディア批判を通じて日米同盟を利したさまざまな利権業者がいることを指摘したことがこの論者には具合が悪かったのかもしれないが、アメリカで刷り込まれた視点からでは沖縄の問題はもはや理解できない。沖縄問題にふれるとき、沖縄県外のひとの理解にも同様の盲点があることを「未来」の執筆者たちはさまざまな視点から指摘しているのである。

注　この「論者」のような立場から「未来」のありかた、そしてわたしの論説にたいして批判をするひとも稀にいるが、こと政治的な発言になると（とりわけ沖縄問題、原発問題）、ふだんはあまり反応のなさそうなひとがときおりムキになって非難のことばを投げてくる。そのよそおいかたは、中立性がない、公共性に欠けるといったものである。まるで出版社の人間はそういう発言をすることがふさわしくないかのように。こうした言説の一見すると不偏不党性になにか言説上の価値があるかのように。マスメディアにいる人間にはそういう立場をとらざるをえない場合もあるかもしれないが、未來社や「未来」のようなミニメディアでそんな曖昧な、権力的な発言をしてもなんの意味もない。こういう良心的なポーズをよそおった「忠告」ほど陰湿な恫喝はないのである。沖縄ではこういった基地擁護派による隠微な言説テロ、嫌がらせは日常的であるらしい。わたしにたいしても同じ手口で知的恫喝をくわえてきたものと考えられる。さいわいなことに、こうした非難にもかかわらず、すくなくとも沖縄県で「未来」の定期購読者が増加していることが何を意味するかをこの「論者」は考えてみてもいいだろう。

（「未来の窓170」二〇一一・五）

原発「安全」神話の崩壊

三月十一日午後に起こった東日本大震災は観測史上最大のマグニチュード9・0を記録したばかりでなく、強力な大津波を誘発して未曾有の大惨事となった。被災地の皆様にはお悔やみとお見舞いを申し上げます。今後の大きな余震の心配もあり、ライフラインの復旧も十分でないまま避難生活を余儀なくされている被災者のこれからの生活の立て直し、産業の再構築など日本全体で取り組むべき課題も山積している。さいわい諸外国からの救援などもあり、壊滅的な打撃を蒙った被災地での死者、行方不明者の発見がいまも継続されており、いずれ被害の全貌が明らかになるだろう。いずれにせよ、この甚大な打撃は日本経済に深刻で長期に及ぶ影響を残すだろう。

今回は地震以上に、そのあとにつづいた大津波によって海岸線の住宅地を中心に物的・人的被害が巨大化した。津波の予測などにたいする地元行政の準備の不十分さも指摘されているが、ある程度は「想定外」の自然災害であり「天災」と言わざるをえない面がある。それを「天罰」という発言でみずからの人間性の貧しさ、醜さを露呈した石原慎太郎東京都知事のような悪辣な人間もいるが、民衆レベルではさまざまな救援体制が幅ひろくおこなわれてきており、これを機に日本国民が経済的にも精神的にも強く立ち直るきっかけになることを希望する。

しかし今回はさらに原発事故というもうひとつの大問題がその危険と欠陥を露わにするかたちで立ち現われた。地震と津波が天災だとしても、これは明らかに「人災」である。大震災でそれでなくても人命救助や鉄道・道路・ライフラインの復旧が急がれるなかで起こった福島原発の大事故はたんに「想定外」の地震と津波のせいにすることは絶対に許されない。これが「人災」だというのは、自民党政権以来の原発推進派による、政権と御用学者と電力会社の利権まみれの共同謀議システムが約束してきた「安全」神話がどれだけデタラメで無根拠であったかをいみじくも露呈してしまったからであり、そのために急がれるべき人命救助などが後回しにされたり、地域住民が被曝地域から避難しなければならない事態を招いているからである。そのうえ、三〇キロ圏内ばかりでなく、東日本全体に放射性物質や汚染水をまきちらして農漁業に大ダメージを与え、近隣諸国はおろか世界じゅうからその不手際をあきれられている始末である。その現場責任を負うべき東京電力はみずからのミスをできるかぎり隠蔽して問題の発覚を遅らせ、事態を軽視してみせ、「想定外」を連発するばかりである。この無責任ぶりは人災を通り越して国家犯罪、企業犯罪と言っても過言ではない。「国策」という名のもとに税金を特別交付金のかたちで電力会社にふんだんにばらまき、その豊富な資金をエサに今度は電力会社が貧しい漁村などの地域共同体をまるごと買い叩くかたちで原発を設置してきたのがこれまでの原発推進派の手口だった。原子力安全・保安院も原子力安全委員会もすべて同類で、たとえば班目《まだらめ》春樹・原子力安全委員会委員長（元東京大学大学院工学系研究科教授）にしても、関村直人・現東京大学大学院教授にしても、安全神話を最初から一貫して吹聴してきたではないか。これこそ御用学者の最たるものである。風聞ではこうした大学の原子力にかかわる各科には東電から五億円ほどの研究費資金が流れているという。いかにもありうる話だろう。そうでもなければ、これほど御用学者丸出しの良心のかけらもない発言を繰り返せるはずがない。このひとたちの学術的・倫理的責任はきわめて重い。ひとことで言えば、原子力開発にかかわっている研究者はすべて御用学者である、と判断して間違いない。そこからは莫大な利権が付いてくる以上、原発にたいして批判的になること自体ありえないからだ。

未來社から一九八三年に刊行された柴野徹夫さんによる『原発のある風景』という二冊本があり、それを読み返してみると、これまでの原発設置にかかわるもろもろの悪行の歴史がおそろしいほどの迫真力でもって伝わってくる。アメリカから原発導入をしたのは首相時代の中曾根康弘であり、自分は原発の父であるとまで豪語していたそうである。そう言えば、さきほど触れた石原慎太郎は中曾根派のごりごりのメンバーであり、「原子力がなくなったら停電だ」という恫喝をするほどの原発推進派である。東京電力や関西電力を中心に日本の原発推進派は、アメリカ産のもともと不完全な原子炉を購入させられ、安全性をなおざりに原発設置にやみくもに突進してきた。福島原発など初めから現場の技術者からも危険視されてきたのであって、こうした事実を知りながら原発を推進してきたひとたちの知的頽廃には背筋が凍るばかりである。原発を設置するためには、警察はおろか暴力団まで使って地域住民を調査し、脅し、札ビラで強引に籠絡する手口は『原発のある風景』で徹底的に暴かれており、いまもその基本的な手法は変わっていないという。おそろしいことに、原子炉に入る現場労働者たちはそれこそ「原発ジプシー」と呼ばれる日雇い労働者のようなひとも多く、原子炉内での事故にでも遭えば、それこそ闇から闇に葬られることもあるらしい。まるでギャングかスパイ映画のようなことがおこなわれているとすれば、これもまた大がかりな国家犯罪と言えるだろう。現地では東電社員はＴＣ

ＩＡと呼ばれているとのことだ。そもそも一民間企業にすぎない電力会社に国の命運を預けるような体制がおかしいのである。

こんなことを書くだけでも身の心配をしなければならないのかもしれないが、それほどに原発推進のためには事故やミスや批判などは徹底して隠蔽・封殺されてきたのであり、今回のように露見したのはことがあまりにも大きかったからで隠しようがなかったからにすぎない。これまでも原発関係者は情報をすこしずつしか漏らさなかった。原子力エネルギーという人知を超えた魔物をコントロールしようとする科学の傲慢さはもう捨てなければならない。原子力ではない代替エネルギーを本格的に考える時期がきているのである。

注　柴野徹夫著『原発のある風景』上下巻は一九八一年度の日本ジャーナリスト会議奨励賞を受賞した作品であるが、今回は東日本大震災の現実を踏まえてそれをベースに安斎育郎氏の協力を得て『明日なき原発――「原発のある風景」増補新版』として二〇一一年六月に刊行された。

脱原発へのはじまり――浜岡原発全停止の意味

（「未来の窓171」二〇一一・六）

五月六日、菅直人首相が浜岡原子力発電所の原子炉を全面停止する要請を中部電力にたいしておこなった。これは東日本大震災をうけて予想される東海地震の想定震源域にある静岡県御前崎市の浜岡原発を未然の事故から防止するという意味で、原発行政史上初めての英断であり、原発推進派のさまざまな妨害や圧力をはねのけての判断として高く評価したい。首相権限として原発の運転停止を指示することは法律上はできないが、中部電力側では「命令に近い重みをもっている」と受け止めている以上、この要請は現実のものとなるだろう。

もともと浜岡原発は脆弱な地盤の上に立地していると言われ、今回の東日本大震災レベルの大地震が起きれば、おそらく原発地区自体が液状化するだろうと懸念されており、福島原発以上の大惨事になることは目に見えている。だからこそ一刻も早く運転停止が求められてきたのである。中部電力は、定期点検中の3号機はもとより稼働中の4号機、5号機の停止を即座に実行すべきである。株主訴訟がどうとか言っている場合ではない。もしこの期に及んで、株主が自己利益のために原発停止に反対するとしたら、そのひとたちはたんなるエゴイストであるばかりか、電力会社の国民への裏切りに荷担する者と見なされてもしかたないだろう。

川勝平太静岡県知事がいちはやく「福島第一原発の事故を受けて、安全確保に対する地元の要望を最優先した菅首相と海江田経産相の英断に敬意を表する」とのコメントを出したのは、地元の安全にたいする責任者として当然のことであるが、川勝知事が一貫して浜岡原発の停止を主張してきたことを他の原発地区の自治体首長たちも見習うべきだろう。それができないなら、原発導入に荷担してきたみずからの責任をとって辞職すべきである。

こういう動きのなかで国策として原発を推進してきた自民党はみずからの責任を自己批判するどころか、状況に反発するように、原発維持の動きが顕在化してきた。「原子力を守る」政策会議がそれだ。ここには原発推進派の連中が名を連ねている。委員長は甘利明元経済産業相、委員長代理が細田博之元官房長官、副委員長として西村康稔衆院議員、参与として東電元副社長・東電顧問の加納時男元参院議員。この連中こそこれまでの原発推進にあたってさまざまな利権を振りかざし、今回の原発事故につながる重大な責任を負うべきひとたちであるが、ここへきてさすがに焦りと危機を感じてか正体を露わにしてきたのである。

このなかの裏のボスとも呼ぶべき加納時男は五月五日の「朝日新聞」インタビューで党内原発反対派の河野太郎と並んで登場し、「低線量放射線は体にいい」とまでの暴言を吐いている。加納はそこで「原子力を選択したことは間違っていなかった」と強弁し、東電にたいして免責条項を適用すべきことを示唆している。あくまでも原発導入の自己責任を認めず、居直りを決め込んでいる。これにたいしてネット上で「加納はそこまで言うならみずから福島原発で被曝作業に参加してみろ」という声が上がっているのは当然であろう。人を死の危険に追いやっておきながらこういう居直り発言をできる神経を疑わざるをえない。日本経団連がこういう人間を自民党参院比例区の「財界候補」として支援したことも忘れてはならないだろう。

一方、同じ「朝日新聞」インタビューで登場した河野太郎は自民党のなかで数少ない反原発派としてまっとうな意見を述べている。放射性廃棄物という「核のゴミ」を捨てる場所もないのに原発を増やそうとしたことを最大の疑問点として上げ、原発の安全神話がもともと原発推進派から構成される土木学会原子力土木委員会津波評価部会の安易で低水準な津波対策にもとづいたお手盛りのものでしかなかったために「想定外」の事態に対処できなかっただけだと言う。「安全神話」の中身は自民党、経済産業省、電力会社の一体化した原発推進体制と、東芝や日立といった原子炉メーカー、建設業界などの産業界、電力会社から多額の研究費をもらう御用学者、多額の広告費をもらうマスコミが共同して作り上げたものであることをはっきりと指摘している。東電の賠償責任にたいしては、賠償金を上乗せした電力料金を国民に負担させるなら、東電の存続を前提にしてはダメで、「逆立ちしても鼻血が出ないぐらいまで賠償金を払わせるべきだ」と結んでいる。まったく同感である。また自民党がすべきことはまず謝罪であり、原発推進派は選挙で落選させるぐらいの国民の目が必要だとも語っている。

自民党のなかにこういう良心派が存在すること自体が救いだが、この河野にたいしてさきほどの加納時男は自民党からの追い出しを示唆している。河野のような意見が自民党の意見になったことはないとし、「反原発の政党で活躍すればいい」と言ってのける。つまりは自民党は原発推進の党であり、反対派は排除する党であることを認めたことになる。こういう原発ファシストがこのこと「朝日新聞」のインタビューに応じ、こういった発言をしてはばからないところに国民を見くびる習性がそのまま残存していることをいみじくも露呈しているのだ。われわれはこうした原発推進派の魂胆をしっかりと把握しておかなければならないし、現状を認識することもできない悪質な人間をこれ以上のさばらせてはならない。

また、インターネットなどでは反原発を主張する者を「極左」呼ばわりしているひともいる。原発推進派がこれまでは権力をほしいままにしてきたことを思うと、今後こういうひとたちがふたたび復権するようなことになると、反原発派への徹底した圧政が加えられることもありうるし、エネルギーと軍事力をテコにした対米従属はますます深まることになるだろう。日本が進むべき道が今回の原発事故を争点として問われはじめているのである。国をあげて原発エネルギーに代わる代替エネルギーの開発を急ぐべきなのである。

注　この稿にたいして「保守系支持者」と名乗る読者からメールでわたしの意見に疑問を感じるとして最後に「文面から左翼系の思想をもった人と思うが、出版社としても実績もある代表取締役のひとなら公平な文面を書いて欲しい」との意見を書いている。またかと思う。「沖縄問題をめぐる知的恫喝を警戒しよう」（本書四五二頁以下）と同趣旨のものだが、残念ながら誤解だらけの文章で論点もはっきりしないので省略させてもらうが、「公平」という欺瞞にわたしは荷担しないだけである。

未來社の出版活動

東京国際ブックフェア初参加への期待

〔「未来の窓48」二〇〇一・三〕

ことしは新世紀に入るとともに未來社の五十周年にもあたるが、社史刊行、記念復刊、記念フェア、新企画といったアイデアとは別のプランがもちあがってきた。

そのひとつは、この四月十九日（木）から二十二日（日）の四日間にわたって東京ビッグサイトでおこなわれる東京国際ブックフェアに、初めて単独ブースを出すかたちで参加することである。人文会という専門書系出版社グループで参加したことが一度はあったが、これまでも何度かイベント会社から誘いを受けていたのに参加を見合わせていたのは、経済的理由もさることながら業界内部のお祭りにはあまりかかわりたくないという未來社創業以来の伝統があったからである。再販問題のからみもあるせいだろうか、一昨年あたりから自社ブースでの小売販売価格への拘束がなくなってきたこともあって一般読者が多数参加するようになり、真の意味でオープン化が進んできた。未來社のように日ごろ読者との接点がなかなか得られない出版社としてはこうした機会は、なかばお祭りとはいえ、ある意味で貴重なデモンストレーションと交流のチャンスととらえなおそうと思う。読者はどこにいるのか、という日常的に感じているギャップをなんとか埋める方途を探りたい。その意味で個人的にもできるだけ時間を割いて会場でのいろいろなひととの意見交換とか交流にのぞみたいと考えている。

今回はなにしろ初めての試みなのでどこまで準備できるのか、どうしたらお客さんをうまくナヴィゲートできるのか、よくわからないところがある。しかしせっかく本好きの読者が集まるのだから、在庫僅少本セールとかシリーズものの特価セールのようなこともできればしたいと考えている。なにしろ近傍のホテルに宿をとり、リュックサックをしょってまで本をまとめ買いに来る読書人が多数集まるという、いまどき得がたい読者との交流のチャンスなのだから。今後の出版界の命運をにぎるこうした読者の存在をしっかり目に焼きつけておきたいものである。また商談会（市会）というかたちでブースでの書店との直接売買交渉も可能とのことで、五十周年ということもあり、ふだんはやれないようなサービスも考えている。

そのためもあって宮本常一著『瀬戸内海の研究』という大著をこのときにあわせて特別復刊することに決定した。五十周年記念復刊計画の第一弾というわけで、読者からの要望も強いものだからである。秋にはこのほかの記念復刊も考えているのだが、『瀬戸内海の研究』だけでも東京国際ブックフェアに間に合わせたいと思う。本誌（「未来」）の読者をはじめとしてさまざまな読者、さらには著者や書店人との出会いをおおいに楽しみにしているところである。

もうひとつの試みとしてぜひこの機会にぶつけたいと思っているのが、わたしがこの間とりくんでいる［出版のためのテキスト実践技法］のマニュアル本である。昨年から「週刊読書人」で隔週連載している本作りのための実践的なマニュアルに大幅な増補と整理をくわえたものをとりあえず著者向けの小冊子にして刊行し、読者の感触を確かめたいと念願している。今回は時間のつごうで著者のための「執筆篇」だけしか間に合わないが、これはつぎに編集者のためのより高度な「編集篇」の刊行を予定しており、あわせて読んでもらいたいと思っているものである。

この［出版のためのテキスト実践技法］は今後の専門書出版において著者と編集者をもまきこんだ革命的技法として、わたしが年来考えかつ実践していることの広く業界へむけての提案なのである。一種のハウツーにはちがいないが、著者が原稿執筆（入力）にあたって心がけてほしいポイント、する必要のない原稿整形の努力の無効性を具体的に明らかにし（執筆篇）、また編集者には最小限必要な原稿処理の技法とそのためのツールを用意し、新しい編集者像を提示するもの（編集篇）である。この技法の一般化によってすくなくとも専門書出版はこれまでよりもはるかに安価に、またスピーディーかつ正確に実現するようになるはずである。

こうした実践的なマニュアルがこれまでまったく刊行されたことがなかったことにわたしはかねがね疑問を抱いてきた。最近のパソコンの技術革新によってようやく可能になった面もあるからやむをえなかったのかもしれないが、とにかく、言われてみればあたりまえのことでも、なぜそうなのか、そうでないのかを出版の編集現場から著者に知らせることをしなければ、著者はどうするべきかを知らないいまま、とりあえず自己流で原稿執筆にいたらざるをえない。だからこれはパソコンを使っての原稿入力にあたっての交通整理したものであると言ってもさしつかえない。

ただ、これはたんなる業界用のマニュアル本ではない。むしろこれをもとに多くの著者（およびその予備軍）や編集者が実践的に活用し、より使いやすくわかりやすく仕上げていくためのたたき台なのである。LINUX（リナックス）という無償のOSがウィンドウズの独占支配を打ち破ろうとするのが支持されているように、この技法は啓蒙の書ではあっても、なにかを独占しようとするものではまったくない。知識や知的な作業は独占されるべきものではない。一般に公開され、著者もふくめた業界の共有財産として多くのひとたちの知が結集されるようなものになっていければそれでよしとされるべきなのである。すくなくともそのあかつきには、世の中に出るべきものはもうすこし楽に出版されることになり、出版の世界はいまよりは価値のある本が多くなるだろう。

そんな願いと期待をこめてわたしの［出版のためのテキスト実践技法］はいま最後のまとめにかかっている。いまや読者をまきこんでの出版界の最大の祭りになりつつある東京国際ブックフェアだからこそ、この技法書がそこへむけてリリースされる必要があるのかもしれない。未來社の五十周年でもあり、長年そのなかで活動してきた出版界になにがしかの貢献をしうるチャンスである。いそがしい春の到来が待ちどおしいきょうこのごろである。

カード型CD-ROM製作という試み

（「未来の窓49」二〇〇一・四）

本号が刊行されるころには公正取引委員会による再販制への最終判断が下されているのだろうが、目下のところではどうも問題は先送りになりそうな気配だ。この国では総理大臣はじめ問題をあいまいにやり過ごすのが通例となっている。株価の下落はもはやとどまるところを知らないし、不況感はとことん蔓延してしまい、脱出路が見出せそうもない。それは出版界とてなんら変わるところがないのはあいかわらずだが、それにしても本が売れない。どこかにほんとうに本を読みたいと思っている読者はいるのだろうかとさえ考えてしまう。そんななかでふと松浦寿輝のつぎのような文章に出会ってすこしうれしくなった。

《新世紀の読者にわたしがいちばん手渡したいと思うものは、実を言えば「書物」というこの物質的な形態それ自体――「書物」のページとタイポグラフィーの物質性の魅惑に反応して震える感性それ自体なのである。》（「現代詩手帖」二〇〇一年三月号）

松浦さんは詩人としての立場からつぎのようにつづける。

《実際、「現代詩」とは「書物」のことでなくていったい何だろう。（中略）「現代詩」にとって決定的に重要なのは、どんな版型（判型が正しい――筆者注）、どんな活字、どんな本文紙、どんな表紙、どんなノンブルの入れかた、等々、無数の問いによってかたちづくられる「書物」の物質感なのである。》

ここで松浦寿輝が指摘している本の物質的側面こそが、どんな情報流通にも対抗しうる書物形態の魅力なのである。目前を流れ消失してしまうデジタルデータの情報にたいして、書物の活字がその物質的側面とともにもっている独特の手ざわり、抵抗感が情報をたんなる情報に終わらせないで、ことば独自のありかたを指し示すことになる。消費されない言語こそがなによりも必要なのだというように。書物形態をつうじてもっとも大事なもの、残され伝承されるべき文化が息づいているはずだというのは納得できる。それを松浦さんが〈詩〉と呼んでおきたい気持ちはよくわかる。もっとも松浦さんの文章は、このあと書物の「ペーパーレス化」、現代詩の衰滅化へといちじるしくペシミスティックな方向へ向かっていくのだが、わたしがいまやろうとしているのはそれとは反対のことになるかもしれない。

というのも、この四月におこなわれる東京国際ブックフェアに間に合わせるために作っている自著『出版のためのテキスト実践技法／執筆篇』の付録として、またフェアで配布しようとして準備しているものが、出版目録のデータと出版・編集関連のコンテンツを収録した名刺カード型CD-ROM（注）だからなのである。これはまだどこも使っていないはずの新型CD-ROMなのである。通常の8インチ型のCD-ROMとちがってこのカード型は小型で35MBと容量も小さいのでいろいろ工夫が必要であるのだが、とりあえず入れたいと思っているものはなんとか入る。こうした新しい試みも未來社五十周年記念の一環であり、おおいに興味をもっていただければさいわいである。東京国際ブックフェアでは本を買ってくれたひとには希望されれば無料で配布したいと思っている。

このCD-ROMのミソは、ひとつは出版目録の基本データが入っていることであり、フリーワード検索やジャンル別検索でCD-ROM内の書名、著者名、解説文から該当する書籍を検索できることである。さらにはこれらで検索された書名リストのどれかをクリックするとブラウザが開き、未來社ホームページの該当する書物のページにインターネット接続することができるようにしたことである。これはハイパーリンクという方法でとくにめずらしい仕掛けではないが、こんな小さなCD-ROMからそこまでできるのはちょっと便利ではないかと考えたのである。

このCD-ROMのもうひとつのミソは、未來社ホームページの「未來社アーカイヴ」にあるようなコンテンツをHTML（Hyper Text Mark-up Language）文書として提供することである。『出版のためのテキスト実践技法／執筆篇』のテキストそのものもHTMLで収録することにした。紙媒体のものにくらべると図版類が省略されているかわりに、相互リンクが可能であって、オンラインマニュアルとして利用してもらえるとありがたい。また、そこで推奨されているテキストエディタなどのソフトあるいはユーティリティのプログラムファイルが圧縮ファイルで収められていることによって、わたしの主張していることを試みてもらえるようにもした。これは容量の問題と著作権の問題もあって、ほんらい入れたいプログラムファイルのすべてが収録できているわけではないが、主要なテキストエディタはすべて最新ヴァージョンを収録することができたし、テキスト関連ソフト・ユーティリティもいくつか収録できた。これに入れられなかったプログラムはこれから未來社ホームページの「アーカイヴ」ページに収録するようにしたいと思っている。
関心をもってくれた読者、著者や編集者にはどんどん使ってみていただきたい。これを機会に新しい出版のありかたを共同で探っていきたいと考えているところである。

注　このCD-ROMは当時は画期的なコンパクトさをもっていたが、使い勝手その他の理由であまり実用化されなかったようだ。ここではこんなおもしろい試みもしてみたという例として挙げたまでである。

〔「未来の窓55」二〇〇一・一〇〕

営業部移転その他をめぐる近況

この九月にはいって、未來社営業部が朝霞市三原のこの春オープンしたばかりの未來社流通センター（通称・三原倉庫）に正式に移転した。これまで自前の倉庫をもっていた時代もあり、最近は十七年間にわたって平凡社出版販売（平凡社の子会社、以前の名前はみやこ倉庫）に管理業務全般を委託していたが、新しい倉庫の整備もほぼ終了したのにともない、いよいよ営業部全体が移転し、業務の一元化をはかることになったのである（注）。これまで会社の一部が本社とは別の場所に常駐のかたちで存在するということは一度も経験がなかったから、今回の移転は未來社の歴史のなかでも初めての企てということになる。さいわい倉庫管理会社の第一美創のお世話もあって、倉庫の横に事務所と作業場を確保することができ、作業能率も徐々に上がってきている。

すでにこの欄でも触れたことがあるように、この十一月には未來社も創業五十年になるところである。そうした節目の年にもかかわらず、さまざまな力量不足もあって、いろいろやるべきことが手つかず状態になったままである。とりあえずこの秋から本誌(「未来」)の定期購読者と定期寄贈者への謝恩セールを始めることにした。また、営業部の引越しが一段落したところで「旧価格本・在庫僅少本フェア」のようなことも予定している。これらは重版にともなう定価改定によって生じた旧価格の本や、品切れ寸前でおそらく当分は重版することのむずかしい本をリスト化して、本誌および未來社ホームページに公表するつもりである。これらについてもかなり思い切った謝恩価格を設定する予定である。

それとは別に、十月一日から一か月の予定で、神田神保町の東京堂書店で未來社五十周年全点フェアを開催する予定である。ここでも前記の「旧価格本・在庫僅少本」を多く並べてもらうつもりである。以前は書店でよくこうした本のフェアをしたことがあって、そのたびによく売れたものだが、最近は在庫管理もしっかりしてきたこともあって、目玉になるようなものが減ってきたことは事実である。それでも必然的に生ずる旧価格本やいつのまにか在庫僅少になってしまう本はいつでもある。未來社のような専門書系の出版をしているとその専門領域では評価の高い本でも品切れになるとなかなか重版できなくなる。古本屋さんで高値がつくような本でも重版することはなかなかむずかしいのが昨今の出版情勢である。書物復権8社の会の試みもそういう情勢の反映されたものであるが、現実はいぜんとしてきびしい。ともかく、こうした類の本をこのさい整理してあらためて売りに出してみようというわけで、東京堂書店で実際どれほど売れるのか、いまから興味深いものがある。

いずれにせよ、これから来年にかけてこの種の催しをすこしずつでもおこなっていきたいと思っている。本の山がうしろに控えている流通センターだからこそ、早くて無駄のすくない営業活動が実現しうるのではないかと期待しているのである。

こうしたこともあって、いまは主として編集部が文京区小石川の本丸を守るかたちになっている。この本拠地だってどうしても死守しなければならないものではない。経費節減のため、別の場所で仕事をつづけることはいくらでも可能だからである。じつはこのかたちはある意味で今後の小出版社のありかたを示しているのではないかとわたしはひそかに考えている。というのは、いまはやりのＳＯＨＯ（Small Office, Home Office）という発想は今後の小出版社の生き残りにとって必然的な方法とならざるをえないからである。物流部門さえきちんと独立して機能していれば、本づくりという営為はべつに特別なスペースを必要とするものではない。かつて電話と机さえあれば出版社は可能だと言われたこともあったぐらいに、出版業というのは、とくに編集・製作というのは省スペースが可能な職種のひとつなのである。パソコンという道具ができたいま、ますます省スペース編集は現実味をおびてきている。

それにしても世相は暗くなる一方だ。この文章を書く直前（九月十一日）にアメリカ東部で起こった乗っ取り飛行機による超高層ビルへの自爆攻撃という前代未聞の同時多発テロは今後の世界経済をさらなる不況に追い込んでいくことは間違いないだろう。出版不況に拍車がかかる可能性も高い。自社の存続と安定化への努力は当然のことながらも、出版をめぐる環境の悪化にどこまで対抗しうるのか、予断を許さない事態がつづくだろう。

そんななかで専門書取次・鈴木書店の経営悪化による出版社への支払い延期依頼というお願いを受けることになった。われわれのような専門書出版社としては、専門書を積極的に取り扱ってくれる鈴木書店のような取次店にどうしても生き残ってもらわなければならない。昨年十一月の板橋移転と大幅リストラによって体制ががらっと変わった鈴木書店がなんとか黒字をだせるようになってきたことに希望をもちたいところだが、業務の拡大に転ずるためには新しい社員の徹底した教育と、新しい状況に耐えられるシステム構築を急がねばならない。専門書取次としての特性をいかしたホームページづくりなども緊急課題ではなかろうか。

こういう時期だからこそ、鈴木書店は商品データベースへの情報提供なども出版社にどんどん依頼してみたらどうか。取引のある四〇〇社ほどの中小零細出版社のなかには対応できないところもあるだろうが、こうしたことをきっかけにして自社出版物のデータベース化が促進されることになれば、出版社にとっても結局は有利なことになる。一部の中堅出版社のデータとあわせてもそれほど巨大なデータにはならないのだから、鈴木書店が専門書出版社のための、そして書店や読者をもまきこんだ一大専門書オンライン書店をつくりあげれば、在庫とも有効に結びついて採算のとりやすい部門が確立するように思われるのだが。現に地方書店などには、なかなか入手しにくい書籍や新刊書籍の情報さえあれば、ネット注文したいと言っているところもある。大取次のネット販売が思うにまかせないいま、小回りのきく鈴木書店にこそチャンスがあるはずだ。打開策のひとつとしてぜひ一考をお願いしたい。

注　営業部の移転＝倉庫との一体化、という考えは効率の面では意味があったが、その反面、本社との連携という面で想定外の問題もいろいろ生じた結果、二〇〇三年八月には倉庫管理部門以外の営業部本体（と言っても少人数だが）を本社に戻すことになった。

（［未来の窓63］二〇〇二・六）

二度目の東京国際ブックフェア

未來社はことしも四月十八日から二十一日にかけての東京国際ブックフェア（ＴＩＢＦ）にブース参加した。昨年にひきつづき二回目の出展である。成績で言えば、昨年のやや異常とも言える賑わいにくらべれば、ことしはいまひとつといったところだろうか。それでも、まだ部数が確定していない某大手書店による一括購入の商談もあり、新しい総合図書目録やＰＲ誌「未来」の大量配布など今後の宣伝効果まで計算に入れれば、とりあえず良しとするべきかもしれない。

とにかく昨年同様、この四日間ブックフェア会場に精勤して出版社の知り合い、著者や読者の方たち、印刷関連業者や友人など、未來社のブースを訪ねてきてくれた多くのひとと会ったり話したりすることができたのはおおいに意義のあることだった。ふだんなかなか時間をとれないわたしのような者にとってはこうした機会は非常に貴重なものである。熱心な読者とじっくり話ができたりしたのもこういう機会でもないとできないことである。

昨年は未來社としても初の出展であり、わたしの『出版のためのテキスト実践技法/執筆篇』が「朝日新聞」で大きく取り上げられたこともあり、またパソコンをもちこんでデモンストレーションをおこなう約束をしてしまっていたので、まわりを見て回る余裕がほとんどなかった。ことしはその意味ではある程度見て回る余裕があったので、このブックフェアをいくらか客観視することもできるようになったと言えるかもしれない。そこで来年へむけての抱負のようなものもふくめてこのブックフェアへの考えをまとめておきたい。

主催者側の発表によると、来場者登録数は四日間で四二、五六五名、出展関係者参加者数が六、九三六名、あわせて四九、五〇一名で昨年よりやや増加とのこと。わたしの個人的な印象でも、最終日の日曜日があいにくの大雨だったにもかかわらず、全体ではかなり来場者が増えている感じがあった。本来、一般に開放されていないはずの木曜日、金曜日の数字がかなり高いこともそういう印象を与えることになったのかもしれない。業者の名札を借りて付けた著者や友人がこれらの日にかなり見かけられたこともその裏づけになる。とにかくこうして四日間にわたってまんべんなく入場者が多かったというのもおおかたの印象である。そのわりには公式の入場者数がそれほどの増加でないのはやや意外であるが、そういった印象を与える理由のひとつにはひとりひとりの平均入場時間が長くなっているのかもしれない。だとすれば、それだけこのブックフェアが定着してきたことを示していることになる。

全体の売上げがどのような結果になっているのかまだわからないが、一部出版社を除けば、入場者数のわりには財布の紐が堅かったというのが残念ながら一般的な見方である。地方からわざわざリュックをしょって本の買い出しに来られるような熱心な本好きはことしもたしかに見られたが、経済不況の影響はさすがに大きいようで、最終的には目的買い以外の本については買い控えがあったような気がする。

こうしたなかで昨年、出版界の危機をテーマにした『だれが「本」を殺すのか』で話題になった佐野眞一の基調講演がことしのＴＩＢＦの呼びものであったのは皮肉である。佐野さんの新著『だれが「本」を殺すのか　延長戦』（プレジデント社）がこのブックフェアにあわせて配本されたとも聞く。だれが『本コロ』をどう読んだか、という二番煎じものであるが、話題の継続においてなかなからまい本造りだと思う。わたしが本欄で書いた文章ほかも付録で収録されているので、のちに送ってこられたが、さてこの本が前著に比してどれほど売れるものか。

ところで、未來社の場合はことしは昨年のような目玉があったわけではなく、事前の準備もいささか不十分だった。前回の出展のさいに書棚など大きな機材をもちこんだわりにはブースの構造上あまり効果がなかったことを考慮して、ブースとセットの棚のほかには小さなワゴンを借りるにとどまった。そのためもあって、展示したアイテム数が少なくなった。事前の招待券の配布にももっと力を入れるべきだったろう。昨年の五〇周年記念につくった目録＋アーカイヴ用CD-ROMのような目新しい工夫にも欠けるところがあった。

そんななかにあってわたしの『出版のためのテキスト実践技法／編集篇』は昨年のＴＩＢＦでの読者との約束を事前にはたして一月に刊行していたこともあって、このフェアでは『執筆篇』とあわせて一〇〇冊ほど売れた。刊行とＴＩＢＦが同時だった昨年ほどではなかったにせよ、まずまずの成果である。思いがけぬ読者との対話に時間を割くことができたことも良かったと思う。この一年のあいだに自分の本を介してずいぶんいろいろなひととの接点ができたことを感慨深く思うことしきりである。

これ以外では、すこし傷んだ古い本を半額にしたコーナーとか、重版の見込みのなくなった資料室の重版用原本の一部を最後の一冊として販売したものがかなり人気があった。準備不足でもっと出荷できるものがあったはずである。最新刊をワゴンセールのかたちにしたのはまずまずだったが、奥の書棚に並べた既刊本に動きが乏しかったのは、導入線の工夫とディスプレイ上の課題を残したと言えようか。

総じていえば、東京国際ブックフェアとは年に一度の業界のたんなるお祭りではなく、出版社が読者にむけて自分たちの手法なり意志を公開する情報発信の場としてとらえかえしていく必要がある。全体的に華やかな雰囲気のなかで、われわれのような専門書出版社がブースを並べている人文書出版社コーナーは出している本やパフォーマンスは地味だが、だからと言ってけっしてひとが集まらないわけではない。むしろ読者がじっくりと本選びしている姿が見られるのはわれわれのコーナーが一番なのではなかろうか。その意味でも、もっともっと多くの専門書出版社が出展してくれることを望みたい。いままでは逆の立場だったものが急にこういうことを言い出すのはおこがましいかもしれないけれども、より多くの専門書出版社が同時に出展することによって、より魅力ある東京国際ブックフェアになれれば、読者の新たな掘り起こしにもつながると思うのだが。

注　こういうことを書いておきながら未來社単独の出展はこの回で終わった。少人数の出版社としては土日をふくめた四日間の動員は厳しいこととコストがかかりすぎるということが主たる原因であった。とはいえ、二年後からは書物復権8社の会で共同出展することになり現在にいたっている。

未來社の販売システムの移行について

〔「未来の窓76」二〇〇三・七〕

未來社では、一九六八年に委託制から注文制に移行して以来、常備品およびフェア用商品やなんらかの特別な場合を除き、これまで新刊・既刊を問わずすべて原則的に返品不可の注文扱いのみで販売してきた。ここでなんらかの特別な場合というのは、一般書的な傾向のある話題性のありそうな新刊の販売にかんしてはトーハン、日販の二大取次に相談して取次了解の範囲内で返品条件付きでの販売に取り組んできたことが——稀にではあるが——あったことを指している。それはある程度は取次のいわゆるパターン配本と呼ばれる仕組みに依拠するかたちで、これまで未來社とは関係の薄かった書店までもふくむ拡販の試みであったことになる。

もちろんこうした試みによってこれまでの注文制販売システムでは越えられなかった壁の一部を越えることができたけれども、予想した通り返品が多く、また期間限定の試みであったために、こちらが期待したような結果にまでは至らなかったと言わざるをえない。また、こうした新刊は定価も相対的に安く、もともと現在の未來社の主流である人文書系の書籍とは傾向がちがうのが通例だったために、いつも未來社のこれらの書籍をなんとか売ろうとしてくれてきた書店もふくめて、これまでと売り場がちがうことになってしまい、いろいろな面でもうひとつの大きな壁にぶつかっていたわけである。つまり、せっかく返品条件付きで販売をしようとしても、本来もっとも協力してもらうべき書店のしかるべき担当者や棚の役には立たないという結果に終わっていたのである。

こうしたささやかな経験をベースに、われわれなりに考えて、むしろこれまでわれわれの注文制にたいして頑張って支えつづけてきてくれた特約店・常備店に未來社本来の書籍でもって報いることができるならば、これこそがもっとも現実的で効果的な対案ではないかと判断するにいたった。それには未來社がいまもっとも力を入れて刊行している人文書で、しかも話題性があり、ある程度以上売れる見込みのあるものでなければ意味がない。そういう新刊こそは書店が気を入れて売ろうとしてくれる可能性があり、必要以上のリスクを負わずに販売に協力してくれやすいから、これまでの制約下ではなかなか望めなかった販売部数の実現が可能となるかもしれない。さいわいそういう条件を満たす可能性のある本がないわけではないので、そのさいには思い切って新しい条件での販売を試みるべきではないかと考えたのである。

そういう流れのなかで、前回この欄で触れた小林康夫さんの『表象の光学』を最初の試みとして、未來社の特約店・常備店にかぎり、未來社の責任において返品条件付きで思いきった配本をしてみようという機運が出てきたのである。というのも、この本はわたしがもっとも力を入れてきた企画のひとつであり、表象文化論において画期的な内容であるだけでなく、造本面においても戸田ツトムさんが装幀ばかりか本文レイアウト・組版にまでかかわってくれるという初めての試みを実践したものだからである。仕上がりはけっしてひとの意表を衝こうとするものではなく、むしろオーソドックスであるとさえ言えるものだが、戸田さんが普及につとめようとしている新フォント、筑紫明朝の美しいのびやかさとともに、良い出来映えになっていると思う。

それはともかく、この本の刊行がもともとかなり遅れてしまっていたこともあり、すでに各書店から予約の注文をいただいていたにもかかわらず、これらの予約部数とともに未來社からの希望販売部数を明示して各特約店・常備店にあらためて注文依頼書を六月上旬に送ったばかりである。本稿執筆中の現在、すでに続々とFAXあるいは返信封筒で満額回答が寄せられてきつつあるところであり、この新しい販売方針にたいする理解と協力の輪が未來社の特約店・常備店に広がりつつあることを感じる。これと同時に、直接出向いて話を聞いてもらった書店人の反応もおおいに好意的である。こんな不況の時代であるからこそ、版元と書店は深い共感をともなった関係の再構築こそが必要だといまさらながら確認しつつあるところである。こうしたコミュニケーションの関係をもとにした未來社独自の版元指定配本方式を今後、徹底して研究していきたい。

もっとも、こうした版元独自の指定配本方式をとっているところは何社もあることを知っているので、別にさして新しい方式と言いたいわけではもちろんない。それでも出版社の規模や性格、刊行物のそれぞれの特性といったところもふくめて、かなりの差異が生まれざるをえない。そこのところを未来社方式として確立していきたいと思うのである。

わたしなどはついつい編集者の立場から本の売れかたや出版業界のありかたなどについて批判的に考えがちで、多くの同業者から反発を受けることがあったが、本の内容や質の問題とは別の世界（流通や販売、それにともなう諸現実）があることも事実である。前回の「編集者という職分」（本書三五九頁以下）でも書いたように、編集者にはおのずと年齢の制約や関心領域の狭さという限界がある。それにせっかく苦労して作った本が内容とは別の次元で読者の手に届かない現象を、流通や販売だけの問題として見すごすことはできないと考えるようになってきた。なにをいまさらとおそらく言われようが、なんと言っても本は読者の目に触れ、吟味される機会を増やさなければならないのである。いまのように本の命が極端に短い時代には、どんなに賞味期限の長いはずのロングセラー指向本であっても、新刊時にその存在が認識されないままだと、そのまま無視されてしまいがちである。未來社の本にはそういう知られざる本がおそらくかなりのウェイトを占めていて、げんにインターネットで購入される本には刊行後ずいぶん時間が経ったものや日頃売れないものが多く、これらが書店市場にないことによる機会損失の量をうかがわせるのである。
長いこと出版の世界にかかわってきて、あらためて本を売ることへの興味が湧いてきたと言うと、なにか変だが、ここまでいたるには、トーハン・日販をはじめ各取次店の方々や多くの書店人の深い理解と協力がなければ、とても実現することはありえなかった。ここに関係者の方々にあらためて感謝する次第である。

注　この試みはスタート時点では好感触だったが、長年の取引慣習によるものか、全体としては十分な理解が得られたとはいいがたく、結果的には旧に復することになってしまった。それでも未來社としては一時的にせよ、注文制からなかば委託制的な販売システムを試みたことは事実であり、そのさいにもトーハンの金田さん（当時は取締役書籍部長だったろうか）の親切なアドバイスと条件的な優遇もしていただいた。わたしが経験したあとにもさきにもたった一度だけの取次からの手形払いで、トーハン・日販・大阪屋の三社に支払手形を受取りに行ったことを覚えている。

出版の現場から離れられない理由──「未来」のリニューアルをきっかけとして（「未来の窓85」二〇〇四・四）

本誌「未来」が月刊になってからこの五月で三十七年目に入る。不定期刊だった「未来」を月刊体制にあらためたのが一九六八年五月号の通巻二〇号のときだった。そういう単純な理由もあって、「未来」誌は五月号が年度始めになっている。その後の三六年間に若干の仕様の変更もあったが、最近はさして目立った変化もなく執筆者もやや固定化しがちで、いささかマンネリ気味であったことは否定できない。それにはいろいろ理由がなくはないのだが、ここへきて編集担当が若返ったこともあって、誌面にかなり大きな変化が見られるようになり、それにともなって新しい購読者がすこしずつ増えはじめている。通常の書籍編集とPR誌編集を同時進行させることは相当な負担と無理があるのだが、いまは張り切ってトライしようとしているので、ここはある程度は自由に編集をやらせてみようという気になっているところである。その流れのなかで、この五月号を期にリニューアルしようということになった。表紙やレイアウトばかりでなく、執筆陣もかなり変わることになるだろう。むしろ新旧の執筆者のバランスのとりかたがこれからの課題のひとつになると思っている次第である。

その直前の号である本号では、他社の編集者各位の協力を得て絶版あるいは品切れになっている本への思いをそれぞれに語ってもらう特集を組むことになった。これは、この四月に東京国際ブックフェアで大々的にデモンストレーションをおこなう予定の書物復権8社の会の名著の掘り起こし運動にも連動しており、現役の第一線の編集者の視点から現在入手できなくなっている本で当然読みつがれるべきものにどういうものがあるのかを考えてもらおうという機会にもなっている。これはけっして後ろ向きの企画ではなく、現代においても新しい切り口をもった編集企画を考え出すうえでのヒントを多数ふくんでいるはずだ。そのうちの何人かの編集者の原稿を読ませてもらったが、わたしならどういう本を取り上げることにしただろうと考えることも一興である。

それはともかく、出版社をやっていると、まずは自社のもので品切れにしておいてはいけないものがいろいろあることにいやでも気づかされる。もちろん著者や読者の要請や要望があり、一方では経営上のバランスを考えざるをえない立場があって、理想と現実、理論と実践のあいだのギャップにはいつも悩ませられる。これは新刊の企画それ自体においても言えることなのだが、これから世に出そうとする本といちど自社のものとして世に送り出された本とではやはり初期条件がちがう。われわれのような専門書系の小出版社では、すぐれた新刊を出すことと同時に、残すべき本はいつでも読者の要望に応えられるようにしていなければならないという負荷がかかることになる。

そうした理想と現実のギャップがどんどん大きくなってきたのはここ十年ぐらいのあいだのことだと思われるが、そのギャップを埋めるべく構想されたのが何度もいうが〈書物復権〉の運動の試みである。出版社の独自復刊では未來社のような宣伝力や販売力の弱いところではどうしても限界があるが、専門書系のより強力な出版社各社と協同することによって取次や書店の協力はもとより、マスコミの協力や図書館の一括購入などの可能性も開けてくる。そのひとつの現われが、今回の東京国際ブックフェアでの書物復権8社の会のブース展示なのである。いちおうのスケジュールもほぼ決まり、あとは最終的な展示や宣伝の仕上げをまつばかりである。「未来」四月号の編集者による名著の掘り起こしの試みもその一環であるというのはその意味でである。

また、前号でも触れたことだが、この〈書物復権〉運動の一端がいま神保町の岩波ブックセンター信山社で8社の会の連続ブックフェアとして展開中である。この号が出るころには未來社のフェアは終了していることになるが、まずまずの成果を収めてくれるものとなりそうである。フェアの期間中に、店のすぐ上の階にある岩波セミナールームでおこなうトーク・イベントも呼びもののひとつである。

未來社としては三月四日に折原浩さんに「学問の未来——羽入書問題をめぐって」という講演をお願いして予想をうわまわる成功を収め、同じく十九日には高橋哲哉さんによる「反戦の哲学——犠牲の論理は超えられるか」という講演会を予定しているところ早くも満員になりそうな勢いである。

すでにおこなわれた折原浩さんの講演会は、時間と事前宣伝の不足にもかかわらず、いま話題になっている学問論争においてこの第一級のウェーバー研究者がどのような発言をされるのか、最近はこういう場所に来られることはほとんどやめられている稀代の論者の話をナマで聞きたいという読者が多数参加され、折原さんの学問研究の真髄を語る熱のこもった議論に深く納得されている様子がよく伝わる会となった。ことし六十九歳になられる折原さんの学問することへの若々しい情熱と、学問への姑息な取組みに終始する「学者」や出版社、それを無責任にジャーナリスティックに褒め上げる「半専門家」や著名なだけの非専門家を痛烈に批判する批評精神は、それだけでも一聴に値するものだったと言えよう。まさに三十数年前の東大闘争における造反教官としての折原さんの姿がわたしの脳裡にまざまざと蘇るようなひとときであったことを報告しておきたい。

このあとに予定されている高橋哲哉さんの講演会も、その日になんとか間に合わせる予定の最新論考集『証言のポリティクス』をベースに、ラディカルな思考と行動の哲学者である高橋さんが学問論をめぐって、政治のありかたをめぐって、最先鋭の思考を提示されるはずである。これもいまから楽しみな会となっている。

こうした一連の動きはいまの出版状況や思想の根源情況がおのずから迫ってくる問題を必然的に反映している。出版という営為をつうじてリアルな学問や思想のありかた、それにたいする出版社の姿勢がいまきびしく問われている。折原さんや高橋さんの仕事をつうじて、学問や思想のどこがおかしくなっているのか、問題のありかはどこかがはっきりと見えてくるのである。出版の現場から離れることは当面はできない相談なのである。

注　原題の副題は「『未来』のリニューアルをめぐって」となっていたのを変更した。

（［未来の窓105］二〇〇五・一二）

未來社の二〇〇六年を早くも展望する

前月号の［未来の窓104］（本書一三六頁以下）でお知らせした紀伊國屋ホールでのマンスリーセミナー未來社企画の〈デリダの明日〉もなんとか成功し、つづけてことしの決算のための基礎的データ作りがようやく終了して、ホッとしているところである。決算処理をわたしがするようになって三回目だが、手順にも慣れてきてみると、そろそろどこでどう手を打たなければいけないかが、見えるようになってきた。七期も社を代表する立場をやってきて、いまさらながら出版社経営のむずかしさとわずかであるがその可能性を再認識してきているところである。ここではやや早すぎるが、この一年を振り返って今後の準備としたい。

その反省の第一は、当初期待したように「長期縮小均衡路線から拡大路線へ」の転換はまだ実現するところまではいかなかったことである。編集部の生産性にようやく上昇の機運が出てきたとはいえ、いまだ希望的観測にとどまる。若い編集スタッフがそう簡単に習熟することができるほど専門書出版の世界は甘くはない。しかしその一方で、徐々にではあるが、その生産性の高まりが実現できつつあるのもまた事実なのである。その意味でこの「希望的観測」はことしももちつづけたいと思う。

反省の第二は、わたし自身が「編集過重」の立場から営業と経営のほうにシフトしようという路線変更を考えていたにもかかわらず、編集中心の時間配分という制約からなかなか抜け出せなかったことである。ただし、これは他の編集スタッフの力量の問題もあるので、やみくもに「シフト」すればいいというものでもない。十一月に出版したジャック・デリダ『名を救う』のように、紀伊國屋ホールでのセミナーとの関係といった必要から緊急性のあったものを除けば、わたしの編集者としての仕事は、古くからのつきあいのある有力著者とのあいだで企画を立てることと、編集スタッフがファイル処理をして仮ゲラまで仕上げた原稿を通読して細かいチェックをするだけでよいことになってきたからである。

これはわたしの［出版のためのテキスト実践技法］という編集技法が編集部内ではかなり会得されてきたことを示してもいるのであって、原稿のファイル処理による効率化と正確さの実現が印刷所に入稿する段階で相当程度できるようになっている。このことは編集実務の大幅な短縮化と印刷所コストの削減に結びついてもいる。仮ゲラ化された原稿をわたしがきちんと読んでさえおけば、あとはまず問題なく世に出しても恥ずかしくない専門書がしかもスピーディーに刊行できるしくみができあがりつつある。このことが先ほど述べた「生産性の高まり」を期待できるというわたしの「希望的観測」の裏づけになっているのである。

さて、これにたいして昨年来の営業強化策は経験のある新スタッフの加入もあって、徐々に効果を見せはじめている。ここ何年かにはまったく見られなかった営業展開がどんどん始まっていくなかで、未來社の書籍の書店露出率もかなり上がってくるようになり、そのせいもあってか売上げがすこしずつ回復基調に向かっている。書店数のうえでも書籍アイテム数のうえでも、書店常備の拡大は昨年にひきつづき実現し、フェアなども着実におこなわれるようになっている。この年末に東京大学駒場生協でおこなわれる未來社フェアもそのひとつだ（ここはわたしの編集者としてのホームグラウンドともいうべき場所で、親しい著者も多く、そうしたひとたちとの本作りへのわたしの思いをポップにして提供することになっているというお楽しみ付きである）。

こうした意味では、これは反省というより、ことしの大きな成果として評価しておくべきことだろう。来年がより大きな営業成果を上げられるかどうかは、可能性のある新刊がどれだけ実現できるかにかかっているのはいうまでもない。

それと関連しているのは、来年もおこなわれる書物復権8社の会の復刊運動が、企画十周年ということもあって、初めての拡大ヴァージョンとして何社かの有力出版社がスポット参加するかたちで展開することになったことである。新たな展望がここから開けてくることをおおいに期待するとともに、8社の会としても頑張りどころとなるだろう。未來社はことし安東次男・廣末保・西郷信綱編『日本詞華集』という四十七年ぶりの復刊が大成功したこともあり、意を強くして来年は平野謙・小田切秀雄・山本健吉編『現代日本文学論争史』上中下巻というとっておきの復刊（新組み復刊）を企画してさらなる飛躍をねらっている。重版を重ねて活字が擦り切れてしまい品切れにせざるをえなくなったという実績のある本だけに、文学好きの読者にはこの復活は喜ばれるだろう。これでまた「昔の名前」で健在をアピールすることになりかねないが、そうした遺産をたえず掘り起こす努力は、新刊刊行とともに怠ってはならないはずである。それにくわえて書物復権8社の会の東京国際ブックフェアへの三年連続の共同出展も決まり、ことしの紀伊國屋ホールでのマンスリーセミナーが来年も継続されそうな話も出てきている。

こうしてみると、どうやら来年はこれまでとはいくらか次元を異にしたおもしろい年になりそうである。

『現代政治の思想と行動』新組版刊行にあたって

（「未来の窓112」二〇〇六・七）

この八月十五日がくると、故丸山眞男の十周忌を迎える。丸山さんが亡くなってから、なんともあっという間に十年を閲したことになるのは驚きである。

私事にわたるが、わたしが最後に丸山さんのご尊顔を拝することになったのは、亡くなる前年一九九五年四月三十日のことであったことをいまさらのように思い起こす。なぜその日なのかと言えば、その前日にわたしの父・西谷能雄が亡くなり、そのお通夜の晩遅くに丸山さんがゆか里夫人とともにわざわざ大森山王の実家に来てくださったからである。かなり弱られていて息苦しそうにもかかわらず、ちょうどお通夜の読経の終わったころに夫人に支えられるようにして縁側から丸山さんが入ってこられたときには、そこにいた一同とともにほんとうに息を呑む思いだった。さらに驚いたことには、お通夜に来ていただいていた木下順二さん、小林昇さん、田中浩さんらを交えて、延々（おそらく）二時間ほど、まったく疲れを知らぬいきおいで話し続けられていたことである。病身に障るのを気にしながら丸山さんの滞ることのないお話に聞き入っていたことをまざまざと思い出す。長いおつきあいをさせていただいた父にしてみれば、出版人冥利につきるありがたいことであったろう。この事実はたぶんほとんどどなたも記録されていることはなさそうなので、ささやかながらここに記しておきたい。

さて、そんなことを思い出しながら、ここまでの十年間、未來社としては丸山眞男の業績にかんしてほとんどなにも関与することのできないままに過ぎてしまったことを残念に思わざるをえない。そうしたなかで、丸山さんの主著のひとつである『【増補版】現代政治の思想と行動』をこのたび新装新組みにして刊行し直すことにさせていただくことになった。現在の版は、一九六四年にそれまでの上下二冊本（一九五六年、一九五七年刊）を増補合本にしてからすでに一五九刷一六五〇〇〇冊に達しており、A5判六〇〇ページにもなろうかというこの種の学術書としては破格のロングセラーになっている。ちなみに合本以前のデータを調べると、上巻が二七刷三一八〇〇冊、下巻が二五刷二九〇〇〇冊発行になっている。わたしが入社して以降のかなり長いあいだ毎年五回から六回の増刷で五〇〇〇部から六〇〇〇部ほど売れていた。みすず書房から『戦中と戦後の間』が刊行された一九七六年ごろは年間七〇〇〇部に達していたこともある。取次の鈴木書店が健在だったころには、店売用に引き渡すために未來社の玄関脇に毎週三〇〇冊ずつ積み上げていたことがなつかしく思い出される。

思えば、一九五一年創立の小出版社からわずか創立五年目にして丸山眞男の新刊が刊行されることになったことは、当時としても相当な業界的話題だったらしい。新興の未來社ごときに丸山さんの新刊をさらわれることになった老舗の学術書出版社が編集会議で大問題だとして物議をかもしたという話を聞いたこともある。丸山さんを缶詰めにして原稿を仕上げてもらった伊豆湯が島の温泉旅館も、そうした縁でその後かなり知られることになったとも聞く。

苅部直の新著『丸山眞男——リベラリストの肖像』(岩波新書)を読むと、丸山眞男の生い立ちから人となりが具体的に書かれており、わたしが父から聞いていた情報といろいろ符合するところがあってたいへん興味深かった。一九六五年生まれの若い政治学者が一部には毀誉褒貶もあった丸山さんをこの本のように客観的に論じているのを読むと、時代の推移を感じてしまうが、苅部氏が「あとがき」で書かれているように、一九八〇年代初頭の高校の教室で『現代政治の思想と行動』や『日本政治思想史研究』に触れる講義がおこなわれていたという驚くべき事実と、それよりはるか以前、一九六〇年代半ばにわたしが当時通っていた東京のある私立高校の社会科の授業で『現代政治の思想と行動』が教材として使われることになり、その本を発行している出版社の息子として先生からクラスで紹介されてびっくりさせられた事実とが、どこかで一脈通じているのかもしれないとすると、丸山眞男の思想はかなりの長期間にわたって日本社会のありかたに関心をもつひとたちに深いところで強力な影響を与えつづけていたのだということがあらためてわかるのである。

未來社刊行の『現代政治の思想と行動』は丸山眞男の戦後民主主義にたいする思想を集大成した論文集であり、戦後日本がどういう道筋をとるべきかを指南した警世の書、思索の書である。大学闘争世代であるわたしなどからすれば、吉本隆明に代表される丸山眞男批判——主として大学人、知識人としての処世法にたいする批判——にも納得してしまうところもあったが、政治的社会的状況のなかでものごとを根本から考える姿勢を貫くことがいかに重要なことであるかを教えられた点で、この思想家の存在は大きなものだったし、いまの時代を考えれば、それはますます大きなものとなっていくだろう。

すでに述べたように『現代政治の思想と行動』は増刷に増刷を重ねてきたために、いまとなっては紙型も相当に傷んできてしまい、もうあと数回ぐらいの増刷がやっとということになってしまった。丸山さんの没後十年にもかかわらず、いぜんとして新しい読者が生まれつづけていることはしたがっておおいに歓迎すべきことであり、未來社としてもよりきれいな活字で新しい読者に不朽の名著を提出する義務があると考えた次第である。出版にかんしてきわめて厳格だった丸山さんのことを思うと、新組みにしてカバー新装にするというアイデアはいかがなものかと不安もあり、おそるおそる夫人に打診させてもらったところ快く了承していただけることになった。そんなわけでいま未來社編集部をあげて大急ぎで校正に取り組んでいるところである。本書新装版刊行にかんする監修と編集実務にかんして丸山夫人の意向を受けた松沢弘陽さんのご協力もいただいて、なんとか十周忌までに新装新組版を刊行できないかと願っている。

（［未来の窓118］二〇〇七・一）

木下順二さんとともに五〇数年

劇作家の木下順二さんが（二〇〇六年）十月三十日に亡くなられたという情報が新聞やテレビで一斉に報道されたのは、亡くなられてひと月後の十一月三十日だった。九二歳。亡くなられてきっかりひと月後の十一月二十九日に東京文京区向丘のご自宅玄関に張り紙が出されて事態が明らかになったというのが事の真相らしい。残念ながら生前から関係の深い未來社においても事態の推移が掌握できていなかった。それというのも、ご高齢とはいえ、いつも「夕鶴」をはじめとする木下戯曲の上演許可にかんして連絡をとりあうかたちでお元気な木下さんのお声を聞く機会が多く、比較的最近においても連絡が途絶えることはなかったし、体調がよくないという情報は聞いていなかったからでもある。

おそらく亡くなられて三〇日後に公表するように、遺言で指示をされていたことと推察する。わたしは事実を知った当日お電話が通じないこともあって、ご自宅までお悔やみをかねて伺ってみたが、やはり誰もお出にならなかった。十月三十日午後九時五三分に亡くなられたという張り紙と新しい表札を確認できるだけであった。これはいかにも木下さんらしい現世への潔い別離のしかたであり、残された者への思いやりの現われなのだと思う。

木下順二さんと未來社との関係は、創立者の西谷能雄が弘文堂在籍時代にまだ若くて無名の木下さんの戯曲「夕鶴」を企画会議で何度も否定されたあげく、なんとか企画が実現したあともその後の大好評にもかかわらず社内の冷ややかな対応に業を煮やして退職し、紙型を退職金代わりに一九五一年に未來社を創立したという、世に「夕鶴事件（注1）」と言われる因縁に端を発している。未來社の最初の出版が文庫版『夕鶴』であり、当初は演劇書出版社としてスタートしたことになっているのはそのためである。わたしが聞いているかぎりでは、木下さんとかかわりの深い山本安英さんを中心に成立した「ぶどうの会」、のちの「山本安英の会」の全国巡業に、最初の刊行物『夕鶴』および山本さんの文庫版『歩いてきた道』をもって同行販売することが社業の始まりであったそうである。

そんなこともあって、その後も木下さんは未來社から『民話劇集』ほかさまざまな戯曲集や『ドラマの時代』等のエッセイ集を刊行され、のちに作品集（全八巻、一九六一～七一年）と評論集（全十一巻、一九七二～八四年）にまとめられている。晩年の木下さんは小説にも手を染められ、未來社とのかかわりも新たな出版物のかたちでは実現しなかったが、長いこと監査役をつとめていただいたり、最後まで株主になってもらっていたり、先述の木下戯曲の上演許可にかんする代理人役を仰せつかっていたりと、変わらぬご厚誼をいただいてきた。

そう言えば、株主総会のご案内状をお送りすると、いつも白紙委任ではなく、委任相手にわざわざわたしの名を書き込んでくれたうえに、かならず「頑張ってください」というひと言を書き添えてくださるような、義理と人情に厚い方だった。そういうことを思い出すにつけ、出版という事業は大事な著者との熱い共同事業なのだということがあらためて実感されるとともに、その遺産を守りつづける義務が残されたものにはあるのだという緊張がからだを走るのを覚えるのである。

今号（「未来」二〇〇七年一月号）（注2）の追悼文のなかで菅井幸雄さんが述べられているように、木下戯曲の公演があると、総出で劇場販売に駆けつけたことがよくあった。わたしもよく参加したものだが、「子午線の祀り」初演のときなど、公演中は販売することもないので、しっかり舞台を拝見させてもらったりした。なにしろ公演ごとに数百冊単位で飛ぶように売れる時代だったのだから、楽しくもあり張り合いもあったのである。いまからは想像もつかないほど本がよく売れ、また読まれる時代がかつてはあったのである。

木下順二さんがお亡くなりになったいま、未來社として何かなすべきことはないかと考えて、木下作品集の各巻末にある解説対談を一冊にまとめることが一番ふさわしいのではないかと考えた（注3）。菅井幸雄さんに相談させていただいたところ、おおいに結構、以前からその企画を提案しようと思っておられたとのことだったので、さっそく進めることにさせてもらい、菅井さんには必要な注を準備していただくことになった。

なにしろこの解説対談は、対談者に当代一流の社会科学者や文学者もふくめ、かならずしも演劇専門家ではないひととの同時代的な文化との横断的な交流をふまえて演劇を位置づけ直そうとする試みで、それぞれが通常の解説の域を超える長大な対談である。ちなみに対談者は、内田義彦（第I巻）、竹内実（第II巻）、尾崎宏次（第III巻）、野間宏（第IV巻）、丸山眞男（第V巻）、下村正夫（第VI巻）、堀田善衛・猪野謙二（第VII巻）、江藤文夫（第VIII巻）といった錚々たる顔ぶれである。この対談者のほとんどがすでに鬼籍に入られていることを思うと、やや遅きに失した感も否めないが、それだけ逆にこの連続対談集は、ある時代の文化のありかたにたいする証言集であり、それぞれの論者の立場から見た同時代演劇への眼差しであり、ひるがってそれぞれの専門研究における演劇的モチーフとの交差を刻印した貴重な資料になると思われる。こうした企画を世に送ることは、及ばずながらも木下順二さんの功績を偲ぶとともに、五〇数年に及ぶ木下さんとの二代にわたるご厚誼を感謝する気持ちをこめたいからである。

木下順二さんの霊はいま江戸川橋近くの山本安英さんが眠るお墓に並んで眠られているはずである。「夕鶴」の〈つう〉の役を一〇〇〇回以上にわたって長年演じつづけられた山本さんとの絆はこの世の果てを超えてどこまでもつづくのであろう。山本さんの生前にはけっして〈つう〉の役を他者には演じさせなかった木下さんの思いはついにここで完結したのかもしれない。謹んでご冥福を祈りたい。

注（1）「夕鶴事件」は『名著の履歴書』（日本エディタースクール出版部）にくわしい。
（2）「未来」二〇〇七年一月号は「追悼　木下順二」として菅井幸雄、福田善之、内山鶉、日色ともゑ、天野祐吉、藤久ミネ、中本信幸、吉沢和夫、松谷みよ子の各氏の追悼文、菅孝行さんの小論文が掲載された。わたしのこの文章も同号に発表されている。
（3）この解説対談は『木下順二対話集　ドラマの根源』として二〇〇七年十月に一周忌にあわせて刊行された。この編集に協力された菅井幸雄さんもこの二〇一一年九月二十日に亡くなったとのお知らせをいただいたばかりである。

松本昌次さんと未來社の歴史——『わたしの戦後出版史』を読む

（「未来の窓138」二〇〇八・九）

未來社の大先輩である松本昌次さんが『わたしの戦後出版史』（トランスビュー）というインタビュー本を刊行された。聞き手は元講談社の鷲尾賢也氏と元小学館の上野明雄氏。この本の元になったのは、朝日新聞社の「論座」に二〇〇六年四月から二〇〇七年十二月まで二十一回にわたって連載されたインタビュー「わたしの戦後出版史——その側面」であり、聞き書きの速記録をもとに松本さんが再構成されたものであると、本書冒頭におかれた鷲尾氏の「聞き書きのはじめに」で明らかにされている。「関係者に迷惑がかかってはいけないと、かなり慎重に整理されている」とも記されているように、おそらく実際の聞き書きの現場ではもっと過激な裏話やエピソードが話されたのであろう。

この本のなかで話されていることは、松本さんの未來社での三〇年の編集者時代が中心であり、松本さんの未來社入社以前もふくめて話に出てくる人物やそのエピソードなどはわたしもほとんど聞いたことがある。というのは、わたしの幼いころから松本さんは西谷の家に出入りされていたので、わたしが入社した一九七七年以前から両親をつうじて、また実際にお会いしたときの印象などからその人となりについてかなり知っていたからである。そもそも大学院でモラトリアム環境にいたわたしを未來社へ引き入れたのも松本さんなのであった。

それはともかく、わたしが未來社に入社してから松本さんが独立して影書房を創立された一九八三年まで、考えてみるとじつは未來社でいっしょにいたのは六年にすぎないことに、いまさらながら驚く。その間、本書にも出てくるが、西郷信綱さんを囲んで月一回の『古事記』を読む会などで勉強をともにしたこと、いろいろ呑む機会が多くてそのときに必ず説教されたこと、などが思い出される。本書によく出てくる庄幸司郎や写真家の矢田金一郎、形成社印刷の入野正男、そしてもちろん著者の埴谷雄高、西郷さん、丸山眞男、木下順二、山本安英、井上光晴などとも大なり小なり接点をもつことができた。そのほとんどが鬼籍に入られてしまったことをふくめ、松本さんの下にいたわたしの二十代後半から三十代前半の六年間は濃密な時間だった。

松本さんはお酒を呑むと「からみの松」とあだ名されていたように、小言と説教が多くなることで有名であったが、わたしに対してはどういうわけか呑んでいないときでもいつも必ず説教してくれていたように思う。もちろん未來社から離れてからもいつも未來社の仕事にたえざる関心をもっておられて、何かとご意見をいただくことが多い。この「未来の窓」などについてもしばしば批判のことばをいただいている。その意味でも、いろいろ教えられることの多い先達である。本書でも聞き手ふたりにたいしていつもの理想主義的な話を繰り返されているのを読むにつけ、松本さんはあいかわらず変わっていないな、という感想をもつ。聞き手の鷲尾氏、上野氏はさぞや大変だったろうと想像がつく。
松本さんの編集者魂の真骨頂は、書き手にたいしてぞっこん惚れ込むという基本姿勢から発しており、いったん惚れ込んだら書くものだけでなく、その書き手の生活そのものにまでどっぷりとかかわっていくというスタイルにある。年下の友人である建築家の庄さんを従えて、著者の家の建て替えなどまで手を出しているのだから、いまではとても考えられないような深く、熱い関係を構築してしまうのが松本流なのだ。だから松本さんの人間関係はお互いにとことん付き合うか付き合わないかのどちらかになりがちである。松本さんの思想は理想主義的ゆえにかなり紋切り型で狭量なところがあり、いまの時代にはかなり馴染みにくいのではなかろうか。もろさわようこさんが必要にせまられ携帯電話を使うようになったことを「転向」だとして批判しようと思っているなどと冗談めかして語っているのもそのひとつである。わたしもパソコンを使った編集技法を世に問うたときに、パソコンなど使って本ができるなんてはずはないと皮肉られたこともあった。便利な機器はなにもすべて万能だなどと思っているひとばかりでないのに、そういうものに関心がない松本さんからすればそういうものにかかずらっている人間はすべて「ダメ」なのである。そういう松本さん流「からみ」が本書のなかにもずいぶん出てくる。たとえば翻訳出版について松本さんはこんなことを語っている。
《それらはすでにはじめから評価が決まっているものだし、どこの出版社も追いかけているし、翻訳の善し悪しがあるだけなんで、何もわたしがやることはない。それらは読者として買って読めばいいわけだから、あまり他の出版社がやらないもの、それと大出版社が追いかけている文壇的なものや権威的なアカデミズムは避けようと思いました。》（三五ページ）
ここにはわたしもおおいに共感する松本さんのオリジナルへの志向性がよく現われている。もっとも翻訳出版もそんなに評価が定まっているばかりではないし、翻訳の善し悪しだけではないとわたしは思うが、それはいまはおく。そんな姿勢のなかから松本さんが残してくれた文学・思想関係の未來社の書物はわたしが若いころから愛読したものや影響を受けたものが多いのは事実で、そうした遺産のなかからしばしば〈書物復権〉運動の復刊対象がおのずから選ばれることになる。本書でも言及されているが、西郷信綱・廣末保・安東次男編『〔新装版〕日本詞華集』や平野謙・小田切秀雄・山本健吉編『〔新装版〕現代日本文学論争史』上中下巻、さらに竹内好著『〔新版〕魯迅』、安東次男著『〔新版〕澱河歌の周辺』などはそうした理想主義的編集者としての松本さんが手がけた仕事の一端にすぎない。

本書はある意味で松本さんからみた未來社の歴史の貴重な証言であり、細かい事実の間違いはともかくとして、いまは襟を正して感謝するばかりである。

注　松本さんの本はかなり評判になったが、ややもすると事情を知らない読者が松本さんの仕事を過大評価しがちに判断してしまうような記述もいろいろあることがわたしなどから見ればわかる。たとえば丸山眞男氏との仕事などは西谷能雄の業績だが、知らないひとが読むと松本さんが手がけたかのように書かれているところがある。

（「未来の窓140」二〇〇八・一一）

「現役」出版人という覚悟

最近は退職する出版社仲間が増えてきた。定年退職もあるし、定年前退職もある。前者のうちには定年後も活動的な人生謳歌組もいて、ブログなどで日々の生きざまを存分に提示したりして、世の中の動向などはどこ吹く風、そんなことにはもはや一喜一憂しない。ひとに頼まれれば、これまでの経験と知識を活かして応援にもかけつける。残りの人生を同世代の仲間や近隣のひとたちと楽しく生きていければいいのだといったたくましさがある。昨年あたりから始まった団塊世代（一九四七年～一九四九年生れ）の退職ラッシュは、再雇用の問題を喚起するとともに、Uターン現象やIターン現象となって地方の活性化ともつながっているらしい。

その一方で、いまの自分のありかたに納得できず、早めに退職して自分のしたいことを始めたいというのが後者だ。

こういうひとには編集志望者が多い。編集経験があるが、社の事情で他の部署にまわされた結果、どうも欲求不満が残ってしまったというタイプで、なにか自分本来の仕事として世の中に痕跡を残したいといった願望の現われである。編集経験者で営業責任者になって活躍しているひとを何人もわたしは知っているが、やはり相性というものがあるのだろうか。編集者時代の人脈と営業経験で得たはずのマーケティング能力を活かしてぜひともいい仕事を残してもらいたい。

かく言うわたしもすでに団塊世代の最後尾、来年にはなんと還暦を迎えることになっている。定年退職という区切りをつけられない立場がいいのか悪いのか、同世代の仲間が次々と身を退いていくいま、現役をつづけられる（つづけざるをえない）という立場をいろいろと考えさせられることが多くなった。ましてや編集という立場もいぜんとしてつづけている以上、時代の先端にアンテナを張りつづける努力を怠るわけにはいかない。そうは言っても、編集者の宿命として自分より若い世代の仕事まではフォローしきれないので、必然的に自分とともに育ってきた同世代か少し年上の著者たちとの仕事中心にならざるをえない。わたしはそれでいいのだと思っているが、著者にも定年はないとはいえ、それぞれの旬というものがある。そこを編集者としてきちんと見据えられないと、いい仕事のつもりがたんなる繰り言にすぎないような本を作りかねないのである。「現役」出版人をつづけるにも、それなりの覚悟が必要なのである。

さて、そんなわたしだが、まだまだやるべきことがたくさんある。そのひとつが優れた編集者を育てることである。自分で言うのもおこがましいことだが、自分なりにつちかった編集の知識と技術は、日常の仕事のなかで若いひとたちと共同作業をしているなかでさまざまなレベルで伝えておくべきであることが感じられる。著者とのつきあいかたからはじまって、企画の立てかた、著者との交渉、原稿の受け取りかた、さらには原稿を本に仕上げていくときの細かいノウハウ、その手順や留意点、刊行直前の最終チェックのありかた、といったさまざまな問題がたえず出現する。経験豊富な編集者の場合にはあるていど安心して任せられるが、逆に自由な発想転換ができにくいなどワンパターンに陥りやすい欠点がある。また出版社ごとにちょっとした流儀のちがいなどがあり、他社から移籍した編集者には自社での編集経験を積んでみないと思い込みから意外なミスが発生するようなこともある。

そんなこともあって、わたしとしてはすくなくとも自社編集部のために役立つ編集マニュアルを整理しておこうと思っている。もちろん編集の基本技術にかんするマニュアル本はいろいろ出ているし、わたしの関心はそういうところにはない。また編集者はどうあるべきか、といった精神論や心がまえについて経験的に語った本もいろいろあるだろうし、著者についてのエピソードや人となりについて編集者が残した証言や記録もあるだろう。わたしがここで考えているのはそういうものではなく、著者の原稿がいま手元にあるとして、それをいかに正確に、すばやく、そして企画の本来の意図に添うかたちでの本として実現するか、という編集技法に尽きると言ってもよい。

わたしにはすでに二〇〇一年に刊行した『出版のためのテキスト実践技法／執筆篇』と、翌二〇〇二年にその続篇として出した『同／編集篇』がある。そこで展開していることは、基本的にコンピュータを使ったデジタル処理の実効性が、ふつうに思われがちな一律的な置き換え作業といった単純化ではなく、編集の知識や経験を盛り込んだ処理をコンピュータによって実現することである。いわば自分の目と手の代行をコンピュータにさせることである。こういうことを言うと、コンピュータで編集の仕事ができるか、といったお決まりの反発がくるのはもはや想定ずみだ。

そういうわけで、［出版のためのテキスト実践技法］が話題にされたときより数年を経て、基本的な方法論は変わっていないものの、その間のツールやコンピュータの進歩、コンピュータにたいする人間の理解度、技術の向上などにより、現時点でのマニュアルを作り直す必要に迫られたと言える。その後に開発した新しいプログラムもふくめて新しく『出版のためのテキスト実践技法／総集篇』(注)を出版したいとも考えている。

さて、そうした編集にかんする問題とは別に、これからの専門書出版のありかたを未來社という枠に即して考え直してみなければならない。わたし自身がそういつまでも現役でいるわけにはいかないこともあるので、後継者を育てなければならないからであるが、そのまえに、予想される出版業の今後のけっして楽ではなさそうな展望をふまえて専門書出版の生きる道筋を考えておかなければならない。それ以外にも個人的にやり残している仕事が多いので、できるだけそのための時間も確保したいというのがわたしのひそかな願いであるが、はたしてどこまで許されることだろうか。

注　『出版のためのテキスト実践技法／総集篇』は当初『出版のためのテキスト実践技法／テキストエディタ篇』という構想で刊行するつもりであった。

創立六〇周年へむけて――『ある軌跡』六〇周年版発行と［未来の窓］単行本化　（［未来の窓172］二〇一一・七）

ことしの十一月になると、未來社も創立六〇周年を迎える。人間で言えば還暦ということで、なんらかの総括と展望を迫られる時期になったとも言える。とはいえ、未來社のような小規模の専門書出版社としては他社のように派手な祝賀会のようなものは似合わないに決まっているし、そんなつもりもない。

そこで地味に（よく言えば堅実に）ささやかな企画を試みるとすれば、これまでも節目ごとに刊行してきた社史『ある軌跡』の六〇周年版を刊行することと、わたしが足かけ十五年にわたって書きつづけてきた［未来の窓］というコラムに注釈等を付して単行本化することぐらいであろう、ということになった。

社史『ある軌跡』は、一九六六年の創立一五周年に「未來社の15年・その歴史と課題」という座談会（出席者は丸山眞男・内田義彦・木下順二・野間宏の各氏と創業者・西谷能雄）をふくむ最初の版を刊行して以来、二〇周年版、二五周年版、三〇周年版、四〇周年版、と過去五回にわたって刊行されてきた。三〇周年版までは活版組みで、そのつどそれまでの分に新原稿を増補するかたちで発行してきたが、一九九二年刊行の四〇周年版では、活版での継続も無理になったので電算写植に移行した。そのさい旧版に属するものは前述した座談会と資料分だけとし、他はすべて新原稿にした結果、三〇周年版に比べてかなりスリムになった。

四〇周年版では冒頭に西谷能雄が「四〇年の回顧」を書き、古くからの著者を主とする六三人の方に「未來社40周年

への アンケート」をお願いするとともに、当時の気鋭の学者・研究者一〇人にそれぞれの専攻する学問分野を展望する小論文をお願いした。後者の人選をふくむ編集はわたしが中心になって進めたので、かなりのウェイトでわたしとかかわりの強い著者が執筆してくれた。さいわいマスコミもふくめて評判がよく、一般読者でも希望者には頒価でお譲りするなどかなりの部数がさばけた。

五〇周年版は予定しておきながら、さまざまな事情で刊行することができずに終わってしまった。東京国際ブックフェアへの初出展や書店での五〇周年フェアなどはおこなったが、当時の編集部の力量不足などもあり、見送らざるをえなかったことが残念だった。

そんなこともあって、今回の六〇周年版はなんとしても実現したいと思っている。過去二〇年分の総括や略年表の整理、出版図書一覧の増補と整理などが今後の課題として残っており、新しい時代を前にして新たな展望を切り開くような諸論考やアンケートを関係の深い著者の方たちにお願いする予定である。

この四〇周年版はなぜか創立四一年目の一九九二年刊行になっているが、その年の十一月にわたしが西谷能雄に代わって代表取締役に就任しているところからもみられるように、社内体制の変更にともなう準備の遅れその他があったのであろう。今回の六〇周年版はそういうことのないようにいまから準備しておきたい。

今回はもうひとつ、わたしがPR誌「未来」一九九七年三月号以来、執筆をつづけてきたコラム［未来の窓］を単行本にまとめさせてもらうことにした。これは消費税の増税（3%から5%へ）にたいする批判をきっかけとして始めたものであるが、事情があって一度だけ抜けただけで今回をふくめて一七二回（注）を数える。このコラムは、小専門書出版社の立場から出版業界をとりまくさまざまなトピックスやわたしの関心事にたいして——業界的問題から営業、編集の問題、はては社会的問題にまで自分にとってもっとも切実だと思われる問題について意見や主張を述べてきた（つもりである）。書名は『出版文化再生——あらためて本の力を考える』とする予定である。

出版社の人間は業界内部の発言はともかく、まがりなりにも公的なかたちで（つまり一般読者にも読まれるかたちで）論を発表することを望まないか、避けるひとが多い（ような気がする）。すくなくともわたしのようなかたちで出版について持続的に書いているひとはいない。わたしは出版社の人間がなにも公的な立場を背負ってものを考えたり書くことは必要ないと思っている人間であるから、自分の考えを曲げたり権威におもねったりしてまで書こうとは思わないので、誤解や批判を恐れない文章になることがよくある。未來社ごときでも公共的出版社だとされ、そうした立場にある人間らしく不偏不党の立場や公平な発言を求めるひとも出てくる。とくに近年の沖縄問題や政治問題にかんするわたしの発言にたいしてこのような意見を寄せてくるひとがしばしばでてきている。

わたしは、出版社の規模にかかわりなく、出版社の自己責任とは自社出版物にあると考えている。どういう本を出しているのか、その本はどういう立場からどういう主張をしようとしているのかを見極めてもらうのが筋であろう。総合出版社ならともかく、未來社のような小規模の出版社は自分（たち）の意に反してまで出版活動をおこなう必要はないと考える。もちろん著者の考えとすみずみまで一致する必要はないので、そんなに幅を狭く考えてしまうべきだとは思っていないが、すくなくとも自分（たち）の許容範囲外のものにかかわろうとは思わない。それと同じように、「未来」での掲載文も編集部の自己責任において選択しているので、わたしから見て意味があるとは思えない論説や主張を「公平性」のためにバランスをとって掲載することはありえない。［未来の窓］でのわたし自身の論説も、見るひとによっては偏っていようが、自分が正しいと信じる主張を展開することこそが誠意のあることだと考える。

そういう意味で、この十五年間のわたしの論説集は未來社の代表として語るべきものは語ってきたつもりなので、これも六〇周年の記録のひとつとして、読者の公正な批評にさらされるべくあわせて提出する次第である。

注『出版文化再生――あらためて本の力を考える』として刊行するさい、その後三回分もあわせて全一七五回のうち一五七本を収録した。そのかわりにあらたに「まえがき」と別の場所に書いた関連文書を五本追加した。

主要人名・書名索引

【あ行】

相田良雄　156-158
アイヒマン、アドルフ・オットー　350, 352, 430
アインシュタイン、アルベルト　348
秋田公士　256
朝田富次　317, 318
『明日なき原発——「原発のある風景」増補新版』 458
麻生太郎　432-34, 437
安倍晋三　432-35, 437, 449
新川明　385
『歩いてきた道』 485
『ある軌跡　未來社 20 年の記録』 341
アーレント、ハンナ　352
粟津則雄　333, 334, 369, 370
安斎育郎　458
安東次男　333, 334, 338, 339, 342, 481, 490
安藤英治　296, 298
安藤正　385
『ＥＵ時代の到来——ヨーロッパ・福祉社会・社会民主主義』 391
『ＥＵを考える』 437
『イェルサレムのアイヒマン』 352, 430
飯島耕一　333
井狩春男　41-43
井口耕二　272
池澤夏樹　340, 342
池田禮　89, 91
石井昭　63, 65
石川直樹　414
石川真生　386, 400, 408, 411, 414-16
石田恭一／星子　383-85
石田雄　298
石田晴久　210
石原慎太郎　456, 457
石原吉郎　169
伊志嶺隆　399, 400, 413, 414
和泉仁士　144, 145
伊高浩昭　404, 405
市岡陽子　165
市川昭夫　156, 389
市川浩　337
市橋昌明　135
市原悦子　112
稲嶺進　387
猪野謙二　436, 486
井上光晴　488
伊波洋一　73
今泉正光　109, 120
『いま、哲学とはなにか』 337, 370
今橋映子　133, 134, 141, 335
今福龍太　402, 410, 443
今村仁司　347, 348
岩川哲司　130
岩崎稔　443
岩田貴　375
岩淵達治　353-55
『インターネット自由自在』 210
『インファンス読解』 360
ヴァーゲンバッハ、クラウス　322
ヴァールブルク、アビ　348
植田康夫　58
上野明雄　487, 489
ウェーバー、マックス　296, 297, 303, 362-64, 369-73, 478
『ウェーバー歴史社会学の出立』 296
『ヴェーバー学のすすめ』 124, 361, 362, 364, 369, 371
『ヴェーバー学の未来——「倫理」論文の読解から歴史・社会科学の方法会得へ』 364, 370, 371, 373
上村忠男　417, 441
植村八潮　256
上山安敏　298
ウォズニアック、スティーブ　379
鵜飼哲　83, 136-38, 439
『ウシがゆく——植民地主義を探検し、私をさがす旅』 406-08
宇田智子　387
内田義彦　338, 436, 486, 493
内山貞男　113, 114
『エコノミメーシス』 369, 370
エッカート、プレスパー　378
江藤文夫　436, 486
『ＮＨＫ受信料拒否の論理』 427
海老沢勝二　427
エンゲルバート、ダグラス　379
相賀武夫　302
相賀徹夫　20
相賀昌宏　20, 53, 55, 302-05
大江健三郎　297
大江治一郎　121
大岡信　298, 333, 340
大城弘明　386, 397, 400, 402-04, 407, 409, 411-14
大田昌秀　407
大塚信一　153, 245, 443
大塚久雄　296
大野英二　298
尾方邦雄　113-15, 130
岡留安則　406
岡本恵徳　440, 441
岡本真　325, 326, 329-31
小城武彦　64
『沖縄・奄美・吐噶喇 1974-1978』 414
『オキナワ、イメージの縁（エッジ）』 386, 439-41

『「沖縄」に生きる思想』 440, 441
『沖縄の記憶／日本の歴史』 417, 418, 441
『沖縄の自己決定権』 72, 388, 402, 404, 405, 445, 448, 450
『沖縄の民話』 441
『沖縄／暴力論』 439
小熊勇次 75, 77, 116, 151
小椋榮一 394
尾崎宏次 436, 486
小沢一郎 435, 449, 451
小田久郎 333
小田切秀雄 152, 481, 490
『折々のうた』 340
折口信夫 381
折原浩 124, 298, 361-64, 369-73, 478, 479
オルセン、ケン 379
『おんな・部落・沖縄』 404

【か行】

『［新版］カール・マルクス』 116
賀川洋 93
『学問の未来——ヴェーバー学における末人跳梁批判』 364, 370-73
『崖っぷちの木地屋』 391, 392, 394
笠井雅洋 299, 300, 342, 343, 347, 348
風間賢一郎 161
鹿島茂 53, 133, 134, 141
梶山力 296
粕谷一希 39
加藤典洋 350, 351
金田万寿人 53, 77, 105, 106, 181, 476
金子兜太 382, 383, 385
嘉納辰彦 386, 413
加納時男 459, 460
亀山郁夫 443
萱野稔人 136, 138
柄谷行人 141, 153-55
苅部直 483
川勝平太 459
川鍋正敏 298
川満信一 385, 406, 417
姜尚中 143, 144
菅孝行 487
菅直人 388, 458, 459
カンデル、ヨハネス 391
カント、イマニュエル 108, 367
『危機における人間と学問——マージナル・マンの理論とウェーバー像の変貌』 363
菊池明郎 109, 120, 156, 165, 346
『起源と根源——カフカ、ベンヤミン、ハイデガー』 286, 360, 367
『規制緩和——市場の活性化と独禁法』 20
北川東子 361
喜納昌吉 72, 386-88, 396, 402, 404, 405, 445-48, 450, 452
木下修 25, 27
木下順二 112, 212, 436, 482, 484-88, 493
『木下順二作品集』 436
『木下順二対話集 ドラマの根源』 436, 487
『希望の書店論』 95, 97
木村雅巳 194
『逆光のロゴス——現代哲学のコンテクスト』 367
『camp OKINAWA』 399, 400, 405, 406, 409
キューブリック、スタンリー 212, 377
『教会と第二の性』 187
京極夏彦 310
『共同幻想論』 154
『虚構の音楽』 88
清田義昭 81
キルドール、ゲイリー 379
キング、スティーヴン 308-10
『近代人の模倣』 88
グーテンベルク、ヨハネス 54, 70, 117, 211, 235, 309
『グーテンベルク聖書』 309
『グーテンベルクの謎——活字メディアの誕生とその後』 309
工藤恭孝 65
クーペルス、ルネ 391
倉石信乃 397, 400, 402, 409
倉塚平 298
グリッサン、エドゥアール 305-07
クルマン、ペーテル 183
桑野隆 361
『経験としての詩』 88
『経済学の思想的基礎』 301
『経済学の生誕』 338
『啓蒙のイロニー——ハーバーマスをめぐる論争史』 300, 347
ゲイツ、ビル 379
『原稿を依頼する人、される人』 43
『幻視と造形』 369
『現代政治の思想と行動』 193, 194, 420, 482-84
『現代日本文学論争史』 152, 481, 490
『原発のある風景』 457, 458
『幻滅』 293
『コーラ——プラトンの場』 367, 369
小泉純一郎 137, 421, 424, 431-35, 437
河野太郎 459, 460
『黒人のたましい』 151
『古事記』 343, 488
『古事記注釈』 343
『国家とはなにか』 136
後藤克寛 80
『ことばと精神』 370
小林一博 314-16, 332, 333
小林昇 296, 298, 301, 482
小林浩 158, 166, 324, 325, 443
小林康夫 136-38, 285, 286, 336, 337, 360, 361, 367, 369, 370, 394-96, 436, 440, 474
高麗隆彦 339, 383
駒瀬丹人 130
小森謙一郎 369, 370
小屋英史 194
渾大坊三恵 259, 261

【さ行】

蔡星慧　58-60
西郷信綱　338-43, 481, 488, 490
『西郷信綱著作集』　340
斉藤秀夫　232, 276
佐伯啓思　26, 28
坂口顯　75
坂本孝　53, 54
佐藤学　143, 144
佐藤良明　437
佐野眞一　53, 54, 117, 198, 311-14, 346, 357, 471, 472
佐野衛　83, 253
『さよならアメリカ』　408, 411
サルトル、ジャン＝ポール　295
『30年代の危機と哲学』　137
後田多敦　388, 397, 399
シヴァン、エイアル　350, 352
塩谷敬　404, 405
『地獄の一季節』　73
『事実性と妥当性』　84
『思想学の現在と未来――現代世界―その思想と歴史①』　389, 390, 437
『信濃の民話』　111, 112
柴田信　65, 98-100, 123, 124, 133, 149
柴田寿子　338, 389-91
柴野徹夫　457, 458
渋沢敬三　357, 358, 379, 380, 382
シフレン、アンドレ　321, 323, 324
島尾敏雄　406
島崎藤村　392, 394
島田雅彦　297
島袋彩子　406
清水哲男　382
清水康雄　298
下村正夫　436, 486
シャルチエ、ロジェ　261
『出版産業の変遷と書籍出版流通――日本の書籍出版産業の構造的特質』　58
『出版大崩壊――いま起きていること、次に来るもの』　314, 315, 332
『出版のためのテキスト実践技法／執筆篇』　127, 218, 226, 238, 244, 250, 251, 254, 256, 262, 263, 267, 274, 276, 277, 280, 466, 471, 472, 492
『出版のためのテキスト実践技法／総集篇』　229, 238, 270, 273, 278, 280, 281, 492, 493
『出版のためのテキスト実践技法／編集篇』　218, 238, 250, 253, 262-65, 267, 270, 274, 276, 277, 472, 492
『出版半生記 1959-1970』　332
『純粋理性批判』　108
『瞬發と残響』　297
ジョイス、ジェイムズ　349
『証言のポリティクス』　124, 427, 428, 479
『情民』　400, 408
『職業としての学問』　303
ジョブズ、スティーヴ　379
ショル、インゲ　429
ショル、ゾフィー　428-30
ショル、ハンス　428, 429
白川正芳　297
『死霊』　296
『「白バラ」尋問調書』　431
『白バラ抵抗運動の記録――処刑される学生たち』　429
『白バラの祈り――ゾフィー・ショル　最期の日々 オリジナル・シナリオ』　430
『白バラは散らず――ドイツの良心　ショル兄妹』　429
新谷迪子　167
『信と知』　369
『人文科学の現在――人文書の潮流と基本文献』　107, 119
『人文書のすすめ――人文科学の動向と基本図書』　107, 119
『人文書のすすめII――人文書の流れと基本図書』　107, 108, 120
『人文書のすすめIII――人文科学の現在と基本図書』　109, 119-121, 139, 141
『人文書のすすめIV――人文書の見取り図と基本図書』　109
管啓次郎　437
菅徹夫　181
菅井幸雄　486, 487
杉山忠平　300, 301
鈴木眞一　76, 77
鈴木一誌　268-70
スタニスラフスキー、コンスタンチン　374-76
スピノザ、バルーフ・デ　338, 389-91
『スピノザの政治思想』　338, 389, 390
スミス、アダム　301
住谷一彦　298
『責任販売制とは何か』　46
『瀬戸内海の研究』　463
『sedによる編集＆ＤＴＰ［実践］自動処理テクニック』　264
『接触と領有――ラテンアメリカにおける言説の政治』　404
セルージ、ポール・E　378, 379
『戦後責任論』　350, 351
千田是也　353, 354
『戦中と戦後の間』　483
『全－世界論』　305
徐京植　350
ソシュール、フェルディナン・ド　376
ゾラ、エミール　294
ソレルス、フィリップ　169

【た行】

『大学は緑の眼をもつ』　285, 360
『大衆化する大学院――一個別事例にみる研究指導と学位認定』　373
『滞留』　367
平良孝七　399
高橋哲哉　83, 124, 143, 144, 350-52, 361, 367, 427, 428, 478, 479
高橋輝次　43
高橋陽　262, 264
高嶺剛　417
高宮利行　309
高良倉吉　419
高良勉　386, 405, 406

鐸木能光　253
田口久美子　157, 443
『他者の言語――デリダの日本講演』　366
武秀樹　250
竹内信夫　361
竹内紀吉　49
竹内洋　164
竹内実　436, 486
竹内好　116, 490
竹中英俊　113, 115, 169
立花隆　424
田中浩　389-91, 436, 437, 482
田中真紀子　423, 424
田中優子　122, 127
谷川健一　441
『旅する巨人――宮本常一と渋沢敬三』　357
『だれが「本」を殺すのか』　53, 311, 313, 314, 471, 472
『だれが「本」を殺すのか　延長戦』　53, 117, 313, 472
田沼浩　161
『断絶の世紀　証言の時代――戦争の記憶をめぐる対話』　350
筑紫哲也　420-22, 475
『地図にない村』　397, 400, 403, 407, 409, 413, 414
『知のオデュッセイア』　395
『知の技法』　286, 360, 361
『知のモラル』　286
『知の論理』　286
知念ウシ　388, 405-08
チャップリン、チャーリー　420
中条潮　27-29
チューリング、アラン　377
『超時と没我』　297
『跳躍と浸潤』　297
月岡政雄　266
土屋俊　322
津野海太郎　183, 244
坪内祐三　437
鶴田俊正　20, 21, 23, 33
鶴見俊輔　297
『ディセミナシオン』　366
デイリー、メアリ　187
『テキストファイルとは何か？――知らぬでは済まぬ電脳社会の常識』　253
『デジタルテキストの技法』　239
『哲学とは何か』　336
デュボイス、ウィリアム・E・B　151
寺山修司　55
デリダ、ジャック　136-38, 352, 365-67, 369, 370, 479, 480
『デリダと肯定の思考』　367
『テレーズ・ラカン』　295
『澱河歌の周辺』　333, 334, 490
桃原一彦　388
東松照明　385, 386, 397, 399-401, 405-07, 409, 411
ドゥルーズ、ジル　336, 337, 365, 366
『読書の首都パリ』　294
徳原直子　346
『都市の論理』　154
『ドストエフスキー　共苦する力』　443
戸田ツトム　237, 269, 400, 409, 474, 475
『ドラマ』　169
『ドラマの時代』　485

【な行】

那珂太郎　298
仲井真弘多　73, 449
長倉洋海　414
仲里効　385-87, 397, 399, 400, 402, 403, 405, 406, 409, 410, 412, 417, 437-41, 445, 454
中沢けい　53
中島かほる　261
中島貞夫　437
中嶋廣　68
中曾根康弘　431, 457
中野敏男　298
中平卓馬　397, 399, 400, 413, 414
仲俣暁生　322
中村文孝　150
中村稔　333
中村雄二郎　298
中本信幸　487
『南木曾の木地屋の物語――ろくろとイタドリ』　394
『ナショナリズムとデモクラシー』　437
名和小太郎　322
『名を救う――否定神学をめぐる複数の声』　136, 138, 370, 480
ニーチェ、フリードリヒ・ヴィルヘルム　372
『日活アクションの華麗な世界』　369
西正之　405, 410
西谷修　417, 437-39
西谷能雄　11, 46, 104, 341, 482, 485, 490, 493, 494
西山雄二　136, 138, 370
『日本詞華集』　152, 337-39, 340, 342, 481, 490
『日本政治思想史研究』　483
『日本の古代語を探る――詩学への道』　342
『日本の図書館』　51
「日本の民話」　110-12, 186, 187, 189
『21 世紀における芸術の役割』　370
『21 世紀こども百科　歴史館』　44
『ネルソン・マンデラ』　404
『年表で読む二十世紀思想史』　347
ノイマン、ジョン・フォン　377
能勢仁　50, 51
野間宏　383, 436, 486, 493
野村保恵　256, 258

【は行】

ハーバーマス、ユルゲン　84, 146, 300, 347, 365, 366
『敗戦後論』　351
『ハイデガー――詩の政治』　88
『パイドロス』　211, 243
『俳優修業』　374-76
『俳優の仕事――俳優教育システム』　374, 376
橋昌利　181
橋本努　371, 372
橋本夢道　382-85

橋元博樹　165, 167
『パッション』 367, 369
鳩山由紀夫　72, 387, 388, 398, 446, 448-52
羽鳥和芳　130, 445
羽仁五郎　154
埴谷雄高　296, 297, 298, 341, 488
羽入辰郎　362-64, 371-73, 478
林秋路　104-06
『林秋路板画集／越中おわら風の盆』 105, 106, 238
林みどり　404
林淑子　104, 105
『ハリー・ポッター』 60, 61
バルザック、オノレ・ド　293, 294
バルト、ロラン　354
『反戦平和の手帖――あなたしかできない新しいこと』 446
比嘉豊光　386, 387, 399
比嘉康雄　399, 400, 408, 410, 412
『光のオペラ』 360, 395
『美術史の７つの顔』 369, 370
肥前榮一　298
『秀丸エディタ ハンドブック』 271, 274
『日の丸を視る目』 414, 415
『表象の光学』 359, 360, 474
平野謙　152, 481, 490
平野稔　91, 211
広河隆一　414
廣末保　338, 339, 342, 481, 490
『FENCES OKINAWA』 400, 408, 411, 414
『フォトネシア――眼の回帰線・沖縄』 385-87, 399, 402, 445
福嶋聡　95-98, 109, 120, 153, 165, 166
フーコー、ミシェル　365, 366
フッサール、エドムント　137
船曳建夫　286, 361
『不服従を讃えて――「スペシャリスト」アイヒマンと現代』 350
ブライナースドルファー、フレート　429
『フラッティ戯曲集』 187
プラトン　211, 243, 367
ブランショ、モーリス　366, 367
『ブリューゲル探訪――民衆文化のエネルギー』 370
古田一晴　166
『無禮なる妻』 382, 384
ブレヒト　353-55
『ブレヒト戯曲全集』 353, 355
『フレームワークの神話』 236
フロイト、ジークムント　376
『プログラムピクチャーの栄光』 369
『プロテスタンティズムの倫理と資本主義の《精神》』 296, 363, 370, 373
フロベール、ギュスターヴ　294, 295
ブローマン、ロニー　350
『文学の言語行為論』 360
『ページと力――手わざ、そしてデジタル・デザイン』 268, 270
ベイカー・ジュニア、ヒューストン・A　151
平敷兼七　399
ペトリ、クリスティアン　429
ベルクソン、アンリ　376
『編集者・執筆者のための秀丸エディタ超活用術』 250, 275, 276
ベンヤミン　68, 286, 294, 360
『ボヴァリー夫人』 295
『望郷と海』 169
堀田善衛　436, 486
ボードレール、シャルル　294
ポパー、カール　236
ホフ、テッド　379
堀江新二　376
本多勝一　427
『本の都市リヨン』 294
『本の街・神保町から【私家版】』 98

【ま行】

前田求恭　167
前田年昭　256-58
真島一郎　437
松井純　130
松浦寿輝　465, 466
松岡要　50, 51
『マックス・ウェーバー研究』 296
『マックス・ヴェーバーの犯罪――「倫理」論文における資料操作の詐術と「知的誠実性」の崩壊』 362, 371
松沢弘陽　298, 484
松田哲夫　317-19
松谷みよ子　112, 487
松本功　49
松本直子　391-94
松本昌次　334, 341, 343, 487-90
マラブー、カトリーヌ　367
マラルメ、ステファヌ　306, 343, 366
丸山眞男　193, 194, 341, 420-22, 436, 482-84, 486, 488, 490, 493
『丸山眞男――リベラリストの肖像』 483
『マルローからの手紙』 404
水田洋　301
三原浩良　245
宮城公子　417
宮沢賢治　339
宮下志朗　133, 134, 141, 294
宮田登　112
宮本常一　172, 181, 186, 200, 202, 356-58, 379-82, 463
『宮本常一著作集』 172, 181, 200, 202, 356-58, 379, 381, 382
ミュラー、ハイナー　355
向井透史　226
村上龍　310
村地忠太郎　391-94
『名著の履歴書』 487
『メタフラシス――ヘルダーリンの演劇』 88
『眼とかたち』 369
目取真俊　437-39
モークリー、ジョン　378
『モダニズムとハーレム・ルネッサンス』 151
『モダン・コンピューティングの歴史』 378

持谷寿夫　73, 165
森洋子　369, 370
森口豁　397, 400, 404, 408, 411
守中高明　367
もろさわようこ　403-05, 489

【や行】

矢代梓　299, 342, 347-49
『靖国問題』 143
ヤスパース、カール　422
柳田国男　381
家辺勝文　239-41
山下道明　270
山田肇　374, 376
山田秀樹　166
山田實　413, 414
山之内靖　363
山本健吉　152, 340, 481, 490
山本啓　300
山本安英　212, 485, 487, 488
湯浅博雄　361, 367, 369, 370
『夕鶴』 485
『ユリシーズ』 349
『夜明け前』 392, 394
與儀武秀　388
與謝野文子　445
吉沢泰樹　382, 383, 385
吉増剛造　333
吉本隆明　154, 441, 484
米谷匡史　417

【ら行・わ行】

ラクー＝ラバルト、フィリップ　88
ラミス、ダグラス　407, 446
ラング、ジャック　404, 405
ランズマン、クロード　350, 352
リー、ティム・バーナーズ　379
リオタール、ジャン＝フランソワ　360, 365
『理想なき出版』 321, 323
リックライダー、J・C・R　379
『リベラル・デモクラシーと親権政治――スピノザからレオ・シュトラウスまで』 391
リボー、テオデュール　375
龍沢武　245, 322
『ルネッサンスパブリッシャー宣言』 49
レヴィナス、エマニュエル　291, 352
『歴史のディコンストラクション――共生の希望へ向かって』 370, 394
『［新版］魯迅』 116, 490
ローテムント、マルク　429
ロバーツ、エド　379
『若き高杉一郎』 165
脇圭平　298
鷲尾賢也　153, 487-89
『早稲田古本屋街』 226
『わたしの戦後出版史』 487
和田和二　267
『私の日本地図』 358, 380
渡辺勲　292
渡辺勝夫　297
渡辺武信　369
『ワードを捨ててエディタを使おう　第2版』 253

著者略歴

西谷能英（にしたに・よしひで）

1949年、東京生まれ。

東京大学大学院フランス語フランス文学科修士課程修了。

1976年、未來社入社。編集部を経て1992年より代表取締役。

『出版のためのテキスト実践技法／執筆篇』『同／編集篇』『同／総集篇』『編集者・執筆者のための秀丸エディタ超活用術』のほか、野沢啓の名で詩集『決意の人』、評論集『移動論』『隠喩的思考』（いずれも思潮社）その他がある。

現在、日本現代詩人会、日本文藝家協会所属。

出版文化再生——あらためて本の力を考える

発行——二〇一一年十一月三十日　初版第一刷発行

定価——（本体三八〇〇円＋税）

著者——西谷能英

発行所——株式会社　未來社

東京都文京区小石川三—七—二

振替〇〇一七〇—三—八七三八五

電話・(03) 3814-5521（代表）

http://www.miraisha.co.jp/

Email:info@miraisha.co.jp

印刷・製本——萩原印刷

ISBN 978-4-624-00025-7 C0000